Inhalt

Land und Geschichte

Reiserouten in Libyen

Tipps und Adressen

Verzeichnis der Karten, Pläne und Grundrisse

Haus in Ghadames ▷

Land und Geschichte

Einleitung

»Sah […] Libyen auch, wo schon gehörnt aufwachsen die Lämmer,
denn dort werfen dreimal im Lauf eines Jahres die Schafe.
Nimmer gebricht es dort dem Herrn und nimmer dem Hirten,
weder an Käse noch Fleisch noch süßer Milch von der Herde,
welche das ganze Jahr mit vollen Eutern dahergeht.«
(Homer, Odyssee, IV 85)

Wer die enthusiastische Beschreibung des fruchtbaren Libyen liest, die Homer im vierten Gesang (IV 85) seiner Odyssee dem griechischen Helden Menelaos in den Mund legt, kann kaum glauben, dass damit dasselbe Land gemeint sein kann, das man heute in erster Linie mit Erdöl und Wüste in Verbindung bringt. In der Tat ist es so, dass sich das Libyen der antiken Schriftsteller nicht unbedingt mit dem heutigen Staat gleichen Namens deckt. Zur Zeit Homers, der wohl in der zweiten Hälfte des 8. Jahrhunderts v. Chr. im ionischen Kleinasien lebte und dessen Autorenschaft für die ›Ilias‹ und die ›Odyssee‹ noch immer kontrovers diskutiert wird, bezeichnete man den erforschten Teil Afrikas als Libyen. Das einleitende Zitat stellt die früheste Erwähnung von ›Libyen‹ in einem griechischen Text dar, gemeinsam mit einer weiteren Passage im 14. Gesang desselben Epos, wo der soeben nach Ithaka zurückgekehrte Odysseus dem Schweinehirten Eumaios, bevor er sich ihm zu erkennen gibt, durch eine erfundene Geschichte zunächst seine wahre Identität verschleiert. Auch Herodot, der ›Vater der Geschichtsschreibung‹, spricht noch im 5. Jahrhundert v. Chr. von den drei Erdteilen: Europa, Asien und Libyen.

Der ›Kontinent Libyen‹ umfasste die Gebiete westlich des Niltals, wobei schon in der Antike darüber gestritten wurde, ob der Nil als Grenze zwischen Asien und ›Libyen‹ sinnvoll sei, da damit Ägypten auf zwei Kontinenten aufgeteilt wäre, bis zu den ›Säulen des Herakles‹, wie man die Straße von Gibraltar zu bezeichnen pflegte. Den nördlichen Abschluss stellte das Mittelmeer dar und nach Süden zu bildeten die Sandmassen der Libyschen Wüste eine Barriere, die zu den wildesten Spekulationen Anlass bot, wie es wohl dahinter weitergehen würde. »Weiter landeinwärts«, sagt etwa Herodot (II 32), »hinter der bewohnten Küstengegend, gehört Libyen den wilden Tieren. Hinter dieser Tierzone aber ist Sand und gar kein Wasser und nichts als Wüste.«

Der Begriff Libyen geht zurück auf das pharaonische Ägypten, wo unter Ramses II. (1279–1213 v. Chr.) erstmals der Stamm der Libu als westlicher Nachbar Ägyptens aufgeführt wird. »Das Libu-Land ist seinem Gemetzel anheimgefallen«, kündet ein Loblied auf den Herrscher, das im Papyrus Anastasi II überliefert ist. Zuvor nannten die Ägypter die Bevölkerung westlich des Niltals und -deltas *tjemehu* (im Süden) und *tjehenu* (im Norden), im Neuen Reich taucht seit dem

◁ **_Lanzenbewaffnete Männer und Hunde jagen ein Mufflon, Felsbild aus dem Fezzan, aus der Felsbildersammlung von Leo Frobenius, 1933_**

34. Regierungsjahr Amenophis' III. (1390–1353 v. Chr.) auch der in der Folgezeit gängigste Begriff, *meschwesch*, auf. Bereits kurz nach der Entstehung des Pharaonenreiches um 3000 v. Chr. fanden Feldzüge gegen diese Völkerschaften statt, von denen reliefierte Schminkpaletten und Rollsiegelzylinder aus der Zeit der ersten beiden Dynastien Zeugnis ablegen. Eine Vorstellung vom Aussehen dieser Menschen geben darüber hinaus Reliefs aus dem Pyramidentempel des Königs Sahure (um 2440 v. Chr.) in Abusir zwischen Giza und Saqqara. Demzufolge trugen sie zu jener Zeit Spitzbärte und langes welliges Haar, das offen auf die Brust herabfiel. In den frühesten Darstellungen besitzen sie auch noch eine hoch stehende Stirnlocke. In die Haare haben sie sich Federn gesteckt. Die spärliche Kleidung besteht aus einer eng am Hals anliegenden Kette, von der Perlschnüre herabhängen, zwei über dem Rumpf schärpenartig gekreuzten Bändern und einem breiten Hüftgürtel. An ihm ist hinten ein Tierschweif und vorne eine Phallustasche befestigt, die bei den ältesten Darstellungen auch von den Frauen getragen wird. Viele dieser Bekleidungsdetails fehlen in den bildlichen Darstellungen der nachfolgenden Zeit. Berühmt sind die bunten Libyerreliefs im Grab Sethos' I. (1290–1279 v. Chr.) im Tal der Könige, wo sie mit Tätowierungen an Armen und Beinen, mit einem Lendenschurz und bunten Fell- oder Stoffumhängen wiedergegeben sind und weiterhin Federn im Haar tragen, das in gewellten Locken herabhängt. Ähnliche Darstellungen zeigen die Felsmalereien im libyschen Akakus-Gebirge, die von den pharaonenzeitlichen Bildern nicht nur durch mehrere Jahrtausende, sondern auch durch eine große räumliche Distanz getrennt sind.

Der genannte Pharao Sethos I. und vor allem dessen unmittelbare Nachfolger, sein Sohn Ramses II. (1279–1213 v. Chr.) und sein Enkel Merenptah (1213–1203 v. Chr.), sowie in der Folgezeit Ramses III. (1183–1152 v. Chr.) mussten sich in mehreren Schlachten dem Ansturm libyscher Horden an der Westgrenze ihres Reiches erwehren. Nach dem Zusammenbruch des Neuen Reiches in Ägypten gegen 1070 v. Chr. konnten Libyer, die zuvor den Pharaonen als Söldnerführer gedient hatten, im Nildelta die Macht an sich reißen und dort eigenständige Reiche begründen. In späteren Königslisten werden diese Fremdherrscher, die ihre Unabhängigkeit vom ägyptischen thebanischen Rumpfstaat bis zur erneuten Reichseinigung durch den nubischen Pharao Pije (746–715 v. Chr.) wahren konnten, als 21. bis 24. Dynastie gezählt. Funde aus dieser Zeit, allen voran die teils ungeplündert in Tanis im östlichen Nildelta aufgefundenen Königsgräber, zeigen, dass diese Libyer, abgesehen von ihren fremdländischen Personennamen, vollständig ägyptische Sitten angenommen hatten.

Eine andere Ethymologie für die Landesbezeichnung gibt Herodot an: »Libyen soll, wie man in Griechenland gewöhnlich annimmt, seinen Namen von Libye, einer einheimischen Frau, haben.« (Herodot, Historien, 4. Buch, Kap. 45)

In ähnlicher Weise soll die in römischer Zeit übliche Bezeichnung ›Africa‹ für den Erdteil angeblich von dem einheimischen Volks-

»Afrika bewohnten zuerst die Gaetuler und Libyer, wilde und unzivilisierte Menschen, die sich von Wildbret nährten und Gras, wie das Vieh. Sie ließen sich weder durch Sitten noch Gesetze noch irgendjemands Befehl lenken. Sie streiften umher und schlugen ihr Lager auf, wo die Nacht sie überrascht hatte.«
Sallust, Jugurthinischer Krieg, 18

stamm der Afrii kommen, welche Teile der Nordsahara-Region bewohnten. Die römische Provinz Africa (proconsularis) umfasste seit dem Fall von Karthago 146 v. Chr. nur das Gebiet um diesen Ort mit der neuen Hauptstadt Utica. Später wurde die gesamte Nordsahara-Region unter Einschluss der Provinzen (von Ost nach West) Africa proconsularis, Numidia, Mauretania Caesariensis und Mauretania Tingitana unter der Bezeichnung Africa zusammengefasst. Mit der Neuordnung des Reiches durch Diokletian um 300 wurde die letztgenannte Provinz mit Spanien zur Diözese Hispaniarum zusammengefasst, von Mauretania Caesariensis wurde die Provinz Mauretania Sitifensis abgetrennt und Africa proconsularis wurde dreigeteilt, wodurch die Provinzen Byzacena und Tripolitana neu geschaffen wurden. Streng genommen betrachteten die Römer also nur den westlichen Teil des heutigen Staates Libyen als Teil von ›Africa‹, von dem die östlichen Provinzen Aegyptus (seit 30 v. Chr.) und Cyrenaika (seit 74 v. Chr.; seit 27 v. Chr. mit Kreta zu einer Doppelprovinz vereint) unterschieden wurden. Die einheimische Bevölkerung dieser westlichen Region, Numider, Mauren und Gaetuler, gelten als antike Vorfahren der heutigen Berber.

»Der Physiologus sagt vom Basilisken, dass oftmals zur Winterszeit […] die Schlangen sich an einem Ort sammeln und, weil sie wegen des Winters überhaupt nichts mehr zu fressen finden, sich gegenseitig beißen und anfressen und schließlich alle dort umkommen. Nachher aber, vom Gestank der verwesenden Gebeine und des Schlangengifts hervorgebracht, wächst dort ein kleines Würmchen auf, und das heißt Basilisk. Es hat aber jenes Tier diese Eigenart, dass an jedem Ort, wo es ist, sein Hauch das Gebüsch verdorren lässt. Sein Anblick bringt Tod, sodass es auch ganze Städte veröden kann.«
Physiologus, Vom Basilisken

Das Libyen- und Afrikabild der antiken Historiker war geprägt vom Hörensagen oder von wilden Gerüchten, wenn es um diejenigen Regionen ging, die nicht mehr ohne weiteres zu erreichen waren. So werden Herodots Beschreibungen, je weiter er nach Westen und nach Süden ins Innere des Kontients kommt, immer suspekter und unglaubwürdiger, sodass auch der Historiker selbst einräumen muss, dass dies alles zweifelhafte Angaben sind. Dem vagen Kenntnisstand entsprechend glaubte man die Fauna mit zahllosen Fabeltieren durchsetzt, von denen der Basilisk eines der gefährlichsten war. Der König der Schlangen, so die Übersetzung seines Namens, fand selbst in die ›Naturgeschichte‹ des Plinius Eingang. Das Fabelwesen, nach welchem in der Neuzeit eine Leguan-Art benannt wurde, entschlüpft dem Ei eines Hahnes und ist charakterisiert durch einen diademartigen weißen Fleck auf dem spitzen Kopf. Seine Länge wird zwischen einer halben und einer ganzen Elle angegeben. Es bewegt sich ähnlich wie die Spannerraupe durch die libysche Wüste, hinter sich eine Spur der Verwüstung zurücklassend, da es alles, was auf seinem Weg liegt, mit seinem feurigem Atem und seinem üblen Geruch zerstört; dabei zerbersten selbst Steine. Bereits sein Anblick kann töten, es beißt aber auch wie eine Schlange und verfügt über ein schnell wirkendes Gift, gegen das Mohnsaft und Bibergeil wirken sollen. Einzig das Wiesel und der Hahn sind gegen ihn resistent, weswegen Reisende durch Libyen seinerzeit zu ihrem Schutz lebende Hähne mit sich führten. Glücklicherweise sind die heutigen, weniger abergläubischen Touristen, die das Land besuchen, zumindest von diesem Ballast befreit. Und mittlerweile ist der Basilisken tötende Hahn längst von der Unmenge der Grillhähnchen abgelöst worden, die allenthalben im Land – als billigster Fleischlieferant – zum Verzehr angeboten werden.

Topographie

Der heutige Staat Libyen, seit der Revolution von 1969 offiziell Große Djamahariya (Volksrepublik) Libyen genannt, ist ein künstliches Gebilde aus jüngerer Vergangenheit, entstanden durch die Grenzziehung der europäischen Kolonialmächte und die postkoloniale Neuordnung Afrikas nach dem Zweiten Weltkrieg. Dadurch wurden topographisch vorgegebene und historisch gewachsene Kulturlandschaften auseinander gerissen. Denn die westliche Küstenregion Libyens, Tripolitanien, war historisch stets eng mit Karthago im heutigen Tunesien verknüpft, während die Bindungen der östlichen Küstenregion, der Kyrenaika, zumeist zum fruchtbaren Niltal hin ausgerichtet waren. Wie alle Staaten mit kolonialer Vergangenheit besitzt auch Libyen zumeist schnurgerade Grenzlinien zu seinen sechs Nachbarstaaten (im Uhrzeigersinn: Ägypten, Sudan, Tschad, Niger, Algerien und Tunesien), die willkürlich mit dem Lineal gezogen sind und mehr an Längen- und Breitengraden ausgerichtet sind als an topographischen Gegebenheiten und gewachsenen Stammesstrukturen.

Mit einer Fläche von 1 759 540 km^2 – der fünffachen Ausdehnung Deutschlands – stellt Libyen nach dem Sudan, Algerien und Zaire den viertgrößten Staat Afrikas dar und nimmt damit weltweit Rang 14 ein. Das Land verfügt über einen fast trapezförmigen Grundriss, der von Westen nach Osten eine maximale Breite von etwa 1600 km aufweist. Die tatsächliche Länge der Küstenlinie zum Mittelmeer, welches das Land nach Norden hin begrenzt, beträgt jedoch 1700 km, bedingt durch den Bogen der Großen Syrte (Khaledj Surt), eine

Geröllwüste am Rand des Sandmeeres von Ubari

bis zu 1000 m tiefe Meeresbucht, die sich in etwa zwischen den Küstenstädten Misratah (bzw. Tripolis) im Westen und Benghazi im Osten tief ins Land einschneidet. Somit wird der nördliche Teil des Landes zweigeteilt in Tripolitanien im Westen und der Kyrenaika im Osten. Über seine größte Ausdehnung in Nord-Süd-Richtung verfügt Libyen an der gemeinsamen Grenze mit Ägypten, seinem östlichen Nachbarn. Diese folgt quer durch die Libysche Wüste exakt dem 25. Längengrad und beträgt 1400 km.

In der Südostecke des Landes, nahe dem libysch-ägyptisch-sudanesischen Länderdreieck, erhebt sich der 1893 m hohe Djebel Uweinat. Dessen prähistorische Felszeichnungen, allen voran die Schwimmerhöhle, sind durch den 1996 gedrehten und mit neun Oskars prämierten Film ›Der englische Patient‹ nach der Romanvorlage von Michael Ondaatje kürzlich ins Bewusstsein der breiten Öffentlichkeit gelangt. Die hier liegende gemeinsame Grenze mit dem Sudan ist verhältnismäßig kurz und beschränkt sich auf den Abschnitt zwischen dem 20. und dem 22. Breitengrad. Auch die Grenzlinie zum südlichen Nachbarn Tschad verläuft von hier aus geradlinig, und zwar nach Nordwesten bis zum nördlichen Wendekreis. Hier, ganz im Süden des Landes, ragt auch noch ein nordöstlicher Ausläufer des Tibesti-Gebirges, das sich mehrheitlich auf dem Staatsgebiet des Tschad befindet, in libysches Territorium hinein. Der Bikubiti (Bette), der sich hier erhebt, ist mit 2286 m der höchste Punkt des Landes.

Im Gegensatz zu den bisher beschriebenen schnurgeraden Verläufen trägt die Grenze im weiteren Verlauf, zum Staat Niger westlich des Tschad und zu den beiden Staaten Algerien und Tunesien im Westen Libyens, stärker topographischen Gegebenheiten Rechnung getragen. Am augenfälligsten tritt dies dort in Erscheinung, wo die Linie zu kleinen Bogen ausholt, um die Oasen von Ghadames am libysch-tunesisch-algerischen Länderdreieck und das südlich davon gelegene Ghat dem libyschen Territorium zuzuschlagen.

Am dichtesten besiedelt und damit auch wirtschaftlich am bedeutendsten ist die **Küstenregion,** wo sich auf weniger als einem Zehntel des Staatsgebietes heute 90 % der Bevölkerung drängen; und auch in der Antike dürfte die Streuung der Einwohner ähnlich gewesen sein. Denn nur in diesen beiden Regionen fallen, vor allem im Winter, genügend Niederschläge, die Ackerbau ohne künstliche Bewässerung ermöglichen. Hervorgerufen wird dies durch die beiden lang gezogenen Höhenzüge des Djebel Nafusa (bis 968 m ü. M.) im Westen und des Djebel al-Akhdar (bis 878 m ü. M.) im Osten, welche die Küstenebenen Tripolitaniens (Djifara genannt) bzw. der Kyrenaika nach Süden begrenzen und gleichzeitig einen Sperrgürtel gegen die unwirtlichen Wüstenregionen bilden, die den Großteil des Landes bedecken. An diesen jeweils in Ost-West-Richtung verlaufenden welligen Hochplateaus, die zur Küste im Norden hin jeweils in zwei bis drei Schichtstufen steil abfallen, sich nach Süden hingegen sanft absenken, regnen sich die Wolken ab.

Südlich des Djebel Nafusa breitet sich zunächst die Hamada al-Hamra, die Rote Steinwüste, aus. Sie geht weiter nach Süden in den **Fezzan** über. Dieser etwa 551 170 km² große, heiße und wasserarme Abschnitt der Nordsahara wird von zwei gewaltigen sandgefüllten Senken beherrscht, dem Sandsee von Ubari (Edeyen Ubari) und demjenigen von Murzuq (Edeyen Murzuq). In dieser unwirtlichen Region, die jahrelang ohne Niederschläge bleibt und in der die Tageshöchsttemperaturen im Sommer regelmäßig 40 °C überschreiten, bieten lediglich die Randgebiete einen beschränkten Siedlungsraum in Gestalt von Oasenbecken, wie Sebha, Murzuk, Ubari und Ghat, oder bewässerten Tälern, wie dem Wadi asch-Schiati und dem Wadi Adjal.

Das **Hinterland des Syrtebogens** verfügt im Gegensatz zu Tripolitanien und der Kyrenaika über keinen durchgehenden Höhenzug, auch wenn es nach Süden hin ansteigt und Erhebungen wie den Djebel Waddan (649 m ü. M.) und den südwestlich davon gelegenen Djebel as-Soda (840 m ü. M.) aufweist. Es wird von Norden nach Süden durchschnitten vom tektonischen Riss des Djofra-Grabens, der in die gleichnamige Oasensenke mit den Einzel-Oasen Waddan, Hun und Sokna einmündet. Weiter im Südosten dominiert das vulkanische Gebirgsmassiv des Haurudj al-Aswad mit seinen weit über 1400 Einzelvulkanen, von denen der größte 1200 m Höhe erreicht, das Zentrum des Landes. In dieser Region senken sich auch der Wau al-Kebir und der eindrucksvolle kreisrunde Vulkankrater des Wau an-Namus (Oase der Mücken) ins umgebende Gelände ein. Südöstlich davon geht der Djebel Eghei in das Tibesti-Gebirge über.

In der **Kyrenaika** erhebt sich südlich des schmalen Küstenstreifens und abschnittsweise auch unmittelbar an der Uferlinie der karstige Djebel al-Akhdar, der Grüne Berg. Er verdankt diesen Namen seinem dichten Bewuchs mit Sträuchern und niedrigen Bäumen.

Weiter nach Osten, zur ägyptischen Grenze hin, geht der Höhenzug in die Steppenlandschaft der Marmarica über, nach Süden zu bildet er eine Barriere gegen die insgesamt knapp 2 Mio km² große **Libysche Wüste,** die größtenteils aus Kieswüsten *(serir)* besteht und nur in den Senken sandgefüllt ist *(edeyen)*. Diese dehnt sich ohne Unterbrechung in heute ägyptisches und sudanesisches Staatsgebiet bis zum Fruchtland des Nil aus. An ihrem südlichen Ende geht diese Wüstentafel in die kristallinen Bergmassive des Djebel Arkenau (1435 m ü. M.) und des Djebel Uweinat (1893 m ü. M.) über. Entlang dem Südabfall der Marmarica erstreckt sich die 18 000 km² große Libysche Wüstendepression von der libyschen Oase Audjila über die bereits auf ägyptischem Gebiet liegende Oase Siwa bis in die Qattara-Senke, die bis 137 m unter dem Meeresspiegel liegt und den tiefsten Punkt dieser Senke darstellt. In der lebensfeindlichen Libyschen Wüste befinden sich einige Oasen, von denen – halbwegs zwischen dem 25. Breitengrad und dem Nördlichen Wendekreis – die legendären Kufra-Oasen die bekanntesten sind.

Historischer Überblick

Antike

»So viel will ich aber über diesen Erdteil noch bemerken, dass in ihm vier Völkergruppen wohnen und, soviel ich weiß, nicht mehr. Zwei davon sind Ureinwohner des Landes, die beiden anderen aber nicht; die Libyer und die Äthiopen, jene im Norden, diese im Süden Libyens, sind Ureinwohner, die Phönizier aber und die Griechen sind von auswärts gekommen.«
Herodot, Historien, IV 197

Sabratha, punischer Grabturm

Im heutigen Staat Libyen sind drei Großlandschaften vereint – im Nordwesten Tripolitanien, im Nordosten die Kyrenaika und im Süden der Fezzan –, die sich in ihrer historischen Vergangenheit unterschiedlich entwickelten und zeitweilig intensivere Kontakte zu denjenigen Gebieten pflegten, die heute zu den Nachbarstaaten Libyens zählen, als dass sie untereinander in Verbindung standen. So befand sich Tripolitanien über Jahrhunderte unter der Vorherrschaft von Karthago im heutigen Tunesien; die Kyrenaika hingegen orientierte sich lange Zeit zum ägyptischen Nildelta und zur griechischen Inselwelt hin.

Diese unterschiedliche Ausrichtung resultierte aus der antiken Kolonisationsgeschichte. Wie Herodot festhält, sind »die Phönizier [...] und die Griechen [...] von auswärts gekommen«, und zwar gründeten Phönizier aus Tyros und Sidon im ersten Viertel des 1. Jahrtausends v. Chr. die drei für den Handel mit Innerafrika bedeutsamen Hafenstädte Leptis Magna, Sabratha und Oea, denen die Landschaft Tripolitanien (*tri polis* = drei Städte) ihre Bezeichnung verdankt, während die Kyrenaika im 7. Jahrhundert v. Chr. von griechischen Zuwanderern aus Thera/Santorin besiedelt wurde. Beide Kolonistengruppen stießen im Norden des Landes auf eine einheimische Vorbevölkerung – die ›Libyer‹ Herodots –, die teils zum Ausweichen in den Süden, wo schon die ›Äthiopen‹ saßen, gezwungen wurde.

Bereits nach dem Zweiten Punischen Krieg – der blutig ausgetragenen Auseinandersetzung zwischen Rom und Karthago, die mit der Niederlage Karthagos in der Entscheidungsschlacht von Zama endete – kam Tripolitanien zum numidischen Reich, 46 v. Chr. fiel es an Rom. Die Kyrenaika hingegen wurde nach dem Tod Alexanders des Großen, dem sie sich kampflos unterworfen hatte, Teil des ptolemäischen Reiches. Ein Vertreter einer Nebenlinie dieser Herrscherdynastie vermachte die Kyrenaika 96 v. Chr. testamentarisch an die Römer, die sie 74 v. Chr. zur Provinz erklärten. Der getrennten Vergangenheit der beiden Regionen wurde dadurch Rechnung getragen, dass sie im römischen Reichsverband unterschiedlichen Provinzen zugeordnet waren: Tripolitanien gehörte gemeinsam mit Africa vetus und Africa nova zur Provinz Africa proconsularis, die Kyrenaika zunächst zur Doppelprovinz Creta et Cyrenae. Gemäß ihrer unterschiedlichen Kolonialgeschichte gehörte Tripolitanien zum lateinischen Sprachraum (auch wenn dort noch sehr lange Punisch als zweite Umgangssprache gebräuchlich war), während die Kyrenaika griechisch geprägt war.

395 fand die Teilung des römischen Reiches statt, die sich schon in der Tetrarchie, der Aufteilung der Macht auf vier Regenten, unter Kai-

Leptis Magna, Oea-Tor

ser Diokletian angekündigt hatte. Dabei wurde konsequenterweise Tripolitanien dem weströmischen und die Kyrenaika als Provinz Libya Pentapolis dem oströmischen Reich zugesprochen, weiterhin mit der Syrtebucht als Grenzgebiet. Gemeinsam mit dem weströmischen Reich eroberten die Vandalen um 450 auch Tripolitanien. Als die Eindringlinge durch Belisar, den Feldherrn Kaiser Justinians, 533 besiegt und wieder vertrieben worden waren, war auch Tripolitanien Teil des oströmisch-byzantinischen Reiches geworden und beide Großlandschaften waren wieder unter einer Herrschaft vereint. Dies blieb auch so, nachdem ab 643 die Araber, von Osten nach Westen vordringend, Nordafrika besetzten und den Islam als neue Religion mitbrachten.

Die islamische Periode

Der erste Vorstoß der arabischen Heere nach Nordafrika erfolgte unter dem Kalifat des Omar (634–644), welcher Abu Bakr (632–634), den Schwiegervater und unmittelbaren Nachfolger des Propheten Mohammed, im Amt des höchsten islamischen Würdenträgers abgelöst hatte. Heerführer dieses Feldzugs, der 642 zur Eroberung der Kyrenaika, im Jahr darauf zur Einnahme Tripolitaniens und etwa gleichzeitig zur Besetzung der wichtigsten Oasen des Fezzan (wo der Grundstock für die in Zuweilah ansässige arabische Lokaldynastie gelegt wurde) führte, war Amr Ibn al-As. Seine byzantinischen Gegner, die durch Kämpfe mit dem persischen Sassanidenherrscher Chosrau II. in ihren östlichen Reichsteilen geschwächt waren, setzten ihm dabei kaum Widerstand entgegen. Allerdings konnten sich auch die Araber hier zunächst nicht dauerhaft festsetzen. Dies gelang in Teilen erst Oqba Ben Nafi, dem Neffen von Amr Ibn al-As, der 670 bis in das heutige Tunesien vorstoßen konnte und dort die Stadt Kairouan gründete.

Wenn auch einige Berberstämme zum Islam konvertierten, sperrte sich vor allem die Bevölkerung des tripolitanischen Berglandes gegen die Missionierung und drängte die Araber in die Kyrenaika zurück. Zwei Jahrzehnte später unternahm dann Hassan Ibn an-Numan einen erfolgreichen Feldzug zur Rückeroberung Nordafrikas, bei dem er von ägyptischen und syrischen Truppen unterstützt wurde.

In der Folgezeit entwickelten sich die beiden Küstenregionen wieder auseinander. Tripolitanien wurde von lokalen charidjitischen Herrschern regiert und geriet schließlich unter den Einfluss der benachbarten Emirate in Tunesien und im Maghreb. Die Kyrenaika war gemeinsam mit Ägypten eine Provinz des zunächst (unter den **Omayaden**) von Damaskus, dann von Bagdad (unter den Abbasiden) aus regierten arabischen Großreichs. Der **Abbasidenkalif** Harun al-Raschid – weltberühmt durch die Erzählungen aus Tausendundeiner Nacht – befahl eine Reichsreform, bei der das heutige Tunesien und das heutige Ostalgerien zur Provinz Ifriqiya zusammengefasst wurden. Ihr erster Verwalter, Ibrahim Ibn al-Aghlab (800–812), konnte sich von Bagdad loslösen und begründete die unabhängige Dynastie der **Aghlabiden,** die – mit der Machtzentrale in Kairouan – bis 909 über weite Teile Nordafrikas einschließlich Tripolitaniens herrschte. Unter den Aghlabiden erlebte Tripolitanien nochmals eine letzte Blütezeit, die vor allem durch die Reaktivierung der alten Karawanenrouten und durch umfangreiche Instandsetzungen und Neubauten bei den Bewässerungsanlagen hervorgerufen wurde. Diese Phase der Prosperität dauerte bis Mitte des 11. Jahrhunderts, als die Region bereits unter die Herrschaft der aus dem Westen Nordafrikas nach Osten expandierenden schiitischen Fatimidendynastie geraten war.

Anders verhielt es sich in der Kyrenaika, wo es unter der islamischen Fremdherrschaft zu einem raschen Verfall der antiken Städte kam, deren Einwohnerzahl durch Erdbeben und zunehmend heftigere Übergriffe einheimischer beduinischer Stämme zuvor ohnehin schon stark dezimiert worden war. In der Kyrenaika stieg Barke (heute Al-Merdj) zum neuen Provinzzentrum auf und ließ die anderen Ortschaften zur Bedeutungslosigkeit herabsinken.

In der Kyrenaika nahmen auch die Ereignisse ihren Anfang, die zum Niedergang der tripolitanischen Küstenstädte führten. Im Osten des heutigen Libyen hatte sich die Lokaldynastie der Ziriden unter dem Berberfürsten Buluqqin von den mittlerweile in Kairo residierenden **Fatimidenkalifen,** von denen er zum erblichen Statthalter über Nordafrika ernannt worden war, separiert. Daraufhin ermunterte Kalif Al-Mustanzir im Jahr 1049 die in den Wüsten beiderseits des Niltals nomadisierenden Beduinenstämme der Banu Hillal und Banu Sulayman zum Einfall in die abtrünnige Provinz und versprach ihnen im Falle einer Eroberung dort großzügige Landzuweisungen.

Die Beduinen fielen zunächst in die Kyrenaika ein, spalteten sich danach aber auf. Die Banu Sulayman zogen nach Süden und eroberten den Fezzan, während die Banu Hillal weiter an der Küste nach Westen zogen und bis 1052 auch Tripolitanien unterworfen hatten. Durch die Kämpfe und den damit einhergehenden Verfall der landwirtschaftlichen Anlagen fand die kurze Nachblüte der tripolitanischen Küstenstädte Sabratha und Leptis Magna nunmehr ihr Ende. Die Banu Hillal machten Oea zur neuen Hauptstadt und übertrugen auf sie den antiken Landschaftsnamen Tripolis.

Die Rechnung der Fatimidensultane ging zumindest bezüglich der Kyrenaika auf. Sie blieb nicht nur bis zum Ende ihrer Dynastie 1171 unter der Kontrolle von Kairo, sondern auch noch Jahrhunderte darüber hinaus unter den nachfolgenden, am Nil residierenden Herrscherhäusern: zunächst unter den durch Saladin begründeten **Ayyubiden,** dann unter den **Mamelucken-Beys,** welche von 1250 bis 1517 die Macht ausübten. Später wurden sie von den **Osmanen** abgelöst, was gleichbedeutend war mit der Verlagerung der Hauptstadt von Kairo nach Istanbul, wo Sultan Selim I. (1512–1520) residierte.

Tripolitanien hingegen blieb ein Zankapfel zwischen **Christen und Arabern:** 1146 besetzte es der Normannenkönig Roger II. von Sizilien unter Ausnutzung der inneren Wirren. Schon zwölf Jahre später erhob sich die einheimische Bevölkerung, die vom raschen Vorstoß der **Almohaden** (von *al-muwahiddun* = Wahrer der göttlichen Einheit) durch Algerien und Tunesien erfahren hatte, gegen die Normannen, massakrierte die christliche Garnison und begrüßte die expandierenden Muslime, denen man kampflos die Stadttore geöffnet hatte, als Befreier. Das neue Herrscherhaus – ursprünglich eine von Mohammed Ibn Tumart begründete religiöse Bewegung – hatte im marokkanischen Atlas gegen 1130 eine Lokaldynastie gebildet und 1147 die Almoraviden besiegt und als Hauptmacht im westlichen Nordafrika abgelöst. Zu ihrem Herrschaftsbereich gehörte auch Spanien, das sie jedoch 1212 wieder verloren. Diese Krise des Herrscherhauses nutzten lokale Kräfte in Tripolitanien, um sich von der Zentralmacht loszulösen. Allerdings konnte sich keiner von ihnen zum Gesamtherrscher aufschwingen. Vielmehr saßen für die nächsten Jahrhnderte in den größeren Küstenstädten, allen voran Tripolis, örtliche Beys, welche je nach militärischer Macht von den umliegenden Stämmen und Stammeskonföderationen Tribute und Steuergelder erhielten oder auch nicht. Die Einflussbereiche der einzelnen – teils miteinander konkurrierenden – Lokaldynasten schwankten dabei stark. Da das Hinterland somit keinen konstanten wirtschaftlichen Rückhalt bot, verlegten sich viele Städte auf die Piraterie. So avancierte nicht nur Tripolis zu einem gefürchteten Seeräubernest und Hand in Hand damit gehend zum Umschlagplatz für den Handel mit schwarzen (aus Innerafrika verschleppten) und weißen (in Gefangenschaft geratenen Christen) Sklaven.

Zwischenzeitlich gelang es auch den Christen immer wieder, sich Teilen Tripolitaniens zu bemächtigen. So konnte der spanische König

Ferdinand der Katholische zwischen 1508 und 1511 alle bedeutenden nordafrikanischen Küstenstädte einnehmen, darunter auch Tripolis, das er 1510 eroberte. 20 Jahre später trat sein Nachfolger Karl V. die Stadt an den Johanniterorden, der 1523 seinen Sitz auf Rhodos hatte räumen müssen, gemeinsam mit der Insel Malta als Lehen ab. Als die **Kreuzritter** 1551 von den türkischen Flottenverbänden unter Darghut Ali (türkisch Torghud Ali Pascha) im Auftrag von Sultan Süleyman dem Prächtigen (1520–1566) wieder vertrieben wurden, war die gesamte libysche Küste wieder unter einer gemeinsamen Herrschaft, vereint, nämlich der des osmanischen Reiches mit Istanbul als Hauptstadt.

Anders als die Küstenregionen Tripolitanien und Kyrenaika wurde die Geschichte des Fezzan bis in jüngere Vergangenheit im Wesentlichen von lokalen Herrscherdynastien geprägt. Erstes überregionales Machtzentrum war Zuweilah, das antike Cillaba, wo schon die ersten arabischen Invasoren eine lokale Dynastie etabliert hatten und wo im 10. Jahrhundert der Berberfürst Abdallah Ibn al-Chattab als Oberhaupt belegt ist. Einen Einschnitt in die Bevölkerungsstruktur bedeutete im 11. Jahrhundert die bereits erwähnte Invasion durch die Stämme der Banu Sulayman, da sich die arabischen Eroberer mit der berberischen Lokalbevölkerung vermischten. Als die Schwarzen Könige von Kanem im 13. Jahrhundert aus dem heutigen Tschad nach Südlibyen vordrangen und das Gebiet in ihr Reich, das auch Teile des heutigen Sudan umfasste, eingliederten, wurde Traghen Sitz des örtlichen Statthalters. Den **Meriniden,** welche in Marokko 1269 die Almohaden gestürzt hatten, gelang auch im Fezzan 1300 die Machtübernahme und die Vertreibung der innerafrikanischen Fremdherrscher. Ein Jahrzehnt später bildete Murzuq den Sitz der unabhängigen Lokaldynastie, die sich in der Folge dort etablieren konnte. Um 1576 fand sie ihr Ende durch den Vorstoß durch die **Osmanen,** deren Statthalter Mami jedoch schon 1582 einem Anschlag einheimischer Rebellen zum Opfer fiel. Bis zum Beginn der Karamanli-Herrschaft im Jahr 1711 konnte sich der Fezzan seine Unabhängigkeit von den Osmanen wahren.

Diese kontrollierten, nachdem 1517 Selim I. die Kyrenaika und 1551 die Flotte Süleymans des Prächtigen (1520–1566) auch Tripolitanien erobert hatte, die gesamte libysche Küstenregion. 1711 sagte sich jedoch Ahmed **Karamanli,** ein aus Albanien stammender osmanischer Kavallerieoffizier, von der Herrschaft Istanbuls los, wo zu jener Zeit Sultan Ahmet III. (1703–1730) residierte. Ahmed Karamanli erklärte den osmanischen Statthalter in Tripolis, der keine Machtmittel besaß, sich gegen seine Amtsenthebung zu wehren, kurzerhand für abgesetzt und begründete dort eine Lokaldynastie, zu deren Machtsphäre gleichermaßen Tripolitanien, die Kyrenaika und der Fezzan zählten. Formell erkannten die Karamanli-Regenten zwar die Oberhoheit des osmanischen Sultans an, konnten sich aber de facto ihrer Unabhängigkeit erfreuen. Der letzte Vertreter dieser Fami-

Tripolis, das Haus von Jussuf Karamanli

lie, Jussuf Karamanli (1795–1832), war ebenso in Seeräuberei verwickelt wie seine Vorgänger, handelte sich dabei jedoch zwischen 1801 und 1805 einen Krieg mit der jungen Flotte der USA ein. Die Amerikaner verloren zwar vor Tripolis ein Schiff, konnten aber Dernah in der Kyrenaika erobern.

Im Jahr 1835 ergriff Sultan Mahmut II. (1808–1839) die Chance, die durch innere Zwiste geschwächte Karamanli-Familie abzusetzen und Libyen wieder direkt der Herrschaft der Hohen Pforte zu unterstellen. Die Karamanlis wurden auf einem Schiff nach Istanbul deportiert, lediglich Yussuf, der zuvor zugunsten seines Sohnes Ali abgedankt hatte, konnte mit seinem gesamten Harem und einem seiner Söhne, der als Gouverneur von Benghazi eingesetzt war, nach Malta fliehen.

Auch jetzt wurde in der Provinz Tarabulus, wie die **Osmanen** ihre nordafrikanischen Außenbesitzungen nach der Hauptstadt benannten, die verwaltungstechnische Dreiteilung des Landes in die Kyrenaika, Tripolitanien und den Fezzan beibehalten. Die anfängliche Machtfülle des vom Sultan ernannten Generalgouverneurs wurde immer mehr zugunsten von Mitsprachemöglichkeiten der lokalen Kräfte beschnitten, nachdem es 1843 zu schweren Unruhen und Stammesrevolten gekommen war. Nachdem 1872 die Einführung des osmanischen Stadtrechts den größeren Orten Libyens bereits weitgehende Selbstverwaltung ermöglicht hatte, sollte im frühen 20. Jahrhundert unter dem osmanischen Gouverneur Ahmed Fausi Pascha dem libyschen Volk erstmals die Möglichkeit eingeräumt werden, ein eigenes Parlament zu wählen. Doch kam diesem Vorhaben die Besetzung des Landes durch die Italiener zuvor.

Bereits im 19. Jahrhundert hatte der ›Kranke Mann am Bosporus‹ (wie die Türkei in Europa gern genannt wurde) mit ansehen müssen, wie ihm die europäischen Kolonialmächte nach und nach seine nordafrikanischen Provinzen entrissen. Die Entwicklung begann 1830 mit dem Verlust des heutigen Algerien und 1881 des heutigen Tunesien an Frankreich, das jeweils in die beanspruchten Gebiete einmarschiert war, dort aber erst nach jahrzehntelangen blutigen Kämpfen den Widerstand der Bevölkerung brechen konnte. Ähnlich verhielt es sich im Jahr 1911, als **Italien,** das schon seit etwa 20 Jahren Siedler nach Nordafrika geschickt hatte, die Osmanen vor die Alternative stellte, entweder Tripolitanien und die Kyrenaika freiwillig zu räumen oder die Regionen zum Kriegsschauplatz werden zu lassen. Nach diesem Ultimatum an die Hohe Pforte hatten die Italiener am 5. Oktober 1911 Tripolis besetzt und dabei Hunderte von Menschen niedergemetzelt.

Am 5. November unterzeichnete dann der italienische König Victor Emanuel III. das Dekret, mit welchem die Annexion Libyens, zunächst als Protektorat, festgeschrieben wurde. Begründet wurden die Besitzansprüche der Italiener vor allem damit, dass Nordafrika bereits zwei Jahrtausende früher zu Rom gehört hatte und damals unter dessen Obhut blühte, während die Osmanen die Region hätten verkommen lassen. Die kaum mehr mit Truppen in Nordafrika präsenten Türken – in der Kyrenaika hatten sie 5000, in Tripolitanien nur noch 2000 Mann stationiert – mussten der italienischen Übermacht weichen. Entsprechend ihrer Ideologie wollten die neuen Machthaber ihre Ansprüche in den neuen Protektoraten auch augenscheinlich untermauern und restaurierten in den großen Ruinenstädten der Antike vor allem die römerzeitlichen Bauten. Die darunter liegenden älteren Schichten, die Auskunft über den Ursprung der Orte hätten geben können, blieben dabei ebenso unberücksichtigt wie die jüngeren byzantinischen und islamischen Relikte, die im Zuge der Freilegungen weggeschaufelt wurden.

Gegen die italienische Besetzung des Landes regte sich – unterstützt von den Osmanen – heftiger Widerstand der Bevölkerung, der in der Kyrenaika vor allem von Omar Mukhtar und der Senussi-Brüderschaft, dem 1843 begründeten islamischen Orden, getragen wurde, während sich in Tripolitanien die Aufständischen um Scheich Suleiman Baruni scharten. Es kam zwischen 1911 und 1917 zu einem blutigen Krieg, als dessen Resultat Italien, das anfänglich an eine problemlose Übernahme des Landes geglaubt hatte, nur den schmalen Küstenstreifen kontrollierte. Die Gegner einigten sich in Tripolitanien schließlich darauf, dass die am 16. November 1918 konstituierte und in Gharyan tagende Ratsversammlung der einheimischen Scheichs um Suleiman Baruni (der elf Tage zuvor die Proklamatiom der autonomen Republik Tripolis vorangegangen war) die Regierung des Landes stellte und diese im Gegenzug die Oberhoheit Italiens anerkannte. Ähnlich akzeptierten die Italiener in der Kyrenaika den Vorsteher der Senussi-Sekte, Idris al-Senussi, als regionalen Emir.

Nachdem 1922 in Italien Mussolini an die Macht gekommen war, wurde wieder eine aggressivere Libyen-Politik eingeleitet, die 1923 in einen erneuten Krieg mündete, der bis 1932 dauerte. Dabei gingen die Besatzer mit härtesten Mitteln gegen die einheimische Bevölkerung vor und deportierten viele wahre oder vermeintliche Aufständische in Konzentrationslager, die zumeist inmitten der Wüste lagen. Auch der auf eine Initiative von Rodolfo Graziani zurückgehende Stacheldrahtzaun mit Minenfeld zwischen Libyen und Ägypten gehörte zu den Maßnahmen, die zur Niederschlagung des einheimischen Widerstands beitrugen. 1934 vereinigte das faschistische Italien die Kyrenaika, Tripolitanien und den Fezzan zur Kolonie ›Libia‹. 1939 wurde die gesamte Region dem Staatsgebiet zugeschlagen und zur Provinz deklariert. Bis zum Beginn des Afrika-Feldzuges 1940 wurden rund 100 000 italienische Kolonisten nach Nordafrika geschickt und erhielten dort die fruchtbarsten Ackerböden, die man den Einheimischen weggenommen hatte. Als eine späte Art Wiedergutmachung sollte Gadhafi nach der Machtübernahme die 30 000 vor allem in Tripolitanien ansässigen Italiener am 7. Oktober 1970 des Landes verweisen und ihren Besitz verstaatlichen.

Während des Zweiten Weltkriegs spielten sich zwischen den Jahren 1940 und 1943 auch auf nordafrikanischem Boden heftige Kämpfe zwischen den Achsenmächten Italien und Deutschland auf der einen und den Alliierten auf der anderen Seite ab. Nach dem Sieg der letztgenannten wurde die italienische Provinz wieder in ihre drei traditionellen Großlandschaften aufgeteilt: Die Kyrenaika und Tripolitanien fielen unter britische Militärverwaltung, der Fezzan unter die der Franzosen.

Schon am 21. November 1949 beschloss die UNO, wobei die Stimme Haitis den Ausschlag gab, die drei libyschen Regionen wieder zu vereinen und als neuen Staat in die Unabhängigkeit zu entlassen. Zur Koordination der geplanten Maßnahmen wurde Adrian Peit als UNO-Kommissar ernannt. Es dauerte dann bis 1951, bis das Vorhaben am 7. Oktober mit der Verabschiedung einer Verfassung durch die libysche Nationalversammlung umgesetzt wurde. Man einigte sich – was nur mit erheblichen Zugeständnissen an republikanische Kräfte erreicht werden konnte – auf die konstitutionelle Erbmonarchie als Staatsform.

Als Libyen am 24. Dezember 1951 mit König Idris I., dem Vorsteher der Senussi-Sekte, als neuem Staatsoberhaupt in die **Unabhängigkeit** entlassen wurde, bestand der neue Staat weiterhin zunächst aus einer Art Föderation der drei gleichberechtigten und weitgehend autonomen Provinzen Tripolitanien, Kyrenaika und Fezzan. Erst 1963 wurden die drei Regionen zu einem libyschen Einheitsstaat zusammengefasst. Nach einer Statistik der UNESCO aus dem Jahr 1952 gehörte Libyen am Beginn seiner Unabhängigkeit weltweit zu den am geringsten entwickelten Ländern mit einer Analphabetenquote von 90 % der erwachsenen Bevölkerung und einem Pro-Kopf-Einkommen von jährlich umgerechnet 35 US-$.

Die Monarchie fand ihr Ende am 1. September 1969 mit dem Militärputsch, während sich König Idris I. in der Türkei aufhielt. Es kam zur Machtübernahme durch den Bund der Freien Offiziere unter Oberst Muammar al-Gadhafi und zur Ausrufung der Arabischen Republik Libyen. Wie stark dabei der Einfluss des vom ägyptischen Präsidenten Nasser gepredigten panarabischen Gedankens war, zeigt sich schon daran, dass als Landesflagge anfänglich dieselbe Abfolge der Farben Rot, Weiß und Schwarz mit einem goldenen Adler im weißen Mittelfeld wie bei der ägyptischen Fahne gewählt wurde. Erst als Sadat Israel besuchte, wurde die libysche Flagge am 17. November 1977 abgeändert und ist jetzt einfarbig grün.

Libyen und der Islam

Gemäß der Verfassung von 1976 ist Libyen eine Sozialistische Arabische Volksrepublik. Auch wenn der Begriff ›Islamisch‹, wie man angesichts der religiösen Prägung des Landes erwarten könnte, nicht im offiziellen Staatsnamen auftaucht, ist der Islam – die »Unterwerfung [unter den Willen Gottes]« – Staatsreligion. Ihr gehört praktisch die gesamte Landesbevölkerung an. Schon 1971 wurden durch eine sukzessive Anpassung der Rechtsprechung an den Koran die Grundlagen für die Islamisierung gelegt. Demzufolge darf auch kein Gesetz zu den Bestimmungen der heiligen Schrift der Moslems im Widerspruch stehen. Dennoch geht Libyen in einer Reihe von Punkten einen Sonderweg innerhalb der islamischen Welt. Während für die Moslems – wie z. B. im Iran verwirklicht – im idealen Staat die weltliche und religiöse Macht in einer Hand vereint sind und die in der westlichen Welt propagierte Trennung zwischen Staat und Kirche abgelehnt wird, forderte Gadhafi schon im Mai 1975 den islamischen Klerus in einer Ansprache auf, seine Arbeit auf rein religiöse Angelegenheiten zu beschränken und sich aus der aktuellen Politik herauszuhalten. Noch mehr Widerspruch erntete er im Juli 1978, als er für Libyen nur den Koran als einzige religiöse und von Gott inspirierte Schrift propagierte und die Sunna (die Lebensbeschreibung des Religionsstifters Mohammed) sowie die Hadith (die Sammlung der Aussprüche und Taten Mohammeds) als Richtschnur religiösen Handelns und staatlicher Verordnungen ablehnte, da diese Werke nicht direkt von Gott stammten und somit fehlerhaft überliefert sein könnten. Dieses Verdikt trug ihm in denstrenggläubigen Kreisen sogar den Vorwurf der Ketzerei ein. Auch die konservative religiöse Senussi-Bruderschaft ist im Land verboten, die Gebäude ihrer letzten Machtzentrale in der Oase Jaghbub südlich von Tobruk wurden mit Bulldozern dem Erdboden gleichgemacht. Der libysche Sonderweg geht sogar so weit, von der eingebürgerten islamischen Zeitrechnung abzuweichen. Statt die Hedschra, die Flucht des Propheten Mohammed aus seiner Heimatstadt Mekka nach Yathrib, das heutige Medina, also den September 622 als Beginn der Jahreszählung zu wählen, propagiert Gadhafi stattdessen den Todestag Mohammeds (8. Juni 632) als Ausgangspunkt des Kalenders, sodass die offizielle

Tripolis, Fayence an der Außenwand der Gurgi-Moschee

libysche Jahreszählung derjenigen in der übrigen moslemischen Welt um eine Dekade nachhinkt. Andererseits werden »dehnbare« Koranvorschriften teils rigoros ausgelegt, wenn man beispielsweise an das absolute Alkoholverbot im Land denkt.

Die Mehrheit der Libyer bekennt sich zur sunnitischen Glaubensrichtung des Islam. Die Aufspaltung der islamischen Welt in Sunniten und Schiiten hat ihre Wurzeln im Streit um die rechtmäßige Nachfolge Mohammeds. Dieser, um 570 in Mekka geboren und dem dort herrschenden Stamm der Khoraisch angehörend, erlebte etwa ab seinem 40. Lebensjahr zahlreiche göttliche Visionen, die im Koran (›Lesung‹) in 114 Suren zusammengefasst, dort allerdings nicht chro-

Zliten, Abd-al-Salam-al-Asmar-Moschee

nologisch, sondern nach ihrer Länge angeordnet sind. Der absolute monotheistische Anspruch, den Mohammed erhob und zunehmend penetranter durchzusetzen versuchte,wurde von seinen Mitbürgern in der von Kaufleuten aus aller Welt und aller religiösen Strömungen frequentierten Handelsmetropole Mekka schließlich als geschäftsschädigend betrachtet. Einem Mordanschlag zuvorkommend floh Mohammed im September 622 (mit dieser Flucht, der Hedschra, beginnt die islamische Zeitrechnung) nach Medina, wo er so viele Anhänger um sich sammeln konnte, dass ihm schließlich 630 die militärische Eroberung Mekkas glückte. Nach moslemischem Glauben repräsentiert Mohammed den letzten der von Gott gesandten Propheten, woraus resultiert, dass die im Koran verankerten Rechtsvorschriften für alle Zeiten unumstößlich sind. Nach seinem Tod am 8. Juni 632 in Medina traten zunächst die vier Kalifen Abu Bakr (632–634), Omar (634–644), Osman (auch Othman; 644–656) und Ali (656–661) seine Nachfolge als weltliche und religiöse Führer an. Bereits der letztgenannte dieser Kalifen, der als Gemahl von Fatima, der Tochter Mohammeds und der Chadidscha auch Schwiegersohn des Propheten war, hatte mit religiösen Gruppierungen zu kämpfen, die ihm 657 die Anerkennung als obersten religiösen Führer verweigerten und deswegen als Charidschiten (»außerhalb Befindliche«) bezeichnet werden. Nach der Ermordung Alis entbrannte der Streit darüber, ob als weiterer Nachfolger nur ein Mitglied der Familie Mohammeds bzw. Alis oder jeder geeignete Moslem mit entsprechender Kenntnis der Schrift und einwandfreiem Lebenswandel in Frage käme. Mit der in Damaskus residierenden Omayaden-Dynastie setzte sich zwar die letztgenannte Anschauung machtpolitisch durch, doch die Vertreter der unterlegenen Meinung, nur ein Angehöriger der Prophetenfamilie könne die neue Religion angemessen repräsentieren, spalteten sich daraufhin als Schiiten (von *Schi'a* = Trennung) von der Hauptrichtung der Sunniten ab.

Bereits zur Zeit der Kalifen war Nordafrika Teil des arabischen Großreichs geworden, und der sunnitische Islam blieb weiterhin beherrschende Religion, auch als das heutige Libyen unter lokalen Dynastien der arabischen Zentralverwaltung entglitten war. Nur zur Zeit der Fatimiden stellte eine schiitische Dynastie das Herrscherhaus. Diese leiteten, wie ihr Name schon sagt, ihre Anfänge von Fatima ab. Als sie in ihrer nordwestafrikanischen Heimat (den heutigen Maghreb-Staaten) im Jahre 297 A. H. (= 909) nach der Schlacht von Afriqiya unter ihrem Kalifen Obeid Allah die Aghlabiden-Dynastie gestürzt hatten, expandierten sie rasch nach Osten, durchquerten bei ihren Eroberungszügen das heutige Tunesien und den Norden Libyens, und unterwarfen schließlich im Jahre 971 unter ihrem Anführer Al-Muizz Ägypten, wo die Lokaldynastie der Ichschididen die Macht ausübte. Sogar Sizilien konnten sie dank ihrer leistungsfähigen Flotte ihren sunnitischen Glaubensbrüdern entreißen. 973 verlegte die Dynastie ihren Amtssitz an den Nil in das im gleichen Jahr neu gegründete Kairo. Die weitere Ausdehnung der Macht in Richtung Arabien führte dazu, dass sich das westliche Nordafrika zunehmender Unabhängigkeit erfreuen konnte. Nach dem im 11. Jahrhundert einsetzenden Niedergang der Dynastie übernahm nach dem Tod des letzten Fatimidensultans im Jahre 1171 Salah ed-Din (Saladin) die Herrschaft in Kairo und begründete das Herrscherhaus der Ayyubiden, womit wieder die Sunniten am Ruder waren.

Allen Strömungen des Islam gemeinsam sind die fünf grundlegenden Glaubensregeln, die als »Fünf Säulen des Islam« bezeichnet werden. Es handelt sich dabei allzuvorderst um das Glaubensbekenntnis *(Schahada)*: »Es gibt keinen Gott außer [dem einen] Gott [›Allah‹ ist das arabische Wort für Gott], und Mohammed ist sein Prophet«. Dies ruft auch der Muezzin, der die Moslems fünfmal am Tag zum Gebet *(Salad)* auffordert. Der Gläubige hat dann bis zum folgenden Muezzin-Ruf Zeit, sein Gebet zu verrichten, das – egal, welcher Nationalitiät und Muttersprache der Betende angehört – in arabischer Sprache, der Sprache Gottes, zu absolvieren ist. Dabei wendet sich der Betende nach Mekka, das Jerusalem bereits während des Aufenthalts Mohammeds in Medina als religiöses Zentrum der Moslems abgelöst hatte. In Mekka befindet sich mit der *Ka'aba*, deren Schrein einen Meteoriten beherbergt, das bereits auf vorislamische Zeit zurückgehende, bedeutendste Heiligtum der Moslems, das der Überlieferung nach von Abraham begündet worden sein soll. An diesen heiligen Ort hat jeder Moslem, der finanziell und gesundheitlich dazu in der Lage ist, mindestens einmal im Leben eine Pilgerfahrt *(Hadsch)* zu verrichten, und zwar im 12. Monat des islamischen Mondkalenders. In der Monatsmitte findet das große Opferfest *(Aid al-Adha)* statt. Es erinnert an die Bereitschaft Abrahams, seinen Sohn Isaak zu opfern. Deswegen wird in jeder Familie, die dazu finanziell in der Lage ist, ein Schaf oder eine Ziege geschlachtet. Dasselbe Ritual vollziehen zeitgleich die Mekkapilger. Ein Vierteljahr zuvor, im 9. Monat Ramadan, hat jeder Moslem, dem es die Gesundheit und das Alter erlauben, das ganztägige Fasten *(Saum)* einzuhalten. Während des gesamten Monats ist es von Sonnenauf- bis Untergang nicht erlaubt, zu essen oder zu trinken und sich weltlichen Vergnügungen wie Geschlechtsverkehr oder Nikotingenuss hinzugeben. Das Ende der Fastenperiode wird zu Beginn des Folgemonats mit einem mehrtägigen Fest feierlich begangen. Jeder Moslem ist zudem zur Verteilung von Almosen *(Sekat)* verpflichtet.

Libyen heute

Der moderne Staat

Nicht zuletzt dank seiner reichen Erdölvorkommen, die zudem einer schwefelarmen und damit hochwertigen Sorte zugehören, stellt Libyen heute den mit Abstand reichsten Staat Afrikas dar, wobei hin-

Arbeiten am Great-Man-Made-River-Project

zukommt, dass sich das hohe Bruttoinlandsprodukt auf eine mit nur 6 Mio. Einwohnern sehr geringe Bevölkerungszahl verteilt. Es kommen im Schnitt gerade einmal drei Einwohner auf jeden Quadratkilometer, von denen jeder rund 6000 US-$ pro Jahr erwirtschaftet (jedoch nur theoretisch, denn unter der erwerbstätigen Bevölkerung befindet sich ein sehr hoher Anteil von Gastarbeitern, vor allem aus anderen arabischen Ländern). Davon tragen die Erdöleinnahmen zu einem Viertel des Betrages bei. Allerdings hat der 1992 nach dem Anschlag von Lockerbie verhängte und erst 1999 wieder aufgehobene internationale Boykott der Wirtschaft schwer geschadet, zu einer hohen Inflationsrate von durchschnittlich bis zu 15 % im Jahr (bei Importgütern noch weitaus höher) geführt und den Staat gezwungen, Entwicklungsvorhaben wie die gigantischen Bewässerungsanlagen des Great-Man-Made-River-Projects, des ›großen von Menschenhand geschaffenen Flusses‹, zu verlangsamen oder zurückzustellen.

Dieses Projekt, zu dem Gadhafi am 29. August 1984 den ersten Spatenstich tat, soll Wasser, das man aus den riesigen fossilen Vorräten unter dem Boden der libyschen Wüste herauspumpen will, durch ein System von Rohrleitungen, offenen Kanälen, Wassertanks und Stauseen mittels zahlreicher Pumpstationen in die dicht bevölkerte Küstenregion bringen. Da die Quellen kontinuierlich sprudeln, der Wasserbedarf aber stark schwankt, musste als Ausgleichsbecken ein Stausee dazwischengeschoben werden, der sich unmittelbar südlich an der Straße Tripolis–Benghazi etwas östlich von Siirt befindet. Ziel des Projektes ist es, einerseits die Großstädte Tripolis und Benghazi zu versorgen, andererseits durch Bewässerung neue Felder, vor allem im Syrtebogen, zu erschließen. Insgesamt sollen dafür rund 4000 km Rohrleitungen verlegt werden. Jedes der im Land hergestellten 250 000 Rohrsegmente für die Hauptleitung hat dabei eine Länge von

7,5 m, einen Durchmesser von 4 m und ein Gewicht von 73 t und wird nach seiner Fertigung nahe der Küste auf einer eigens geschaffenen, für den übrigen Straßenverkehr gesperrten Piste mittels Tiefladern zu den Baustellen gebracht. Ursprünglich witterten amerikanische Firmen das große Geschäft, nach dem Rückzug der USA sprang das koreanische Baukonsortium Dong Ah mit Gastarbeitern aus den Philippinen, Bangladesch und Vietnam ein. Die Gesamtkosten für das Vorhaben sind auf umgerechnet 30 Mrd. Mark veranschlagt, und jedes Jahr wird dafür ein Fünftel der libyschen Erdöleinnahmen verwandt. Seit 1993 erhält Benghazi Wasser aus den Bohrungen bei Tazerbo und Sarir, seit 1996 Tripolis solches aus dem Fezzan. In Kufra und Sebha sind die Erschließungen der unterirdischen Vorräte noch im Gange. Bis das komplette Bewässerungsnetz steht, wird es noch viele Jahre dauern. Vor dem Handelsboykott, als die Petrodollars noch flossen, hatte man gehofft, das Projekt schon in den 1990er Jahren abschließen zu können.

Ein weiteres langfristiges Projekt zur Verbesserung der Infrastruktur gilt der Wiederaufnahme des Schienenverkehrs und dem Bau einer durchgehenden Eisenbahnlinie entlang der gesamten Küste. An der Straße, die Tripolis mit dem Grenzübergang zu Tunesien verbindet, wurden dafür bereits abschnittsweise, vor allem ganz im Westen, Schneisen ins Gelände gefräst und Dämme aufgeschüttet. Der Bahnverkehr in Libyen war 1965 eingestellt worden, weil es unwirtschaftlich erschien, das kleine, nur 360 km lange Schienennetz, das zudem in einen tripolitanischen und einen kyrenischen Teil aufgespalten war, durch eine Trasse entlang des Syrtebogens zu verbinden. Die anwachsende Bevölkerungszahl lässt jetzt eine Bahnlinie sinnvoll erscheinen. Die meisten dafür erforderlichen Produkte, wie Schienen und Waggons, will Libyen selbst fertigen. Dabei soll das Stahlwerk in Misratah die Hauptrolle spielen.

Bevölkerung

Nahezu ausschließlich gehört die Bevölkerung der sunnitischen Glaubensrichtung des Islam an. Der Koran gilt auch als Leitfaden für die Gesetzgebung und die Staatsorgane. Die enge Bindung des Staates an den Islam wird auch durch die Landesflagge ausgedrückt, die – ähnlich der saudischen Fahne – in nur einer einzigen Farbe gehalten ist, nämlich in Grün, der Farbe des Propheten Mohammed. Zuvor hatte die Landesflagge die panarabischen Farben Rot-Weiß-Schwarz, mit einem goldenen Adler im weißen Feld, besessen. Trotz seiner islamischen Prägung hat Libyen einige Regelungen, die in anderen, konservativeren arabischen Ländern noch alles andere als selbstverständlich sind, wie das aktive und passive Wahlrecht für Frauen in den Volkskongressen und deren volle Gleichberechtigung im täglichen Leben bis hin zu der Tatsache, dass Frauen in den Streitkräften und Milizen des Landes aktiven Dienst an der Waffe leisten. Es gibt in der libyschen Luftwaffe sogar Kampfpilotinnen, und Revolutionsführer Gadhafi lässt sich von einer Leibwache, die ausschließlich aus Frauen besteht, schützen.

Bedingt durch die Topographie und die klimatischen Verhältnisse ist die Bevölkerung, die 1975 lediglich 2,35 Mio. Menschen zählte und zur Jahrtausendwende auf 6 Mio. angewachsen war, sehr ungleichmäßig über die Fläche des Staates verteilt. Mehr als 80 % der Bewohner leben in den Küstenstreifen Tripolitaniens und der Kyrenaika – wobei allein die Großstädte Tripolis, Benghazi und Misratah mit ihren Vororten etwa drei Millionen beherbergen – sowie in den meeresnahen Regionen des jeweils dahinter aufsteigenden Berglandes. Das verbleibende knappe Fünftel besiedelt den größtenteils unwirtlichen Fezzan, der umgekehrt seinerseits mit etwas mehr als 550 000 km^2 Ausdehnung ein Drittel der Landesfläche einnimmt. Um dieses Gefälle abzumildern, bemüht sich der Staat, für den Süden durch Verbesserungen der Infrastruktur Siedlungsanreize zu schaffen. Sebha wurde zum Verwaltungssitz der Provinz Fezzan ausgebaut und erhielt dabei unter anderem eine Universität.

Geburtenkontrolle ist in Libyen – anders als beispielsweise im bevölkerungsreichen Nachbarland Ägypten mit seinen 70 Mio. Einwohnern – ein Fremdwort und wird auch vom Staat nicht propagiert. Ganz im Gegenteil fühlt man sich den Nachbarstaaten, deren Einwohnerzahl höher liegt, unterlegen und strebt, um mit ihnen gleichziehen zu können, ein rasches Bevölkerungswachstum an, das zur Zeit durchschnittlich 3,6 % im Jahr beträgt. Wie in den meisten anderen afrikanischen Staaten hat dies dazu geführt, dass heute weit über die Hälfte der Einwohner Libyens unter 16 Jahre alt sind.

Bis in jüngste Vergangenheit war es möglich, bestimmte Regionen des Landes mit bestimmten ethnischen Gruppen gleichzusetzen. Mit der gewachsenen Mobilität und dem planmäßigen Ausbau des Straßennetzes haben sich diese Grenzen längst verwischt, und es gibt heute über das gesamte Staatsgebiet verteilt ein Bevölkerungsgemisch, wobei die von den Arabern abstammenden Libyer weiterhin den mit Abstand größten Anteil stellen.

Die **Araber** kamen im 7. Jahrhundert durch die muslimischen Eroberungszüge unter Oqba Ben Nafi ins Land. Sie brachten den islamischen Glauben mit, dem noch heute praktisch alle Libyer angehören, und vermischten sich mit der einheimischen Vorbevölkerung und den punischen bzw. griechischen Kolonisatoren.

Die Bezeichnung **Berber** leitet sich vom Wort *barbaroi*, Stammler, ab, womit die alten Griechen die aus ihrer Sicht unzivilisierten, der griechischen Sprache nicht mächtigen Völkerschaften außerhalb ihres Kulturkreises belegten. Die Berber selbst bezeichnen sich als Amazirgh (Plural: Imazirghen), was freier oder edler Mann bedeutet. Unter dem weit gefassten Begriff Berber subsumiert man diejenige Bevölkerung Nordafrikas, die bis zur arabischen Invasion das Gebiet von den kanarischen Inseln im Westen bis zur Oase Siwa im Osten bewohnten. Heute finden sich deren Nachkommen ohne Vermischung mit den arabischen Zuwanderern fast nur noch im Atlas.

Anthropologisch zählt man sie zu den europid-mediterranen Menschen. Ihre Sprache, die von ihnen selbst – je nach Dialektgruppe – als Tamasicht, Tamahaq, Tamashag oder Taschilhait bezeichnet wird, gehört jedoch der hamitosemitischen Sprachfamilie an. Eine berberische Hochsprache gibt es nicht, vielmehr zerfällt sie in unzählige Dialekte und Unterdialekte. Da in allen Staaten, in denen noch Berber leben, Arabisch die offizielle Verwaltungssprache ist, dienen die auf Sprachinseln bechränkten Berberdialekte nur mehr der Verständigung innerhalb der lokalen Gruppen. Auch die Sitten und Gebräuche sind vielfach durch die dominante arabische Kultur überlagert.

Eine Sondergruppe innerhalb der Berber sind die **Tuareg** (Singular: Targi). Von den über eine Million Angehörigen dieser Bevölkerungsgruppe leben nur wenige Zehntausend auf libyschem Boden und bevölkern auch nur den äußersten Südwesten des Landes. Von den anderen Berbern unterscheiden sie sich im Wesentlichen durch ihre abweichende Sprache, im nördlichen Dialekt Tamahaq genannt, die vor allem durch Charles Eugène Vicomte de Focauld (1858–1916) erforscht wurde, einen katholischen Priester, der bis zu seiner Ermordung im algerischen Tamanrasset 16 Jahre lang unter den Tuareg im Ahaggar lebte und dabei das umfassendste Wörterbuch ihrer Berbersprache zusammenstellte.

Die Tuareg verwenden als Schrift das an vielen Felswänden des Fezzan aufzufindende so genannte Tifinagh. Ihr traditionelles Siedlungsgebiet umfasst die westliche Zentralsahara und die südlich anschließende Sahelzone, das Areal von Touat bis Timbuktu und vom Fezzan bis Zinder. Die meisten von ihnen halten sich heute in Mali auf – von dort stammt auch zumeist der Berberschmuck, der in den südlibyschen Oasen, wie Ghat, an Touristen verkauft wird – die übrigen Tuareg bevölkern neben Libyen den Niger, Algerien und Bur-

Tuareg in der Wüste von Ubari

kina Faso, das ehemalige Obervolta. Die Tuareg gehören zwar dem muslimischen Glauben an, haben aber, im Gegensatz zu den arabischen Beduinen, in ihrem sozialen Gefüge eine starke Stellung der Frau und matriarchalische Tendenzen, die sich unter anderem in einer monogamen Ehe, freier Gattenwahl und in der Erbfolge äußern. Außerdem verschleiern sich bei ihnen die Männer, während die Frauen ihr Gesicht unbedeckt zeigen. Dieser *litham* genannte Gesichtsschleier der Männer führt zu ihrer Bezeichnung *muleththemin*, was ›die Verschleierten‹ bedeutet, durch die Araber. Dem indigogefärbten, stark abfärbenden Kleiderstoff verdanken sie ihren zweiten Namen: die blauen Männer. Ihre traditionelle hierarchische Gesellschaftsordnung, die sich aus den Imoshag genannten Adeligen, deren mit Imghad bezeichneten Vasallen und der negroiden Sklavenschicht der Izzegaren (arab. *harratin*) aufbaut, wobei auch die Schmiede noch eine Sonderstellung einnehmen, konnte sich nur noch in Resten erhalten. Die Tuareg leben von der Viehzucht und halten Kamele, Schafe, Rinder, Ziegen und Esel, wobei ihre nördlichen Vertreter bei einer nomadischen Lebensweise in den Wüstenregionen in Lederzelten wohnen, während die sesshaften Tuareg in den Savannen des Südens Lehm- und Steinhäuser besitzen.

Akakus-Gebirge, Wadi Teschuinat, Felsbild mit der Darstellung eines Mannes aus dem libyschen Stamm der Garamanten

Die letzte bedeutende Bevölkerungsgruppe Libyens sind die **Tubbu** (auch Tibbu, Tebu, Teda). Ihre Benennung setzt sich zusammen aus den Wörtern *tu*, womit die Tubu selbst das Tibesti-Gebirge bezeichnen, und *bu*, was einfach Mensch bedeutet. Es handelt sich bei den Tubbu aber nicht nur um die Sammelbezeichnung für die Bewohner des Tibesti, sondern auch ihre Stammesgenossen in Kawar, Borku, Ennedi und Kanem/Tschad sowie im libyschen Süd-Fezzan an der Grenze zum Niger und zum Tschad und in den Kufra-Oasen werden so bezeichnet. Sie gehören allesamt dem muslimischen Glauben an. Diese mit ihren Herden nomadisierende Bevölkerung im südlichsten Teil Libyens ist dank ihrer dunklen und – als Verdunstungsschutz für die Körperflüssigkeit – nur wenige Hautpartien freilassenden Kleidung der unwirtlichen und wasserarmen Umgebung optimal angepasst. Möglicherweise sind die Tubbu die direkten Nachfahren derjenigen Leute, die den Fezzan schon in der Steinzeit, als die klimatischen Verhältnisse günstiger waren, bewohnten und dort zahlreiche Felszeichnungen sowie Steinwerkzeuge hinterlassen haben.

Libyen und internationaler Terrorismus

Libyen musste sich in der Vergangenheit immer wieder des Vorwurfs erwehren, es unterstütze weltweit Terroristen. Teils bekannte sich Libyen zu Anschlägen, die im Ausland verübt worden waren, oder hieß diese zumindest gut, sobald sie gegen Israel oder den – aus libyscher Sicht – amerikanisch-britischen Imperialismus gerichtet waren.

Eine der Wurzeln der libysch-amerikanischen Feindschaft ist darin zu suchen, dass Gadhafi die seinerzeit im Wesentlichen von amerikanischen und britischen Konzernen ausgebeuteten Ölfelder hatte verstaatlichen lassen. Was heute als selbstverständlich gilt, nämlich dass jedes Land vom Ertrag seiner Rohstoffe selbst profitiert, wurde von den Betroffenen damals noch als Ungerechtigkeit aufgefasst. Hinzu kam, dass Libyen den Amerikanern und Engländern das Abkommen über die Nutzung der Militärbasen an der libyschen Küste aufkündigte und die fremden Soldaten am 28. März bzw. 11. Juni 1970 des Landes verwies – dies zu einer Zeit, als das Nachbarland Ägypten unter Nasser noch dem Ostblock näher stand als dem Westen und die libyschen Militärbasen als Horchposten von großer strategischer Bedeutung waren.

Die USA und Großbritannien hatten sich bei König Idris I., der unter Finanznot litt, die Nutzungsrechte durch finanzielle Unterstützung erkauft. Allerdings hatten sie ihren Hinauswurf durch Gadhafi auch insofern selbst provoziert, da sie 1956 während der Suezkrise, 1964 während der Auseinandersetzung um die Nutzung des Jordanwassers und 1967 im Sechs-Tage-Krieg von diesen Militärstützpunkten auf arabischem Boden aus gegen andere arabische Bruderländer der Libyer operierten. Anerkanntermaßen war Gadhafi damals auch praktisch der einzige Staatschef der arabischen Welt, der nicht mit finanziellen Zuwendungen zu einer Änderung seiner politischen Auffassung zu bewegen – anders ausgedrückt: korrupt – war. Entsprechend kritisch beäugten die USA die innere Entwicklung des Landes und unternahmen immer wieder Versuche, das Regime Gadhafis zu destabilisieren. Umgekehrt konnte nahezu jede militante Gruppierung mit materieller oder ideeller Unterstützung durch Libyen rechnen, wenn sie nur plausibel machte, dass ihr Kampf gegen Israel oder den Imperialismus gerichtet war. So standen unter anderem die IRA oder die RAF auf der Gehaltsliste Gadhafis, zahlreiche afrikanische Unabhängigkeitsbewegungen und natürlich auch die PLO, zumindest bis zum Beginn von deren Aussöhnungsprozess mit Israel. Andere Organisationen, wie der afrikanische Nationalkongress (ANC), der seinerzeit unter Führung von Nelson Mandela gegen die Apartheid-Politik in Südafrika vorging und dabei von Libyen tatkräftig unterstützt wurde (woraus die enge persönliche Freundschaft zwischen Mandela und Gadhafi resultiert), gehören heute zu den etablierten und international anerkannten politischen Kräften, bei denen von ›Terroristen‹ längst nicht mehr die Rede ist.

Vielfach erreichten die Nachbarstaaten Libyens höhere finanzielle Zuwendungen (zumeist weniger für Entwicklungshilfeprojekte als vielmehr für das Militär) durch die USA und Westeuropa, wenn sie mit der angeblichen Bedrohung durch Libyen argumentierten. So stationierten die USA in den frühen 1980er Jahren in Assuan prompt ein Geschwader der gerade neu entwickelten AWACS-Aufklärungsflugzeuge, als Ägypten mit seinen damals 45 Mio. Staatsbürgern die Angst vor einer Invasion durch Libyen, dessen Bevölkerungszahl zu jener Zeit gerade einmal 3 Mio. betrug, schürte.

Aber auch die USA selbst trugen zur Aufheizung der Spannungen bei, als sie behaupteten, libysche Geheimagenten seien in die USA mit dem Vorhaben eingereist, den amerikanischen Präsidenten Ronald Reagan zu ermorden. Später musste man zugeben, dass diese Geschichte eine Erfindung des CIA gewesen war. Vor diesem Hintergrund stießen amerikanische Berichte vom Ende des Jahres 1988, wonach Libyen nahe der Kleinstadt Rabta auf dem Djebel Nafusa eine Giftgasfabrik betreiben würde, teils auf Skepsis. Gleiches galt wenig später für eine zweite Produktionsstätte, welche man in Tajura unweit östlich von Tripolis ausgemacht zu haben glaubte. Damals wurde auch das deutsch-amerikanische Vehältnis getrübt, als bekannt wurde, dass sich Firmen aus der Bundesrepublik an der Errichtung der Anlagen beteiligt hätten.

Seinen traurigen Höhepunkt erreichte der amerikanisch-libysche Konflikt im Jahr 1986. Im März war es zu militärischen Auseinandersetzungen zwischen Libyen, das die gesamte Große Syrte einseitig zu seinem Hoheitsgewässer erklärt hatte, und der amerikanischen Mittelmeerflotte, die dies unterbinden wollte, gekommen. Dabei zogen die Libyer den kürzeren. Die Ereigniskette setzte sich am 15. April fort mit der Bombardierung von Tripolis und Benghazi durch amerikanische Kampfbomber als Vergeltung für das zehn Tage zuvor auf die Berliner Diskothek ›La Belle‹ verübte Bombenattentat. Für den Anschlag in dem Lokal, in welchem auch viele US-Amerikaner verkehrten, machte der amerikanische Präsident Ronald Reagan Gadhafi verantwortlich. Der libysche Staat hat seine Beteiligung an dem Anschlag stets bestritten, ebenso wie an der Bombenexplosion am 21. Dezember 1988 an Bord einer Boeing 747 (Jumbo-Jet) der amerikanischen Gesellschaft PAN AM über der schottischen Kleinstadt Lockerbie, die seinerzeit alle 259 Flugzeugpassagiere sowie elf Menschen auf dem Boden das Leben kostete.

Deswegen wurde der im niederländischen Kamp Zeist nach schottischem Recht abgehaltene Prozess (diese komplizierte Regelung hatten die Libyer ausgehandelt) mit Spannung beobachtet. Zwei Libyer sollten den Anschlag verübt haben, Abdel Basset Ali Mohammed al-Megrahi (auch Mikrahi) und Al-Amin Chalifa Fhimah. Um deren Auslieferung an ein internationales Tribunal zu erzwingen, hatte der UN-Sicherheitsrat 1992 Wirtschaftssanktionen gegen Libyen (darunter den Stopp von Ersatzteillieferungen und das Verbot internationaler Flüge) verhängt. Das Land gab daraufhin zunächst den Verzicht auf alle gewaltsamen Aktionen im Ausland bekannt und unterzeichnete die entsprechende UN-Resolution zum Kampf gegen Terrorismus und Luftpiraterie.

Mit der Überstellung der beiden Tatverdächtigen an das Sondergericht, dem in Libyen erst der Volkskongress hatte zustimmen müssen, erklärte die UN am 5. April 1999 den Boykott für zunächst eingefroren, aber noch nicht offiziell beendet. Lediglich die Amerikaner, deren Präsident Ronald Reagan die wirtschaflichen Sanktionen durch sein Land schon erstmals 1986 verhängt hatte, und die durch seine Nachfolger bislang regelmäßig verlängert worden sind, führen ihn einseitig weiter. Das am 31. Januar 2001 verkündete Urteil konnte dank der kooperativen Haltung aller Beteiligter nach einer nur neunmonatigen Verhandlungsdauer erheblich schneller gefällt werden als bei Prozessbeginn befürchtet. Gemäß dem einstimmig gefassten Spruch der drei schottischen Richter wurde Megrahi für schuldig befunden und zu einer lebenslangen Haftstrafe (mit der Aussicht auf Begnadigung nach frühestens 20 Jahren) verurteilt, Fhimah hingegen freigesprochen. Man hatte ihm als Leiter des Flugbüros der Libyan Arab Airlines auf Malta unterstellt, dort den Bombenkoffer mittels gestohlener Gepäckanhänger der Air Malta an Bord einer Maschine nach Frankfurt geschmuggelt zu haben, wo er auf das PAN AM-Flugzeug über London nach New York umgeladen worden war.

Als weiterer Hemmschuh auf dem Weg zur Akzeptanz Libyens in der internationalen Staatengemeinschaft gilt der Bombenanschlag auf eine DC 10 der französischen Fluggesellschaft UTA knapp neun Monate nach Lockerbie, die über dem westafrikanischen Niger zum Absturz gebracht wurde, wobei alle 170 Flugzeuginsassen ums Leben kamen. Die Verantwortung für die Planung und Ausführung der Tat sollen sechs hochrangige Mitglieder des libyschen Geheimdienstes, darunter Abdallah al-Senussi, der Schwager Gadhafis, tragen. Hierfür wurden sie von einem Pariser Schwurgericht im März 1999 in Abwesenheit zu lebenslangen Haftstrafen verurteilt. Libyen hat mittlerweile umgerechnet 211 Mio. Franc Entschädigung an die Hinterbliebenen der Opfer bezahlt.

Ins positive Licht konnte sich Libyen zuletzt setzen, als die von Seif al-Islam (dem ältesten Sohn Muammar Gadhafis aus dessen 1972 geschlossenen zweiten Ehe mit der Krankenschwester Safia al-Brassi) geleitete islamische Hilfsorganisation maßgeblich Anteil hatte an der Freilassung mehrerer europäischer Geiseln, die von philippinischen Rebellen auf der Insel Jolo festgehalten worden waren.

Das libysche Erdöl

Libyens wichtigster Exportartikel ist sein Erdöl. Dieser Rohstoff ermöglichte es auch, nach der Revolution durch Gadhafi das Land innerhalb kürzester Zeit von einem der weltweit am wenigsten entwickelten Länder zum reichsten Staat Afrikas hinaufzukatapultieren.

Schon bald nach der 1951 proklamierten Unabhängigkeit des Landes begannen die großen internationalen Ölkonzerne mit geologischen Untersuchungen. König Idris I. rief zur Verteilung der Förderkonzessionen, obwohl noch keine Vorkommen ausfindig gemacht worden waren, 1955 eine Petroleumkommission ins Leben, die an 13 Gesellschaften Schürflizenzen vergab. 1956 wurden die ersten gezielten Bohrungen niedergebracht, die sich ein Jahr später als erfolgreich erwiesen: Im Mai 1957 stieß die Mobil Oil Company of Canada auf ein Erdgasfeld, und im Oktober desselben Jahres zog die Esso Standard (Libya) Inc. mit den ersten Ölfunden nach. Rasch folgte die Aufdeckung weiterer Vorkommen, sodass Ende 1959 insgesamt 84 Konzessionen vergeben waren und acht Gesellschaften auf rund 20 Feldern förderten. Der hier gewonnene Rohstoff gehört auf Grund seines geringen Anteils an Schwefel der höchsten Qualitätsstufe an. Beispielsweise konnte an der Förderstelle ›Zelten Nr. 1‹ die Firma Standard Oil of New Jersey 1959 jährlich 875 000 t Rohöl fördern.

Es dauerte dennoch bis 1961, bis die Ölgewinnung in großem Umfang – mit der Einweihung der ersten Pipeline zwischen den Ölfeldern von Ziltan zur neu angelegten Schiffsverladestation von Marsa Brega durch König Idris I. – eingesetzt hatte, doch dann nahm sie rapide zu. Schon 1963 betrug sie 21 Mio. t. Schnell avancierte Libyen zum zweitgrößten Ölexporteur nach Kuweit. Auf den erwähnten Bau des Ölhafens und der Pipeline von Marsa Brega im Oktober 1961 folgte im November 1962 und im August 1986 die Anlage zweier neuer Leitungen zum ebenfalls neu im Syrtebogen geschaffenen Verladeplatz Ras as-Sidr. Danach wurde der Hafen von Tobruk durch zwei Pipelines von 350 und 375 km Länge an die Ölvorkommen im Landesinneren angeschlossen. 1967 war das gesamte Leitungsnetz mehr als 1000 km lang. Aktuell beträgt die Länge der Pipelines für Rohöl 4383 km, für Erdgas 1947 km und für Flüssiggas 256 km, die zu mittlerweile fünf Verladestationen an der Küste der großen Syrte führen.

1972, als 105 Mio. t Rohöl gewonnen wurden und die Gesamtreserven des Landes auf 3 992 Mio. t geschätzt wurden, lag Libyen, das der OAPEC (Organization of Arabian Oil Countries) angehörte, bezüglich seiner Erdölförderung weltweit auf Rang Sieben. In diesem Jahr setzte mit der Verstaatlichung der BP (British Petrol) die von Gadhafi initiierte Zurückdrängung ausländischer Konzerne ein, die im September 1973 in die Übernahme von jeweils 51 % der Anteile aller nichtlibyschen Gesellschaften mündete. Gleichzeitig kündigte Libyen an, künftig keine Zahlungen mehr in US-Dollar zu akzeptieren, sondern nur noch in solchen Währungen, die (damals noch) Golddeckung besaßen. Schon zuvor galt Libyen als unsicherer Geschäftspartner, weswegen beispielsweise sein Anteil an der Ölversorgung der damaligen Bundesrepublik Deutschland von mehr als 45 % im Revolutionsjahr 1969 auf 27 % im Verstaatlichungsjahr 1972 zurückging. Heute ist Deutschland übrigens – gleich hinter Italien und vor Spanien – Libyens zweitwichtigster europäischer Handelspartner.

In den 1980er Jahren machte sich die Wirtschaftskrise im Land auf Grund der rapide gesunkenen Erdöl-Einnahmen bemerkbar und führte zu Unruhen und zum Erstarken von Oppositionsbewegungen. Von 22,5 Mrd. US-$ im Jahr 1980 gingen die Erträge schon im Jahr darauf auf 15,7 Mrd. US-$ zurück und schrumpften schließlich auf 5,4 Mrd. US-$ im Jahr 1986, als auch die Beziehungen zwischen Libyen und den USA nach dem Bombardement von Benghazi und Tripolis auf dem Tiefpunkt angekommen waren.

1993, als die Erdöleinnahmen mit 57 % zum Staatshaushalt beitrugen, äußerte Gadhafi den Vorschlag, die Hälfte der jährlichen Erlöse aus dem Ölexport von 10 Mrd. US-$ direkt an das Volk auszubezahlen, was jeder Familie ein Zusatzeinkommen von 10 000 US-$ eingebracht hätte. Diese Idee wurde jedoch in dem mit 2 Mrd. US-$ im Ausland verschuldeten Staat nicht realisiert.

Durch den 1996 eingeleiteten internationalen Boykott, der nach dem Absturz der US-Passagiermaschine über der schottischen Stadt Lockerbie über Libyen verhängt worden war, wurde der Ölsektor zwangsweise auf ein niedriges Niveau abgesenkt (Libyen durfte zwar, anders als der Irak, noch Erdöl verkaufen, bekam jedoch keine Ersatzteile mehr für die Förderanlagen geliefert). Seit der Aufhebung des Boykotts konnte dieser Wirtschaftsbereich wieder schnell reaktiviert werden. So avancierte Libyen bezüglich seiner Neuinvestitionen in diesem Bereich von Rang 20 im Jahr 1998 auf Rang eins im Jahr 2000. Trotz der schwierigen politischen Verhältnisse investierten dort die europäischen Öl- und Gaskonzerne ENI Italy, Total/Fina/Elf, OMV, Repsol YPF und Lasmo inzwischen zusammen 10 Mrd. US-$. Entsprechend rechnet die libysche Regierung mit einem Anstieg des Wirtschaftswachstums von 6,2 % im Jahr 2000 und 5,5 % im Jahr darauf.

Mittlerweile gewinnt in Libyen neben dem Öl die Förderung von Erdgas zunehmend an Bedeutung. Als aktuellstes Projekt ist der Bau einer Gasleitung durch das Mittelmeer zwischen Libyen und Italien geplant.

Daten zur Geschichte

um 120 000 v. Chr. Paläolithikum; Faustkeile vom Typ Acheuléen belegen die Anwesenheit früher Hominiden.

um 40 000 v. Chr. Älteste Knochenfunde (Kiefertrümmer) von Hominiden aus dem frühen Moustérien bzw. Atérien (ca. 40 000–25 000 v. Chr.) in der Höhle von Haua Fteah/Kyrenaika.

um 10 000 v. Chr. In der Bubalus- bzw. frühen Jägerzeit Beginn der Felsbilder im Messak-Gebirge/Fezzan.

1279–1213 v. Chr. Früheste Erwähnung des Namens Libyer (›Libu‹) unter Pharao Ramses II.

ab ca. 1100 v. Chr. Die Phönizier gründen im westlichen Mittelmeerraum Handelsniederlassungen (Utica, Gadès, Lixus, evtl. auch Leptis Magna, Oea).

um 700 v. Chr. Karthago löst Phönizien als ›Schutzmacht‹ Tripolitaniens ab.

631 v. Chr. Griechische Kolonisten von der Insel Thera gründen Kyrene. Ihr Anführer Aristoteles nimmt den einheimischen Herrschertitel Battos als Eigenname an und begründet die Dynastie der Battiaden, die acht Herrscher umfasst.

Triopolis, Museum, phönizische Grabstele mit Tanit-Emblem

7./6. Jh. v. Chr.	Von Kyrene aus erfolgt die Gründung der übrigen Pentapolis-Städte Taucheira, Kyrene-Hafen/Apollonia, Euhesperides/Benghazi und Barke/Al-Merdj.
um 440 v. Chr.	Mit der Ermordung von Arkesilaos IV. endet das Herrscherhaus der Battiaden. Die Kyrener rufen die Demokratie aus.
332 v. Chr.	Die Kyrenaika unterwirft sich Alexander dem Großen nach dessen Eroberung Ägyptens.
322 v. Chr.	Ptolemaios I. wird Herrscher der Kyrenaika. Sein Stiefsohn Magas, Statthalter der Kyrenaika, nutzt seinen Tod 282 v. Chr. zur Unabhängigkeit.
246 v. Chr.	Mit der Hochzeit zwischen der Magas-Tochter Berenike II. und Ptolemaios III. anlässlich dessen Thronbesteigung kommt die Kyrenaika wieder zu Ägypten. Gründung von Ptolemais am alten Hafen von Barke.
219–202 v. Chr.	Zweiter Punischer Krieg; Niederlage Karthagos gegen Scipio Africanus d. Ä. Numidien entreißt den Karthagern mit Billigung Roms Tripolitanien.
163 v. Chr.	Die Römer erzwingen die Teilung des Ptolemäerreichs, um die Thronstreitigkeiten zwischen Ptolemaios VI. Philometor und Ptolemaios VIII. Euergetes II. zu beenden. Nach dem Tod Philometors herrscht Euergetes wieder über das Gesamtreich.
96 v. Chr.	Tod des Ptolemaios Apion, eines illegitimen Sohnes des Euergetes, der die Kyrenaika geerbt hatte. Durch sein Testament fällt die Kyrenaika an Rom, das die Städte in die Unabhängigkeit entlässt und nur das Ackerland behält.
74 v. Chr.	Die Kyrenaika wird römische Provinz.
43 v. Chr.	Nach dem Tod Caesars wird Tripolitanien der neuen Provinz Africa Proconsularis zugeschlagen.
36 v. Chr.	Antonius vermacht Kleopatra VII. Teile des römischen Reiches zum Geschenk. Ihre Tochter Kleopatra Selene erhält Libyen und die Kyrenaika.
27 v. Chr.	Nach der Niederlage von Marc Anton und Kleopatra gegen Oktavian/Augustus in der Seeschlacht von Actium (31 v. Chr.) wird die Kyrenaika unter Einschluss der Marmarica gemeinsam mit Kreta senatorische Doppelprovinz Creta et Cyrenaica mit der Hauptstadt Gortyn auf Kreta. Africa Proconsularis wird senatorische Provinz.
Zeitenwende	Einführung des Kamels als Lasttier in Libyen. Aufstände einheimischer Stämme.
1./2. Jh.	Aufstände der Juden 72/73 und 115–117. Letzterer fordert 220 000 Opfer und führt zur Zerstörung von Kyrene. Der Wiederaufbau erfolgt durch Kaiser Hadrian.

Leptis Magna, der unter Kaiser Tiberius zwischen 15 und 17 durch den damaligen Proconsul aufgestellte Null-Meilen-Stein

193–211	Der 145 in Leptis Magna geborene Kaiser Septimius Severus schiebt den Limes Tripolitanus nach Süden vor und verleiht 203 seiner Heimatstadt das *jus italicum*
258	Frühestes Zeugnis (Synode in Karthago) für Bischöfe in Tripolitanien. Oea, Sabratha und Leptis Magna sind Bistümer.
305	Zweiteilung des Römischen Reichs: Tripolitanien kommt zu Westrom, die Kyrenaika zu Ostrom.
429	Die Vandalen setzen von Spanien nach Afrika über und erobern das ganze ehemalige Africa proconsularis.
527–565	Kaiser Justinians Feldherr Belisar besiegt die Vandalen und vertreibt sie aus Nordafrika. Die Kyrenaika und Tripolitanien, deren Städte neu befestigt werden, kommen zum Oströmischen Reich.
641–643	Der arabische Feldherr Amr Ibn al-As erobert die Kyrenaika und Tripolitanien, wo Leptis Magna von Oea als neuem Machtzentrum abgelöst wird.
7. Jh.	Berberaufstände in Tripolitanien und dem Djebel Nafusa gegen die Araber, die vom Feldherrn Hassan Ibn an-Numan niedergeschlagen werden.
799–909	Die Aghlabiden-Dynastie beherrscht von Tunesien aus Tripolitanien und Teile der Kyrenaika.
ab 909	Die Fatimiden erobern Tripolitanien und die Kyrenaika. Adjdabiya wird temporäre Hauptstadt.
1052–1292	Die Dynastie der Almoraviden (1052-1146) und der Almohaden (1158-1292) regieren Tripolitanien, unterbrochen von der 12-jährigen Herrschaft des Normannenkönigs Roger II.
1171–1250	Die von Saladin begründete Ayubidendynastie mit Sitz in Kairo kontrolliert auch die Kyrenaika.
1229–1510	Die Dynastie der Hafsiden, die 1318 Tripolis zu ihrer Hauptstadt bestimmt, herrscht über Tripolitanien.
1250–1517	Die Mamelucken mit Sitz in Kairo herrschen über die Kyrenaika.
um 1300	Die Mariniden lösen im Fezzan die Könige aus dem Tschad (Reich von Bornu und Kanem) ab und bestimmen Murzuq zur Hauptstadt ihres Sultanats.
1510	Die Spanier erobern Tripolis und überlassen es 1530 dem Johanniter-Orden.
1517–1711	Die Kyrenaika steht unter osmanischer Herrschaft.
1566–1711	Osmanenherrschaft über Tripolitanien, die 1551 bereits Tripolis erobert haben.
1711–1835	Die Karamanli-Dynastie löst sich von der osmanischen Oberhoheit und beherrscht ganz Libyen.

1835–1911	Die Osmanen unterstellen Tripolitanien sowie die Kyrenaika ihrer Direktverwaltung.
1837	Gründung des Senussi-Ordens in Mekka, der nach dem Bau des ersten Klosters (Zawiya) in Beidha 1843 den Osmanen nach 1845 Widerstand bietet.
1911–1912	Italienisch-türkischer Krieg um Nordafrika, der mit der Kapitulation der Türken endet. In der Folgezeit Guerillakrieg zwischen aufständischen Einheimischen und den Italienern.
5. 11. 1918	Proklamation der autonomen Republik Tripolitanien.
1921	Idris al-Senussi wird in Siirt zum Emir über ganz Libyen gewählt, muss zwischen 1922 und 1943 aber nach Kairo flüchten.
1922–1931	Die in Italien an die Macht gekommenen Faschisten unterwerfen Tripolitanien und die Kyrenaika mit militärischer Gewalt.
1934	Stillschweigende Absprache der Grenzziehung zwischen Italien und Frankreich. Tripolitanien, die Kyrenaika und der Fezzan werden zur italienischen Colonia Libia zusammengefasst und als Provinz dem italienischen Staatsgebiet zugeschlagen.
1940–1943	Kampfhandlungen des Zweiten Weltkriegs finden auf nordafrikanischem Boden zwischen Deutschland/Italien und Großbritannien/Frankreich statt; anfängliche deutsche Erfolge unter General Rommel, danach drängen die alliierten Truppen die Achsenmächte nach Westen zurück. Im Mai 1943 kapitulieren die deutsch-italienischen Truppen auf nordafrikanischem Boden. Libyen gerät unter britische Herrschaft.
1947	Italien verzichtet im Friedensvertrag mit den Alliierten auf alle Kolonien. Die drei Provinzen Libyens werden zum Treuhandgebiet der Vereinten Nationen und von Großbritannien und Frankreich verwaltet.
24. 12. 1951	Proklamation des unabhängigen Königreichs Libyen in Benghazi. Staatsoberhaupt wird Idris al-Senussi als König Idris I.
1953	Libyen tritt der Arabischen Liga bei. Idris gewährt Großbritannien die Einrichtung eines Luftwaffenstützpunkts. Im Jahr darauf erhalten auch die Amerikaner eine solche Militärbasis.
1955	Großzügige Vergabe von Ölprospektions-Lizenzen an ausländische Ölkonzerne. Libyen wird UNO-Mitglied.
1956	Truppenabzug der Franzosen aus dem Fezzan.
1959	Erste förderungswürdige Ölfunde.

1963	Zentralisierungspolitik König Idris' I. Die drei Provinzen verlieren ihre Autonomie und werden durch zehn Verwaltungsbezirke abgelöst. Hauptstadt wird Al-Beidha.
1967	Libyen verwehrt während des Sechs-Tage-Kriegs mit Israel algerischen Truppen die Durchfahrt nach Ägypten.
1.9.1969	Während König Idris I. zur Kur in der Türkei weilt, wird er vom ›Bund freier Offiziere‹ unter Führung von Muammar al-Gadhafi gestürzt. Proklamation der ›Libyschen Arabischen Republik‹.
1970	Libyen beginnt mit der Verstaatlichung der Erdölförderung. Schließung der britischen und amerikanischen Luftwaffenstützpunkte.
1972	Gadhafi gibt das Amt des Ministerpräsidenten an Jallud ab und tritt im Jahr darauf von allen Ämtern zurück, wird aber durch Massendemonstrationen zur Rücknahme dieses Schrittes bewegt.
1973	Ein Zusammenschluss Libyens mit Ägypten scheitert. Im Yom-Kippur-Krieg mit Israel schickt Libyen keine Truppen, beteiligt sich aber am Ölboykott gegen die Länder, die Israel unterstützen.
1974	Der revolutionäre Kommandorat versucht vergeblich, Gadhafi zu entmachten. Ein geplanter Zusammenschluss Libyens mit Tunesien scheitert.
1976	Veröffentlichung des ersten Teils des ›Grünen Buchs‹. Einführung des Volkskongresses als oberstes parlamentarisches Organ. Ein Zusammenschluss Libyens mit Algerien scheitert.
1978/79	Veröffentlichung des zweiten und dritten Teils des ›Grünen Buchs‹.
1980	Verbot von privatem Handel, das im Oktober 1987 aber wieder aufgehoben wird. Der Zusammenschluss mit Syrien scheitert.
1981	Luftkämpfe zwischen Libyen und den USA über der Syrtebucht.
1986	Die israelische Luftwaffe zwingt ein libysches Linienflugzeug zur Landung in Israel. Seegefechte zwischen Libyen und den USA in der Syrtebucht. Die Luftwaffe der USA bombardiert Tripolis und Benghazi.
1988	Der Bombenanschlag auf den PAN-AM-Jumbo über der schottischen Stadt Lockerbie wird Libyen zur Last gelegt.
1989	Libyen tritt der Maghreb-Union bei. Libyen wird für den Absturz eines französischen Passagierflugzeugs der UTA über dem Niger verantwortlich gemacht.

1992/1993	Mit den UN-Resolutionen 748/92 und 883/93 wird über Libyen ein Wirtschaftsboykott verhängt, der den Staat zur Auslieferung der beiden mutmaßlichen Lockerbie-Attentäter zwingen soll.
1997	Der »Kongress für Afrikanische Einheit« (OAU) tagt in Tripolis und beschließt im Jahr darauf, den über Libyen verhängten Flugboykott nicht mehr zu beachten.
1999	Der südafrikanische Präsident Nelson Mandela vermittelt im Streit um die Auslieferung der beiden mutmaßlichen Lockerbie-Attentäter, die daraufhin durch Libyen dem in den Niederlanden tagenden schottischen Gericht überstellt werden. Die UN-Boykottmaßnahmen werden suspendiert.
2000	Prozessbeginn gegen die beiden mutmaßlichen Lockerbie-Attentäter in den Niederlanden. Die Gadhafi-Stiftung vermittelt im Geiseldrama auf der philippinischen Insel Jolo.
2001	Der schottische Gerichtshof spricht einen der mutmaßlichen Lockerbie-Attentäter frei und verurteilt den anderen zu einer lebenslangen Freiheitsstrafe.

Galerie berühmter Persönlichkeiten

Pindar

Römische Porträtstatue des Dichters Pindar nach einem Vorbild des frühen 2. Jahrhunderts v. Chr.

Griechischer Dichter; *522 v. Chr. in Kynoskephalae bei Theben; † um 448 v. Chr. in Argos. Der zu den bedeutendsten Lyrikern Griechenlands zählende Pindar entstammte dem Adelsgeschlecht der Aegiden und erfuhr von frühester Jugend an eine entsprechende musische Ausbildung. Zur Dichtkunst inspirierte ihn die berühmte böotische Dichterin Myrtis. Seine ersten Werke verfasste er mit etwa 20. Die meiste Zeit seines langen Lebens verbrachte er in Theben, sein Ruhm reichte jedoch weit über die Grenzen der Stadt hinaus. So zählten zu seinen Verehrern neben Alexander dem Großen (der bei der Zerstörung von Theben allein das Wohnhaus des Pindar verschont ließ) auch Theron von Agrigent, Hieron von Syrakus, an dessen Hof er 467–472 weilte, sowie Arkesilaos IV. von Kyrene, zu dessen Siege bei Pferderennen er Oden verfasste. Nach seinem Tod während einer Theateraufführung wurde sein dichterisches Werk, das ausschließlich der chorischen Lyrik angehört, in Alexandria in 17 Bänden zusammengefasst, von denen nur die Siegeshymnen (›Epinikien‹) auf Gewinner großer sportlicher Wettkämpfe (14 Oden auf olympische, zwölf auf pythische, elf auf nemeische und acht auf isthmische Preisträger) vollständig erhalten sind. Von den übrigen Schöpfungen kennt man nur Fragmente oder nicht mehr als den Titel. Erst in den 1990er Jahren gelang es, ein in mehreren Ausfertigungen überliefertes Bildnis eines bärtigen Mannes als Porträt des Pindar zu identifizieren.

Porträtbüste des Historikers Herodot

Herodot

Griechischer Historiker; *Halikarnassos nach 490 v. Chr., † Athen nach 430 v. Chr. Nachdem er sich an Umsturzplänen gegen den Tyrannen Lygdamis beteiligt hatte, musste er zunächst nach Samos ins Exil gehen, kehrte jedoch in seine Heimatstadt zurück und konnte schließlich um 455 v. Chr. an der Vertreibung des Gewaltherrschers mitwirken. Nach diesem politischen Engagement zu Hause unternahm er Reisen in fremde Länder und besuchte u. a. Ägypten, Mesopotamien und Skythien. Nach seiner Rückkehr wirkte er zunächst in Athen, wo er enge Kontakte zu Perikles und Sophokles pflegte und 445 v. Chr. öffentlich geehrt wurde. Seine bei den Auslandsreisen und einer anschließenden Erkundung Griechenlands gewonnenen Erkenntnisse und Erlebnisse schilderte er nicht nur in Vorträgen, sondern auch in neun Büchern, die später nach den Musen benannt wurden. Sie hatten zum Ziel, »die großen Taten der Griechen und Barbaren [... sowie] die Ursachen ihrer Kriege« darzulegen. Herodots Bericht schließt mit der Einnahme von Sestos 479/78 v. Chr. im Rahmen der Perserkriege. Seine ausführliche Beschreibung Nordafrikas, das bei ihm Libyen genannt wird, und der Kyrenaika reicht bis zur Ermordung von König Arkesilaos III. und dem grausamen Tod seiner machthungrigen Mutter Pheretime. Er beteiligte sich um 443 v. Chr. zusammen mit Perikles und Empedokles an der Gründung der Stadt Thurii (beim heutigen Turio) am Golf von Tarent, die für das zerstörte Sybaris entstand, und ließ sich dort nieder. Seinen Ehrentitel ›Vater der Geschichtsschreibung‹ verlieh ihm Cicero.

Lucius Cornelius Balbus

Zur Unterscheidung von seinem gleichnamigen Onkel, der als erster Ausländer römischer Konsul wurde und sich als Förderer von Caesar und Oktavian/Augustus hervortat, wird er als der Jüngere bezeichnet. Er stammte, wie sein Onkel, aus Cadiz in Spanien. Obwohl erst seit 72 v. Chr. römischer Staatsbürger, brachte er es nach mehreren hohen Staatsämtern (43 v. Chr. Quästor, 40 v. Chr. Proprätor) in seiner Heimatprovinz Hispania (Spanien) 21/20 v. Chr. bis zum Statthalter der neu gegründeten Provinz Africa proconsularis. In dieser Eigenschaft leitete er eine erfolgreiche Strafexpedition gegen die Garamanten, die die Südgrenze des römischen Reiches bedrohten. Dafür wurde ihm 19 v. Chr. in Rom ein Triumphzug genehmigt. Somit war er der Erste, der die römischen Bürgerrechte erst nach seiner Geburt erhalten hatte und zugleich der letzte Privatmann, dem diese hohe Ehre zuteil wurde. 13 v. Chr. weihte er in Rom ein von ihm gestiftetes steinernes Theater ein. Wann und wo er verstarb, ist ungeklärt.

Tacfarinas

Der numidische Widerstandskämpfer gegen die römische Fremdherrschaft hatte zunächst seinen späteren Widersachern in einer Auxiliar-Einheit gedient, aus welcher er schließlich desertierte. Seine im römischen Heer gemachten Erfahrungen nutzte er bei der Organisation seines Aufstandes der Jahre 17 bis 24, bei dem er numidische und maurische Stämme, allen voran die Musulamier und die Garamanten, zunächst sehr erfolgreich in einer Guerilla-Taktik gegen die römischen Einheiten kämpfen ließ. Trotz Niederlagen gegen die Legio III Augusta und ihre Hilfstruppen unter Marcus Furius Camillus, den *proconsul africae* (17/18) und danach gegen Lucius Apronius Caesianus, den Sohn des nachfolgenden (18–21) Proconsuls, forderte er Land und drohte mit einer endlosen Fortsetzung der Kämpfe. Kurzzeitig konnte Quintus Junius Blaesus, der zwischen 21 und 23 die Statthalterschaft innehatte, im Jahr 22 die Erhebung eindämmen. Zu diesem Zweck wurde zur Unterstützung der hier stationierten Legio III Augusta auch noch die Legio IX Hispana unter dem Legaten Publius Cornelius Lentulus Scipio aus Pannonien an der Donau in die nordafrikanische Krisenregion beordert. Endgültig brach der Widerstand jedoch erst mit dem Tod des Tacfarinas zusammen, der 24 im Kampf gegen Publius Cornelius Dolabella und den mit ihm verbündeten Ptolemaios von Mauretanien bei der Festung von Auzia (Aumale) fiel. Am ausführlichsten wird der Verlauf der blutigen Auseinandersetzungen in den ›Annalen‹ des Tacitus geschildert.

Lucius Apuleius

Römischer Schriftsteller und Philosoph; *um 125 in Madaura/ Numidien, † um 180; Verfasser eines Abrisses der platonischen Philosophie (›De Platone et eius dogmate‹); Autor der ›Metamorphosen‹, welche die Geschichte vom Goldenen Esel und das Märchen von Amor und Psyche beinhalten; in diesem Werk wird geschildert, wie ein in einen Esel verwandelter Jüngling aus Sicht des Tieres viele menschliche Fehler und Schwächen wahrnimmt, bis ihn die Göttin Isis wieder in seine ursprüngliche Gestalt zurückversetzt. Apuleius wurde nach seiner Heirat mit der begüterten Witwe Pudentilla aus Oea/Tripolis von Neidern der Hexerei angeklagt; der deswegen 157 in Sabratha gegen ihn angestrengte Prozess endete mit seinem Freispruch.

Statue des Septimius Severus vor dem Museum in Leptis Magna

Lucius Septimius Severus

Römischer Kaiser; *146 im Leptis Magna, † 4. Febr. 211 in Eboracum (heute York/England). Er war von Kaiser Marc Aurel in den Senat aufgenommen worden und fungierte im Jahre 185 als Legat in Lugdunum (heute Lyon), wo er Julia Domna heiratete. Als Oberbefehlshaber der römischen Legionen in Illyrien wurde er dort 193 nach der Ermordung des Kaisers Pertinax von seinen Truppen zum neuen

Regenten ausgerufen. Bevor er nach Rom ziehen konnte, um dort seine Machtbefugnisse wahrzunehmen, hatte er noch mehrere Konkurrenten auszuschalten, die ebenfalls von ihren Soldaten zu Kaisern proklamiert worden waren. Den Ersten, Pescennius Niger, besiegte er 194 vor Antiochia; den nächsten, Clodius Albinus, hielt er zunächst durch Versprechungen hin und besiegte ihn 197 bei Lugdunum. Zur Sicherung der Grenzen zog er unmittelbar anschließend gegen die Parther, überschritt dabei sogar den Tigris und eroberte unter anderem Ktesiphon. Der letzte Widersacher und sein unmittelbarer Vorgänger in Rom, Didius Julianus, war schon vorher vom Senat geächtet und daraufhin von einem Soldaten ermordet worden. In Rom drängte er die Rolle des Senats, teils unter Einsatz gewaltsamer Mittel, zu Gunsten der Armee zurück, auf die er seine Macht entscheidend stützte. Entsprechend wurden die Stellung und Entlohnung der Soldaten verbessert und die traditionelle, aus Italikern bestehende Prätorianergarde aufgelöst und durch eine aus gedienten Soldaten aller Truppen bestehende Einheit ersetzt. Italien wurde seiner Sonderrolle innerhalb des Reiches verlustig und den übrigen Provinzen gleichgestellt. Sein letzter Feldzug führte Septimius Severus 208 nach Britannien, wo er die Kaledonier, die die Provinz bedrohten, zurückdrängte und den verfallenen Hadrianswall wieder renovieren ließ. Während dieser Unternehmung verstarb er in Eboracum (York), nachdem er seine beiden rivalisierenden Söhne Caracalla (211-217) und Geta (211-212) zu Nachfolgern ernannt hatte.

Julia Domna

Römische Kaisergemahlin; *unbek., † 217 in Antiocheia (?) durch Selbstmord. Sie stammte aus einer einflussreichen Familie aus Emesa (heute Homs) in Syrien. Ihr Vater Bassianus bekleidete das Amt des Priesters des dortigen Sonnengottes Elagabal, ihre Schwester Julia Maesa war – als Mutter der Julia Soaemias und der Julia Mamaea – die Großmutter der römischen Kaiser Elagabal (218–222) und Severus Alexander (222–235). Julia Domna wurde 185 die zweite Gemahlin des späteren römischen Kaisers Septimius Severus, der damals noch als Legat in Lugdunum (heute Lyon) tätig war, und gebar ihm die beiden rivalisierenden Thronfolger Caracalla (*4. April 186 in Lyon) und Geta (27. Mai 189 in Rom). Einerseits begleitete sie ihren Mann auf seinen Feldzügen, andererseits war sie hoch gebildet und kulturell sehr interessiert. Dies manifestierte sich unter anderem in engen Kontakten mit Galen, dem nach Hippokrates bedeutendsten Mediziner der Antike, und mit dem Rhetoriker und Sophistiker Philostratos, den sie zu einem achtbändigen autobiographischen Reiseroman anregte. Nachdem Caracalla, der zuvor seinen Bruder Geta hatte ermorden lassen, selbst einem Anschlag zum Opfer gefallen war, beging sie in Antiochia, wo sie sich gerade bei ihrer Schwester aufhielt, Selbstmord, da ihr Kaiser Macrinus (217–218) die Rückkehr nach Rom verweigerte.

Julia Domna, Porträtbüste, 195 n. Chr., Staatliche Antikensammlungen und Glyptothek, München

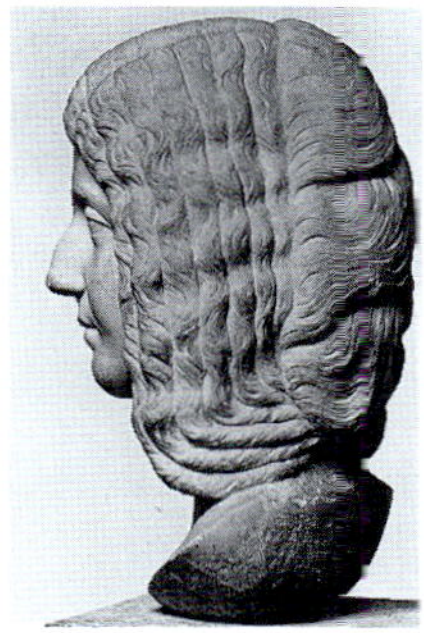

Synesios

Philosoph und Bischof; *um 370 in Kyrene; † um 415. Er kam als Sohn begüterter Eltern, die möglicherweise mit der vom byzantinischen Kaiser Heraklios begründeten Dynastie verwandt waren, zur Welt. Während seines Studiums der neuplatonischen Philosophie in Alexandria gehörte zu seinen Lehrern vor allem die Philosophin Hypatia, mit der ihn auch eine enge persönliche Freundschaft verband. 409 trat er zum Christentum über und wurde 410 zum Bischof von Ptolemais ernannt. Trotz seines kirchlichen Amtes vertrat er weiterhin seine philosophischen Grundsätze, wobei seine Ansichten des öfteren zu den christlichen Dogmen im Widerspruch standen. Er legte seine Gedanken in zahlreichen Schriften und Reden nieder; bedeutsam ist vor allem seine 156 Briefe umfassende Korrespondenz. Sie wirft ein beredtes Licht auf die Nöte, mit denen seinerzeit die gesamte Kyrenaika durch die ständigen Übergriffe räuberischer einheimischer Stämme, wie der Austurianer und später der Maziken, zu kämpfen hatte.

Justinian I. (der Große)

Flavius Petrus Sabbatius Justinianus, byzantinischer Kaiser; *482 Tauresium; † 11. Nov. 565 in Konstantinopel (Istanbul); seit 527 Kaiser. Der Bauernsohn wurde von seinem Onkel Justinus I. an den byzantinischen Hof geholt, dort maßgeblich gefördert und am 1. April 527 zum Mitregenten erhoben. Er stellte als letzter byzantinischer Regent das alte römische Weltreich wieder her, nachdem sein Feldherr Belisar in Nordafrika die Vandalen besiegt hatte. Weitere militärische Erfolge gelangen ihm über die Perser im Osten und die Slawen im Norden. Über diese Feldzüge liegen aus der Feder des Hofchronisten Prokopius ausführliche Berichte vor. Zwischen 528 und 534 ließ er im ›Corpus Juris Civilis‹ die Rechtsgrundsätze zusammenstellen, die in modifizierter Form teils bis ans Ende des 19. Jahrhunderts auch in Deutschland Gültigkeit besaßen. Im Januar 532 überstand er, dank der Unterstützung durch seine Gemahlin Theodora, den schließlich blutig niedergeschlagenen Nika-Aufstand, der von den Zirkus-Parteien angestachelt worden war. Obwohl er durch Fürsprache der Theodora die monophysitischen Glaubenslehren des Christentums tolerierte, trat er im 5. Ökumenischen Konzil, das vom 5. Mai bis zum 2. Juni 553 in Konstantinopel tagte, als Vertreter der orthodoxen Linie und Gegner der Nestorianer auf. Um die letzten Relikte des ›Heidentums‹ auszumerzen, hatte er bereits 529 die Athener Philosophenschule schließen lassen. Unter seiner Herrschaft entstanden zahlreiche neue Wehr- und Kirchenbauten. Darunter nimmt die Hagia Sophia die bedeutendste Rolle ein. In der Kyrenaika gründete er die vormalige Stadt Olbia (heute Ghasr Libia) neu und benannte sie nach seiner Gemahlin Theodorias.

Kaiser Justinian, Mosaik in der Apsis von San Vitale in Ravenna, 6. Jahrhundert

Theodora

Kaiserin Theodora, Mosaik in der Apsis von San Vitale in Ravenna, 6. Jahrhundert

Byzantinische Kaiserin; *wohl 497 in Konstantinopel, † 28. Juni 548 ebd.; Gemahlin des byzantinischen Kaisers Justinian I. Die Tochter eines Tierwärters der ›Grünen‹ Zirkus-Partei war vor ihrer Eheschließung u. a. Schauspielerin und lebte auch in Nordafrika, wo sie in Apollonia Geliebte des byzantinischen Statthalters Hekebolios wurde. Ihren angeblichen sittenlosen Lebenswandel in dieser Zeit hat der Hofchronist Prokopius, einer ihrer erklärten Gegner, in einem fragwürdigen Bericht festgehalten. Um 520 lernte sie Justinian kennen, den sie erst nach Aufhebung des Gesetzes, welches das Eheverbot zwischen Zirkusleuten und Standespersonen festlegte, und ihrer Erhebung in den Adelsstand 524/25 heiraten konnte. Nach der Thronbesteigung Justinians 527 übte sie als Augusta großen politischen Einfluss auf ihn aus und galt als Mitregentin. Unter anderem erreichte sie, dass die von ihr favorisierte monophysitische Lehre des Christentums, wenn auch offiziell als ketzerisch verurteilt, toleriert wurde. Ihren Reichtum setzte sie auch als fromme Stifterin von Kirchen, Klöstern und karitativen Einrichtungen ein. Beim Nika-Aufstand des Jahres 532 konnte sie ihren Gemahl durch ihr unerschrockenes Auftreten von der Flucht und damit vom Verlust des Throns abhalten. Beigesetzt wurde sie in der Apostelkirche von Konstantinopel.

Oqba Ben Nafi

Arabischer Feldherr des 7. Jahrhunderts; *unbek.; † 683 bei Bisqra gefallen. Er wurde von seinem Onkel Amr Ibn al-As, der von Arabien aus Ägypten und die Kyrenaika unterworfen hatte, mit dem Kommando über die Garnisonen an der Westgrenze des arabischen Großreiches betraut und leitete einen von einheimischen Berberstämmen unterstützten Feldzug gegen die Byzantiner, die weit zurückgedrängt wurden. Am Ort seines damaligen Hauptquartiers entstand um die von ihm gegründete schlichte Moschee die Stadt Qairouan mit einem der wichtigsten Heiligtümer der islamischen Welt. Der Legende nach gilt er auch als Begründer der Oasensiedlung von Ghadames. Nachdem er durch den Omayadenkalifen Jazid I. (680–683) zum Statthalter Nordafrikas berufen worden war, setzte er seinen Eroberungsfeldzug nach Westen fort, unterwarf auch die Berber im Mittleren Atlas, die daraufhin zumeist zum Islam konvertierten, und soll sogar den Atlantik erreicht haben. Nachschubsorgen bewirkten, dass er durch den erstarkenden Widerstand der nicht unterworfenen Berber und der verstreut im Land verbliebenen Byzantiner immer mehr Gebiete aufgeben musste. Schließlich wurde sein Heer bei Bisqra durch aufständische Berber unter Führung des Stammesfürsten Qusaila Bin Lemzen vernichtend geschlagen, und er selbst verlor in der Schlacht sein Leben. Sein Grab, das sich im Oasenstädtchen Sidi Oqba in einer der ältesten nordafrikanischen Moscheen befindet, entwickelte sich rasch zu einem bedeutenden islamischen Pilgerheiligtum.

Darghut Ali

Osmanischer Flottenführer (türk.: Torghud Ali Pascha); *1485 bei Mugla, † 23. Juni 1565 bei San Elmo/Malta (gefallen). Zunächst in Diensten von Barbarossa Chair ed-Din (1467–1546), der seit 1533 den Oberbefehl über die gesamte osmanische Flotte innehatte. 1540 wurde er bei Korsika gefangen genommen, nach vier Jahren jedoch gegen Zahlung eines Lösegelds wieder freigelassen. Nach dem Tod Barbarossas wurde er Kapitän (Reys) der türkischen Marine und plünderte mit seiner Flotte von 24 Brigantinen Neapel und die kalabrische Küste und nahm 1550 Mahdia in Tunesien ein, von wo er aber bald wieder vertrieben wurde. Danach stellte er in Istanbul eine mit 12 000 Janitscharen bestückte Flotte von 112 Galeeren zusammen und entriss damit 1551 Tripolis den Maltesern. Er wurde Sandschak-Bey der eroberten Stadt und ihres Umlandes. 1552 stellte ihn Sultan Süleyman an die Spitze der osmanischen Flotte. Mit seinen Schiffen war er ein gefürchteter Gegener des genuesischen Flottenführers Andrea Doria (1466–1560), der ihn im Auftrag Karls V. zu See befehdete. Im europäischen Sprachraum ist er deswegen unter dem italianisierten Namen Dragut bekannt geworden. 1559 wehrte er einen Angriff der Spanier auf Algier ab. 1560 versuchte ein Bündnis nordafrikanischer Fürsten, die sich der Autorität Darghuts nicht beugen wollten, gemeinsam mit Philipp II. von Spanien bzw. dessen Vizekönig von Sizilien die Rückeroberung von Tripolis, die jedoch fehlschlug, da die christliche Flotte von der osmanischen geschlagen wurde. An der Eroberung Maltas 1565 durch die Flotte Süleymans beteiligte er sich mit 16 000 Mann auf 15 Schiffen. Bei den Gefechten fiel er am 23. Juni 1565 vor San Elmo, das die Türken dank seiner Intervention erobern konnten.

Friedrich Konrad Hornemann

Deutscher Afrikaforscher; *15. Sept. 1772 in Hildesheim, † im Februar 1801 in Bokane/Nigeria. Die Londoner ›African Association‹ beauftragte ihn auf Empfehlung des Göttinger Naturforschers Johann Friedrich Blumenbach, einem der Begründer der Anthropologie, mit der Erkundung des Sudan und des Niger. Dazu schiffte er sich zunächst nach Ägypten ein und erreichte 1798 gemeinsam mit dem zum Islam konvertierten Deutschen J. Fremdenburgh von Kairo aus die in der Libyschen Wüste gelegenen Oase Siwa und Audjila, die größte der Djalu-Oasen. Von hier aus setzte er seinen Weg nach Süden fort und traf am 17. November 1798 in Murzuq ein. Damit war er der erste Europäer der Neuzeit, der die Sahara bis in den Fezzan durchquert hatte. Nach Tripolis zurückgekehrt rüstete er eine zweite Expedition in den Sudan aus. Hierzu suchte er 1799 erneut Murzuq auf, wo er sich im Januar 1800 einer Karawane nach Südwesten in Richtung Bornu anschloss. Auf dieser Forschungsreise, von der er nicht mehr lebend zurückkehrte, drang er wahrscheinlich bis zum Niger vor.

Heinrich Barth

Heinrich Barth, Holzstich nach einem Foto, um 1860

Deutscher Afrikaforscher; *16. Februar 1821 in Hamburg, † 25. November 1865 in Berlin, wo er seit 1863 eine Professur innehatte. Erste Reisen führten ihn zwischen 1845 und 1847 in die meisten vorderasiatischen und nordafrikanischen Mittelmeeranrainer. Er schloss sich 1849/50 gemeinsam mit dem deutschen Afrikaforscher Adolf Overweg (1822–1852) der britischen Sudan-Expedition von James Richardson an, die er 1855 als einziger überlebender Europäer beendete. In deren Verlauf entdeckte er bei seiner Durchquerung der Sahara 1850 im Wadi Tel Izzaghen im Fezzan die ersten Felszeichnungen der Region. Im Anschluss daran erforschte er in der Südsahara bis 1855 den Air (in der heutigen Republik Niger) und das Gebiet vom Tschad-See und oberen Benue, des größten Nebenflusses des Niger, bis zum Niger selbst und erreichte u. a. Timbuktu. Dabei trug er grundlegendes historisches und linguistisches Material über die Sudanvölker zusammen. Seine Erlebnisse schildert er in dem zwischen 1857 und 1859 erschienenen fünfbändigen Werk ›Reisen und Entdeckungen in Nord- und Zentralafrika‹.

Omar Mukhtar

Wohl 1858 geborener libyscher Widerstandskämpfer gegen die italienische Fremdherrschaft mit dem Beinamen Löwe der Wüste. Er verwickelte zwischen 1911 und 1931 mit seinen Guerillakämpfern hauptsächlich im Bergland des Djebel al-Akhdar die Invasoren in rund 260 Gefechte. Am 11. September 1931 fiel er bei einer Schießerei bei Bir Djanduba im Djebel al-Akhdar, nachdem sein Pferd gestrauchelt war, einer italienischen Patrouille in die Hände. Zwei Tage später wurde der alte und verwundete Mann in schweren Eisenketten an Bord des italienischen Zerstörers Orsini nach Benghazi gebracht. Dort wurde er vor einem Militärgericht am 15. September 1931 als Terrorist zum Tode verurteilt und tags darauf öffentlich in Soluq, 54 km südöstlich von Benghazi, unter den Augen zahlreicher zur Anwesenheit gezwungener Libyer am Galgen hingerichtet. Das Leben des Freiheitshelden wurde 1980 in dem halbdokumentarischen Streifen ›Der Löwe der Wüste‹ (Originaltitel: Lion of the Desert) mit Anthony Quinn in der Hauptrolle verfilmt.

Leo Frobenius

Deutscher Ethnologe und Kulturphilosoph; *29. Juni 1873 in Berlin, † 9. August 1938 in Biganzolo/Italien. Der Professor und Direktor des

Leo Frobenius, Porträtfoto um 1930

Völkerkundemuseums von Frankfurt/Main unternahm zwischen 1904 und 1935 zwölf Afrika-Expeditionen, bei denen er ethnologisches Material sammelte und die Felsbilder erforschte. 1922 gründete er in München ein ethnologisches Forschungsinstitut, das drei Jahre später nach Frankfurt/Main verlegt wurde und seit 1946 nach seinem Gründer benannt ist. Es widmet sich ausschließlich der Völker- und Landeskunde Afrikas. Seine 1898 dargelegte Lehre von der Kulturmorphologie hat auch den Kulturphilosophen Oswald Spengler (1880–1936; ›Der Untergang des Abendlandes‹) nachhaltig beeinflusst.

Rodolfo Graziani

Italienischer Marschall; *11. August 1882 in Filettino/Prov. Frosinone, † 11. Januar 1955 in Rom. Im Ersten Weltkrieg zweimal verwundet, blieb er auch nach Kriegsende beim Militär und diente 1908 bis 1912 als Oberleutnant in Eritrea und anschließend in Libyen. 1915 zum Hauptmann und im Jahr darauf zum Major befördert, erhielt er die Aufgabe, die Unabhängigkeitskämpfer in der Kyrenaika um Omar Mukhtar niederzuwerfen. 1922/23 besetzte er nach mehreren blutigen Schlachten auch den Djebel Nafusa in Tripolitanien. Mittlerweile zum Generalmajor aufgestiegen, ließ er 1923 quer durch die Libysche Wüste den Faschistischen Limes, einen Stacheldrahtzaun mit Minenfeldern und Wachtürmen im Hundert-Meter-Abstand, errichten, um die Rebellen vom Nachschub abzuschneiden. Dennoch musste er sich ab 1925 zunächst unter dem Druck der Aufständischen aus Nordost-Libyen zurückziehen, bevor ihm 1935 der Gegenstoß gelang. In dessen Verlauf gelangte er mit wüstentauglichem Kriegsgerät bis in die Kufra-Oasen. Nach der Niederwerfung der Erhebung wurde er zunächst stellvertretender Gouverneur Libyens, dann nach dem Überfall auf Äthiopien 1936/37 dortiger Vizekönig. Hier verübte man am 19. Februar 1937 ein Attentat auf ihn, bei dem er schwer verletzt wurde. Nach der Genesung fungierte er 1939/40 als italienischer Generalstabschef, 1940/41 – nach dem plötzlichen Tod von Marschall Balbo – als Generalgouverneur und Oberbefehlshaber der italienischen Streitkräfte in Libyen und 1943–45 als Verteidigungsminister der faschistischen Republik unter Mussolini. Von einem Militärgericht wurde er im Mai 1945 als Kriegsverbrecher zu einer hohen Haftstrafe verurteilt, jedoch bald freigelassen.

Mohammed Idris as-Senussi, Porträtfoto 1969

Mohammed Idris as-Senussi

König von Libyen (1950–1969); *1890 in der Oase Jaghbub, † 25. April 1983 in Kairo. Der religiöse Würdenträger, der seit 1917 Oberhaupt der Senussi-Bewegung war und das Amt eines Emirs der Kyrenaika ausübte, wurde nach der Bildung des Staates Libyen von den europäischen Großmächten zu dessen König bestimmt. Er ernannte Al-Beidha, das wichtigste Zentrum der Senussi-Brüderschaft in der

Kyrenaika, zur neuen Landeshauptstadt. 1969, als er zu einem Kuraufenthalt in der Türkei weilte, wurde der rückständige Monarch vom Bund der Freien Offiziere unter Führung von Muammar al-Gadhafi und Abd as-Salam Djallud gestürzt und musste in die Verbannung gehen.

Erwin Rommel

Deutscher Generalfeldmarschall (seit 1942); *15. November 1891 in Heidenheim/Brenz, † 14. Oktober 1944 durch Selbstmord in Herrlingen bei Ulm. In der Sudetenkrise 1938/39 war er Kommandant des Führerhauptquartiers. Als Befehlshaber einer Panzerdivision durchstieß er 1940 beim Frankreichfeldzug die Ardennen. Er stand seit dem Februar 1941 dem Deutschen Afrikakorps vor, mit dem er bis Al-Alamein/Ägypten vorstieß und erlangte als ›Wüstenfuchs‹ legendären Ruhm. Nach dem Zusammenbruch des deutschen Vorstoßes kommandierte er von Februar bis März 1943 die Heeresgruppe Afrika in Tunesien, dann die Heeresgruppe B in Norditalien und von Dez. 1943 bis Juli 1944 in Frankreich. Rommel genoss zunächst das Vertrauen Hitlers, schloss sich aber 1944 der Widerstandsbewegung der Offiziere um Graf Stauffenberg an. Von Hitler nach dem missglückten Attentat vom 20. Juli 1944 vor die Wahl zwischen einem Prozess vor dem Volksgerichtshof und Selbstmord gestellt, entschloss er sich zu Letzterem.

Muammar al-Gadhafi

Libyscher Politiker und derzeitiger Revolutionsführer; *im Sept. 1942 in Siirt. Als Offizier in der Armee des Königs Idris I. unter anderem in England ausgebildet und dort mit der europäischen Demokratie bekannt geworden, gründete er die von den panarabischen Visionen des ägyptischen Staatspräsidenten Gamal Abdel Nasser nachhaltig geprägte Bewegung der Freien Offiziere, die 1969 den rückständigen König Idris I. stürzte und die Republik ausrief. Gadhafi übernahm den Vorsitz des Revolutionären Kommandorates und den Oberbefehl der Armee und leitete unter anderem die Verstaatlichung der Erdölförderung ein. 1970 bis 1972 war er zugleich Regierungschef, 1977 bis 1979 Staatsoberhaupt. Auch als Revolutionsführer ist er seither der einflussreichste Politiker Libyens. Die Grundsätze seiner sozialen und kulturellen Umgestaltung des Landes, die sich auf den Islam stützen und sozialistische Elemente aufgreifen, beschreibt er in seinem dreiteiligen ›Grünen Buch‹ (›Die Lösung des Demokratie-Problems‹, 1975; ›Die Lösung des wirtschaftlichen Problems‹, 1977; und ›Die soziale Basis der Dritten Universal-Theorie‹, 1979). Innenpolitisch propagiert er mit dem System der Volkskongresse eine möglichst direkte Demokratie ohne Parlamentarismus, außenpolitisch ist er ein radikaler Gegner des Staates Israel und verfolgt einen nationalistisch-panarabischen Kurs.

Muammar al-Gadhafi auf einer Plakatwand am Märtyrer-Platz in Tripolis, Januar 2001

Die Oase Mizda in der Sahara, Stahlstich aus Meyers Universum, um 1850 ▷

Reiserouten in Libyen

Tripolis

Tripolis ☆

Besonders sehenswert:
Marc-Aurel-/Lucius-Verus-Bogen
Tempel des Genius Coloniae
Zitadelle mit Nationalmuseum
Altstadt mit Suq
Gurgi-Moschee
Italienisches Kolonialviertel

Der vollständige Name der heutigen libyschen Landeshauptstadt, deren Bevölkerungszahl mittlerweile die Millionengrenze überschritten hat (1,3 Mio. Einwohner im Jahr 2000), lautet, zur Unterscheidung von der gleichnamigen Stadt im Libanon, Tarablus al-Gharbi (Westliches Tripolis). In antiker Zeit hieß der Ort Oea; seinen modernen Namen verdankt er der Tatsache, dass nach der Eroberung der Region durch die Araber im 7. Jahrhundert die Ansiedlung – an Stelle von Leptis Magna – zur neuen Regionalhauptstadt gemacht und der antike Landschaftsname Tripolitanien (›Drei-Stadt‹), der auf die drei alten Orte Leptis Magna, Oea und Sabratha zurückgeht, auf das neue Machtzentrum übertragen wurde. Diese Siedlungskontinuität hat dazu geführt, dass Tripolis als Einzige der drei genannten antiken Metropolen modern überbaut wurde und daher aus der punischen und römischen Vergangenheit kaum mehr Reste vorhanden sind. Lediglich ein Triumphbogen aus der Zeit Marc Aurels und ein Tempelgiebel existieren noch vor Ort, Teile von Bodenmosaiken und Wandmalereien, die an verschiedenen Plätzen zu Tage getreten sind, wurden ins Museum überführt. Man ist für die Erforschung der antiken Stadtgeschichte deswegen vor allem auf schriftliche Quellen angewiesen, die aber zu Oea recht spärlich sind.

Geschichte

Oea, zwischen Sabratha und Leptis Magna gelegen, wurde wohl im 7. Jahrhundert v. Chr. von Phöniziern als Emporium an der Mittelmeerküste gegründet. Allerdings sollen diese Kolonisten nach antiken Quellen nicht, wie bei Sabratha und Leptis Magna der Fall, aus dem Libanon, sondern aus Sizilien gekommen sein, was aber in der modernen Forschung in Zweifel gezogen wird. Aus dieser Frühphase gibt es keine archäologischen Funde; lediglich aus der nachfolgenden Zeit der Oberhoheit Karthagos über Tripolitanien – als Folge der Eroberung der phönizischen Mutterstädte durch die Assyrer – kennt man einen punischen Friedhof (Tophet).

Ebenso wie Leptis Magna und Sabratha musste auch Oea an Karthago regelmäßige Abgaben entrichten. Den Friedensvertrag, den die Römer im Jahr 201 v. Chr. nach dem Zweiten Punischen Krieg den Karthagern aufzwangen und der die Unterlegenen ihrer außenpolitischen Handlungsfähigkeit beraubte, nutzte der numidische König Massinissa, um die Karthagern – mit Duldung der Römer – Stück für Stück ihrer Besitzungen zu berauben. So fiel gegen 162/161 v. Chr. schließlich auch Oea an ihn, das sich aber während der numidischen Oberhoheit einer gewissen Autonomie erfreut haben dürfte. Im Jahr 46 v. Chr., nach dem Sieg Caesars über die Pompeijus-Anhänger Scipio und König Juba I. von Mauretanien bei Thapsos, fiel die Stadt als Teil der von Caesar neu geschaffenen Provinz Africa nova an Rom.

◁ Tripolis, Marc-Aurel-/ Lucius-Verus-Bogen, im Hintergrund das Minarett der Gurgi-Moschee

Unter Augustus wurde sie *municipium* und empfing zwischen den Jahren 12 und 6 v. Chr. gemeinsam mit Leptis Magna und Sabratha die *libertas*. Mitte des 2. Jahrhunderts wurde sie unter Septimius Severus zur römischen Colonia erhoben. Wie man einer Schilderung des Apuleius entnehmen kann, wurde zu jener Zeit in Oea noch punisch gesprochen.

Mindestens seit 256 war Oea Bischofssitz, denn wie der antike Kirchenhistoriker Cyprianus überliefert, ließen sich in diesem Jahr die Bischöfe von Sabratha und Leptis Magna bei einer Synode in Karthago durch ihren Amtsbruder aus Oea vertreten. Das Christentum war aber nur eine von vielen religiösen Gruppierungen, wie ein im Westen der Stadt aufgefundenes mithräisches Grab aus dem 4. Jahrhundert aufzeigt. Einen Aufstieg erlebte Oea um 300 durch die Reichsreform Kaiser Diokletians als Zentrum der von ihm neu eingerichteten Provinz Tripolitana, doch setzte im Verlauf des 4. Jahrhunderts der Niedergang durch ständige Kämpfe mit den einheimischen Berberstämmen des Hinterlandes, allen voran den Austurianern, ein.

Die Vandalen, die die Stadt 450 eingenommen und damit dem Weströmischen Reich entrissen hatten, wurden 533 durch Belisar, den Feldherrn Justinians, wieder vertrieben, wodurch die Stadt – wie das übrige Tripolitanien – Teil des oströmisch-byzantinischen Reiches wurde. Es ist anzunehmen, dass damals auch Oea, wie in Sabratha und Leptis Magna nachzuweisen, auf einem reduzierten Areal neu ummauert wurde, denn die Stadtbevölkerung war zwischenzeitlich von geschätzten 30 000 Einwohnern zu ihrer Blütezeit auf 7000 geschrumpft.

Mitte des 7. Jahrhunderts erfolgte die Eroberung durch die Araber und die Islamisierung der Region. Mehrfach wurde in der Folgezeit ihre Herrschaft unterbrochen: So setzten sich hier 1143 bis 1158 die Normannen unter Roger II. von Sizilien fest, zwischen 1510 und 1530 die Spanier unter Ferdinand dem Katholischen. Der Plünderung durch dessen Truppen fielen praktisch alle Reste des antiken Oea zum Opfer. Die Spanier wurden nahtlos von den Maltesern abgelöst, die sich ihrerseits 1551 den Osmanen ergeben mussten. Als Teil des osmanischen Reiches war Tripolis Provinzhauptstadt, konnte sich aber unter der durch den lokalen Pascha im Jahr 1711 begründeten Karamanli-Dynastie weitgehender Selbständigkeit erfreuen. Zu jener Zeit standen Tripolitanien, die Kyrenaika und der Fezzan unter einer einheitlichen Verwaltung. Gleichzeitig war Tripolis bis ins späte 19. Jahrhundert Piratennest und wichtiger Umschlagplatz für den Sklavenhandel. 1835 bereiteten die Osmanen der Autonomie ihrer Provinz ein Ende.

Im Jahr 1911 besetzten die Italiener Teile Nordafrikas und machten Tripolis zum Verwaltungszentrum der ›Kolonie‹ Libyen, die sie 1939 als Provinz vollständig in ihren Staatsverband eingliederten. Nachdem durch die schweren Kämpfe des Zweiten Weltkriegs in Nordafrika das Deutsche Afrikakorps und die dort stationierten italienischen Einheiten stark dezimiert waren, musste General Rommel

Tripolis kampflos räumen und 160 km westlich der Stadt nahe der tunesischen Grenze eine neue Verteidigungslinie errichten, sodass am frühen Morgen des 23. Januar 1943 britische Truppen unter General Montgomery nachrücken konnten. Zu ihnen stießen zwei Tage später die ersten Einheiten der Freien Franzosen des General Leclerc. Danach stand Tripolis bis 1951 unter britischer Besatzung.

Unter König Idris I. wurde die Hauptstadt 1964 kurzzeitig nach Al-Beidha in der Kyrenaika – das alte Zentrum der Senussi-Bruderschaft, der er selbst vorstand – verlegt, um die Rivalitäten zwischen Tripolis und Benghazi zu entschärfen. Diesem Vorhaben war wenig Erfolg beschieden und so ist Tripolis wieder Machtzentrum des modernen Staates Libyen. Allerdings sind auch aktuelle Bestrebungen im Gange, die Stadt Siirt im Syrtebogen auf halber Strecke zwischen Tripolis und Benghazi politisch aufzuwerten. Zumindest der Volkskongress hat sein großes Tagungszentrum bereits von Tripolis dorthin verlegt.

Besichtigung

Marc-Aurel-/Lucius-Verus-Bogen (1)

Hinweis: Der Stadtplan von Tripolis mit den Ziffern der beschriebenen Sehenswürdigkeiten befindet sich in der hinteren Umschlagklappe

Neben der künstlich aufgeschütteten Uferstraße, etwa auf Höhe des Fischereihafens, liegt – ins umgebende Gelände eingetieft – der Triumphbogen, den im Jahr 163 der Magistrat C. Calpurnius Celsus zu Ehren von Kaiser Marc Aurel und dessen Stiefbruder und zeitweiligem Mitregenten Lucius Verus stiftete (Abb. S. 54). Während die vergleichbaren Denkmäler in Leptis Magna aus lokalen Sandsteinblöcken aufgemauert und mit reliefierten Marmorplatten verkleidet waren, besteht der Bogen von Oea gänzlich aus hellen Marmorquadern, die von den griechischen Inseln herbeigebracht worden sind. Der Niveauunterschied zwischen dem heutigen Straßennetz und dem Boden des antiken Monuments zeigt deutlich, wie stark die Stadt seit den beiden letzten Jahrtausenden durch Schuttablagerungen in die Höhe gewachsen ist.

Wenn auch als Quadrifrons konzipiert, hat das Bauwerk dennoch keinen quadratischen, sondern einen längsrechteckigen Grundriss. Die beiden breiteren Fronten im Osten und Westen waren der zum antiken Hafen führenden Hauptstraße zugewandt, die beiden anderen Seiten im Norden und Süden zeigten in Richtung einer hier kreuzenden schmäleren Nebenstraße. Ein freistehendes Säulenpaar mit kanneliertem Schaft flankierte die Durchgangsbögen der Vorder- und Rückseite. Die Säulen ruhten auf einem quadratischen Vorsprung des vielfach untergliederten Sockels, waren oben jeweils von einem gesprengten Giebel bekrönt und korrespondierten mit ebenfalls längsgerieften Pilastern an der Bogenrückwand. In die Zwickel zwi-

Bei schrägem Lichteinfall erkennt man die Gründungsinschrift des Triumphbogens. Übersetzt lautet sie: »Dem Imperator Kaiser Marcus Aurelius Antoninus Augustus, dem Vater des Vaterlandes, und dem Imperator Kaiser Lucius Aurelius Verus Armeniacus – d. h. dem Sieger über Armenien – Augustus hat der Proconsul Servius Cornelius Orfitus mit seinem Legaten Vittedius Marcellus [diesen Bogen] geweiht. Caius Calpurnius Celsus, Kurator der Öffentlichen Hand, Munerarius [d. i. Ausrichter öffentlicher Spiele], für fünf Jahre gewählter Duumvir, Flamen [Priesteramt] auf Lebenszeit, hat den Bogen mit seinem eigenen Geld an einem öffentlichen Platz von den Fundamenten an aus solidem Marmor errichtet.«
Der Text ist veröffentlicht im ›Corpus Inscriptionum Latinarum‹, Bd. 8/I, 24

schen diesen Pilastern und der Rundung des Portalbogens sind Reliefs mit geflügelten Niken eingepasst. Seitlich schließen sich tiefe rechteckige Statuennischen an, die einst Standfiguren von Marc Aurel und Lucius Verus beherbergten. Von den vier Skulpturen konnte nur eine der Darstellungen des Lucius Verus aufgefunden werden, die sich heute im Museum von Tripolis befindet. Die insgesamt vier Medaillons mit stark verwitterten Büsten oberhalb davon dürften einst die Jahreszeiten dargestellt haben. Die Reliefs über ihnen zeigen schließlich jeweils ein Paar von kleinen nackten Eroten, die zwischen sich Blütengirlanden halten. Die außen abschließenden Eckpilaster mit Akanthusblattabschluss tragen ein reiches Rankenwerk mit Weinlaub.

Auch der Reliefschmuck der beiden weder durch Nischen noch durch Säulen gegliederten Schmalseiten ist jeweils identisch aufgebaut. Beidseitig des Durchgangsbogens sind die unterworfenen Barbaren dargestellt. Männer, Frauen und Kinder stehen oder sitzen im Trauergestus vor einem hohen Holzpfahl mit stilisiertem Astlochmuster, an dem als oberer Abschluss erbeutete Rüstungsteile (Beinschienen, Brustpanzer, Helm) und Waffen als Siegestrophäen befestigt sind. Die Zwickelmotive zwischen der Bogenrundung und der seitlichen Begrenzung des Monuments zeigen hier zwei von Fabelwesen gezogene Streitwagen, auf denen einmal Apollon und zum anderen Minerva stehen, die nach Ausweis der Abbildungen auf den lokal geprägten Münzen auch die Hauptgottheiten der Stadt gewesen sind. Dabei entsprechen sich die Geschlechter der Zugtiere und der Götter: Vor Apollons Wagen links oben sind männliche Greifen mit Löwenleib und Raubvogelköpfen gespannt, Athenes Gefährt rechts gegenüber wird von sphingenartigen Wesen mit Frauenköpfen und Löwenleibern, an deren Bauchseiten deutlich die Zitzen wiedergegeben sind, fortbewegt. Die stark verwitterte mehrzeilige Stiftungsinschrift umläuft auf den obersten Blöcken alle vier Seiten des Monuments.

Die Innenkuppel mit ihrem Kassettenmuster ist noch komplett erhalten. Wie man sich über ihr die Überdachung des Triumphbogens vorzustellen hat, ist noch umstritten: In Frage kommen sowohl eine Abdeckung mit einer flachen Pyramide, auf deren Spitze sich nochmals eine Kaiserstatue befunden hat, als auch eine weitere flache Kuppel oder ein hoher laternenartiger Aufsatz, ebenfalls jeweils mit einer bekrönenden Statue. Anders als beispielsweise beim Severerbogen von Leptis Magna gab es hier keine umlaufende Brüstung (Attika) als oberen Abschluss des Bauwerks, hinter der die Dachkonstruktion dem Betrachter von außen verborgen geblieben wäre. Da sowohl Marc Aurel wie auch Lucius Verus zur Zeit der Stiftung in Feldzüge involviert waren, nahm stellvertretend für die beiden Imperatoren der Proconsul der Provinz, S. Cornelius Scipio Salvidienus Orfitus, einer der letzten Vertreter der altehrwürdigen Patrizierfamilie der Scipionen, die Einweihung des Monuments vor. Im Jahr 1918 wurde es freigelegt und restauriert, nachdem die Osmanen unter seiner Kuppel zuletzt ein kleines Kino eingerichtet hatten.

Tempel des Genius Coloniae (2)

In unmittelbarer Nachbarschaft des Triumphbogens stand einst ein Tempel, der, nachdem Oea Mitte des 2. Jahrhunderts zur Colonia erhoben worden war, dem Genius Coloniae geweiht war, dem Schutzgott der Stadt. Bauherr war nach Ausweis der Gründungsinschrift Lucius Aemilius. Da Kaiser Commodus, unter dem der Stifter als *proconsul asiae* amtierte, im Text den Beinamen Pius führt, den er im Jahr 183 annahm, zwei Jahre darauf aber durch Pius Felix ersetzte, muss auch das Bauwerk in dieser Zeit entstanden sein. Vom Tempel haben sich etwa zwei Drittel des knapp 2 m hohen Giebels aus weißem Marmor erhalten. Er ist heute neben dem Marc-Aurel-Triumphbogen zusammen mit weiterer Bauplastik aufgestellt. Im Zentrum des ehemals dreieckigen Bildfeldes steht als Relieffigur mit langem Gewand, Schleier und *polos* als Verkörperung des Genius Coloniae die Stadtgöttin Tyche-Caelestis, deren heute verlorene Arme einst separat gearbeitet und eingesetzt waren. Wahrscheinlich trug sie Füllhorn und Patera. Sie wird flankiert von Apollon, der einen Lorbeerzweig hält und sich auf einen Dreifuß stützt, und von Minerva, also denselben Gottheiten, die auch auf den Schmalseiten des Marc-Aurel-Bogens erscheinen. Von den beiden Dioskuren, die einst in die Giebelecken eingefügt waren, hat sich der linke mit einem Pferd am Zügel erhalten.

Wenn auch in der Mythologie lediglich Kastor als Rossebändiger und sein Bruder als Faustkämpfer geschildert werden, dürfte aus Symmetriegründen die verloren gegangene Gestalt in der rechten Giebelecke ebenfalls mit einem Pferd am Zügel dargestellt gewesen sein. Standfiguren der Dioskuren waren auch bis vor kurzem im Theater von Leptis Magna aufgestellt (s. S. 123).

Die antiken Akanthuskapitelle und Fragmente von Säulenschäften, die in der Umgebung der beiden genannten historischen Monu-

Giebel des ehemaligen Tempels des Genius Coloniae mit der Darstellung der Stadtgöttin Tyche-Caelestis flankiert von Apollo, Minerva und einem Dioskuren, der ein Pferd führt

mente an mehreren Straßenkreuzungen der Altstadt als Bestoßungsschutz in den Häuserecken verbaut worden sind, könnten dafür sprechen, dass Oea, wie andere römische Metropolen auch, einst eine säulenbestandene Kolonnadenstraße als repräsentative Hauptachse besessen hat. Doch können diese Architekturteile genauso gut aus dem Tempel des Genius Coloniae oder anderen öffentlichen Bauten stammen.

Zitadelle mit Nationalmuseum (3)

Ein Gemälde im Museum von Tripolis zeigt, dass die ummauerte Altstadt einst auf einer Insel lag oder zumindest durch tiefe Wassergräben vom Festland abgetrennt war und die heute am Grünen Platz gelegene Festung As-Saray al-Hamra ein kleines benachbartes Eiland einnahm. So von der Natur geschützt waren Stadt und Burg ein vielfach umkämpfter Stützpunkt. Aller Wahrscheinlichkeit nach befanden sich am späteren Platz der Festung bereits in römischer Zeit Thermen, und der erste Wehrbau dürfte hier durch Umbau der Badeanlagen in byzantinischer Zeit entstanden sein. Er wurde dann von den Arabern übernommen und ausgebaut. Die spanischen Eroberer von 1510 restaurierten die bei den Kämpfen stark in Mitleidenschaft gezogene Burg unter Einbeziehung der römischen Baureste und richteten in ihr einen Stützpunkt der Malteserritter ein, zu dem auch eine dem hl. Leonhard geweihte Kirche gehörte. Als Baumeister der gegen 1535 abgeschlossenen Arbeiten ist der Malteser Georg von Schilling überliefert. Auf diese Umbaumaßnahmen gehen zudem weite Teile der heutigen Festungsmauer einschließlich der beiden Wehrtürme zurück.

Zitadelle am Hafen von Tripolis mit dem Nationalmuseum

1551 entrissen türkische Seeräuber den Spaniern die Festung und nutzten sie als Hauptflottenstützpunkt für ihre Raubzüge. Dabei wandelten sie unter anderem die St. Leonhard-Kirche in eine Moschee um und richteten in den Kellergeschossen Gefängniszellen ein. Die Karamanli-Dynastie machte die Zitadelle zu ihrem Amtssitz, und vor allem unter deren Vertretern Ahmed (1711–1745) und Jussuf (1795–1832) erfuhr ihr Inneres repräsentative Einbauten. Als die Osmanen zwischen 1835 und 1891 Tripolis wieder direkt verwalteten, residierten ihre Statthalter in der Festung, die schließlich in eine Kaserne umgewandelt wurde. Nach der Besetzung durch die Italiener wurde das Bauwerk umfassend renoviert, und Armando Brasini, auf den auch das Prunkportal zurückgeht, richtete hier 1922/23 das erste Museum ein. Seit 1952 hat die libysche Altertümerverwaltung in einigen der nicht als Ausstellungshallen genutzten Räumen ihren Sitz.

Heute ist im vorderen Teil der Festung, die mit einer Seitenlänge von 115 bzw. 140 m insgesamt eine Fläche von 13 000 m^2 bedeckt, das Nationalmuseum untergebracht, das nach einer umfassenden Neugestaltung der Ausstellung im Jahr 1988 durch Gadhafi wieder der Öffentlichkeit übergeben wurde.

In seiner heutigen Konzeption nimmt das Museum vier Etagen ein, von denen das Erdgeschoss und das Stockwerk darüber die antiken Objekte von der Prähistorie bis in die byzantinischen Periode beherbergen. In der nächsthöheren Etage sind Exponate aus der islamischen Epoche und die ethnologische Abteilung untergebracht. Das oberste Geschoss ist schließlich aufgeteilt in eine naturkundliche Ausstellung und eine Dokumentation der aktuellen libyschen Geschichte, beginnend mit dem Widerstandskampf gegen die italienische Fremdherrschaft durch Omar Mukhtar und endend mit der gegenwärtigen Ära Gadhafis.

Hinter dem Zugangskorridor mit Garderobe und Ticketschalter öffnet sich eine Halle, in der links ein reich reliefierter römischer **Grabturm** der zweiten Hälfte des 3. Jahrhunderts aus der Nekropole von Ghirza wiederaufgebaut wurde. Dieses von den Archäologen als Grab G bezeichnete Monument wurde schon 1958 abgebrochen und hierher gebracht. An den umgebenden Wänden und Pfeilern sind weitere Reliefplatten befestigt, die von anderen zerfallenen Grabmonumenten desselben Fundortes geborgen und hierher überführt wurden, darunter Scheinportale der Eingangsfassaden, bei denen die Kassettenmuster hölzerner Flügeltüren und die metallenen Schlosskästen einschließlich der Beschläge und einer daran hängenden Verschlusskette minutiös in dauerhafterem Kalkstein nachgestaltet sind (Grab E der Südnekropole von Ghirza).

An der gegenüber liegenden Raumseite fand eine erst 1999 von den Italienern an Libyen zurückgegebene **Standfigur der badenden Venus** eine Neuaufstellung. Die etwa lebensgroße Statue der nackten Göttin aus weißem Marmor ist eine römische Kopie eines Bildwerks des spätklassischen Bildhauers Praxiteles, der etwa 370–320 v. Chr.

Badende Venus, Marmor, römische Kopie eines Bildwerks des spätklassischen Bildhauers Praxiteles

wirkte. Sie war unter Mussolini aus den Thermen von Leptis Magna entfernt und wenig später dem deutschen Reichsfeldmarschall Hermann Göring zum Geschenk gemacht worden, der sie in seinem privaten Wohnhaus Carinhall aufstellte. Im Frühjahr 1945 bargen Mitarbeiter des Berliner Magistrats das kaum in Mitleidenschaft gezogene Bildwerk aus den Trümmern der kriegszerstörten Nazi-Villa und überstellten es dem Pergamonmuseum, wo es magaziniert wurde. Die Provenienz der Statue blieb unklar, bis die italienische Regierung 1998 Katalog herausgab, in dem sie mit rund 1700 anderen verschollenen Kunstwerken aller Gattungen aufgelistet war. Daraufhin entschloss sich die Stiftung Preußischer Kulturbesitz zu ihrer Rückgabe an Italien. Nach einer Restaurierung in Rom gaben schließlich die italienischen Behörden ihrerseits den libyschen Forderungen nach einer Rückführung statt.

Links der heimgekehrten Venus hängt an der Wand das bereits besprochene Gemälde mit der historischen Darstellung von Tripolis und seiner Festung. Die Rückwand des Raumes wird von einem großformatigen **Mosaik** aus dem 3. Jahrhundert eingenommen, das einst den Boden des Empfangssaales der römischen Küstenvilla von **Dar Buc Ammera** am Stadtrand von Zliten zierte. Die Hauptfläche besteht aus 16 quadratischen Bildfeldern *(emblemata)*, die abwechselnd geometrische Muster aus verschiedenfarbigen Marmorstücken in Opus-sectile-Technik und filigrane Mosaiken mit der Darstellung von Meeresfrüchten zeigen. Dabei ist die Seefauna so detailliert wiedergegeben, dass teils eine genaue zoologische Artenbestimmung möglich ist. Besonderes Interesse verdient jedoch das allseitig umlaufende Figurenband, das – durch ein Flechtband vom Mittelfeld getrennt – einen *munus,* also Kampfszenen aus einem Amphitheater, in erschreckend realistischen Darstellungen zeigt.

Mosaik mit der Darstellung von Kampfszenen aus der römischen Küstenvilla von Dar Buc Ammera am Stadtrand von Zliten

Bedingt durch die Übertragung eines einstigen Bodenmosaiks an die Museumswand stehen bei der heutigen Aufhängung die Figuren des unteren Randstreifens auf dem Kopf. Sie scheinen, soweit es sich auf Grund ihres schlechten Erhaltungszustandes beurteilen lässt, identische Darstellungen zum oberen Rand gezeigt zu haben, wo links die Zirkusdarbietungen von einer Musikergruppe mit Trompete, wassergetriebener Orgel und zwei Hörnern eröffnet werden. Es schließen sich nach rechts Kampfgruppen von Gladiatoren in leichter und schwerer Bewaffnung an, die gelegentlich von weiß gekleideten Schiedsrichtern voneinander getrennt werden. Gleich unmittelbar rechts der Musikergruppe hält ein solcher Aufpasser einen siegreichen Kämpfer am Arm, um zu verhindern, dass dieser seinen am Boden liegenden Gegner tötet, offensichtlich in Erwartung der Reaktion der (hier nicht abgebildeten) Zuschauer, die durch das Heben oder Senkens des Daumens über Leben und Tod der besiegten Gladiatoren entschieden. Detailliert sind die bizarr gestalteten Helme und die schwere Schutzbekleidung der Panzerkämpfer wiedergegeben, die auf Grund ihrer Rüstungen nur schwerfällig reagieren konnten, während andere Gladiatoren nur mit einem Lendenschurz, einigen Lederabdeckungen, einem Fangnetz und leichten Waffen versehen waren und daher beim Kampf ihre Wendigkeit ausspielen konnten. Teils spritzt den verwundeten Kämpfern Blut aus den Wunden, teils liegen sie schwer verletzt oder bereits getötet auf dem Boden.

Hatte ein Gladiator ein Dutzend Kämpfe siegreich überstanden, konnte er sich mit Ehren und Geld überhäuft zur Ruhe setzen. Aus zeitgenössischen Berichten weiß man, dass solche Kämpfe zwischen Berufsgladiatoren, die sich oft aus dem Sklavenstand rekrutierten und in regelrechten Kampfschulen ausgebildet wurden, am Nachmittag eines auf einen vollen Tag angesetzten *munus* stattfanden. Am Vormittag wurde die *venatio* (Jagd) abgehalten, bei der wilde Tiere von Jägern erlegt oder aufeinander gehetzt wurden. Manchmal waren es von weit her geholte exotische Tiere, die sich in freier Wildbahn nie begegneten und in der Arena erstmals aufeinander trafen. So sieht man in der Mitte des rechten Randstreifens einen Bären und einen Stier, die mit Ketten aneinander gefesselt sind, damit sie nicht voneinander fliehen können. Im unteren Teil des weitgehend zerstörten linken Rahmens sind Straußenvögel und ein Treiber zu erkennen; die Tiere, zu deren Beute sie bestimmt waren, sind heute nicht mehr vorhanden.

In die Hatz-Szenen des rechten Randes eingestreut sind Darstellungen der mittags abgehaltenen Hinrichtungen, bei denen zum Tod Verurteilte wilden Tieren zum Fraß vorgeworfen wurden *(damnatio ad bestias)*. Wiedergegeben sind unter anderem ein fast nackter und gefesselter Mann, der durch einen Henker mit Peitsche einem Löwen zugetrieben wird, und – in Verlängerung des oberen Flechtbandstreifens – eine an einen Streitwagen gefesselte Person, die von einem Panther zerfleischt wird. Ihre dunkle Hautfarbe und Haartracht lässt darauf schließen, dass hier ein einheimischer Libyer, vielleicht ein Aufständischer, hingerichtet wird. Die Motive gewinnen an Schrecken, wenn man sich vergegenwärtigt, dass es sich hier nicht um freie Erfindungen, sondern um tatsächliche Ereignisse handelt. Der Fundort des Mosaiks, die Villa von Dar Buc Ammera, ist nicht weit entfernt vom Amphitheater von Leptis Magna, in welchem sich die hier geschilderten Szenen wirklich abgespielt haben könnten.

Den Durchgang in den folgenden Museumsraum flankieren zwei Nischen, in denen Marmorfiguren stehen: links – aus den hadrianischen Thermen von Leptis Magna – ein **Apollon,** bei dessen Rumpf es sich wiederum um eine römische Kopie eines Bildwerks des Praxiteles handelt und dessen Kopf Kaiser Hadrian (117–138) durch ein Porträt seines Liebhabers Antinoos ersetzen ließ; rechts befindet sich eine der zahlreich überlieferten römischen Marmorkopien der verloren gegangenen Bronze-Originale des berühmten griechischen Erzgießers Polyklet, der in der zweiten Hälfte des 5. Jahrhunderts v. Chr. wirkte. Bei dem hiesigen Stück handelt es sich um den Bildnistyp des **Diadumenes,** das heißt eines Athleten, der sich gerade ein Stirnband umbindet. Es war in den Thermen von Leptis Magna gemeinsam mit einer anderen römischen Marmorkopie einer Polyklet-Bronze aufgestellt, die den Doryphoros, einen speertragenden Athleten darstellte (heute im Museum von Leptis Magna).

Im Raum dahinter verdeutlichen Vitrinen mit charakteristischen Einzelobjekten und darüber grüne Fahnen mit entsprechend stilisierten Motiven die einzelnen **Epochen der Geschichte Libyens:** die Prähistorie, die phönizisch-punische Phase in Tripolitanien bzw. zeitgleich die griechische Ära der Kyrenaika, die Römerherrschaft über ganz Nordafrika und die anschließende spätantik-byzantinische Zeit und zuletzt der Islam bis zur Gegenwart unter Gadhafi. An der Rückwand des Raumes können auf einer großen Landkarte per Knopfdruck die Fundorte der einzelnen Perioden abgefragt werden, die dann als bunte Lämpchen aufleuchten.

Nach links wird der Besucher in die Räume mit den **prähistorischen Objekten** geleitet. Vitrinen mit Feuersteinwaffen und -werkzeugen – getrennt nach den Fundgebieten Kyrenaika und Fezzan – demonstrieren die allmähliche Weiterentwicklung vom groben Faustkeil des Paläolithikums bis zu den feinen Pfeilspitzen und Klingen des Neolithikums. Tierknochen geben Hinweise auf das damalige Jagdwild. Die im Verlauf des Neolithikums entdeckte Keramikherstellung manifestiert sich in zahlreichen Scherben mit typischen Punkt-, Dreiecks- und Schraffurmustern, die mit Holzstäbchen oder Kämmen in den feuchten Ton eingedrückt wurden. Wo so viele Scherben gefunden wurden, dass sich die – erstaunlich großformatigen – Gefäße wieder zusammensetzen ließen, wird sichtbar, dass diese frühe Keramik offensichtlich ein wertvoller Artikel war, bei dem sich Reparaturen lohnten, denn vielfach sind beidseitig eines Risses im Gefäßkörper sorgfältig angebrachte Bohrlöcher zu erkennen, durch die einst – heute verrottete – Schnüre aus Tierhaaren oder

Pflanzenfasern gezogen wurden, um weiterer Beschädigung Einhalt zu gebieten. Eine Wandtafel dokumentiert die Schichtenabfolge der Höhle von Haua Fteah in der Kyrenaika, dem bedeutendsten prähistorischen Fundplatz Libyens. Die Felsritzungen (Wadi Mathendusch) und Wandmalereien (Wadi Teschuinat) des Fezzan und der Gegend um Tarhuna (Bodenplatten mit Nashornritzung) sind in Fototafeln oder plastischen Kopien wiedergegeben. Die Mitte eines dieser Räume nimmt eine Vitrine mit den Skelettresten jener mindestens 5200 Jahre alten Kindermumie ein, die der italienische Archäologe Fabrizzio Mori 1958 an der Fundstelle Uan Muhuggiag im Wadi Teschuinat ausgegraben hat.

Die anschließenden Räume sind den **einheimischen libyschen Stämmen** gewidmet, allen voran den Garamanten des Fezzan. Man findet den Nachbau eines ihrer Königsgräber mit der davor befindlichen charakteristischen Opferstelle: eine Steinplatte mit mehreren Eintiefungen für Speise- und Trankspenden und dahinter ein Kultemblem, das einer vierfingerigen Hand ähnelt. Kopien von Wandmalereien bestätigen die Angaben Herodots, dass sich die Garamanten mit pferdegezogenen Streitwagen (von denen ein kleines Modell nachgebaut wurde) fortbewegten – gleichzeitig ein Indiz dafür, dass damals das Klima nicht so trocken und das Gelände nicht so sandig gewesen sein kann, da sonst die Nutzung dieses Verkehrsmittel kaum möglich gewesen wäre. Keramik, als Gefäße genutzte Straußeneier und andere Gebrauchsgegenstände der Garamanten sind ebenso vertreten wie Pläne und Gebäudegrundrisse der Hauptstadt Garama und der benachbarten Höhensiedlung auf dem Djebel Zinchecra.

Ein Schlaglicht auf die praktisch unbekannten religiösen Vorstellungen der einheimischen Bevölkerung wirft die blockhafte Standfigur einer Frau, um deren Rumpf sich eine Schlange windet (ein nahezu identisches Objekt vertritt in der bereits besprochenen Überblicksdokumentation des Eingangsbereichs die Frühzeit Libyens). Die kleine Skulptur stammt – ebenso wie der daneben ausgestellte kleine quaderförmige Räucheraltar, an dessen Seiten ebenfalls eine plastisch ausgearbeitete Schlange wiedergegeben ist – aus dem Heiligtum von Martuba im kyrenischen Hinterland. Die hier verehrte Göttin weist starke Anklänge an die ägyptische Isis auf, was noch deutlicher an einer dritten, im Magazin von Kyrene verwahrten Statuette desselben Typs deutlich wird, wo sich zu Füßen der Skulptur zwei Kobras mit deutlichen Parallelen zur pharaonischen Uräus-Schlange aufrichten.

Zwei Objektgruppen schließen die Abteilung der einheimischen Stämme ab: einerseits Latexabformungen und Fototafeln der Skulpturengrotte von Slonta in der Kyrenaika und andererseits Reliefplatten von Grabbauten, ähnlich den Stücken in der Eingangshalle des Museums aus der Nekropole von Ghirza.

Seitlich folgt ein Korridor mit Objekten aus der **punischen Ära,** als die Küstenstädte Tripolitaniens unter der Oberherrschaft Karthagos standen. Ausgestellt sind unter anderem Löwenskulpturen, menschliche Köpfe (einer dieser punischen Männerköpfe trat bei den italienischen Grabungen von 1930 im Hafengebiet von Leptis Magna zu Tage) und Rumpffragmente von Standfiguren, die ägyptischen Einfluss nicht verleugnen können, sowie Grabstelen mit dem Emblem der Göttin Tanit.

Dieser Gang führt weiter in einen großen Raum, der Fototafeln und Objekte aus Kyrene sowie weitere Relikte aus der **griechischen Periode der Kyrenaika** beherbergt. Vornehmlich Kleinfunde und Keramiken gruppieren sich um große Vitrinen in der Saalmitte mit einem Architekturmodell des Zeus-Tempels und einem weiteren Miniaturnachbau der Agora. Den kleinen Nebenraum links dominiert eine Statuengruppe der drei Grazien, deren Figuren bei einem Einbruch ins Museum ihrer Köpfe beraubt worden sind. Bislang konnte man nur einen von ihnen wieder auffinden und ansetzen. An den beiden Schmalseiten sind eine Standfigur der Athene bzw. zwei weibliche Büsten von kyrenischen Grabmälern aufgestellt, darunter auch eine ›gesichtslose‹ Frau, bei der zwar die Haare ausgearbeitet sind, anstelle eines Porträts aber ein unstrukturierter Zylinder wiedergegeben ist. Vergleichbare Grabplastiken, die auf den Dächern der Mausoleen oder in Wandnischen im Innern der Sargkammern aufgestellt waren, besitzt auch das Museum in Apollonia. Es ist unklar, ob hier die Verstorbenen selbst oder Persephone, die griechische Göttin der Unterwelt, dargestellt werden sollten. Persephone, die Tochter des Zeus und der Demeter, war von Hades geraubt und zu seiner Gemahlin gemacht worden. Die Griechen erklärten sich den Wechsel der Jahreszeiten damit, dass der eifersüchtige Herrscher der Unterwelt seine Frau immer nur für ein halbes Jahr ans Tageslicht zurückkehren ließ. Ihr Erscheinen und Verschwinden, das bei ihren Darstellungen durch ihren halb vor das Gesicht gehaltenen Schleier symbolisiert wird, bewirkte den jährlichen Vegetationszyklus

Hinter dem Hauptraum mit den griechischen Exponaten beherbergen zwei große Hallen **Mosaiken und Statuen der Römerzeit** aus den Ruinenstätten Tripolitaniens. Auch hier ergänzen Architekturmodelle des Severischen Forums von Leptis Magna und der Agora von Sabratha in zentralen Vitrinen die Dokumentation.

An den Wänden sind diverse Mosaiken aus dem 2. und 3. Jahrhundert angebracht, die einst Fußböden dekorierten und deren Bildfelder deswegen gelegentlich auf dem Kopf stehen oder um 90 Grad gedreht sind. Das Segment eines einst runden Mosaiks mit Blattranken und dazwischen eingestreuten Vögeln sowie detailliert wiedergegebenen anderen Tieren ist aus sehr kleinen Steinchen *(opus vermiculatum)* gefertigte. Es stammt, ebenso wie die Darstellung an der gegenüber liegenden Wand, wo sich in neun quadratischen Bildfeldern, die von einem Flechtband umgeben sind, die personifizierten vier Jahreszeiten mit achteckigen Ornamenten in Opus-sectile-Technik abwechseln, aus der römischen Küstenvilla von Dar Buc Ammera bei Zliten, die vor allem durch ihr Gladiatorenmosaik (in der Eingangshalle des Museums) bekannt geworden ist.

Links davon befinden sich diejenigen Mosaiken aus Leptis Magna, die durch ihr charakteristisches Motiv den jeweiligen Häusern, aus denen sie geborgen wurden, den Namen gaben. Die Darstellung aus der so genannten Villa des Orpheus, die sich im Stadtgebiet von Leptis Magna befand, zeigt oben ein über drei Quadrate reichendes Bildfeld, auf welchem der griechische Held mit der typischen Phrygermütze durch seinen Gesang die wilden Tiere besänftigt, die sich zu seinen beiden Seiten friedlich eingefunden haben. In den drei Quadraten darunter sind Szenen des Fischfangs mit Netzen und Angeln wiedergegeben, flankiert von stillebenartigen Darstellungen der erbeuteten Wassertiere. Die unterste Dreierreihe ist Motiven der Landwirtschaft gewidmet.

Die Mosaiken der ›Nilvilla‹, die außerhalb der Stadt zwischen dem Hafen und dem Amphitheater zu Tage getreten ist, bestehen aus länglichen Bildstreifen. Dabei zeigt das namengebende Mosaik zum einen Szenen des Fischfangs im Nil mit seiner reichen Ufervegetation, wobei die Tiere mit Netzen, Angeln und Keschern aus dem Wasser gezogen werden; zum anderen ziehen junge Knaben ein Flusspferd an einer Girlande in Richtung eines Obelisken. Auf dem Tier hat sich die als beleibter Mann – als Ausdruck der Fruchtbarkeit, die auch in dem von ihm gehaltenen Füllhorn sichtbar wird – wiedergegebene Personifikation des Nil niedergelassen. Jedes dieser ziehenden Kinder symbolisiert einen Fuß Höhe der für das Niltal lebensnotwendigen alljährlichen Nilflut. Der Obelisk, vor dem sich eine Gruppe von Musikanten eingefunden hat, trägt die griechische Aufschrift *agathae tychae* (für ein günstiges Schicksal).

Die anderen Mosaiken aus derselben Villa zeigen eine Regatta von geflügelten Amoretten, die sich auf Delphinen, einem geruderten Schiff und sogar auf einer als Surfbrett zweckentfremdeten Amphore mit angebundenem Segel ein Wettrennen zu Wasser zu liefern scheinen, sowie Pegasus – aus dem Blut der von Perseus enthaupteten Medusa entsprossen –, dessen geflügelter Pferdeleib von Nymphen gestriegelt und dessen Schweif von einer anderen Nymphe zusammengebunden wird. Das Motiv entstammt dem Sagenkreis um Bellerophon, den Sohn des korinthischen Königs Glaukos, der mit Hilfe des Pegasus das Ungetüm Chimaira, das mit seinem feurigem Atem das Land verwüstete, vernichtete. Als er aber auf dem Rücken des geflügelten Tieres den Olymp erstürmen wollte, wurde er von Zeus herabgeschleudert und mit Wahnsinn bestraft.

In zwei Raumecken erlauben zwei Standbilder der Göttin Artemis bzw. Diana einen interessanten Vergleich. Zum einen sieht man die Göttin der Jagd in der konventionellen Darstellung mit gefälteltem Gewand, entsprechender Bewaffnung und in Begleitung eines Hundes, zum anderen erscheint sie – auf einer unweit des Amphitheaters von Leptis Magna aufgefundenen Statue – im Bildnistyp der Diana von Ephesos, also als Figur, deren Beine nicht detailliert ausgeführt sind und deren Rumpf stattdessen von den Hüften abwärts zahlreiche Reliefstreifen überziehen. Vor allem aber ist die Brust mit mehreren Reihen eiförmiger Objekte bedeckt, die nach neuestem Wissensstand am ehesten Stierhoden wiedergeben. Es wurden aber auch Eier oder zahlreiche Brüste als Fruchtbarkeitssymbole vorgeschlagen.

Unter den zahlreichen anderen Statuen stechen die monumentalen Köpfe der Kaiser Augustus und Tiberius hervor, die im Tempel von Roma und Augustus auf dem Alten Forum von Leptis Magna gefunden wurden. Kleinere, fast lebensgroße Kaiserporträts stellen unter anderem Septimius Severus und seine Gemahlin Julia Domna dar. Von den marmorenen Standfiguren hoher Würdenträger sind vielfach nur die Rümpfe mit ihrem reich gefältelten Togagewand *(togati)* erhalten, denn die Köpfe waren separat gearbeitet und konnten bei Bedarf gegen aktuellere Porträts ausgetauscht werden, ohne gleich die gesamte Figur auswechseln zu müssen. Zu den wenigen Stücken, bei denen Kopf und Rumpf fest verbunden sind, gehört die Darstellung des Iddibal Caphada Aemilius, der sich unter anderem als Stifter des Chalkidicums um seine Heimatstadt Leptis Magna verdient gemacht hat. Im Durchgang einander gegenüber stehen die Darstellungen des Apollon, der die Kithara zupft, und seines Herausforderers zum musikalischen Wettstreit, des Quelldämons Marsyas, der die Panflöte bläst. Beide Bildwerke gehörten zur Ausschmückung der hadrianischen Thermen von Leptis Magna, ebenso wie die benachbart aufgestellte Figur des Gottes Merkur, der seinen rechten Fuß auf eine Schildkröte stellt.

Zwei würfelförmige Statuenbasen aus dem Tempel der *gens Septimia* im Severischen Forum von Leptis Magna zeigen die Gigantomachie, also den (erfolglosen) Kampf der von ihrer Erdmutter ausgesandten Riesen gegen die eben zur Macht gelangten olympischen Götter um Zeus. Auf den meisten der insgesamt acht Bildflächen der beiden Sockel sind jeweils Götterpaare (darunter Sol und Luna, Mars und Vulcanus sowie Apollon und Jupiter) bei der Tötung der schlangenfüßigen Ungeheuer wiedergegeben. Es treten aber auch die Dioskuren, die ägyptischen Gottheiten Isis und Serapis, der Wagen der Caelestis sowie Liber Pater mit einem Panther und einem Satyr in Erscheinung.

Oberhalb davon wurden einige der Medusenhäupter aus dem severischen Forum von Leptis Magna an den Wänden platziert. Außerdem hat man einen Blick hinauf auf eine Galerie, an deren Wänden Malereien aus dem beginnenden 3. Jahrhundert angebracht sind, die einst die Gewölbedecken der Villa von Dar Buc Ammera bei Zliten schmückten. Das bedeutendste Bildfeld hiervon zeigt den Dionysos mit nacktem Oberkörper, auf einem Panther reitend.

Von diesen großen Hallen führt ein geknickter Korridor hinaus in das Treppenhaus. An den Wänden dieses Durchgangs befinden sich mehrere Mosaiken, darunter eines aus der ›Villa des Nil‹ von Leptis Magna aus dem 4. Jahrhundert mit einer Löwenjagd. Hier erlegen zwei Reiter links oben und rechts unten des quadratischen Bildfeldes ein männliches und ein weibliches Raubtier. Außerdem ist hier eine

Dionysos auf einem Panther (hier entgegen archäologischer Terminologie auf einem Leoparden) reitend, römische Wandmalerei aus der Villa von Dar Buc Ammera bei Zliten

Reliefplatte mit einem Furcht erregenden Gorgonenhaupt ausgestellt, die ursprünglich am Triumphbogen des Antoninus Pius in derselben Stadt als apotropäisches Emblem angebracht war.

Den Treppenaufgang ins Obergeschoss flankieren zwei Hermenbüsten. In der ersten Etage gelangt man zunächst in einen Raum, an dessen Wandkonsolen lange Reihen kleinformatige Statuen, zumeist aus Marmor, ihre Aufstellung gefunden haben. Zu den größerformatigen Bildwerken zählt hierbei ein kopfloses Standbild der Isis, das aber auf Grund seines charakteristischen Gewandknotens auf der Brust eindeutig mit der ägyptischen Göttin zu identifizieren ist. Auf einem etwas höheren Bodenniveau beherbergen mehrere Vitrinen Kleinfunde wie Münzen, Öllämpchen und andere Objekte des täglichen Lebens. Die Rückwand dieses Raumteils nehmen lange Reihen von römischen Porträtköpfen ein. Hier führt auch ein unauffälliger Durchgang hinauf in das zweite und dritte Geschoss mit den ethnologischen, naturgeschichtlichen und zeitgenössischen Abteilungen des Nationalmuseums. Die Präsentation der ersten Etage findet ihren Abschluss mit einem Teil der Reliefplatten vom Triumphbogen des Septimius Severus aus Leptis Magna (die übrigen Platten, die am rekonstruierten Bogen vor Ort durch Abgüsse ersetzt sind, werden im dortigen Museum gezeigt). In der Raummitte beherbergt eine Vitrine einen großformatigen Porträtkopf des Kaisers.

Die dahinter anschließende Ausstellungshalle ist dem **frühen Christentum** in Nordafrika gewidmet. Neben Grabsteinen mit Kreuzesdarstellungen und Architekturteilen (Kapitelle und Rundbogenfenster) aus der Kirche von Al-Khadra bei Tarhuna auf dem Djebel Nafusa 80 km südöstlich von Tripolis sind auch einige Fotos von den Mosaikenfeldern aus Ghasr Libia in der Kyrenaika ausgestellt.

Um von hier aus in die beiden obersten Stockwerke mit der **ethnologischen** (3. Etage), **naturkundlichen** und **zeitgeschichtlichen** (beide 4. Etage) **Sammlung** zu gelangen, keht man von hier aus – an den Reliefs des Severerbogens von Leptis Magna vorbei – entweder ins Treppenhaus zurück oder man nimmt zuvor einen unscheinbaren Aufgang an der Rückwand des Raumes mit den Münzen und Kleinfunden.

Weitere antike Mosaiken befinden sich in der umfangreichen **Bibliothek**, die im rückwärtigen Teil der Festung untergebracht ist und in die ein separater Zugang vom Suq her hineinführt.

Der große Freiplatz vor der Zitadelle und der neben ihr liegenden Altstadt mit dem Suq ist der Anfang 2001 in **Midan asch-Schuhada** (4, Märtyrer-Platz) umbenannte vormalige Grüne Platz (As-Saha al-Khadra), der Mittelpunkt von Tripolis. Anders als der ehemalige Name vielleicht vermuten lässt, weist er nur spärliche Bepflanzung auf und ist vielmehr eine breite, verkehrsreiche Passage, auf der sich endlose Blechlawinen entlangwälzen. Die Bezeichnung orientierte sich vielmehr an der ebenfalls grünen Landesflagge. An der – der Küste zugewandten – nordöstlichen Seite des Platzes ragen unweit des Eingangs ins Nationalmuseum zwei hohe schlanke **Pfeiler** (5) mit rechteckigem Querschnitt auf. Auf ihrer kapitellartig verbreiterten Oberseite befindet sich, jeweils aus Bronze gegossen, einmal das Modell eines Segelschiffs, im anderen Fall die Statuette von Omar Mukhtar, der auf einem sich aufbäumenden Pferd sitzt. Letztere ersetzte die Darstellung von Romulus und Remus, den legendären Gründern Roms. Der Austausch erfolgte, als die anlässlich eines Staatsbesuchs Mussolinis angefertigten Bildwerke vom Hafenkai auf ihren heutigen Standort überführt wurden. Den vom Meer abgewandten Teil des Platzes nimmt ein **Brunnenbecken** (6) mit Pferdeskulpturen ein. Die nordwestliche Längsseite des Platzes wird von der Zitadelle und den von großen Portalen durchbrochenen Umfassungsmauern der Altstadt begrenzt, von der gegenüber liegenden Seite nehmen, radial aufgefächert, mehrere schnurgerade Straßen ihren Anfang, die das einstige italienische Kolonialviertel durchschneiden.

Die Altstadt

Die dem Märtyrer-Platz (ehem. Grüner Platz) zugewandte Hälfte der ummauerten Altstadt beherbergt den **Suq von Tripolis,** der nach dem 1979 ausgesprochenen und unter dem Begriff Produzentenrevolution propagierten Verbot von privatem Handel jahrelang weitgehend ausgestorben dahinvegetierte. Erst als diese Einschränkung 1988 wieder aufgehoben wurde, füllte er sich wieder mit Leben und heute werden in den meisten Läden wieder Waren angeboten, wobei sich allerdings die Grundversorgungsgüter gegen die staatlich subventionierten Produkte in den Volkssupermärkten behaupten müssen. Traditionell konzentrieren sich bestimmte Warengruppen in bestimmten Gassen des teils überdachten Suqs und in den an Karawansereien erinnernden großen Innenhöfen der dazwischen eingestreuten Handelshäuser. Einer der schönsten dieser Gebäudekomplexe, mit einem großen Wasserbecken im zentralen Hof, liegt unmittelbar nach Durchschreiten des großen Stadttores vom Märtyrer-Platz her auf der linken Straßenseite der hier beginnenden Scharia Arba'a Arsat. Hier haben sich zumeist Läden etabliert, die touristische Souvenirs, teils auch aus den Nachbarländern Ägypten und Tunesien, anbieten. In westliche Richtung schließt sich dahinter die lang gestreckte, zweigeschossige Halle des Gold-Suqs an, die sich bis zum Gewürzmarkt ausdehnt.

In der Ostecke der Altstadt, südwestlich der Zitadelle, liegt die **Ahmed-Pascha-Karamanli-Moschee** (7), die zwischen 1738 und 1740 vom ersten Vertreter der Karamanli-Dynastie, Ahmed Pascha (1711–1745), errichtet wurde. Das Gebetshaus selbst verfügt über einen quadratischen Grundriss von 23 m Seitenlänge und nimmt gemeinsam mit einer Koranschule (Medresa) in der Nordwestecke ein komplettes Häusergeviert von 50 × 45 m ein. Die Gebetshalle stützen 16 hohe Marmorsäulen, über denen sich ein Kuppeldach wölbt. Zwei anschließende, ebenfalls überkuppelte Räume im Südwesten des Gebäudekomplexes beherbergen das Grab des Bauherrn und eines seiner Anverwandten. Das Minarett mit Pyramidendach erhebt sich auf einer achteckigen Basis.

Mit Fayencen versehene Wände der Ahmed-Pascha-Karamanli-Moschee

Links: im Suq der Kupferschmiede
Rechts: Blick in eine Gasse der Altstadt

Die Straße zwischen der Rückseite der Karamanli-Moschee und der Zitadelle führt an deren Westecke auf einen kleinen Platz, auf dem sich der **Italienische Uhrturm** (8, Bordj as-Sa'a) befindet. Dieser wurde 1860 von Ali Reda Pascha al-Gaziri, einem der osmanischen Statthalter, der 1867–70 und 1872/73 im Amt war, in Auftrag gegeben, aber erst 1898 unter seinem Nachfolger Namiq Pascha fertiggestellt. Erbaut ist das 20 m hohe und eine quadratische Grundfläche von etwa 5 × 5 m einnehmende Monument nach dem Vorbild italienischer Kirchtürme. Über der Fassade mit Ziersäulen wölbt sich ein Kuppeldach. Der Bau wurde während der italienischen Fremdherrschaft durch Abdallah Al-Tunsi und dann 1991/92 im Zuge der Altstadtsanierung restauriert. Hier nimmt in einer schmalen und kurzen Seitengasse der malerische **Suq der Kupferschmiede** (9), der sich schon von weitem durch das Hämmern und Klopfen der Metallhandwerker ankündigt, seinen Anfang.

Wendet man sich von diesem Platz dem Mittelmeer zu, passiert man das links der kurzen Straße liegende Gebäude der **Libyschen Nationalbank** (10), deren dem Meer zugewandte Fassade mit großen Arkadenbögen gegliedert und deren beide turmartigen Eckresalite mit flachen blauen Kuppeln bekrönt sind. Kehrt man jedoch in entgegengesetzte Richtung in die Altstadt zurück und hält sich dabei im Zickzack in südliche Richtung, stößt man in einer Nebenstraße des Suq al-Turq auf die älteste muslimische Gebetsstätte von Tripolis, die **An-Nagha-Moschee** (11, Kamel-Moschee). Sie verdankt ihr heutiges Aussehen, nachdem sie durch die Spanier 1510 schwere Zerstörungen erlitten hatte, jedoch erst Umbauten und Restaurierungen, die 1610 durch Safar Dai vorgenommen wurden. Ihre Anfänge sollen der Überlieferung nach – so behauptet zumindest der islamische Schriftsteller Al-Tigiani, der sich zwischen 1306 und 1308 in Tripolis aufgehalten hatte – auf Omar Ibn al-Khattab, einen Nachfolger Mohammeds im Kalifat, zurückgehen, oder aber auf die Fatimidenkalifen. Die eigentliche Gebetshalle weist einen leicht trapezförmigen Grundriss von 18 × 18,5 m^2 Fläche auf sowie 36 Säulen mit korinthischen Kapitellen, bei denen es sich um Spolien aus dem antiken Oea handelt. Davor liegt ein quadratischer, von einer Kolonnadenreihe umgebener Hof. In dem durch eine Mauer abgetrennten Bereich in der Nordostecke soll angeblich Sidi Abd al-Salam al-Asmar, der in der Hauptmoschee von Zliten beigesetzt ist, seine Schüler unterrichtet haben.

Westlich dieser historischen Moschee durchzieht als gerade Hauptachse die **Scharia Arba'a Arsat** (12), die Straße der vier Säulen, das Marktgelände von Südosten nach Nordwesten. Ihren Namen verdankt sie den vier antiken Säulenschäften aus Marmor, die an einer ihrer Straßenkreuzungen als Bestoßungsschutz an den Ecken der hier angrenzenden vier Häuser als Spolien verbaut sind. Sie stammen aus einer Zeit, als noch Eselskarren durch die engen Gassen zogen und beim Abbiegen oft die Mauerkanten beschädigten.

Unmittelbar an dieser namengebenden Kreuzung liegt, mit dem Zugang in der Scharia Arba'a Arsat, **das Karamanli-Haus** (13, Abb. S. 21). Es wurde in der zweiten Hälfte des 18. Jahrhunderts unter Ali Karamanli (1754–1793) als eines der prunkvollsten Wohnhäuser der Stadt erbaut und zwischen 1798 und 1832 von Jussuf Pascha Karamanli, dem berühmtesten Vertreter seiner Dynastie, als Wohnhaus für sich und seine zahlreichen Frauen genutzt. Daher rührt seine Bezeichnung im Volksmund als Husch al-Harim. Während der erneuten osmanischen Herrschaft nach dem Ende der Karamanlis fungierte es als Sitz des toskanischen Konsulats. Zwischen 1987 und 1994 wurde es im Zuge der Altstadtsanierung umfassend restauriert und beherbergt heute ein stadtgeschichtliches und ethnologisches Museum. Innen verfügt es über einen großen Innenhof mit einem Brunnen. Über die dem Hof zugewandte umlaufende Galerie im Obergeschoss gelangt man in die zu Ausstellungszwecken möblierten und mit alltäglichem Inventar ausgestatteten Räume. Neben Haushaltsutensilien sind Trachten,Teppiche, Musikinstrumente und vieles mehr zu sehen. Von der Dachplattform, die man besteigen kann, blickt man auf die Dächer der umgebenden Häuser.

Nach Nordwesten zu mündet in die Scharia Arba'a Arsat erneut von rechts eine kurze Querstraße ein, die an ihrem Meerende ein großes Portal besitzt. Seine beiden verschließbaren Flügeltüren weisen dekorative Bronzebeschläge auf, sind aber erst 1989 bei der Altstadtsanierung angebracht worden. Links säumt diese Querstraße als auffälligstes Gebäude ein lang gestrecktes, weiß gekalktes Haus mit Kuppeln, die mit ihrer Fältelung entfernt an Zitronenpressen erinnern. Dies ist die **Osman-Pascha-Medrese** (14), eine Koranschule aus dem 17. Jahrhundert.

Ihr gegenüber liegt die **Sidi-Darghut-Moschee** (15), eines der größten Gebetshäuser der Stadt. Benannt ist sie – ebenso wie die Küstenstraße (Scharia Sidi Darghut), an der sie, nur wenige hundert

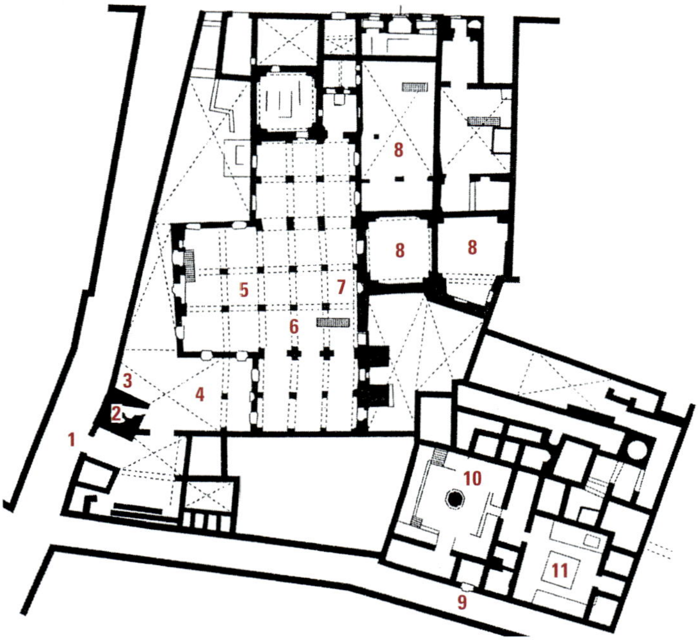

Grundriss der Sidi-Darghut-Moschee

1 Eingang
2 Minarett
3 Waschplätze
4 Hof
5 Gebetsraum
6 Minbar (Freitagskanzel)
7 Mihrab (Gebetsnische)
8 Gräber
9 Eingang in das Bad (Hammam)
10 Hauptraum des Bades
11 Dampfbad

Meter vom Marc-Aurel-Bogen entfernt, liegt – nach dem Admiral Darghut Ali (auch Turghut oder Dragut), der 1551, nachdem er die Malteser vertrieben hatte, in Tripolis an die Macht kam. Obwohl er 1565 auf der Insel Malta in der Schlacht von San Elmo gefallen war, ließ er sich hier in einem überkuppelten Raum hinter dem Mihrab beisetzen, in welchen später noch andere Grabstätten hinzukamen. Der Gebäudekomplex wurde teils im Zweiten Weltkrieg zerstört. Die gesamte Anlage, zu der auch das seitlich angegliederte **Hammam Darghut,** also ein Bad, gehört, besitzt einen annähernd T-förmigen Grundriss, der von insgesamt 32 Kuppeln überdacht wird. Das zylindrische Minarett mit einer Pyramidenspitze ist eine Zutat aus dem Jahr 1602 von Iskander Pascha, auf den auch das genannte Hammam zurückgeht. In Verlängerung der Gasse, in der sich der Zugang in das Hammam Darghut befindet, stösst man bald linker Hand auf die an ihren reliefdekorierten Portalen zu erkennenden Schaib-al-Ain-Moschee, die, wie ihr Name verrät, einem Lokalheiligen »mit grauen Augenbrauen« gewidmet ist.

Etwas nach Nordwesten versetzt weitet sich die Scharia Arba'a Arsat zu einem kleinen Platz aus, an dessen rückwärtigem Ende eine schmale Passage zu einer ehemaligen Kathedrale, der **Chiesa Santa Maria degli Angeli** (16) führt, die als katholische Kirche der hl. Maria von den Engeln geweiht war. An dieser Stelle war ein erstes Gotteshaus schon 1615 durch missionierende Franziskanermönche erbaut worden, das 1685 kriegerischen Auseinandersetzungen zum Opfer fiel. 1703/04 ließen der französische Botschafter Lemaire und der Missionar Nicola de Shew das Bauwerk wiedererrichten, das 1829 erneut zerstört wurde. Seine heutige Gestalt geht auf das Jahr 1891 zurück, als Pater Fortunato da Rosina in fünfjähriger Bauzeit die 70 m lange, 50 m breite und 20 m hohe Basilika aufführen ließ. Bis 1928 blieb sie die katholische Hauptkirche von Tripolis. Seit 1995 finden umfangreiche Restaurierungsarbeiten statt; nach Abschluss soll hier ein Museum eingerichtet werden.

Schräg gegenüber dominiert den Vorplatz der einstigen Kirche ein massiges Gebäude mit geböschten Außenwänden in seiner Sockelzone. Dies ist das ehemalige osmanische Gefängnis, heute **Dar Christa** (17) genannt. Es war mit seinen 86 Zellen für 672 Häftlinge im Jahr 1664 vom türkischen Gouverneur Osman Pascha al-Saqizli (1649–1672) zur Internierung von Christen, wahrscheinlich auf den Trümmern des Palastes von Turghut Pascha, erbaut worden. Im Lauf der Zeit erfuhr es immer wieder Umbauten und Nutzungsänderungen. Nach umfangreichen Restaurierungen zwischen Oktober 1995 und September 1997 im Rahmen der Altstadtsanierung wurde es am 27. Oktober 1977 anlässlich der Feiern zum 29. Jahrestag der Revolution als Kinderbibliothek und -freizeitstätte wieder eröffnet. Heute befindet sich im Gebäudekomplex zudem, vom Innenhof aus zugänglich, die griechisch-orthodoxe Kirche.

In der schmalen Gasse, die den genannten Platz vor der Kirche Santa Maria degli Angeli mit dem Marc-Aurel-Bogen verbindet, liegt auf der rechten Seite das **ehemalige Französische Konsulat** (18). Das 1630 errichtete Gebäude stellte die erste diplomatische Vertretung eines europäischen Staates in Tripolis dar und wurde in dieser Funktion bis Ende 1940 genutzt.

Unmittelbar hinter dem Marc-Aurel-Triumphbogen befindet sich die 1833/34 durch den aus Georgien stammenden Kaufmann Josef Gurgi gestiftete **Gurgi-Moschee** (19, Abb. S. 25 und 54). Der Bauherr war unter der Dynastie der Karamanli zu Vermögen gekommen. Die innen überreich mit Stuckschneidearbeiten dekorierte Gebetsstätte besitzt einen quadratischen Grundriss mit einer Seitenlänge von 18 m. Neun Säulen tragen 16 Kuppeln, von denen diejenige über der Gebetsnische besonders bunt gehalten ist. Die an drei Seiten umlaufende Galerie, die sich rückwärtig zu einer Loge ausweitet, erreicht man über ein Treppenhaus, das vom Außenhof – links des Aufgangs auf die beiden Galerien des schlanken achteckigen Minaretts – zugänglich ist. Bunte Fliesen an den Außenwänden zeigen in Spitzbogennischen die stark stilisierte Ka'aba von Mekka. Bemerkenswert sind auch die bronzenen Türklopferpaare an den Doppelflügeltüren der beiden Eingänge, denn sie tragen als Aufschrift in Durchbruchsarbeit die islamischen Glaubensgrundsätze: »Es gibt keinen Gott außer Gott« und »Mohammed ist sein Prophet«.

Verlässt man die Moschee durch den Ausgang, der auf die von der Küste kommende und am Marc-Aurel-Bogen vorbeigehende Al-

Akwasch-Straße führt, nach links, erreicht man nach kurzem Weg an der linken Seite die **ehemalige Britische Botschaft** (20), heute Dar Abdel Chaliq Mohammed al-Nuweis. Dieses Gebäude mit einem quadratischen Grundriss und einem großen Innenhof ist 1744 von Ahmed Pascha, dem Begründer der Karamanli-Dynastie, am Ende seiner Amtszeit (1711–1745) errichtet worden. Von der zweiten Hälfte des 18. Jahrhunderts bis 1940 erfüllte es seine Rolle als Diplomatensitz. Heute – nachdem es zwischen 1987 und 1993 umfassend restauriert worden war – fungiert es als Kulturzentrum mit einer öffentlichen Wissenschaftsbibliothek.

In derselben Al-Akwasch-Straße befindet sich dahinter, ebenfalls links, das **Ahmed-Ansari-Haus** (21, Dar Ahmed al-Naeb al-Ansari), das früher als Al-Sarousi-Haus bekannt war. Im ersten Drittel des 20. Jahrhunderts war es mit finanziellen Mitteln der Italiener sowie jüdischer Stadtbewohner als religiöse Bildungsstätte erbaut worden. Als Schule wurde es im Juni 1967 geschlossen, zwischen 1990 und 1994 restauriert. Heute beherbergt es unter anderem eine historische Fachbibliothek und ein Archiv mit 1400 an libyschen Universitäten entstandenen Dissertationen.

Das **ehemalige italienische Kolonialviertel** schließt sich südöstlich an den Märtyrer-Platz an und wird durch mehrere vom Platz aus radial ausfächernden, schnurgeraden Straßen erschlossen. Dies sind nacheinander die breite Scharia Al-Fatah (die bald darauf zur Küstenschnellstraße wird), dann die Scharia Baladiye, die Scharia Imhimmid al-Moairif und die Straße des 1. September (Scharia Awal September). Von der Südecke des Platzes gehen noch die Scharia Mizran und die Scharia Amr-Ibn-al-As ab. Die Scharia Omar al-Mukhtar, welche als letzte Straße den Märtyrer-Platz in westliche Richtung verlässt, kommt wenige Kilometer später am rechts liegenden **Messegelände** von Tripolis vorbei.

Kolonialarchitektur: Säulenportikus am Algerien-Platz mit Blick auf die ehemalige italienische Basilika

Zu den interessantesten Kolonialhäusern zählt die durch ihren von der Straße des 1. September und der Scharia Imhimmid al-Moairif her durch je einen Portikus mit korinthischen Säulen zugängliche **Galeria De Bono** (22). Ihr achteckiger Innenhof weist an seinen vier langen und vier kurzen Seiten eine reiche Bauskulptur auf, darunter überdimensionierte steinerne Türklopfer, deren Ringe in den Mäulern von Löwenprotomen stecken.

Die Scharia Imhimmid al-Moairif mündet schließlich in einen runden Platz, den Algerien-Platz (Midan Al-Jazair), der durch einen Säulenportikus, das lang gezogene Postamt und vor allem durch die **ehemalige italienische Basilika** (23) begrenzt wird. Entfernt erinnert diese einstige Herz-Jesu-Kirche an die Basilika von Orvieto. Nach ihrer Einweihung 1928 stellte sie das größte christliche Gotteshaus auf libyschem Boden dar. Das dreischiffige Gebäude mit einer Länge von 54 m und einer Breite von 35 m, wovon das Mittelschiff, bei einer Höhe von 22 m, die durch die Kuppel verdoppelt wurde, 11,6 m einnahm, entstand nach Plänen der Architekten Panteri und Monticelli. Heute ist es in eine Moschee umgewandelt, die zu einer arabischen

Sprachschule für ausländische Koranschüler gehört, und entsprechend fungiert der alte Campanile heute als Minarett.

Im Viertel, das sich südöstlich dahinter erstreckt, konzentrieren sich die meisten ausländischen Botschaften. Links an der Basilika vorbei erreicht man über die hier leicht ansteigende Verlängerung der Al-Baladiye-Straße bald den jenseits der An-Nasr-Ringstraße liegenden **ehemaligen Königspalast** (24): Das sich inmitten einer Gartenanlage erhebende quadratische Gebäude mit seiner auffälligen Zentralkuppel und vier weitgehend identischen Außenseiten wurde 1924 vom italienischen Gouverneur Volpi in Auftrag gegeben und vom Mailänder Architekten Meraviglia Montegazza realisiert. Zunächst fungierte es als Residenz der italienischen Gouverneure Emilio de Bono, Pietro Badoglio und Italo Balbo, nach der Schaffung des unabhängigen Königreichs Libyen regierte von hier aus Idris I. Nach dessen Sturz wurde es in eine öffentliche Bibliothek umgewandelt und trägt seither die Bezeichnung Volkspalast.

Zwei historische Bauten befinden sich an der Al-Fatah-Straße unweit des weithin sichtbaren Hochhauses des Mehari-Hotels. Nahe der Küste gegenüber der Luxusherberge, wo auch die internationalen Fährschiffe anlegen, befindet sich die weiß gekalkte **Sidi-asch-Scha'ab-Moschee** (25) mit ihrem vierkantigen Minarett. Oberhalb des Hotels liegen in einer kleinen Grünanlage zwei **Gräber der Karamanli-Dynastie** (26). Es sind weiß gekalkte, überkuppelte Bauten mit quadratischem Grundriss. Im südlichen Grab sind zwei Kinder von Jussuf Pascha Karamanli (1798–1832) beigesetzt. Die beiden Anlagen, innen verfallen, dienen mittlerweile den Parkgärtnern als Geräteschuppen.

Hinter dem Mehari-Hotel schließt sich das Stadtviertel **Dahra** an, wo sich die **Durar-Moschee** (27, Djami Durar) befindet. Das Viertel beherbergt auch die einzige **katholische Kirche** (28) in Tripolis, die dem hl. Franziskus geweiht ist.

In etwa 2 km Entfernung vom Märtyrer-Platz befindet sich im Stadtviertel **Sidi Khalifa,** das im Süden in Richtung Flughafen liegt, ein kleines **islamisches Museum** (29).

Interessante moderne Architektur besitzt Tripolis vor allem in Küstennähe südwestlich des Hafens und der ummauerten Altstadt in der Umgebung des Hotels Bab-el-Bahr (Tor zum Meer). Dazu gehört in erster Linie der erst 1998 fertiggestellte **Fatah-Turm** (30, Burdj al-Fatah), mit 120 m das höchste Gebäude des Landes. Sein Name, Turm des Neuanfangs, bezieht sich auf den Revolutionstag, den 1. September 1969. Das Geschäftshochhaus besteht aus zwei schlanken Türmen mit jeweils rechteckigem Grundriss und einem großen Bogen, der die beiden Teile hoch oben verbindet, und besitzt auf seiner Dachplattform ein rundes Panorama-Restaurant. In diesem Gebäude hat auch die von Seif al-Islam, dem zweiten Sohn des Revolutionsführers, verwaltete Gadhafi-Stiftung ihren Sitz, die im Herbst 2000 in die Schlagzeilen kam, als sie mehrere europäische Geiseln, die von Rebellen auf der philipinischen Insel Jolo verschleppt worden waren, für hohe Geldbeträge freikaufte.

In Sichtweite davon erheben sich in Meeresnähe fünf weitere, identische Hochhäuser, die in gleicher Distanz voneinander erbaut wurden, von denen aber auf Grund ihrer Anordnung immer nur maximal vier sichtbar sind. Das auffälligste an ihnen ist, dass sie auf ihrem gemeinsamen quadratischen Unterbau mit einem großen Innenhof wie Schreibstifte mit den Spitzen nach unten aufsitzen. Dies hat ihnen den Namen **Dat al-Imad** (31, Häuser mit Säulen) eingebracht.

Die Umgebung von Tripolis

Ausflüge Richtung Westen

Umgebung von Tripolis

Besonders sehenswert:
Janzur
Tajura

An der Stelle, wo im Westen von Tripolis unweit des Volkskongress-Gebäudes die Küstenstraße (Corniche Road) und die Omar-Mukhtar-Straße aufeinander treffen, befand sich einst das Bab-Girgáresch, das nach **Girgáresch** führte, einem alten Dorf, das heute ein Stadtteil von Tripolis ist. Hier traten 1965 bei Brunnenausschachtungsarbeiten unweit eines bereits zuvor entdeckten unterirdischen Mithräischen Grabes südlich der Durchgangsstraße nach Zuara christliche Katakomben mit einer kleinen Grabkapelle zu Tage. Bei der Anlage der Nekropole hatte man eine verschüttete, schon im Verlauf des 1. Jahrhunderts in den örtlichen weichen Sandstein eingetiefte Zisterne mit einer Ausdehnung von 90 bzw. 40 m und einer Höhe von 4 m wieder freigelegt und zu Grabstätten erweitert. Die Grabkapelle war verputzt und wies Reste von Wandmalereien auf, darunter eine der ältesten bekannten Darstellungen von Adam und Eva. Hier befindet sich auch das **Grab der Aelia Arisuth.** Während die unterirdischen Teile heute für Besucher gesperrt sind, hat man die Oberflächenfunde in einem kleinen Areal zugänglich gemacht, das sich zwischen den beiden Hauptdurchfahrtsstraßen durch den Vorort befindet. Erst 1999 traten in der Nachbarschaft bei Ausschachtungsarbeiten für ein Wohnhaus neue Funde ans Tageslicht, deren Dokumentation und Bergung noch im Gange ist. Dass die Küstenregion schon in griechischer Zeit besiedelt war, belegen umfangreiche Keramikfunde, die von attischen (6. und 5. Jahrhundert v. Chr.) über frühe arretinische (1. Jahrhundert v. Chr.) bis hin zu spätrömischen Scherben (3.–6. Jahrhundert) reichen.

10 km weiter westlich liegt der Vorort **Janzur.** Er wurde bereits im ausgehenden 13. Jahrhundert vom arabischen Geographen At-Tijani in dem Werk ›Rihla‹, das während einer Reise von Tunis nach Tripolis entstand, wegen seiner Fruchtbarkeit gerühmt und besitzt noch heute ausgedehnte Palmen- und Olivenhaine. Das Museum am Stadtrand, südlich der Durchgangsstraße von Tripolis zur tunesi-

schen Grenze, beherbergt die bei Ausgrabungen freigelegten antiken Felsengräber, von denen eines mit prachtvollen Wandmalereien dekoriert ist. Im Ortskern sind die im frühen 18. Jahrhundert erbaute Sidi-Amura-Moschee sowie die Zawiye, das Kloster der Senussi-Brüderschaft, mit ihrem dekorierten Portal erwähnenswert.

Die nächste große Ortschaft auf der Straße nach Westen ist **Az-Zawiya,** das wohl mit dem antiken Pontos identisch ist und im Mittelalter als Piratennest gefürchtet war. Heute stellt es mit einer Viertelmillion Einwohnern die viertgrößte Stadt des Landes dar.

Zwischen Sabratha und Surman liegt die Ortschaft **Dahmán.** Dort führt eine Piste zum Meer, wo sich die Grundmauern einer römischen Küstenvilla, wohl aus dem 2. Jahrhundert, befinden.

Ausflüge Richtung Osten

In Richtung Benghazi durchquert die Küstenstraße wenige Kilometer hinter Tripolis zuerst den Marktvorort Suq al-Juma'a, dann passiert sie den libyschen **Luftwaffenstützpunkt Oqba Ben Nafi,** benannt nach dem islamischen Feldherrn des 7. Jahrhunderts Bis Juni 1970, als die Nutzungsverträge ausliefen und von den Libyern nicht mehr verlängert wurden, unterhielten die Amerikaner hier ihre größte Luftwaffenbasis außerhalb der USA, die Wheelus Field Airbase. Sie besaß für die Amerikaner besondere strategische Bedeutung angesichts der Tatsache, dass Libyens Nachbarland Ägypten damals, im Todesjahr von Gamal Abdel Nasser, noch dem Ostblock nahestand; erst 1972 wurden dort unter Nassers Nachfolger Anwar al-Sadat die russischen Militärberater des Landes verwiesen und das Nilland näherte sich dem Westen an. Nach dem Abzug aus Libyen wurden die Luftflotte, das Personal und deren Angehörige, ingesamt mehrere Tausend Personen, nach Frankfurt/Main verlegt.

Bald darauf erreicht man das Städtchen **Tajura.** Hier befindet sich das nach Misratah zweitgrößte Stahlwerk des Landes. Libyen wurde vor einigen Jahren verdächtigt, hier eine Chemiewaffenfabrik zu unterhalten. Auch hier ist, vor allem an der Küste, das Militär stark präsent. Dies hat unter anderem zur Folge, dass eine von italienischen Archäologen nach 1964 in Meeresnähe ausgegrabene römische Villa aus dem 2. Jahrhundert mit schönen Mosaiken nicht besichtigt werden kann, da sie im Sperrgebiet liegt.

Eine inmitten des Ortes von der Hauptdurchgangsstraße nach Norden abzweigende asphaltierte Verkehrsverbindung führt zur **Murad-Agha-Moschee** aus der ersten Hälfte des 15. Jahrhunderts, die während der italienischen Kolonialzeit renoviert wurde und auch innen besichtigt werden darf. Ihre sieben Schiffe werden von 6×8 antiken Säulen (da einmal eine Doppelsäule verbaut wurde, sind es genau genommen sogar 49 Stützen) voneinander getrennt. Sie bestehen aus hellem Kalkstein, Granit und Cippolino-Marmor und wur-

Tajura, Innenraum und Außenansicht der Murad-Agha-Moschee

den aus den Ruinen von Leptis Magna herbeigebracht. Zwei der Säulenschäfte sind kanneliert, auf einer weiteren befindet sich knapp unterhalb des Kapitellansatzes eine punische Inschrift. Die nach Mekka weisende Qibla-Wand der Moschee weist 14 Nischen auf, die wahrscheinlich Heiligengräber beherbergen. Laut Überlieferung soll die Moschee von christlichen Sklaven errichtet worden sein, auch ihr Architekt soll ein in muslimische Gefangenschaft geratener Christ gewesen sein. Der namensgebende Bauherr der Moschee war ein in Ragusa geborener, von Seeräubern geraubter und als Sklave nach Istanbul verkaufter Christ, der zum Islam konvertierte, im Militär Karriere machte und schließlich Statthalter von Tajura wurde, nachdem er Chair ed-Din bei der Eroberung Tunesiens unterstützt hatte. Er ist in einem separaten Mausoleum *(turbah)* südwestlich der Gebetsstätte vor deren Zugangsfront beigesetzt.

Die Anreise über Tunesien (Djerba – Ras Ajdir – Sabratha – Tripolis)

Auch wenn seit der Beendigung des internationalen Flugboykotts gegen Libyen im April 1999 das Land wieder direkt auf dem Luftweg erreichbar ist, stellt wegen der deutlich günstigeren Charterflüge die Ein- und Ausreise über die tunesische Insel Djerba noch immer eine finanziell attraktive Alternative dar. Für die Anfahrt zur libyschen Grenze nutzt man zunächst den 7 km langen, schon von den alten Römern aufgeschütteten Damm, der das südliche Ende der Insel Djerba bei der Ortschaft Al-Qantara (›Brückenkopf‹) mit dem afrikanischen Festland verbindet und passiert dann nacheinander das Dorf Sidi Chemmakh und die Städte Zarzis und Ben Gardane. Insgesamt 110 km nach Verlassen der Insel Djerba hat man die Grenze erreicht. Da diese Straße zur Zeit des Flugboykotts die Hauptverbindung Libyens mit dem Ausland war, erklärt es sich, dass sie mit libyschen Geldern komfortabel ausgebaut worden ist.

Der libysche Ort unmittelbar hinter der Grenze ist **Ras Ajdir.** Nach der Wiederinbetriebnahme des zwischen 1985 und 1988 völlig geschlossenen Überganges führten die Libyer im Enthusiasmus der libysch-tunesischen Verbrüderung (Gadhafi hatte bei den Wiedereröffnungsfeiern den Bulldozer, mit dem die alte Grenzstation symbolisch eingeebnet wurde, persönlich gesteuert) anfänglich überhaupt keine Kontrollen durch, später entstand in Abu Kammasch ein Posten, den man bald nach Ras Ajdir zurückverlegte. 1994 wurde dort die aktuelle Abfertigungsstation für Zoll und Grenzbehörden errichtet.

Nach 17 km erreicht man das Dorf **Abu Kammasch.** Unweit des dortigen Chemiewerks führt ein schmaler Damm zum östlichen Ende der 3 km vor der Küste liegenden lang gestreckten **Insel Farwah;** außerdem pendelt vom örtlichen Fischereihafen eine Personenfähre hinüber. Auf der 12 km langen und durchschnittlich etwa 400 m breiten Insel plant die libysche Regierung mittelfristig die Errichtung von Strandhotels für ausländische Besucher. Bislang standen die libyschen Behörden dem Badetourismus ablehnend gegenüber, sah man doch in der aus islamischer Sicht freizügigen Bekleidung ausländischer Frauen beim Baden eine moralische Bedrohung für die eigene Bevölkerung. Doch kam ein Gutachten, das die libyische Regierung in den späten 1990er Jahren bei einer britischen Fachgruppe für Touristik im Auftrag gab, zu dem Ergebnis, dass die archäologischen Stätten und die Wüsten alleine auf Dauer nicht ausreichen würden, um Besucher in ausreichender Zahl ins Land zu locken. Vielmehr müsste auch dem aktuellen Bedürfnis nach einer Kombination von Kultur und Erholung durch die Erschließung von Badestränden Rechnung getragen werden. Diesen Zwiespalt zwischen Tradition und Kommerz versucht man nun durch die Einrichtung von Hotels und Ferienbungalows an den reichlich vorhandenen Stränden und Sanddünen auf der Insel Farwah zu überbrücken. Nach der Vorstellung der Libyer könnten sich hier künftig die ausländischen Gäste sonnen – abseits der von den Einheimischen genutzten Mittelmeerstrände, wo nur die Männer Badehosen tragen und die Frauen, wenn überhaupt, in voller Bekleidung ins Wasser steigen.

Gut 20 km nach Abu Kammasch wird **Zaltan** (Ziltin) mit einer Moschee aus dem 16. Jahrhundert erreicht. Nach nochmals 20 km, sofern man dem Bogen der gut ausgebauten Küstenstraße folgt und nicht die kürzere Direktroute über Raqdalin in Richtung Tripolis wählt, gelangt man in die Großstadt **Zuwarah,** die erstmals auf einer katalanischen Landkarte aus dem Jahr 1375 als Punta Dar Zoyara erwähnt wird und heute mehr als eine Viertelmillion Einwohner beherbergt.

Weiter auf der Küstenstraße zweigt nach 43 km zuerst die Straße zu den Ruinen von Sabratha ab, nach weiteren 8 km wird Surman erreicht, wo die beiden von der Grenze kommenden Routen wieder zusammentreffen. Bis Tripolis sind es von hier aus noch 60 km.

Tripolitanien

Geographie

Die Landschaft Tripolitanien in Nordwest-Libyen verdankt ihren Namen den drei antiken Städten *(tri polis)* Sabratha, Oea und Leptis Magna. Mit der Eroberung der Region durch die Araber im 7. Jahrhundert, die Leptis Magna als Verwaltungszentrum aufgaben und durch Oea ersetzten, wurde der ursprüngliche Landschaftsname auf die neue Hauptstadt übertragen, die fortan Tripolis hieß.

Geographisch gliedert sich die Landschaft in die Küstenebene der Djifara und das südlich davon an der tunesischen Grenze beginnende Bergland und Hochplateau des Djebel Nafusa, das sich 350 km nach Osten hinzieht und dabei bis 968 m ü. M. ansteigt. Bei den Einheimischen heißt es auch Djebel al-Gharbi, also Westgebirge. Es besitzt zwei Schichtstufen in 600 und 850 m Höhe. Der Höhenzug fällt nach Norden, zur Küstenebene hin, recht steil ab, während er sich nach Süden nur allmählich absenkt und zunächst in eine Steppenlandschaft, dann in die wasserarme Geröllwüste der Hamada al-Hamra (Rote Hamada) und zuletzt in die Sandwüste des Fezzan übergeht. Nicht nur, dass der Djebel Nafusa die Djifara gegen die Wüste im Süden abschirmt; er bewirkt auch, dass sich die Wolken an seinen Hängen abregnen. Damit ist sowohl im Nordteil des bergigen Hochplateaus mit seinen teils tief eingeschnittenen Wadis, als auch in der Küstenebene, wohin sich diese Trockentäler entwässern, Regenfeldbau ohne aufwändige künstliche Bewässerung möglich.

Tripolitanien

Besonders sehenswert:
Sabratha ☆☆
Leptis Magna ☆☆
Ghadames ☆☆
Ghirza ☆

Geschichte

Die einheimischen Völkerschaften

Die ausführlichste Schilderung der einheimischen Völkerschaften Tripolitaniens in der Antike verdanken wir dem griechischen Historiker Herodot, der sie – an der ägyptischen Grenze beginnend – von Osten nach Westen der Reihe nach aufzählt. Nach der detaillierten Beschreibung der Sitten und Gebräuche der Nasamonen und der Psyller, die den Syrtebogen bewohnten, schließen sich die Maker, die Gindaner und die Lotophagen an. Die Psyller waren, schenkt man Herodot Glauben, schon zu seiner Zeit ausgestorben, denn »als der Südwind wehte und ihnen die Zisternen austrocknete und es in ihrem ganzen Lande innerhalb der Syrte kein Wasser mehr gab, beschlossen sie allesamt, gegen den Südwind zu Felde zu ziehen. […] Aber als sie in die Wüste kamen, erhob sich der Südwind und begrub sie unter dem Wüstensand. Seither haben die Nasamonen ihr Land in Besitz genommen.«

◁ Theater von Leptis Magna mit einer der Dioskuren-Statuen, die mittlerweile entfernt worden sind

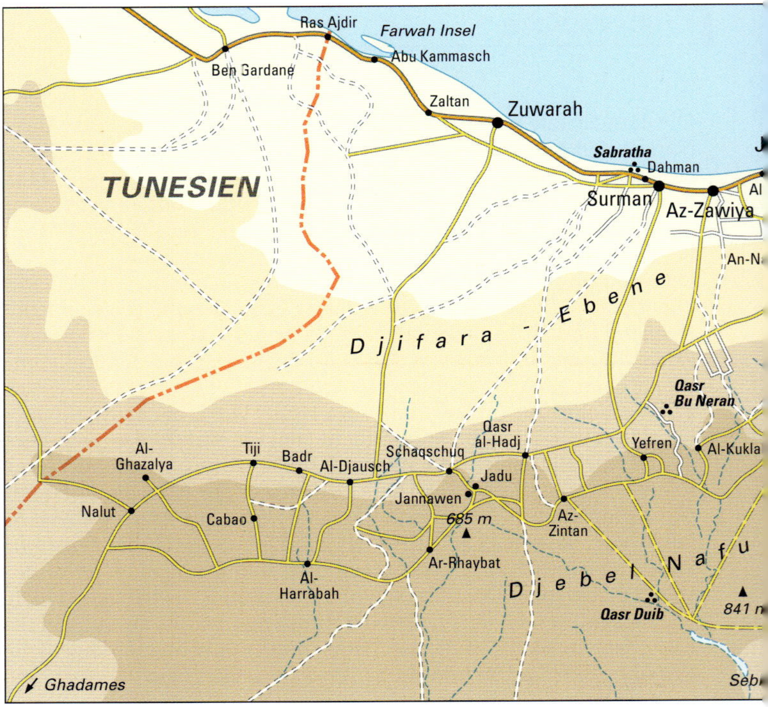

Hinter dieser naiv und skurril klingenden Episode dürfte die Tatsache stehen, dass die durch eine Dürrekatastrophe geschwächten Psyller wohl im frühen 5. Jahrhundert v. Chr. zum Verlassen ihrer Stammesgebiete gezwungen waren und während ihrer Wanderung von den Nasamonen niedergemacht worden sind, die daraufhin ihre Ländereien okkupierten. Ganz ausgerottet worden sind die Psyller dabei aber wohl nicht, denn bis in die römische Kaiserzeit hinein ist davon die Rede, dass die Psyller besonders resistent gegen tierische Gifte, vor allem von Schlangen, seien und dass sie auch diverse Heilmittel dafür kannten. So sollen, wie Plutarch angibt, am Afrikafeldzug von Cato dem Jüngeren Psyller teilgenommen haben, »welche Schlangenbisse durch Aussaugen des Giftes heilen und die Tiere durch Zaubergesänge zahm machen können«.

Als Nachbarvolk der Maker, die die Gegend um den antiken Kinyps, das heutige Wadi Qa'am, östlich von Leptis Magna bewohnten, gibt Herodot die Gindaner an, »deren Frauen alle viele lederne Bänder um die Knöchel tragen; wie es heißt, weil sie sich jedesmal, wenn sie sich mit einem Mann vereinigt haben, solch ein Band umbinden. Die aber, welche die meisten hat, gilt für die beste, weil sie die meisten Liebhaber hatte«.

Bei Herodot noch gänzlich unerwähnt bleibt der Stamm der Gaetuler, der erstmals bei den Auseinandersetzungen zwischen Rom und Karthago, als gaetulische Söldner im Heer Hannibals Dienst taten, in den historischen Berichten erscheint. Später unterstützten Gaetuler, wiederum gegen Rom, den aufständischen Numiderkönig Jugurtha. Im (auch auf afrikanischem Boden ausgetragenen) römischen Bürgerkrieg am Ende der republikanischen Zeit finden sich Angehörige desselben Stammes sowohl auf Seiten des Mauretanierkönigs Juba als auch auf Seiten der Anhänger Caesars. Auch später traten sie abwechselnd als Gegner der Römer (so bei ihrem durch den *proconsul africae* Cossus Cornelius Lentulus 6 niedergeschlagenen Aufstand) und als deren Verbündete (mehrfach sind gaetulische Alen und Kohorten belegt) in Aktion.

Die Städtegründungen

Wohl ab dem Beginn des 8. Jahrhunderts v. Chr. erfolgte durch die phönizischen Stadtstaaten Tyros und Sidon die Gründung der drei namengebenden Küstenstädte Sabratha, Oea und Leptis Magna als

Sabratha, punisches Wohnviertel

Sabratha, Rekonstruktion des punischen Grabturms

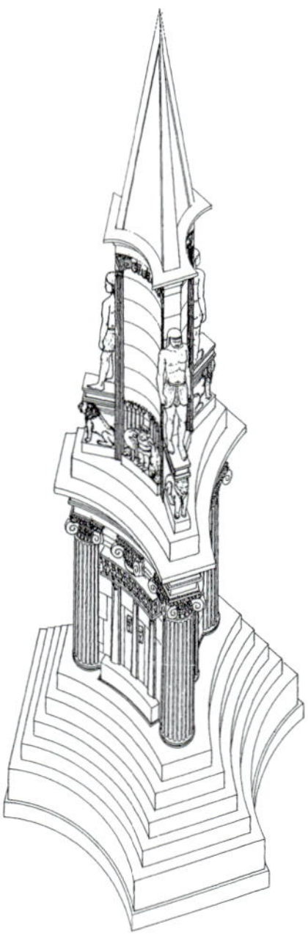

Handelsstützpunkte. Nachdem die phönizischen Mutterstädte an der heutigen libanesischen Küste im 8. und frühen 7. Jahrhundert v. Chr. den Assyrern tributpflichtig geworden und in deren Reichsverband eingegliedert worden waren, schwang sich Karthago, das selbst eine phönizische Gründung gewesen ist (der Stadtname bedeutet Neustadt), zur beherrschenden Großmacht im westlichen Mittelmeer auf. Es übernahm zwar den Schutz der libyschen Städte, forderte dafür aber auch erhebliche Tribute und Abgaben. Die punische Periode fand mit dem Zweiten Punischen Krieg ihr Ende, als Karthago mit Rom 201 v. Chr. einen Friedensvertrag schließen musste, der Karthago außenpolitische Aktionen ohne Rücksprache mit Rom untersagte.

Diese Ohnmacht Karthagos nutzte dessen westlicher Nachbar, der Numiderköng Massinissa, zur Erweiterung seines Reiches. Nach und nach entriss er Karthago dessen Außenbesitzungen. So fiel gegen 162/161 v. Chr. schließlich auch Tripolitanien an das Numidische Reich. Die Karthager, die an Rom hohe Abgaben und Reparationen zu leisten hatten, konnten die erheblichen Gebietsverluste schließlich nicht mehr tatenlos hinnehmen und setzten sich, ohne Rücksprache mit Rom, von dem sie ohnehin keine Unterstützung zu erwarten gehabt hätten, gegen ihr wirtschaftliches Ausbluten militärisch zur Wehr. Darauf scheinen die Römer nur gewartet zu haben. Jedenfalls gab ihnen dieser Vertragsbruch die Möglichkeit, erneut gegen Karthago vorzugehen, was den Dritten Punischen Krieg auslöste, der bekanntlich mit der völligen Zerstörung Karthagos endete.

Wie die Numider ihre Herrschaft über Tripolitanien ausübten, kann nur vermutet werden. Die drei Küstenstädte dürften sich einer gewissen Autonomie erfreut haben, und da die hohen Abgaben, die man zuvor an Karthago hatte leisten müssen, jetzt entfielen, dürfte dies zu einem wirtschaftlichen Aufschwung geführt haben.

Tripolitanien unter römischer Herrschaft

46 v. Chr. konnte sich Caesar in der Schlacht von Thapsos gegen den römischen Feldherrn Scipio und König Juba I. von Mauretanien, die zu den Anhängern seines Gegenspielers Pompeijus zählten, durchsetzen. Caesar wandelte das unterlegene Numidien, und damit auch das zu dessen Territorium gehörige Tripolitanien, in die römische Provinz Africa Nova um, zur Unterscheidung von den schon zuvor zum römischen Reich gehörigen Teilen des Kontinents, die als Africa Vetus (Alt-Afrika) bezeichnet wurden.

In der Folgezeit kam es vor allem im numidischen Kernland im heutigen Ostalgerien – zwischen dem Ausläufer des Tell-Atlas im Norden, dem Sahara-Atlas im Süden und dem Höhenzug, zu dem sich die beiden Gebirge vereinen, im Osten – gegen die römische Fremdherrschaft immer wieder zu lokalen Erhebungen, die von den einheimischen Stämmen der Gaetuler und Garamanten geschürt wurden und manchmal weit um sich griffen.

Unter Caligula wurde 37 die Verwaltung der Provinz Africa proconsularis aufgeteilt zwischen dem *proconsul africae,* der bislang alleine die Macht ausgeübt hatte, und dem Kommandanten der dritten augusteischen Legion, dem Legatus Legionis III Augustae. Dabei fiel dem Militärbefehlshaber die Herrschaft über die de facto eigenständig gewordene *dioecesis* Numidia zu, auch wenn diese zunächst rechtlich weiterhin als Teil der Provinz Africa galt. Erst Septimius Severus nahm um 203 mit der Schaffung der neuen Provinz Numidia die offizielle Abspaltung vor.

Durch die Reichsreform des Diokletian wurden zwischen 295 und 303 die Provinzen Mauretania Sitifensis, Mauretania Caesariensis, Numidia, Africa Tripolitana, Africa Byzacena und Africa Zeugitana zur großen Diözese Africa zusammengeführt, blieben aber als Verwaltungseinheiten bestehen. Anfänglich wurde Numidien sogar nochmals unterteilt, nämlich in das nördliche Numidia Cirtensis mit Cirta als Hauptstadt und das südliche Numidia Militiana mit Lambaesis, dem Hauptsitz der Legio III Augusta, als Machtzentrale, doch hatte diese Aufspaltung nur bis 314 Bestand. Dann wurde Cirta, das man zwei Jahre zuvor zu Ehren Konstantins des Großen in Constantina umbenannt hatte, wieder gemeinsame Hauptstadt, bis die Vandalen 455 das Gebiet überrannten und besetzten.

Der Vandalenkönig Geiserich ließ 477 die Mauern der tripolitanischen Küstenstädte zerstören. Damit waren die Siedlungen den Übergriffen der einheimischen Nomadenstämme schutzlos preisgegeben. Daher gehörte es zu den vordringlichsten Bauaufgaben der Byzantiner, deren Feldherr Belisar zur Zeit Kaiser Justinians die Vandalen

»Marti Augusto sacrum. / Auspiciis Imp[eratoris] Caesaris Aug[usti]/ pontificis maxumi (Schreibfehler statt ›maximi‹!), patris / patriae, ductu Cossi Lentuli / co[n]-s[ulis], XVviri sacris faciundis, / proco[n]-s[ulis], provincia Africa / bello Gaetulico liberata / civitas Lepcitana.«

»Dem Mars Augustus geweiht. Unter dem Oberbefehl des Kaisers Augustus, des ›Obersten Brückenbauers‹, des Vaters des Vaterlandes, unter dem Kommando des Cossus Lentulus, Konsul, Quindecimvir, Prokonsul, wurde die Provinz Afrika im Krieg gegen die Gaetuler befreit. Die Gemeinde Leptis Magna [hat diese Weihgabe gestiftet].«

Weiheinschrift IRT 301 aus Leptis Magna anlässlich des Sieges des Cossus Cornelius Lentulus 1 v. Chr. gegen die Gaetuler.

wieder zurückgedrängt hatte, die Stadtbefestigungen wieder herzurichten. Die zuvor unter den Severerkaisern im 3. Jahrhundert eingeleitete Kontrolle des Hinterlandes durch die Kooperation von regulären Truppenverbänden *(legio III Augusta)* mit den Wehrbauern *(limitanei)* ließ sich nicht mehr reorganisieren, da die Bevölkerungszahl der Küstenstädte durch Erdbeben und die ständigen räuberischen Übergriffe der Nomaden stark dezimiert war. Entsprechend umfassten die Umwallungen der justinianischen Zeit jeweils erheblich geringere Siedlungsflächen, als sie die Orte zu ihrer Blütezeit unter den Severern besessen hatten.

643 überrannten die Heere des Amr Ibn al-As und seines Neffen Oqba Ben Nafi Tripolitanien und gliederten es dem arabischen Großreich ein. Damit löste auch Oea, das den Landschaftsnamen Tripolis annahm, die Stadt Leptis Magna als Machtzentrale ab.

Sabratha

Sabratha ☆☆

Besonders sehenswert:
Museum
Punischer Grabturm
Agora
See-Thermen
Isis-Tempel
Theater

Die Ruinen von Sabratha, der westlichsten der drei namengebenden Städte Tripolitaniens, liegen 70 km westlich von Tripolis nordwestlich von Surman an der Mittelmeerküste. Ein unmittelbar nördlich der Durchgangsstraße aus Beton errichtetes Monument aus grauen Säulen, die durch einen gelblichen Bogen miteinander verbunden sind, zeigt die Stelle an, wo die Zufahrt zu der antiken Stätte abzweigt. An der nächsten Kreuzung, von wo aus die auffällige Fas-

sade des Bühnenhauses des römischen Theaters deutlich sichtbar ist, führt die links abknickende schmale Straße schließlich auf den Parkplatz unmittelbar vor den Ruinen. Für das weitläufige antike Stadtareal und die beiden Museen sollte man mindestens zwei Stunden Besuchszeit veranschlagen.

Geschichte

Ebenso wie Leptis Magna und Oea/Tripolis ist auch Sabratha von Phöniziern, genauer gesagt von Kolonisten aus Tyros, gegründet worden, und zwar offensichtlich als letzte der drei Handelsniederlassungen. Allerdings konnten diese frühen Schichten bislang archäologisch nur unzureichend nachgewiesen werden. Erst aus der punischen Zeit, als sich nach dem Zusammenbruch der phönizischen Seemacht die ebenfalls phönizische Gründung Karthago zur Hegemonialmacht über die anderen Küstenstädte des westlichen Mittelmeeres aufgeschwungen hatte, gibt es Funde. Auf Münzen dieser Zeit erscheint die Ansiedlung unter den Namen Sabrat und Sabrathan. Den wichtigsten Komplex dieser Periode stellt ein großer punischer Friedhof dar; er liegt östlich der Ruinen, zwischen Theater und Amphitheater. Die dort aufgefundenen Ascheurnen und zahlreichen Grabstelen, zumeist mit dem Emblem der Göttin Tanit, befinden sich im Punischen Museum von Sabratha.

Seit 46 v. Chr. gehörte die Stadt zum römischen Reich, doch bis in die Zeit des Augustus hinein wurden hier Münzen mit punischer Legende geprägt. Seine Blüte erlebte Sabratha in der Kaiserzeit, vor

Sabratha, Außenansicht des Theaters

allem unter Antoninus Pius, der es zur *colonia* erhob. Flavia Domitilla, die spätere Gemahlin des Kaisers Vespasian, hielt sich in der Stadt auf, als sie noch die Geliebte des römischen Ritters Statilius Capella war. 157 fand hier der Hexereiprozess gegen Apuleius statt.

Die Rolle als bedeutendes Handelszentrum zeigt sich auch darin, dass die Stadt in Ostia, dem zu Rom gehörigen Hafen, ein Handelskontor (Statio Sabratensium) unterhielt.

Sabratha wird als Zentrum eines Bistums belegt durch die bereits im Zusammenhang mit Oea/Tripolis erwähnte Nachricht des antiken Kirchenhistorikers Cyprianus, derzufolge sich 256 die Bischöfe von Sabratha und Leptis Magna bei einer Synode in Karthago durch ihren Amtsbruder aus Oea vertreten ließen. Mit der Reichsreform unter Kaiser Diokletian kam Sabratha gemeinsam mit den anderen Städten Westlibyens zur neu geschaffenen Provinz Tripolitana. Kaiser Justinian ließ die Stadt nach der Vertreibung der Vandalen durch seinen Feldherrn Belisar auf einem verkleinerten Grundriss neu ummauern. Dennoch fiel sie dem Ansturm der Araber unter ihrem Führer Oqba Ben Nafi zum Opfer. Als diese Oea/Tripolis zu ihrer neuen Hauptstadt machten, fiel Sabratha rasch in die Bedeutungslosigkeit zurück.

Die antiken Beschreibungen der Stadt sind eher spärlich und gelegentlich, wie in der ›Naturgeschichte‹ des Plinius, auch fehlerhaft. Zumeist taucht lediglich ihr Name in antiken Wegbeschreibungen und Landkarten wie dem ›Stadiasmus Maris Magni‹ oder der ›Tabula Peutingeriana‹ auf. Zudem könnte es noch einen zweiten gleichnamigen Ort in Nordafrika gegeben haben, der zu Verwechslungen bereits in der Antike beigetragen hat. In der ›Geographie‹ des Ptolemaios heißt die Stadt Sabatra, bei Strabo und Pseudo-Skylax taucht sie als ›Abrotonon polis kai limen‹ (Stadt und Hafen von Abrotonos) auf, was von Plinius in ›Habrotonum‹ latinisiert wurde. Umstritten ist, ob der auf phönizische oder berberische Wurzeln zurückgehende Stadtname Getreidemarkt bedeutet; und auch dann bleibt unklar, ob hier die lokale landwirtschaftliche Produktion exportiert oder, im Austausch gegen Luxusgüter aus Innerafrika wie Straußenfedern, Gold und Elfenbein, aus dem Mittelmeerraum eingeführt wurde.

Über die Bevölkerungszahl der antiken Stadt gibt es keine zeitgenössischen Quellen, sie kann nur indirekt erschlossen werden. Da das bebauten Areal nur 30 ha betrug, andererseits die Häuser mehrstöckig waren, geht man von 15 000 bis 20 000 Einwohnern aus.

Die Museen

Die archäologischen Funde werden in zwei Museen präsentiert. Das **erste Museumsgebäude** (1) befindet sich seitlich hinter dem Tickethäuschen und zeigt in seinen drei Abteilungen Mosaiken, Statuen und Kleinfunde aus römischer Zeit. Im linken Flügel kommen als Erstes Mosaiken aus verschiedenen Thermenanlagen, deren Darstellungen (*strigula* und Waschschwämmchen) sich auf die Körperhygiene beziehen. Orthographische Fehler weisen die dazu gehörigen Inschriften auf – »*Bene laba*« (Wasch' dich gut!) und »*Salvom lavisse*« (Es ist heilsam, sich zu waschen). Ein benachbartes Mosaik aus Kirche 3 zeigt in drei Medaillons jeweils einen Panther-, einen Löwenkopf und den Triumph des Bacchus, der mit einer Menade in einem von zwei Panthern gezogenen Streitwagen steht.

Im anschließenden Raum sind Wandmalereifragmente und Stuckdekorationen (Dreiviertelakt in Rückansicht) zu sehen. Großformatige Wandfresken sind mit ihrer perspektivischen Architekturdarstellung von pompejanischen Wandmalereien beeinflusst. Auf einem weiteren Mosaik sind Tritone mit Meerjungfrauen dargestellt.

Der rückwärtige Raum beherbergt Marmorskulpturen, unter anderem eine Venus im ›nassen Stil‹ und einen Dionysos (beide aus den See-Thermen bzw. deren Latrine, wo heute jeweils ein Abguss steht) sowie das kopflose Standbild des Flavius Tullius, der sich als Stifter der Wasserleitungen von Sabratha hervorgetan hat, außerdem monumentale Bildwerke des Jupiter Africanus und der Concordia Africanus (so die Bildunterschrift!), gerahmt von Stuckpilastern mit Akanthuskapitellen, die Granit und Marmor imitieren. Besonders filigran ist ein in den Theater-Thermen aufgefundener Kandelaber aus Marmor (3. Jahrhundert), geschmückt mit einer Durchbruchsarbeit, die den Sänger Orpheus inmitten verschlungener Tiergruppen zeigt. Im anschließenden Raum verdienen wiederum mehrere Mosaike Beachtung, darunter das sechseckige Bildfeld mit dem Kopf des Oceanos, dem die Thermen beim Isis-Tempel ihren Namen verdanken, sowie ein Kopf der Jagdgöttin Diana mit Nimbus, außerdem die Wiedergabe der drei Grazien und eine fragmentarische Darstellung von Jungfrauen, die den geflügelten Pegasus striegeln und seinen Schweif mit einer Schleife zusammenbinden. Der abschließende Raum beher-

Sabratha, Museum, ›Salvom-Lavisse-Mosaik‹

Dionysos weckt die schlafende Ariadne, römische Wandmalerei in Museum von Sabratha

bergt Wandmalereireste, unter anderem mit den Motiven ›Dionysos weckt die schlafende Ariadne‹ und, von einer Deckenwölbung, ›Leda mit dem Schwan‹. Die bemalten Verputzfragmente stammen größtenteils aus einem Wohngebäude hinter dem Liber-Pater-Tempel, das deswegen ›Haus des Leda-Malers‹ genannt wird.

Im Mitteltrakt des Museums wurde der großflächige Mosaikfußboden aus der justinianischen Basilika am Nordende des Forumsgeländes neu verlegt. Schwarzweiß-Fotos im Türdurchgang zeigen die ursprüngliche Fundsituation. Um ein Mittelmedallion, das einen Pfau mit geöffnetem Rad zeigt, sind zwischen Blattrankenwerk weitere figürliche Motive angeordnet, darunter in der Mittelachse ein Vogel im Käfig als Sinnbild der im sterblichen Leib gefangenen Seele. Die geometrischen Muster der Seitenschiffe wurden aus Platzgründen an den Seitenwänden angebracht. Den besten Blick auf das Mosaikfeld bietet die Empore über dem Eingang. An der Rückwand wurden Platten der Altarschranken, ein schlichtes Marmorkreuz sowie ein dachziegelförmiger Altartisch angebracht.

Im rechten Gebäudeflügel sind Kleinfunde ausgestellt, darunter Öllämpchen aus Ton mit verschiedenen figürlichen Darstellungen, Gewandnadeln aus Tierknochen und einige Glas- und Bronzeobjekte. Besondere Beachtung verdienen das Stuckrelief mit dem Gesicht eines bärtigen Mannes aus den Oceanos-Thermen, Bronzefragmente mit dem Porträt eines alten Mannes sowie ein Spangenhelm – der Einzige seiner Art, der auf nordafrikanischem Boden gefunden wurde – der möglicherweise bei den Vandaleneinfällen hierher gelangte.

Sabratha (Plan auf der Seite 93)

1 Museum
2 Punisches Museum
3 ›Büro-Thermen‹
4 Punisches Viertel
5 Punischer Grabturm (Rekonstr.)
6 Sockel des 2. punischen Grabturmes
7 Byzantinische Stadtmauer
8 Decumanus
9 Altes Forum
10 Südlicher Forumstempel
11 Antoninus-Pius-Tempel
12 Liber-Pater-Tempel
13 Flavius-Tullius-Monument
14 Basilika (Gericht)
15 Späteres Baptisterium

1994 wurde zudem das kleine **Punische Museum** (2) eröffnet. Hier fanden vor allem die Originalskulpturen des Grabturms, um deren Farbreste zu erhalten, eine Neuaufstellung. Die Bauglieder am wiederaufgebauten Turm im Grabungsgelände wurden stattdessen durch moderne Kopien ersetzt. Im selben Raum befindet sich auch ein in Regio VI aufgefundener Schrein für den Ahnenkult aus der punischen Periode, der ebenfalls mit Malereien versehen ist. In dem anschließenden, länglichen Museumsraum sieht man hauptsächlich Grabbeigaben und Tanit-Stelen aus dem punischen Tophet, das im Dezember 1973 bei Straßenbauarbeiten 300 m westlich des Ruinengeländes entdeckt wurde. Da man unter den Grabbeigaben auch eine Bronzemünze des Domitian (81–96) fand, kann geschlossen werden, dass der punische Friedhof auch noch in der römischen Kaiserzeit belegt wurde. Zudem wird im Museum eine unweit von Sabratha aufgefundene Grabhöhle mit Skelettresten und Grabbeigaben gezeigt.

Rundgang durch die Ruinen

Das Stadtgebiet von Sabratha zerfällt grob in drei Gebiete: als Erstes, außerhalb der byzantinischen Stadtmauer und überragt von einem Grabturm, das punische Wohnviertel; dann innerhalb dieser Mauer

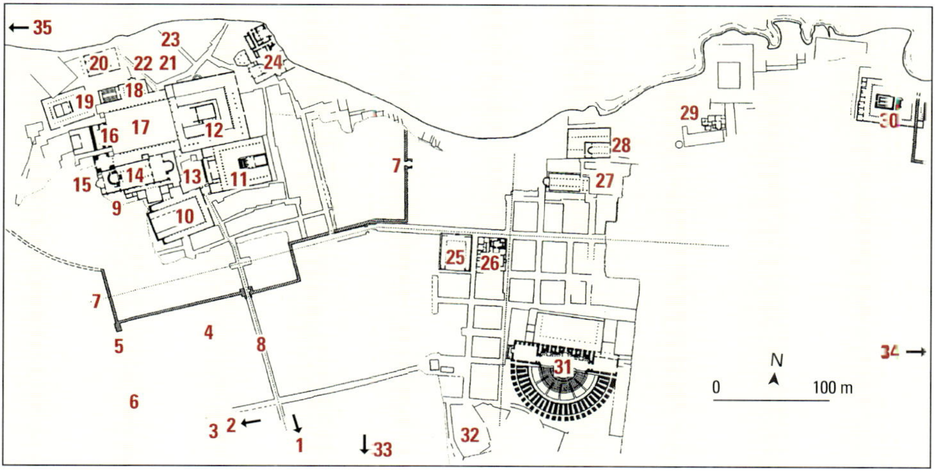

das Forumsgelände, das im Wesentlichen in augusteischer Zeit entstanden ist; zuletzt das Neubauviertel aus der zweiten Hälfte des 2. Jahrhunderts mit dem monumentalen Theater als Mittelpunkt. Die alte Küstenstraße zwischen Karthago und Leptis Magna durchquerte die Stadt von Westen nach Osten und bildete den Decumanus Maximus. Die Archäologen unterteilten das gesamte Areal in insgesamt sechs als *regio* bezeichnete Stadtviertel: Regio I. und II beinhaltet die Bauten westlich bzw. östlich des Cardo Maximus innerhalb der byzantinischen Mauer, Regio III das Neubauviertel nördlich des Decumanus Maximus, Regio IV und V die Wohnquartiere südlich davon. Das punische Viertel vor der byzantinischen Mauer bekam die Bezeichnung Regio VI. Die Gebäude dieser *regiones* bekamen fortlaufende arabische Nummern. So handelt es sich beispielsweise beim Bauwerk, das die Insula 1 der Regio V einnimmt, um die See-Thermen.

Schräg hinter dem Punischen Museum beherbergt ein eingezäuntes Gelände die Reste einer Badeanlage. Diese erhielt von den Archäologen, da sie hinter den ehemaligen Verwaltungsgebäuden des Ruinengeländes liegt, die Bezeichnung **Büro-Thermen** (3). Das nur zu Teilen erhaltene Gebäude verdient vor allem wegen seiner bunten Mosaikenreste Beachtung.

Vom **punischen Viertel** (4, Abb. S. 86), das sich vor dem Punischen Museum entlangzieht, wurden Teile des rechtwinkligen Straßennetzes mit der originalen Pflasterung und die dazwischen liegenden Wohnhäuser freigelegt. Viele der Steinquader dieser Häuser sind zum Bau der dahinter liegenden byzantinischen Stadtmauer wieder verwendet worden. Eines der Häuser weist Reste einer repräsentativen Eingangsfassade mit Säulen auf, in anderen Wohnbauten haben sich Partien geometrischer Bodenmosaike erhalten. Ein Eckgebäude fungierte als Bad. Außerdem gab es einen allseitig von Säu-

16 Tempel der Kapitolinischen Trias
17 Forumsplatz
18 Agora
19 Serapis-Tempel
20 Justinianische Basilika
21 Wohnviertel
22 Haus des ›Leda-Malers‹
23 Straße der Olivenhändler
24 See-Thermen
25 Herakles-Tempel
26 Theater-Thermen
27 Basilika (Kirche A)
28 Basilika (Kirche B)
29 Oceanos-Thermen
30 Isis-Tempel
31 Theater
32 Atriumvilla
33 Steinbrüche
34 Amphitheater
35 Antikes Hafenbecken

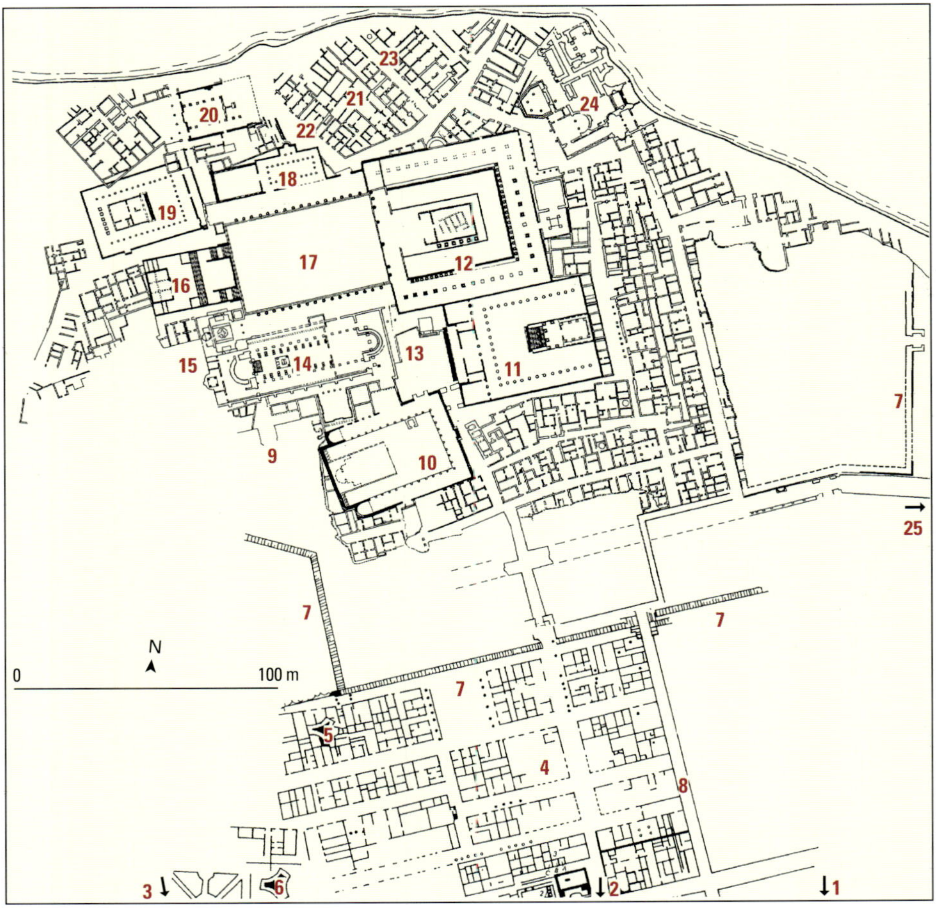

len umstandenen kleinen Freiplatz mit einem – in Teilen wieder aufgemauerten – Statuensockel in der Mitte.

Am Rand des ausgegrabenen Viertels wurde der **punische Grabturm** (5, Abb. S. 16, 86) wiederaufgebaut. Er wurde im 2. Jahrhundert v. Chr. errichtet, stand aber nur kurzzeitig, denn seine Bauglieder wurden im 1. Jahrhundert v. Chr. in den umgebenden Wohnhäusern verbaut. Die Blöcke ließen sich zu einem 22,5 m hohen Grabmonument mit dreieckigem Querschnitt und konkaven Seitenflächen rekonstruieren. Von den drei Geschossen ist das oberste als Obeliskenspitze gestaltet, beim mittleren sieht man auf den vorspringenden Ecken hockende Löwen. Sie tragen Basen, auf denen einst Standfiguren in ägyptischer Tracht aufgestellt waren; die gerundeten Flächen dazwischen zeigen apotropäische Motive, nämlich Herakles beim

Erwürgen des nemäischen Löwen, den ägyptischen Fruchtbarkeitsgott Bes als zwergenhafte Gestalt bei der Abwehr zweier Löwen, die von ihm am Schwanz gepackt werden, sowie eine dritte stark zerstörte und somit nicht mehr eindeutig identifizierbare Szene. Die Ornamentik des Grabbaus ist eine Mischung aus ägyptischen und griechischen Stilelementen. Hohlkehle, Lotusblüten, Uräen-Fries und die männlichen Standfiguren mit vorangestelltem linkem Bein kommen aus dem Niltal, kannelierte Säulen und Pilaster sowie die äolischen Kapitelle aus Griechenland. Bei den Ausgrabungen trat der Sockel des Grabturms mit der darunter liegenden Grabkammer ans Tageslicht, sodass der ursprüngliche Standort des Monumentes gesichert ist. Allerdings stieß man unweit südlich davon auf die Unterbauten eines **weiteren Grabturms** (6), sodass nicht auszuschließen ist, dass einige der aufgefundenen Bauteile ursprünglich zu diesem zweiten Monument gehörten. Zwischen der Kammer mit der Bestattung und dem turmförmigen Aufbau besteht keine architektonische Verbindung. Da keine Inschriften aufgefunden wurden, ist unbekannt, welche Personen unter den beiden Grabtürmen beigesetzt wurden.

Hinter dem Grabturm zieht sich die **byzantinische Stadtmauer** (7) entlang, die nach der Rückeroberung Sabrathas durch den byzantinischen Feldherrn Belisar und der Vertreibung der Vandalen offensichtlich in aller Eile errichtet wurde, denn es finden sich stellenweise auch Säulentrommeln anstatt Quadern verbaut. Durchschreitet man die byzantinische Mauer, quert man den einstigen **Decumanus** (8) und stößt unmittelbar dahinter auf das Gelände des **alten Forums** (9). Hier befand sich auch der alte phönizische und punische Kern der Siedlung, von dem aber seinerzeit nichts ausgegraben worden ist, da die italienischen Archäologen in den 1920/30er Jahren aus kolonialpolitischen Gründen nur an der Freilegung und Wiederherstellung der römerzeitlichen Bauten interessiert waren. Die heute sichtbaren Tempel- und Gebäudereste stammen im Wesentlichen aus augusteischer Zeit und der Periode des römischen Kaisers Antoninus Pius (138–161).

Als Erstes erreicht man den **südlichen Forumstempel** (10), der wahrscheinlich der Unbekannten Gottheit geweiht war, sodass jeder ausländische Besucher, der in Sabratha anlegte, die Möglichkeit hatte, seinen Göttern zu huldigen, auch wenn diese keine separate Kultstätte besaßen. Der Hof war mit kleinen Marmorziegelchen gepflastert, die in Fischgrätmuster verlegt waren. Statt der Tempelplattform tut sich heute ein Loch auf, weil die Blöcke des Podestes später als Baumaterial wieder verwendet wurden.

Der auf der gegenüber liegenden Seite jenseits der Durchgangsstraße befindliche Tempel, der dem Kult des vergöttlichten **Antoninus Pius** (11) und dessen Familie geweiht war, verfügt noch über diesen Unterbau. Eine breite, einst mit Marmor verkleidete Freitreppe führt auf die Plattform hinauf. Vom eigentlichen Tempelgebäude existieren nur noch wenige Mauern sowie die der Fassade vorangestellte Säulenreihe.

◁ Sabratha, Zentrum (Plan auf der Seite 94)

1 Museum
2 Punisches Museum
3 Büro-Thermen
4 Punisches Viertel
5 Punischer Grabturm (Rekonstr.)
6 Sockel des 2. punischen Grabturmes
7 Byzantinische Stadtmauer
8 Decumanus
9 Altes Forum
10 Südlicher Forumstempel (der Unbekannte Gottheit)
11 Antoninus-Pius-Tempel
12 Liber-Pater-Tempel
13 Flavius-Tullius-Monument
14 Basilika (Gericht)
15 Späteres Baptisterium
16 Tempel der Kapitolinischen Trias
17 Forumsplatz
18 Agora
19 Serapis-Tempel
20 Justinianische Basilika
21 Wohnviertel
22 Haus des ›Leda-Malers‹
23 Straße der Olivenhändler
24 See-Thermen
25 Herakles-Tempel

Zum Meer hin schloss sich an den antoninischen Tempel die Kultstätte für den **Liber Pater** (12), die latinisierte Form eines punischen Fruchtbarkeitsgottes an. Vom Tempelumgang stehen noch einige monumentale Säulen auf dem Tempelpodium aufrecht.

Südlich davon befindet sich ein Brunnen mit einem Denkmalsockel. Auf diesem steht die Kopie einer männlichen Standfigur, deren Kopf verloren gegangen ist (Original im örtlichen Museum). Hier wurde der begüterte Bürger **Flavius Tullius** (13) geehrt, welcher der Stadt die Wasserleitung stiftete, mit der Frischwasser aus den Bergen in die Ansiedlung gebracht wurde.

Hinter dem Tempel der Unbekannte Gottheit erstreckt sich eine **Basilika** (14), die mehrere Bauphasen und Nutzungen erfahren hat. Zunächst beherbergte sie das Gerichtsgebäude, wobei das Richterkollegium anfänglich in einem Anbau an der südlichen Längsseite tagte, genau gegenüber dem Eingang, der in der Mitte der nördlichen Längsseite lag. In einer ersten Umbauphase wurde dieser Trakt in die westliche Schmalseite verlagert, wobei der Zugang unverändert blieb. Zu dieser Zeit wurde an die Nordwestecke ein Gebäude mit quadratischem Grundriss angestückt, dessen ursprüngliche Funktion ungeklärt ist. Hier fand der berühmte Prozess gegen den Schriftsteller Apuleius statt. Dieser stammte aus Madaura, hatte sich aber als Anwalt in Oea, dem heutigen Tripolis niedergelassen, wo er eine begüterte Witwe namens Pudentilla heiratete, die deutlich älter war als er. Neider, die ihm dieses Glück nicht gönnten oder sich vielleicht selbst Hoffnung auf das Vermögen der Witwe gemacht hatten, bezichtigten ihn, die Eheschließung nur mit Hilfe magischer Praktiken erreicht zu haben. Bei dem Hexereiprozess, der daraufhin 157 in Sabratha, wo der zuständige römische Richter gerade anwesend war, abgehalten wurde, verteidigte sich Apuleius mit einer brillanten Rede,

Sabratha, Bauphasen der Basilika

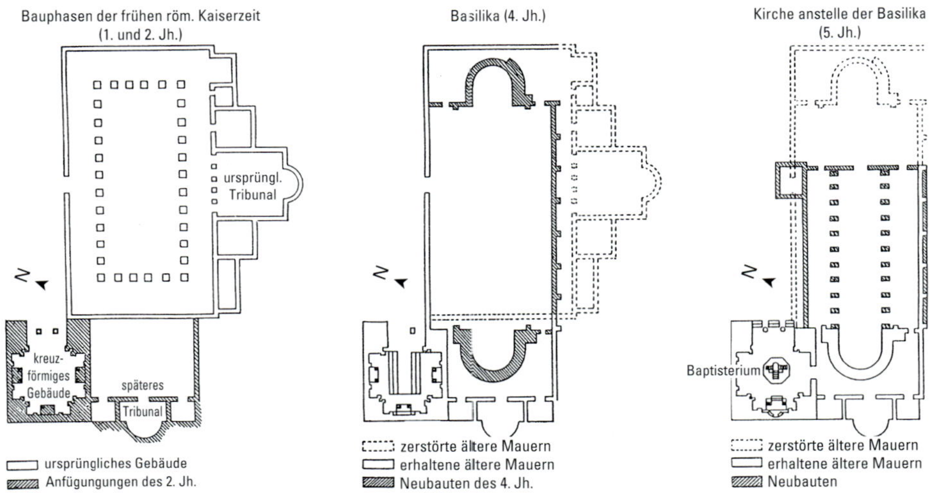

Sabratha, Blick auf das Forumsgelände

die überliefert ist, und gab seine Gegner der Lächerlichkeit preis, sodass er freigesprochen werden musste. Er siedelte daraufhin nach Karthago um und wirkte zeitweilig als Anwalt auch in Rom.

Nach der Christianisierung Nordafrikas wurde die Gerichtsbasilika in eine Kirche umgewandelt, zunächst in ein Gebäude mit jeweils einer Apsis an der Ost- und der Westseite, dann in eine verkürzte dreischiffige Anlage. Das römische Gebäude mit quadratischem Grundriss funktionierte man nun als **Baptisterium** (15) mit einem großen Becken für die damals übliche Ganzkörpertaufe um. In der Basilika verdienen vor allem die reliefierten Marmorpfeiler, die aus dem profanen Bau für die Kirche wieder verwendet wurden, Beachtung. Ein interessantes Marmorfragment mit Jagdszenen in runden Blattrankenfeldern liegt unscheinbar in der Südostecke der Basilika.

Nördlich an die Basilika schließt sich die massige Plattform für einen dreigeteilten Tempel an, der der **Kapitolinischen Trias** (16) geweiht war, also den Göttern Jupiter, Juno und Minerva. Im Bereich dieses Tempels und des genau gegenüber liegenden Liber-Pater-Tempels befand sich der von Säulenhallen eingefasste eigentliche **Forumsplatz** (17), der als Marktgelände diente. Nach Norden zu begrenzte ihn die zweigeteilte **Agora** (18), das Dienstgebäude der städtischen Ratsherren. Zu ihr gehörte ein Hof, der allseitig von Säulen umstellt war, wobei die Kapitelle nicht mit geraden Architravbalken, sondern mit Rundbögen untereinander verbunden waren. Nach Westen schloss sich an diesen Vorhof der eigentliche Sitzungssaal an, bei dem sich entlang der beiden Längswände jeweils vier flache Stufen erhoben, auf denen einst die Stühle der Ratsherren standen.

Die Bebauung der römischen Kaiserzeit findet ihren Abschluss im Tempel für den ägyptisch-ptolemäischen Gott **Serapis** (19) in der Nordwestecke des Geländes. Seine Achse weicht geringfügig von der Ausrichtung der übrigen Bauten auf dem Gelände ab, was seinen Grund wohl darin hat, dass er sich auf den Fundamenten eines älteren punischen Bauwerks, das wohl auch schon eine Kultstätte gewesen sein dürfte, befindet.

In justinianischer Zeit entstand nah bei diesem Tempel, unmittelbar am Meer, eine weitere christliche **Basilika** (20). Ihre drei Schiffe wurden durch Säulen aus unterschiedlichen Gesteinen und von verschiedener Größe, die man aus diversen früheren Bauten entnommen hatte, getrennt. Außerdem sind noch der Treppenaufgang zur Kanzel sowie die Altarplattform (Bema) im Gelände vorhanden. Von hier stammt das große **Pfauenmosaik,** das heute im Mitteltrakt des lokalen archäologischen Museums ausgestellt ist.

Geht man entlang der Küste nach Osten, stößt man sofort auf eine Ansammlung von **Hausgrundrissen** (21). In einem der Wohnbauten entdeckte man die ebenfalls ins Museum überführten **Wandmalereien** (22), die unter anderem Leda mit dem Schwan (in welchen sich Zeus verwandelt hatte, um sie zu verführen) darstellen.

Die schmale Gasse, die dieses Wohnviertel in Richtung der See-Thermen durchschneidet, erhielt von den Archäologen die Bezeichnung **Straße der Olivenhändler** (23), weil hier viele Geräte zur Olivenölgewinnung gefunden wurden. Gleich das dem Meer am nächsten gelegene Haus besitzt einen großen runden Steinbottich, in welchem Oliven gequetscht wurden. Hinter dem Mahlstein sieht man mit wasserdichtem Estrich ausgekleidete Becken, in denen das gepresste Öl aufbewahrt wurde. Die gleichen Becken gibt es auch in den dahinter liegenden Häusern.

Am Ende dieser Gasse erreicht man die wegen ihrer Küstenlage als **See-Thermen** (24) bezeichneten Bäder. Ihnen sind gut erhaltene Latrinen in einem sechseckigen Annex angegliedert. Klosettbrillen und die Wasserrinnen zu Reinigungszwecken bestehen aus Marmor. Hier ist eine Kopie der Dionysos-Statue aufgestellt, deren Original ins örtliche Museum überführt wurde. Einst schob sich als Bestandteil der Bäder eine mit einem Bodenmosaik aus bunten geometrischen Motiven verzierte Terrasse ins Meer hinaus, von der noch ansehnliche Reste erhalten sind.

Von hier aus kann man sich entweder auf dem alten, gepflasterten Weg hinter dem Liber-Pater- und dem Antoninus-Pius-Tempel oder quer über das von niedrigen Sträuchern überwucherte und noch nicht ausgegrabene Gelände nach Südosten in Richtung Theater bewegen. Als Erstes stößt man dabei auf die spärlichen Reste des 186 errichteten **Herakles-Tempels** (25). In seiner Mitte sind die wenigen Reste einer Marmorstatue aufgestellt, in denen man mit viel Phantasie den Kopf des Nemeischen Löwen erkennen kann, ebenso Teile

Sabratha, Latrinen der See-Thermen

des Fells, mit dem sich Herakles bekleidete, nachdem er das unverwundbare Tier erwürgt hatte.

Östlich des Herakles-Tempels befinden sich weitere Badeanlagen, die als **Theater-Thermen** (26) bezeichnet werden. Hier ist einerseits, unmittelbar an der schmalen Straße, die zum Theater hinaufführt, der große Zisternenschacht, in welchem das für den Unterhalt der Bäder notwendige Wasser gespeichert wurde, bemerkenswert, und dann vor allem die sehr gut erhaltenen, abwechslungsreichen Bodenmosaike in Schwarz-Weiß, die in den hintersten Räumen auch Hakenkreuzmotive aufweisen.

Vom alten Decumanus, der breiten gepflasterten Straße, die an den Theater-Thermen vorbei nach Osten führt, geht bald eine Nebenstraße nach Norden in Richtung Meeresufer ab, die **zwei christliche Basiliken** (27/28) aus justinianischer Zeit (6. Jahrhundert) passiert, die sich außerhalb der ummauerten Stadt befanden. Auffällig ist, dass bei beiden Kirchen die Apsis nach Westen, und nicht, wie wir es gewohnt sind, nach Osten zeigt, wobei die Westapsis der größeren Anlage noch ansehnliche Reste farbiger geometrischer Mosaiken aufweist.

Weiter nach Osten zu passiert man zunächst eine kreisförmige Struktur, bei der es sich möglicherweise um einen Mauerring handelte, auf dessen Brüstung Statuen aufgestellt waren. Dahinter folgen die **Oceanos-Thermen** (29). Sie erhielten ihren Namen nach dem sechseckigen Mosaikenbildfeld mit dem Bild des bärtigen Meeresgottes, das heute im örtlichen Museum ausgestellt ist. Vor Ort zeigt eine wabenförmige Fehlstelle im geometrischen Muster des Zentralmosaiks den ursprünglichen Anbringungsort. Seitlich an diesen Raum, der mit einer halbrunden, ebenfalls mosaikengeschmückten Apsis abschließt, befinden sich Baderäume und Becken, deren obere Ränder teils geometrische Ornamentbänder aus Mosaiksteinchen aufweisen.

Sabratha, Säulen des Isistempels

Den östlichen Abschluss des Ruinengeländes bildet der **Isis-Tempel** (30). Von der Verehrungsstätte für die ägyptische Göttin, deren Kult und Mysterien im gesamten römischen Reich zahlreiche Anhänger fanden, sind noch die unteren Partien des Podests vorhanden, das nicht massiv, sondern von langen Gewölbetonnen durchbrochen war. Am Rand dieser Plattform wurden einige Säulen des Tempelumgangs wieder aufgerichtet. Die tiefer gelegenen Säulenreihen gehörten zur Wandelhalle des Temenos.

Bedeutendstes Relikt Sabrathas ist das von italienischen Archäologen in den 1920er Jahren ausgegrabene und im Bereich des Bühnenhauses wiedererrichtete **Theater** (31). In den nur zum Teil wieder aufgebauten Zuschauerrängen fanden einstmals etwa 5000 Besucher Platz. In einer späteren Bauphase, als sich die Honoratioren Sabrathas beim Theaterbesuch von der übrigen Stadtbevölkerung separieren wollten, wurden halbkreisförmige Abschrankungsplatten vor die aufsteigenden Zuschauersitzreihen eingezogen, vor denen die privilegierten Bürger Platz nehmen konnten. Bemerkenswert sind an dieser Absperrung die beiden großen Delphinskulpturen an den Enden.

Die wieder aufgebaute Fassade des **Bühnenhauses** gilt als schönste der gesamten römischen Welt. Im untersten der drei Geschosse hat man Säulen aus grün-weiß gebändertem Cippolino-Marmor verbaut, in der mittleren Reihe solche aus weißem Marmor mit senkrechten oder tordierten Kanneluren und ganz oben Stützen aus dunklem Granit als Dekorationselemente. Wo die Originale nicht mehr zur Verfügung standen, wurden beim Wiederaufbau Säulen aus Travertin verwendet. Bei den meisten der Marmorkapitelle lugen zwischen den Akanthusblättern Gesichter oder Köpfe hervor. Die drei Etagen waren durch horizontale Inschriftenbänder bzw. geometrische Rankenmuster voneinander getrennt. Es entbehrt nicht einer gewissen

Sabratha, Bühnenhaus des Theaters

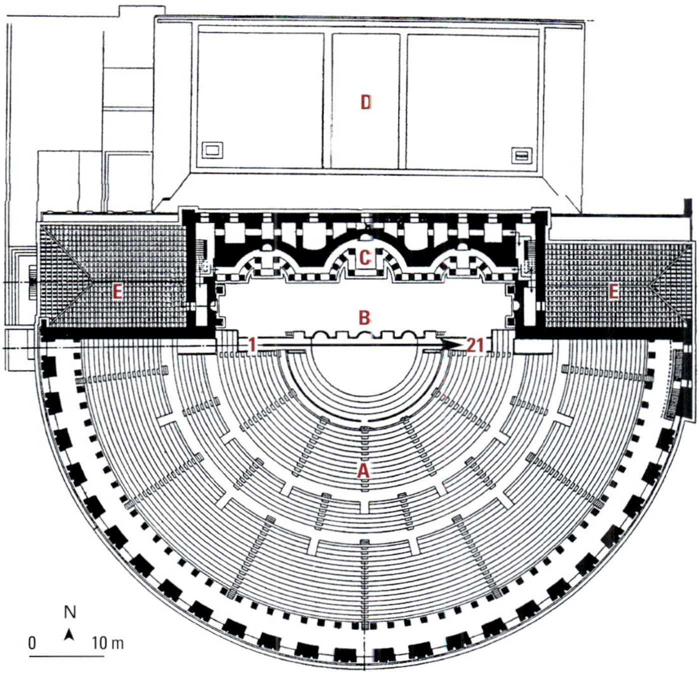

Sabratha, Grundriss des Theaters

A Zuschauerränge
B Spielfläche (Pulpitium)
C Bühnenhaus
D Porticus post scaenam
E Umkleideräume für die Schauspieler

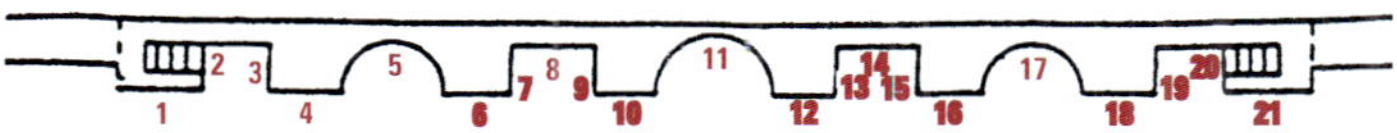

Reliefschmuck des Pulpitiums:
1 Zwei Tänzer 2 Philosophen (?) im Gespräch 3 Sonnenuhr auf einer Säule, Schriftrollenbündel und eine Schreibtafel (?) je auf einem Pult 4 Fortuna (?) mit dem Glücksrad 5 Die neun Musen (drei erhalten) 6 Fehlstelle 7 Korb und Teil einer Liege 8 Mimische Szene: beim Diebstahl ertappter Sklave (?) 9 Dreibeiniger Tisch 10 Fehlstelle 11 Darbringung eines Trankopfers; Personifikationen von Roma und Sabratha Hand in Hand in Anwesenheit von Soldaten; Stieropfer 12 Merkur mit dem Dionysos-Knaben 13 Zwei Theatermasken der Komödie 14 Szene der Tragödie 15 zwei Theatermasken der Tragödie 1 Herakles 17 Satyr; die drei Grazien; das Paris-Urteil 18 Victoria 19 Fehlstelle 20 Pantomimische Szene (?) 21 Tänzer (tanzendes Paar?)

Ironie, dass die einzige Passage, die von den Inschriften erhalten ist, »*lacuna*« lautet. Mit diesem Begriff bezeichnen die Epigraphiker üblicherweise die Fehlstellen und Lücken in alten Texten. Die dahinter liegenden Wände des aufgehenden Mauerwerks des Bühnenhauses waren, wie die Einlasslöcher in den Steinquadern zeigen, mit

Sabratha, Philosoph im Gespräch, Relief von der Stirnseite des Pulpitiums

Marmorplatten verkleidet. Einen Eindruck, wie man sich diese Wandverkleidungen vorzustellen hat, geben die fragmentarischen Rekonstruktionen an den Wänden der Räume westlich außerhalb der Theaterbühne.

Berühmt ist das Theater aber nicht nur wegen seines wieder errichteten Bühnenhauses, sondern vor allem wegen der Reliefs, mit denen das **Pulpitium,** die Stirnseite der Bühne dekoriert ist. Die zentrale Mittelszene zeigt in einem Halbrund die symbolische Verbrüderung von Sabratha und Rom, jeweils ausgedrückt durch die Personifikation der beiden Städte als Frauengestalten. Sie stehen sich, flankiert von männlichen Gestalten mit Brustpanzern und Bewaffnung, gegenüber. Diese Szene wird gesäumt von Darstellungen der Opferung von Rindern, die von Opferpriestern herbeigeführt werden. Die beiden flankierenden Nischen des Pulpitiums sind rechteckig und zeigen links von der zentralen Rundung an der Rückseite eine Theaterszene, bei der wohl ein Diener beim Diebstahl ertappt wird und vor die sitzende Hausfrau geführt wird. An den Schmalseiten stehen sich ein dreibeiniger Tisch und ein Korb mit Teilen einer Liege gegenüber; rechts von der Mitte ist an der Rückwand eine Tragödienszene wiedergegeben, die von je zwei Theatermasken der Tragödie und der Kömodie an den Seitenwänden gerahmt wird. Zwischen diesen Rechtecknischen und den beiden schmalen Treppenaufgängen auf die Bühne ganz außen befinden sich nochmals runde Einbuchtungen, die links drei der neun Musen und rechts einen Satyr sowie drei Grazien und das Urteil des Paris zum Thema haben. Die abschließende rechteckige Nische mit dem Treppenaufgang links zeigt an der Rückseite zwei Philosophen im Gespräch und an der Seite eine Sonnenuhr auf einer Säule und jeweils auf einem Untersatz ein Schriftrollenbündel und eine Schreibtafel. Das rechte Gegenstück beherbergt an der Rückwand wohl eine pantomimische Szene, die Seitenwand ist bis zur Unkenntlichkeit beschädigt. Auf den schmalen Frontseiten, welche die Nischen und Einbuchtungen voneinander trennen, sind von links nach rechts zwei Tänzer und dann (sehr stark zerstört) wohl Fortuna mit dem Glücksrad zu sehen. Die beiden folgenden Bildfelder sind völlig zerstört; dann folgen Merkur mit dem Dionysosknaben, Herakles, Victoria und zuletzt ein Tänzer, einst wohl Teil eines Paares.

Vor dem Theater befindet sich eine mit Mosaiken geschmückte **Atriumvilla** (32), von der noch der Gebäudegrundriss und einige wieder aufgerichtete Säulen vorhanden sind. Unter den Bodenmosaiken fällt eines mit einer stark stilisierten Labyrinth-Darstellung auf.

Das Baumaterial für die Stadt, sofern es sich nicht um importierten Marmor oder Rosengranit für die offiziellen Prunkbauten handelte, wurde weitgehend in der unmittelbaren Umgebung der Stadt gewonnen. Auf dem Weg vom Tickethäuschen zum Theater sieht man an den steilen Felshängen die lokalen **Steinbrüche** (33), deutlich erkennbar an den charakteristischen rechteckigen Abarbeitungen, die vom Herausschneiden der Quader herrühren.

Das **Amphitheater** (34) liegt außerhalb der Umzäunung des Ruinengeländes in einem separat ummauerten Bezirk am Stadtrand. Für seinen Bau wurden – ähnlich wie beim Amphitheater von Leptis Magna – die bereits vorhandenen großflächigen Eintiefungen im Boden, die durch Steinbruchtätigkeit entstanden waren, ausgenutzt und das Stadion einfach in eine Steinbruchsenke hineingelegt.

Zwischen dem Ruinengelände der antiken Stadt und dem Amphitheater wurde eine reich ausgemalte **christliche Katakombe** entdeckt, die jedoch für Besucher nicht zugänglich ist. Keine Reste mehr erhalten sind vom **antiken Hafenbecken** (35), das sich westlich des antiken Stadtareals befunden hat.

Leptis Magna

Geschichte

Leptis Magna, ursprünglich Lepcis Magna geschrieben, scheint die Erste der phönizischen Stadtgründungen im späteren Tripolitanien gewesen zu sein, auch wenn kein konkretes Baudatum überliefert ist. Als Siedlungsplatz für ihren Seestützpunkt wählten die Kolonisten die Einmündung des Wadi Lebda ins Mittelmeer. Das Ereignis hat sich wohl im ersten Viertel des 1. Jahrtausends v. Chr. abgespielt. Auch die Tatsache, dass einige antike Autoren Tyros, andere wiederum Sidon als Mutterstadt von Leptis Magna angeben, trägt nicht gerade zur Klärung der Gründungsgeschichte bei.

Gelegentlich wird es bereits in der Antike mit seinem kleineren Namensvettern Leptis Minor (heute Lemta, im Golf von Gabès/Tunesien) verwechselt. In einigen griechischen und römischen Texten erscheint die östlichste der drei namengebenden Städte Tripolitaniens auch unter dem Namen Neapolis (Neustadt). Dies könnte darauf hinweisen, dass so bereits die älteste Ansiedlung geheißen hat: auf Phönizisch wäre das Qart-Tasch:. Dann wäre Leptis ursprünglich ein Namensvetter von Karthago gewesen, dessen heute gebräuchlicher Name die latinisierte Version derselben punischen Bezeichnung mit der Bedeutung Neustadt darstellt.

Unter der Oberhoheit Karthagos – nach der Vereinnahmung der phönizischen Mutterstädte Sidon und Tyros durch die Assyrer – avancierte Leptis Magna zum bedeutendsten punischen Emporium und hatte in dieser Zeit immense Abgaben an die Hauptstadt zu zahlen. Römische Quellen, die aber gegenüber Karthago nie objektiv und deswegen mit Vorsicht zu betrachten sind, sprechen von einem Talent Silber pro Tag, was einer jährlichen Menge von mehr als 9 t des Edelmetalls entsprechen würde. Nach dem Ende des Zweiten Punischen Krieges (218–202 v. Chr.) entriss um 162/161 v. Chr. der Numiderkönig Massinissa – sicher mit Billigung der Römer, die er während der

Leptis Magna ☆☆

Besonders sehenswert:
Severischer Triumphbogen
Hadrianische Thermen
Nymphäum
Severisches Forum mit Basilika
Altes Forum
Hafenanlagen
Macellum
Theater
Jagd-Thermen
Amphitheater und Hippodrom
Museum

»Tyros […] war einst wegen seiner Gründungen berühmt, da sie die Städte Lepcis, Utica und Karthago, jene nach der Weltherrschaft strebende Nebenbuhlerin des Römischen Reiches, angelegt […] hatte.«
Plinius, Naturgeschichte, V 76

»[Leptis Magna] ist von Sidoniern gegründet worden, von denen wir gehört haben, dass sie als Flüchtlinge wegen Zwistigkeiten unter den Bürgern zu Schiff in diese Gegend gekommen seien.«
Sallust, Jugurthinischer Krieg, 78

militärischen Auseinandersetzungen unterstützt hatte – den Karthagern das wirtschaftlich wichtige Tripolitanien und somit auch Leptis. Er schuf damit die Ursache für den Ausbruch des Dritten Punischen Krieges (149–146 v. Chr.), der für Karthago mit dem Untergang endete. Unter numidischer Herrschaft scheint sich Leptis jedoch großer Autonomie erfreut zu haben und der Wegfall der drückenden Abgaben an Karthago scheint zu einer wirtschaftlichen Blüte geführt zu haben.

Im Jugurthinischen Krieg (111–105 v. Chr.; benannt nach Jugurtha, einem Enkel des Massinissa, der den Konflikt mit Rom durch die Beseitigung seines Mitregenten Adherbal ausgelöst hatte) schlug sich Leptis gleich von Anfang an auf die Seite der Römer und bot dem Konsul Bestia Freundschaft und Unterstützung an. So avancierte Leptis offiziell zur *civitas foederata.* Dies machte sich wenig später bezahlt, als 109/108 v. Chr. die Bürger von Leptis den römischen Feldherrn Metellus, der gegen Jugurtha kämpfte, um militärischen Beistand gegen einen Unruhestifter namens Hamilkar ersuchten und daraufhin vier Kohorten unter dem Kommando des Präfekten Gaius Annius Luscus gestellt bekamen.

Der im gesamten römischen Reich ausgetragene Bürgerkrieg des 1. Jahrhunderts v. Chr. wurde auch nach Nordafrika getragen. Allerdings setzten die Bürger von Leptis auf das falsche Pferd. Nachdem sich Cäsar gegen Pompeijus und den mit ihm verbündeten König Juba von Mauretanien durchgesetzt und im Jahre 46 v. Chr. Leptis erobert hatte, erlegte er der Stadt zur Strafe, weil sie seine Widersacher unterstützt hatte, die Zahlung von 3 Millionen Pfund Olivenöl auf.

In der römischen Kaiserzeit gehörte Leptis zwar zur Provinz Africa, stand aber noch Ende des 1. Jahrhunderts unter der Leitung von *sufeten,* was anzeigt, dass hier noch das althergebrachte punische Verwaltungssystem praktiziert wurde. Mit der fortschreitenden Romanisierung wurde im Verlauf des 1. und 2. Jahrhunderts der punische Amtstitel des *sufeten* durch den lateinischen des *duumvirs* abgelöst. Dennoch spielte zumindest die punische Sprache weiterhin eine wichtige Rolle. So sind die Stiftungsinschriften an öffentlichen Gebäuden, die größtenteils (wie das Theater, das Macellum und das Chalcidicum) aus Privatmitteln begüterter Bürger der Stadt finanziert wurden, nahezu immer zweisprachig, Lateinisch und Punisch, abgefasst.

Seine wirtschaftliche Bedeutung besaß Leptis in jener Zeit als Hauptausfuhrhafen für exotische Güter aus Innerafrika, allen voran die wilden Tiere wie Löwen oder Elefanten, die in den blutigen Zirkusspielen der Römer oft zu Hunderten hingeschlachtet wurden. Diese Tiere mussten lebend eingefangen und danach heil über die gewaltigen Distanzen bis zur Küste transportiert werden. Dies erklärt, warum ihre Preise bereits am Hafen von Leptis, noch bevor sie nach Italien verschifft wurden, astronomisch waren.

Die Vorrangstellung von Leptis zeigt sich nicht nur an seiner Größe (die Ausgräber schätzen die Einwohnerzahl auf rund 100 000, was aber andere Wissenschaftler für zu hoch angesetzt halten), sondern auch daran, dass es bezüglich seines Rechtsstatus im Römischen

Reich den beiden anderen Zentren Tripolitaniens, Sabratha und Oea, immer eine Stufe voraus war. Die wichtigsten Stationen dieses Aufstiegs seien kurz aufgezählt: Unter Vespasian wurde Leptis der Status eines *municipiums* verliehen, was die Bürger mit der Errichtung eines Triumphbogens honorierten. Trajan (98–117) erhob Leptis zur *colonia* (colonia Ulpia Traiana fidelis Leptis Magna), was ihm ebenfalls ein Ehrenmonument einbrachte (zum Vergleich: Sabratha erfuhr diese Aufwertung erst unter Antoninus Pius [138–161]). Unter Septimius Severus, der in Leptis am 11. April 146 als Sohn des Publius Septimius Geta und der Fulvia Pia zur Welt kam, wurde der Stadt das *ius italicum*, d.h. die weitgehende Befreiung von Abgaben an Rom, zuerkannt. Auch zu diesem Anlass entstand, am Kreuzungspunkt der beiden Hauptachsen, ein Quadrifrons.

Unter der Herrschaft des Septimius Severus (193–211) erlebte Leptis seine absolute Blüteperiode. Der Kaiser realisierte in seiner Geburtsstadt ein umfangreiches Bauprogramm. Dieses umfasste die Umgestaltung des Hafenbeckens, das durch eine säulenflankierte Prachtstraße mit dem Nymphäum verbunden wurde, ebenso wie die Errichtung des severischen Forums und der angegliederten Basilika,

Leptis Magna, Triumphbogen des Septimius Severus

der beiden monumentalsten Bauten der Stadt. Die Entfernungsangaben auf den Meilensteinen des in jener Zeit angelegten Netzes von Militärstraßen, das Tripolitanien und den Djebel Nafusa überzog, wurden von Leptis aus gezählt. Selbst zu dieser Zeit scheint in Leptis noch überwiegend Punisch gesprochen worden zu sein, denn das Latein des Kaisers soll sehr vom Dialekt seiner Mutterstadt eingefärbt gewesen sein, und seine Schwester soll es so schlecht gesprochen haben, dass es peinlich war und sie deswegen bald vom ihrem Bruder wieder nach Hause geschickt wurde.

Am Ende der Severerherrschaft, gegen 235, setzte der Verfall ein. Für das Jahr 258 ist Leptis erstmals als Sitz eines Bischofs erwähnt. Als zu Beginn des 4. Jahrhunderts im Zuge der Reichsreform Kaiser Diokletians die Provinz Africa proconsularis aufgelöst und stattdessen die Provinz Tripolitanien geschaffen wurde, bestimmte man Leptis zur Hauptstadt, was zu einer erneuten kurzen und letzten Blüte führte. In der Folgezeit jedoch häuften sich die Überfälle einheimischer Stämme wie der Austurianer. Die schweren Erdbeben des 4. Jahrhunderts trugen zum weiteren Niedergang bei. 455 eroberten die Vandalen Tripolitanien. Nach deren Vertreibung 533 durch Justinians Feldherrn Belisar wurde die Stadt teils wieder errichtet und auf einem deutlich kleineren Areal neu ummauert. Als Statthalter des byzantinischen Reiches fungierte der in Leptis ansässige *dux limitis Tripol. prov.* Mit der Eroberung Tripolitaniens durch die Araber zwischen 641 und 643 verlagerte sich das Machtzentrum nach Oea, das bald darauf den Landschaftsnamen Tripolis annahm.

Da das Ruinengelände später nie überbaut wurde, konnte es großflächig ausgegraben und restauriert werden, vornehmlich durch italienische Archäologen in den 1920/30er Jahren. Die aktuellen Forschungen finden seit 1994 unter Leitung von Hafed Walada vom Londoner Kings College und mit Mitteln der britischen Society for Libyan Studies statt. Früher hatte man die antike Stätte als Steinbruch genutzt: So sind Säulen und Quader aus Leptis unter anderem in den Kirchen San Giovanni auf Malta und Saint-Germain-des-Prés in Paris sowie im britischen Schloss Windsor verbaut.

Die Ruinen von Leptis Magna zählen seit 1982 zum Unesco-Weltkulturerbe, wie eine Gedenktafel am Eingang in das historische Areal stolz verkündet.

Rundgang durch die Ruinen

Von den Wohngebieten der antiken Stadt Leptis Magna, deren Einwohnerzahl von den italienischen Ausgräbern auf 100 000 geschätzt wird, ist nur ein Teil ausgegraben. Der Parkplatz, die Verkaufsbuden, das archäologische Museum und das daneben befindliche Restaurant stehen allesamt auf einem Gelände, das im Altertum noch Wohnhäuser aufwies. Die große Rekonstruktionszeichnung des einstigen Stadtbildes in der Eingangshalle des Museums vermittelt eine Vor-

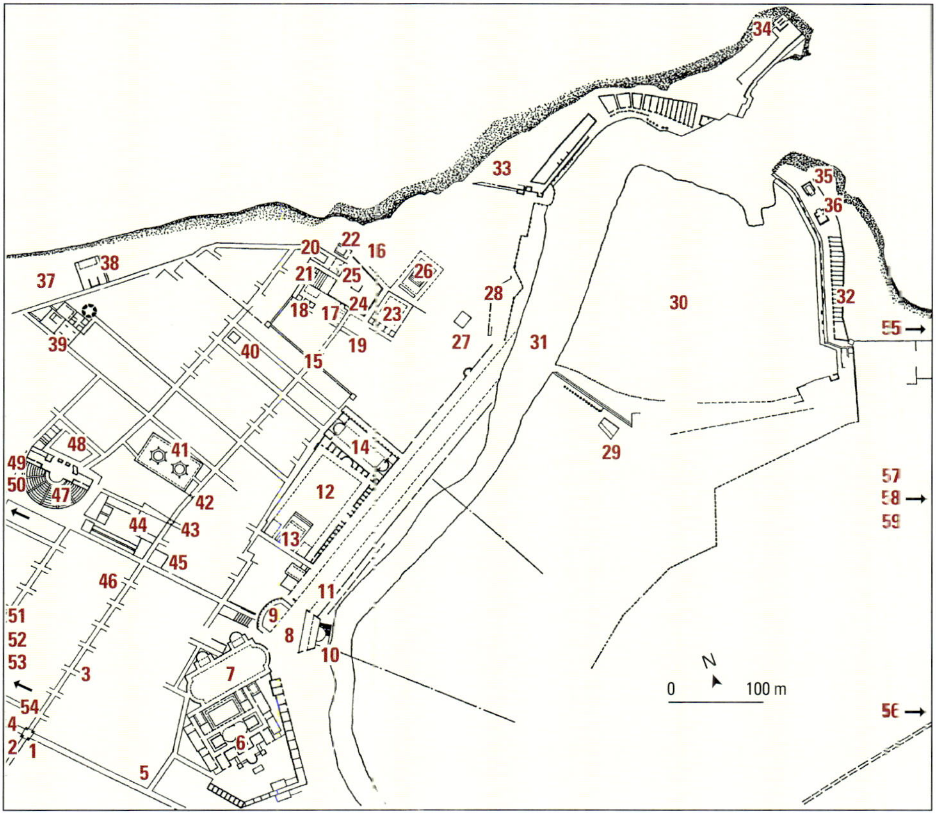

Leptis Magna: 1 Triumphbogen des Septimius Severus 2 Null-Meilen-Stein 3 Cardo Maximus 4 Decumanus Maximus 5 Apotropäischer Reliefstein 6 Hadrianische Thermen 7 Gymnasion 8 Ovaler Platz 9 Marktgebäude 10 Nymphäum 11 Kolonnadenstraße zum Hafenbecken 12 Severisches Forum 13 Tempel der Gens Septimia 14 Severische Basilika 15 Byzantinisches Stadttor 16 Altes Forum 17 Spätere Kirche 18 Antoninus-Pius-Tempel 19 Kybele-Tempel 20 Roma- und-Augustus-Tempel 21 Liber-Pater-Tempel 22 Herakles-Tempel 23 Basilika (Gericht) 24 Halbrunder Statuensockel 25 Baptisterium 26 Kurie 27 Tempel des Flavius 28 Neronischer Säulengang 29 Jupiter-Dolichenus-Tempel 30 Hafenbecken 31 Wadi Lebda 32 Speicherhallen 33 Marmorkapitelle 34 Leuchtturm 35 Semaphor 36 Kleiner Hafentempel 37 Neue Grabungen 38 Orientalischer Tempel 39 Bad 40 Serapis-Tempel 41 Marktgebäude 42 Tiberius-Bogen 43 Tetrapylon für Trajan 44 Chalcidicum 45 Brunnen 46 Gavius-Macer-Monument 47 Theater 48 Porticus post Scaenam 49 Villa des Orpheus 50 Jagd-Thermen 51 Marc-Aurel-Bogen 52 Antoninus-Pius-Bogen 53 Tempel der Unbekannten Gottheit 54 Schola 55 Villa des Nil 56 Römischer Grabturm 57 Amphitheater 58 Hippodrom (Circus) 59 Neue Nekropole

stellung davon. Entsprechend tief muss der heutige Besucher hinuntersteigen, will er das antike Bodenniveau erreichen. So führt der Zugangsweg, beidseitig gesäumt von Architekturteilen und anderen steinernen Zeugnissen der Vergangenheit, die hier eine neue Aufstellung gefunden haben, zunächst auf eine breite Treppe zu, über die man zu den freigelegten Bauten hinuntersteigt.

Von oben hat man einen schönen Blick auf das erste Monument, das sich am Fuß der Treppe befindet, nämlich den **Triumphbogen des Septimius Severus** (1, Abb. S. 105). Der Bogen, aus örtlichen Sandsteinquadern aufgemauert und dann mit Reliefplatten aus Marmor verkleidet, wurde von den Bürgern anlässlich des Besuchs des römischen Kaisers in seiner Geburtsstadt (wahrscheinlich 300) gestiftet. Bei seinem Aufenthalt dürfte dieser Leptis Magna das *jus italicum* verliehen haben, das mit der Befreiung von Abgaben an Rom verbunden war. Kein Wunder also, dass die Bürger als Aufstellungsort für das Monument die prominenteste Stelle wählten, nämlich den Kreuzungspunkt der beiden Hauptstraßen Cardo Maximus und Decumanus Maximus, auch wenn der Triumphbogen auf diese Weise zu einem Verkehrshindernis wurde, der Fahrzeuge auf die Parallelstraßen verwies. Unklar ist, ob Septimius Severus danach nochmals Leptis Magna aufgesucht hat.

Der Bogen ist als Quadrifrons konzipiert, das heißt, er verfügt über vier Schauseiten, von denen auf Grund des quadratischen Grundrisses keine als Hauptfront hervorgehoben ist. Die italienischen Archäologen, die in den 1920er Jahren das Monument freilegten, fanden nur die Grundmauern und spärliche Reste in Originallage vor; alle anderen Teile, sofern nicht verschleppt und als billiges Baumaterial in späteren Häusern wieder verwendet, lagen in Trümmern im Gelände. Umstritten war, wie man den Bogen zu rekonstruieren hatte. Da man unter den Trümmern auch längliche Quader mit Inschriften entdeckt hatte, glaubte man zunächst, man müsse auch diese beim Wiederaufbau in den Triumphbogen integrieren. Mittlerweile sind sich die Archäologen sicher, dass diese Textpassagen nicht zur Bausubstanz gehören, und die Rekonstruktionsarbeiten an dem

Leptis Magna, Detail vom Triumphbogen des Septimius Severus

Bauwerk, die diese neue Erkenntnis berücksichtigen, sind immer noch im Gange. Im Rahmen dieser Maßnahmen plant man zudem, die alten Kopien der Marmorreliefplatten, die während der ersten Restaurierungsphase angebracht worden waren, durch genauere und haltbarere Abformungen zu ersetzen. Die Originalplatten selbst wurden aus konservatorischen Gründen in die Museen von Tripolis und Leptis Magna überführt und dort ausgestellt. Dies hat zudem den Vorteil, dass die Skulpturen dort aus der Nähe betrachtet werden können, während die Kopien, die vor Ort in teils beträchtlicher Höhe angebracht sind, manchmal nur erahnt werden können.

Ähnlich dem Triumphbogen von Oea/Tripolis befanden sich an den Pfeilern des Monumentes von Leptis Magna, über denen sich die vier Portalbögen wölbten, Darstellungen der unterworfenen ›Barbaren‹, sprich, der einheimischen Bevölkerung. Erhalten haben sich die Darstellung je eines Mannes und einer Frau, die stehend an einen Trophäenpfahl mit stilisiert wiedergegebenen Astlöchern gebunden sind; darüber sieht man erbeutete Waffen und Rüstungsteile. Diese Reliefplatten, die sicher einst vierfach – an jedem Pfeiler einmal – vorhanden waren, hat man im Zuge der Rekonstruktion am südwestlichen Pfeiler angebracht. An den Flächen beidseitig der Rundbogen der Portale schweben geflügelte Niken. Die länglichen Reliefstreifen, die das Monument am oberen Abschluss allseitig umziehen, zeigen die Kaiserfamilie, also Septimius Severus, seine Gemahlin Julia Domna und die Söhne Geta und Caracalla, umgeben von Gefolge, bei Staatshandlungen. Auf dem südlichen Reliefband, auf das man beim Betreten des Ruinengeländes zuläuft, geben sich die männlichen Mitglieder der Kaiserfamilie die Hand, obwohl bekannt ist, dass die Atmosphäre dort alles andere als freundschaftlich war. Septimius Severus hatte vorgesehen, dass sich nach seinem Tod seine beiden Söhne die Herrschaft teilen sollten, aber Caracalla ließ seinen Bruder ermorden, um alleine regieren zu können.

Neben dem Severischen Triumphbogen ist der unter Kaiser Tiberius zwischen 15 und 17 durch den damaligen Proconsul aufgestellte **Null-Meilen-Stein** (2) zu sehen. Von ihm aus wurden die Distanzangaben aller von Leptis Magna ausgehenden Straßenverbindungen, die hauptsächlich in Richtung Djebel Nafusa und Tripolitanischer Limes führten, gezählt.

Setzt man den Weg geradeaus fort, führt die Straße hinter dem Severerbogen, der **Cardo Maximus** (3), schließlich direkt auf das Gelände des Alten Forums und zum dahinter liegenden Hafenbecken. Empfehlenswert ist jedoch, am Bogen rechts (Osten) abzubiegen, und dem hier ausgegrabenen kurzen Teilstück des **Decumanus Maximus** (4) zu folgen. Dieser setzte sich übrigens jenseits der Stadt als Verbindungsstraße zwischen den beiden Metropolen Karthago und Alexandria fort. Deutlich kann man auf dem antiken Straßenpflaster die quergestellten Quader ausmachen, unter denen die Abwasserleitung *(cloaca)* verläuft, und manchmal die tiefen Rillen alter Wagenspuren erkennen.

Leptis Magna, Null-Meilen-Stein

Links der Straße ragen alte Hausmauern auf, rechts davon befinden sich die Stadtgebiete, die noch der Ausgrabung harren. Nach wenigen Metern ist das Ende des freigelegten Teils der einstigen Hauptstraße erreicht, und der Weg setzt sich automatisch nach links auf einer Parallelstraße des Cardo Maximus fort. An der dortigen Hausecke ist in das aufgehende Mauerwerk einer der apotropäischen (Übel abwehrenden) **Reliefsteine** (5) eingelassen, wie man sie an mehreren Stellen der Stadt aufgefunden hat. Dabei handelt es sich um Blöcke, die die mit phallischen Motiven, umgeben von anderen Emblemen wie Augen, Krebse und Skorpione, Pflanzenteile usw., versehen sind. Gelegentlich ist der Phallus geflügelt, mit kleinen Beinchen versehen oder seinerseits mit einem zweiten, kleineren männlichen Geschlechtsteil ausgestattet. Ob es sich dabei wirklich um Glücksbringer oder kultische Motive handelt, ist umstritten. Manche Wissenschaftler sehen in diesen Darstellungen schlichtweg Hinweisschilder auf ein Bordell.

Die gepflasterte Straße führt direkt auf einen Gebäudekomplex zu, dessen Anfänge in die Regierungszeit des römischen Kaisers Hadrian zurückgehen. Es handelt sich um die umfangreichen **Thermen** (6), in deren Nähe sich ein **Gymnasion** (7) zur körperlichen Ertüchtigung befindet. Die Leibesübungen, die nur von Männern absolviert wurden, fanden unbekleidet statt, daher auch der Name der Institution, in welcher das griechische Wort *gymnos* = nackt steckt. Die Sportstätte besteht aus einem länglichen Hof mit halbkreisförmigem Abschluss an den Schmalseiten, der streifenförmig gepflastert und allseitig von einer säulengestützten Wandelhalle umgeben war. An der einen Längsseite sind zwei Exedren angebaut, die andere Längsseite ist der Straße zugewandt, die sich zwischen dem Gymnasion und den Thermen hinzieht. Dieses Gymnasion ist eine spätere Zutat zu der benachbarten Badeanlage, denn bevor man sich dem Badeluxus hingab, pflegte man sich sportlich zu betätigen, sei es, dass man im Hof des Gymnasions Laufrunden absolvierte oder sich mit einem Gegner im Ringkampf maß. Erst danach suchte man die Bäder auf. Bevor die Wasserbecken betreten wurden, erfolgte eine Reinigung des verschwitzten Körpers. Dieser wurde zunächst mit Öl eingerieben, und dann schabte man das Gemisch aus Öl, Staub und Schweiß mit einem gebogenen Eisenteil, dem *strigulum,* von der Haut.

Die hadrianischen Thermen von Leptis Magna streiten sich mit denjenigen von Karthago unweit von Tunis um den Rang der größten Badeanlage auf afrikanischem Boden, je nachdem, ob man das Gymnasion, das in Karthago in das ummauerte Badeareal integriert ist, mit berücksichtigt oder nicht. Die einzelnen Räume in der Anlage von Leptis Magna sind zwar weitgehend symmetrisch angeordnet, es gibt jedoch keine trennende Mittelmauer. In einem solchem Doppelbad hätten – da bei den Römern die Geschlechter in der Regel getrennt badeten – Männer und Frauen gleichzeitig das Bad besuchen können. Stattdessen wird es in Leptis Magna unterschiedliche Badezeiten für Männer und Frauen gegeben haben.

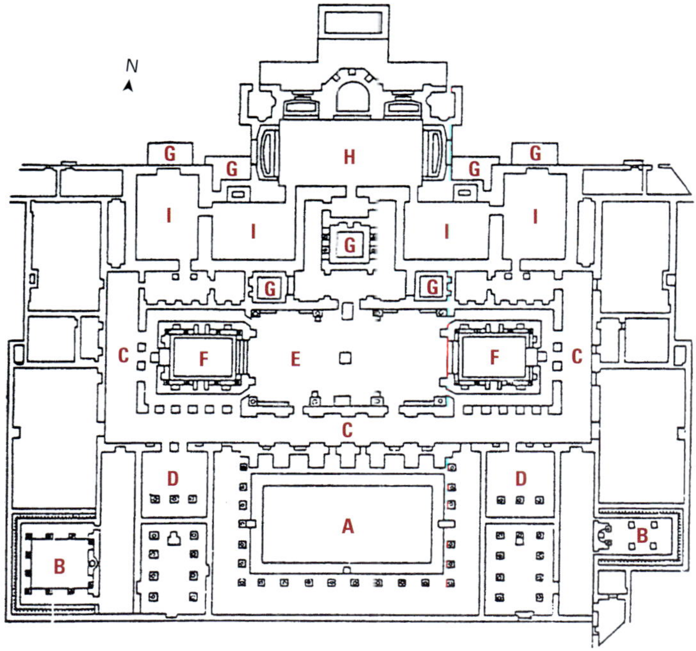

Leptis Magna, Grundriss der hadrianischen Thermen

A Offener Hof mit Wasserbecken (natatio)
B Latrinen
C Umgang
D Apodyterium
E Frigidarium
F Kaltwasserbecken
G Tepidarium
H Sudatorium
I Heißwasserbecken

Der Besucher gelangte in den Thermen, an deren Frontseite heute große Steinquader mit der hadrianischen Gründungsinschrift im Gelände liegen, zunächst in einen offenen Hof, der zum größten Teil von einem flachen Wasserbecken *(natatio)* eingenommen wird. Von hier aus besteht einerseits Zugang zu den beiden mit Marmor ausgekleideten Latrinen, die sich seitlich anschließen, und von denen die größere auf der linken Seite sehr gut erhalten ist. Sie weist noch alle Installationen auf: vom Abwasserkanal über die nicht durch Kabinen getrennte, sondern nebeneinander befindlichen Latrinensitze (wobei an einer Stelle eine ›Klobrillen‹-Bohrung vorgeritzt, aber nicht ausgeführt wurde, da sie zu nahe an die benachbarte Öffnung geraten war) bis hin zu der Rinne vor den langen Sitzreihen, wo ständig Wasser entlangfloss, in welches man am Ende des Latrinenaufenthalts sein Reinigungsschwämmchen zur Körperhygiene tunken konnte.

Ebenfalls vom Vorhof mit dem Wasserbecken gelangte man in einen Umgang, der die einzelnen überdachten Teile der eigentlichen Thermen umgab, sodass man bequem zwischen den Abteilungen mit den unterschiedlichen Wassertemperaturen wechseln konnte. Von hier aus waren auch die Umkleideräume (Apodyterien) erreichbar – dem Badegast bot sich so die Möglichkeit, das Frigidarium, hier eine eindrucksvolle Halle mit zwei Kaltwasserbecken an den Schmalseiten, aufzusuchen. Auch hierzu zeigt das Museum in Leptis Magna

Leptis Magna, hadrianische Thermen

eine anschauliche Rekonstruktionszeichnung. Der heutige Besucher kann noch immer einen Eindruck von der einstigen Monumentalität des Raumes angesichts der gewaltigen Ausmaße der Säulen aus grünschlierigem Cippolino-Marmor und der Basen, Kapitelle und Architrave aus weißem Marmor gewinnen, auch wenn die bemalte Decke mit Kreuzrippengewölbe längst nicht mehr vorhanden ist. Zudem muss man sich vorstellen, dass diese Prunkhalle, wie auch die anderen Räume der Anlage, mit bunten Marmorplatten verkleidet waren und sich hier auf den Sockeln und in den zahlreichen Wandnischen Statuen befanden, die mittlerweile ihren Weg in die Museen der gesamten Welt gefunden haben.

Den Übergang vom Kalt- zum Heißwasserbereich stellten die Becken des Tepidariums dar, in denen sich nur mäßig angewärmtes Wasser befand. Im rückwärtigen Teil der Badeanlage – nach Süden gewandt, damit die Sonne ihren Teil zur Erwärmung beitragen konnte – lagen die Räumlichkeiten für das Schwitzbad (Sudatorium) und die Heißwasserbecken (Caldarium). Außerhalb dieser Räume war eine Befeuerungsanlage; die dort erzeugte heiße Luft wurde in den Hohlraum unter dem Fußboden des Caldariums geleitet und heizte den Raum auf. Die Ziegelmäuerchen, die den Hohlraum stützten, und teils auch die auf ihnen ruhenden Steinplatten des Bodenbelages, haben sich in den Ecken der meisten Caldariumsräume erhalten. Zudem wurden auch die Zimmerwände erwärmt: dazu führte man die Heißluft vom Hohlraum unter dem Fußboden in Rohrleitungen aus Hohlziegeln *(tubuli)*, die unter der Marmorplattenverkleidung der Wände verlegt waren. An einigen Wänden befinden sich noch umfangreiche Partien dieser *tubuli*, die allerdings heute zumeist verstopft sind. Den südlichen Abschluss des umfangreichen Gebäudekomplexes bildet eine große, aus Ziegeln und Steinquadern errichtete Halle mit kleinen Heißwasserbecken in den Wandnischen.

Hinter der Thermenhalle, heute allerdings weitgehend überwuchert, erstrecken sich die eingewölbten Zisternen, aus denen das Bad seinen immensen Wasserbedarf bezog. Der Bau der Anlage wäre kaum möglich gewesen, wenn nicht ein vornehmer Bürger namens Quintus Servilius Candidus in den Jahren 119 bis 120 seiner Heimatstadt den Bau einer Wasserleitung finanziert hätte, wofür er den Ehrentitel ›amator patriae‹ erhielt. Zwischen den Zisternen liegen noch Reste der Schienen und Loren im Gelände, mit welchen die italienischen Archäologen während der Freilegungsarbeiten der Stadtruine den Grabungsschutt abtransportierten.

Links neben den Thermen und dem Gymnasion öffnet sich ein **ovaler Platz** (8), der rückwärtig von der imposanten Fassade eines Nymphäums begrenzt wird. Als Gegenstück befindet sich auf der gegenüber liegenden Seite eine leicht gerundete Abfolge von Säulen, die untereinander nicht mit geraden Architraven, sondern mit Rundbögen verbunden waren, wie die fünfeckigen Steine auf den Säulenbasen, von denen aus die Bögen ihren Ausgang nahmen, belegen. Sie bildeten wahrscheinlich einst die Schauseite eines kleinen **Marktgebäudes** (9).

Dieser längsovale Platz gehört zum ehrgeizigen Bauprogramm, welches Septimius Severus in seiner Heimatstadt realisierte, und er schafft unauffällig den Übergang zu der breiten Prunkallee, die auf das Hafenbecken der Stadt zuführt. Eine solch dezente Überleitung war notwendig, weil die Achse der älteren hadrianischen Thermen von der Ausrichtung des rechtwinkligen Straßennetzes abwich, an welchem sich die severischen Neubauten orientierten. Die ›Schlüsselrolle‹ bei der Überleitung nimmt das **Nymphäum** (10) ein, ein ursprünglich mit bunten Marmorplatten verkleideter Kultbau zu Ehren der Quellgöttinnen. Die konkave Schauseite des Monuments, die ein großes Wasserbecken umfängt und mit den Säulen der gegenüber liegenden mutmaßlichen Markthalle korrespondiert, war dreigeschossig. Separate Säulenstellungen aus unterschiedlichen Marmor- und Granitsorten waren den einzelnen Etagen vorgeblendet und gliederten den Baukörper horizontal, während sie ihrerseits durch Vorsprünge mit Giebeln unterteilt waren. In den Wandnischen standen Statuen. 1986 wurde die große zentrale Apsis nach heftigen Regenfällen durch das unmittelbar dahinter vorbeifließende Wadi Lebda unterspült und stürzte mit ihrer Halbkuppel aus Ziegeln im kompletten Mauerverbund ein. Sie liegt heute am Stück hinter dem Monument. Die filigran durchbrochenen Platten der Abschrankung gehörten ursprünglich nicht zur severischen Anlage, sondern sind eine spätere Zutat, wohl aus dem 3. Jahrhundert Beide Seitenflügel der Fassade sind von einem großen überwölbten Portal durchbrochen. Sie stehen symmetrisch so schräg von der Rückwand ab, dass der linke Flügel gleichzeitig das rechte der beiden Portale darstellt, die den Anfang der beiden Wandelhallen beidseitig der **Kolonnadenstraße zum Hafenbecken** (11) bilden.

Diese Prunkstraße nimmt mit den beiden flankierenden überdachten Säulenhallen und der Fahrbahn in der Mitte eine Breite von 20,5 m ein. Gleich zu Beginn passiert sie linker Hand ein Gebäude mit hoch aufragenden Mauern aus sorgfältig gearbeiteten Steinquadern und großen Portalen, dessen ursprüngliche Funktion ungeklärt ist. In byzantinischer Zeit wurden die hohen Einlässe zur Straße hin zugemauert und ins Innere des Hauses wurde eine dreischiffige Basilika eingezogen, deren in den untersten Steinlagen noch erhaltene Apsis der Straße zugewandt war.

Der folgende Gebäudekomplex stellt den imposantesten Teil von Leptis Magna dar. Es handelt sich um das **Severische Forum** (12), das aus einem großen, offenen Hof und einer – an die Schmalseite anschließenden – dreischiffigen Basilika besteht. Es gibt Anzeichen, dass ursprünglich auf der gegenüber liegenden Seite der Basilika ein zweiter ebenso großer Hof geplant war, der jedoch nicht zur Ausführung gelangte. Selbst die Basilika wurde nicht zu Lebzeiten von Septimius Severus vollendet – dies gelang erst seinem Sohn und Nachfolger Caracalla. Ursprünglich waren in die der Straße zugewandten Umfassungsmauer des Hofes hohe Portale eingelassen. Das mittlere, das den Haupteingang bildete, ist dabei durch besondere Größe hervorgehoben. Bemerkenswert ist auch sein Türsturz, der nicht aus einem Stück besteht, sondern aus Keilsteinen zusammengesetzt ist. Als man in byzantinischer Zeit die Stadt verkleinerte und mit einem neuen Schutzwall versah, wurden die meisten der Hofportale vermauert und dahinter mächtige Mauern hochgezogen. Diese spätrömischen Einbauten, unter denen zumeist auch die Marmorsäulen des inneren Hofumganges verschwanden, lassen sich gut an ihren abwechselnden Lagen von hohen weißen Kalksteinquadern und flachen roten Ziegeln erkennen.

Leptis Magna, Plan des severischen Forums

11 Kolonnadenstraße zum Hafenbecken
12 Severisches Forum
13 Tempel der Gens Septimia
14 Severische Basilika

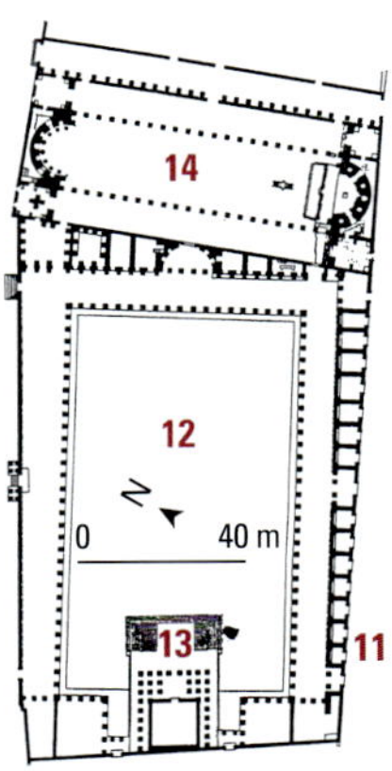

Heute ist der Innenhof mit einer verwirrenden Ansammlung von Steintrümmern angefüllt, die die Archäologen hier sortiert und ausgelegt haben. In der Antike war es ein großer Freiplatz zur Abwicklung von Handelsgeschäften, in welchem aber zahlreiche Bildwerke und Denkmalssockel, die dort teils noch heute herumliegen, aufgestellt waren. Auf allen vier Seiten war das rechteckige Areal von einer säulengestützten Wandelhalle umgeben, die ursprünglich zweigeschossig war. Die mächtigen Säulen der unteren Reihe aus dem grünschlierigen Cippolino-Marmor, von denen einige umgestürzt im Gelände liegen, waren untereinander mit Bögen verbunden. Auf der Fläche über den Säulenkapitellen aus hellem Marmor und zwischen den Bögen befanden sich Medaillons, die zum Hof hin mit Medusenhäuptern (Abb. S. 1) geschmückt waren, auf der Rückseite hingegen nur eine schlichte glatte Scheibe aufwiesen. Diese Medusen- oder Gorgonenhäupter hatten in der Antike Übel abwehrenden und Schutz bringenden Charakter. Einige liegen im Hof auf dem Boden verstreut, zudem haben die Archäologen und Restauratoren einen kleinen Abschnitt der Bogenreihe mit den Medaillons wieder zusammengestellt. Für manchen Betrachter ist es vielleicht verwirrend, dass

die Bögen unmittelbar auf den Säulenbasen abgestellt sind, doch die Säulen selbst waren zu stark zerstört, um den Halt der kompletten Rekonstruktion zu gewährleisten. Die Gesichter der Medusen zeigen eine solche stilistische Vielfalt, dass man davon ausgehen kann, dass mehrere Bildhauer mit unterschiedlicher Qualifikation mit der Ausschmückung des Bauwerks beauftragt waren.

Leptis Magna, die säulengestützte Wandelhalle des Severischen Forums mit den Medusenmedaillons

An der äußeren Schmalseite des Forumshofes befand sich einst eine hohe Plattform, auf die eine breite Freitreppe hinaufführte. Auf ihr befand sich ein Tempel für den Kult der **Gens Septimia** (13), also des vergöttlichten Septimius Severus und seines Herrschergeschlechts. Der Tempel ist heute gänzlich verschwunden, und der Unterbau, der mit Innenräumen versehen war, ist zumindest seiner einstigen Marmorverkleidung beraubt, sodass er sich heute nur als Steinmassiv zeigt. Auf der jenseitigen Schmalseite des Hofes befindet sich eine Reihe von steinernen Tür- und Fensterrahmungen, die zu eng nebeneinander liegenden Ladengeschäften gehörten.

Passagen dazwischen führen in die seitlich angebaute monumentale **Severische Basilika** (14), ursprünglich ein dreischiffiges profanes Gebäude zu Repräsentationszwecken, in welchem Audienzen gehalten wurden und andere öffentliche Ereignisse stattfanden. In justinianischer Zeit wurde das Gebäude in eine riesige christliche

Leptis Magna, Severische Basilika; links Reliefpfeiler mit den, im Folgenden aufgeführten 12 (dodekathlos) Taten des Herakles:

1: Tötung des Nemeischen Löwen
2: Kampf mit der neunköpfigen Hydra von Lerna
3: Einfangen der windschnellen Kerynitischen Hirschkuh
4: Einfangen des Erymanthischen Ebers
5: Erlegung der Stymphalischen Vögel
6: Reinigung der Ställe des Augias
7: Einfangen des kretischen Stieres
8: Erringung der Menschen fressenden Rosse des Diomedes
9: Erbeutung des Gürtels der Amazonenkönigin Hippolyte
10: Erbeutung der Rinder des dreileibigen

Kathedrale umgestaltet. Davon zeugt noch die Kanzel, deren Brüstung man aus älteren ausgehöhlten Kapitellwürfeln mit Akanthusblatt-Dekor gefertigt hatte, sowie das große kreuzförmige Taufbecken in einem Raum neben einer der beiden großen Apsiden, mit welchen die beiden Schmalseiten des lang gestreckten Gebäudes versehen waren. Auch hier erfolgte die Trennung des Mittelschiffs von den – niedrigeren – Seitenschiffen durch eine zweigeschossige Säulenstellung. Dafür hatte man sogar Säulen aus ägyptischem Rosengranit verwendet, die in Assuan, ganz im Süden des Landes, gebrochen und dann über den Nil und das Mittelmeer hierher gebracht wurden. Beide Säulen trennte jeweils ein Inschriftenband, dessen mit monumentalen Lettern versehene Architrave heute auf dem Boden des Bauwerks liegen.

Zu den schönsten und filigransten Kunstwerken, die man im gesamten römischen Reich aus der Periode des Septimius Severus und Caracalla kennt, gehören die marmornen Reliefpfeiler, welche seitlich der beiden Apsiden aufgestellt sind. Auf der einen Seite sind Szenen dargestellt, die mit Wein und dessen Gott Bacchus zu tun haben. Zwischen Weinlaubranken eingestreut, die aus einer bauchigen Vase herauswachsen, finden sich Bacchanten, Silene, Centauren, der bocksfüßige Gott Pan und vieles andere mehr. Die Pfeiler auf der gegenüber liegenden Seite zeigen die zwölf Taten, die Herakles – erkenntlich an seiner Keule und dem Fell des unverwundbaren Nemeischen Löwen, das ihm als Schutzkleidung diente – im Dienste des Königs Eurystheus auszuführen hatte, um die Unsterblichkeit zu erlangen.

Schräg rechts hinter der Apsis mit den Herakles-Reliefpfeilern befindet sich ein Treppenhaus, über welches man auf die einstige Brüstung des Bauwerkes hinaufsteigen kann. Von dort bietet sich ein schöner Rundblick über das gesamte Ruinengelände.

Beachtenswert ist die mit einer dichten Abfolge von Säulen dekorierte Außenfassade der Basilika, die dem nicht mehr ausgeführten zweiten Forumshof zugewandt gewesen wäre. Von hier führt ein Weg mit antiker Steinpflasterung zwischen unausgegrabenen Wohnhäusern zum Cardo Maximus, bei dessen Erreichen man nach rechts abbiegt. Nach wenigen Metern gelangt man an ein schmales **Tor** (15), das in byzantinischer Zeit die verkleinerte Ummauerung der Stadt durchbrach. Hier ist wiederum, ähnlich wie beim Haupteingang des Severischen Forums, der Türsturz aus mehreren Keilsteinen zusammengesetzt.

Jenseits des Tores steht man auf dem Gelände des **Alten Forums** (16). Bis zur Errichtung der neuen severischen Anlage war hier der kommerzielle Mittelpunkt von Leptis Magna. Links des von Südwesten kommenden Zugangs, der auf den Forumsplatz führt, befindet sich ein ehemaliger Tempel für eine nicht mehr festzustellende Gottheit, der in byzantinischer Zeit wiederum in eine dreischiffige **Kirche** (17) umgewandelt wurde. Die Säulen aus dunklem Granit, welche die Schiffe voneinander trennen, sind trotz ihres vermeintlich harten Materials zu teils skurrilen Formen zerfressen. Die Apsis und die davor befindliche Altarplattform (Bema) sind noch deutlich zu erkennen. Im Boden des Gebäudes sind einige Grabsteine mit christlichen Inschriften und Symbolen eingelassen. Als der einstige Tempel als christliches Gotteshaus genutzt wurde, befand er sich außer-

Riesen Geryoneus (hierbei setzt Herakles in der Straße von Gibraltar als Zeichen seiner weitesten Fahrt die nach ihm benannten ›Säulen des Herakles‹)
11: Raub der goldenen Äpfel der Hesperiden
12: Entführung des Unterweltshundes Zerberus

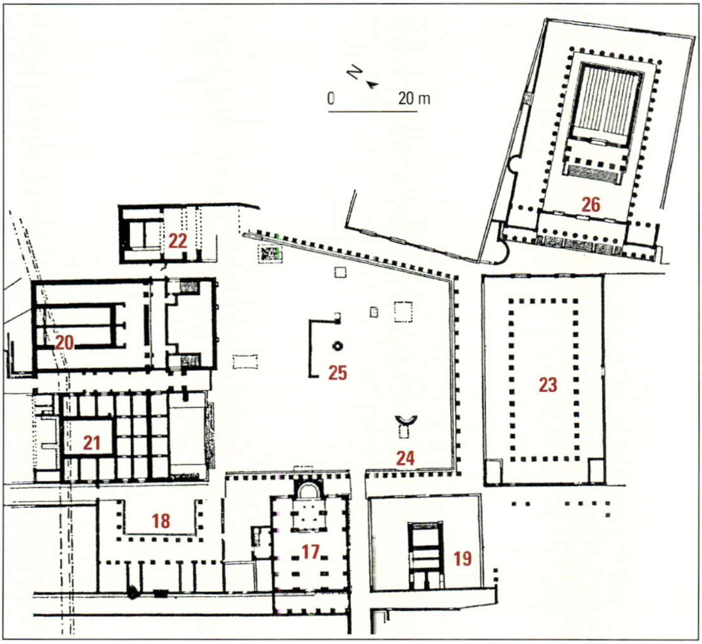

Leptis Magna, Plan des Alten Forums

17 Spätere Kirche
18 Antoninus-Pius-Tempel
19 Kybele-Tempel
20 Roma- und-Augustus-Tempel
21 Liber-Pater-Tempel
22 Herakles-Tempel
23 Basilika (Gericht)
24 Statuensockel
25 Christliches Baptisterium
26 Kurie

halb der Stadtmauern. Links von ihm sind die spärlichen Reste der *tripertita porticus* mit dem Tempel für den Kult des vergöttlichten Kaisers **Antoninus Pius** (18) zu sehen.

Auch das Gebäude auf der gegenüber liegenden Seite der Zugangspassage auf den Forumshof ist kaum mehr erhalten; es war einst ein Tempel für die ursprünglich in Kleinasien beheimatete Mutter- und Fruchtbarkeitsgöttin **Kybele** (19). Ob die von den Archäologen vor seinem einstigen Eingang neu aufgestellten Akrotere wirklich den Giebel dieses Tempels zierten, lässt sich nicht mehr mit Bestimmtheit sagen.

Entlang der Nordwestseite des Forumshofes reihen sich die Reste dreier Tempelplattformen aneinander. Längst sind die Kultstätten, die sich einst auf ihnen erhoben, bis auf wenige Säulen Steinräubern zum Opfer gefallen. Der mittlere und größte der Tempel war **Roma und Augustus** (20), also der Personifikation der Mutterstadt des Reiches und ihrem jeweiligen Regenten, geweiht. Links davon befand sich die Kultstätte für den **Liber Pater** (21), der latinisierten Version eines ursprünglich punischen Fruchtbarkeitsgottes. Der Bau rechts war wahrscheinlich für den Kult des **Herakles** (22) bestimmt.

Die gegenüber liegende Hofseite wurde einst von der **Basilika** (23) eingenommen, die sich aber weder in ihren Ausmaßen und noch weniger in ihrem Erhaltungszustand mit ihrem severischen Nachfolger messen kann. Da sie kürzer ist als die Abfolge der drei genannten Tempel gegenüber, ergibt sich ein trapezförmiger Grundriss des Hofes. Ein Bürger der Stadt stiftete die Hofpflasterung. Das berichtet eine heute vor dem Herakles-Tempel wieder aufgestellte Inschriftenstele, deren Buchstaben einst aus Bronze gefertigt und eingelassen waren. Nach der Korrosion des Metalls oder dem Herausbrechen der Lettern sind heute nur mehr die Umrisse und einige Metallreste der Lettern in den Dübellöchern der Stele vorhanden. Die Südecke des Hofes beherbergt einen halbkreisförmigen **Steinsockel** (24), auf dem einst Statuen anderer Stifter und verdienter Bürger aufgestellt waren. Auf einem der Pflastersteine hinter diesem Monument ist ein Spielbrett eingeritzt, ein weiteres, etwas anders gestaltetes, findet sich wenige Meter weiter auf der Hofpflasterung. In christlicher Zeit wurde ein wahrscheinlich schon vorher vorhandener Brunnen mitten auf dem Forumshof in ein **Baptisterium** (25) umgewandelt.

Hinzuweisen wäre zudem auf das Gebäude der **Kurie** (26), der Ratsversammlung, das sich hinter der Forumsbasilika erstreckt und mit seiner Achse schräg zu den übrigen Gebäuden steht, damit noch ein kleiner keilförmiger Platz für den Zugang in das antike Rathaus an dessen Schmalseite geschaffen werden konnte.

Von dieser kleinen Passage ist ein kurzer Abstecher nach Süden zum anderen Ende der severischen Prunkallee, die hier einst das Hafenbecken erreichte, möglich. Auf dem Weg dorthin passiert man die Grundmauern des kleinen **Tempels des Flavius** (27) und seitlich davon, parallel zur Senke des Wadi Lebda, die Reste eines **Säulengangs** (28) aus der Zeit des römischen Kaisers Nero. Wer diesen Taleinschnitt durchklettert, kann auf der anderen Seite, am Rand des einstigen Hafenbeckens, auch dem **Tempel des Jupiter Dolichenus** (29), des Blitze schleudernden Gottvaters der alten Römer, einen Besuch abstatten.

Da man annehmen darf, dass das alte Forum über dem ältesten Kern der Stadt entstand, und da mit dem großem Forumshof auch eine der wenigen unbebauten Flächen der Stadt vorliegt, entschloss man sich hier vor wenigen Jahren zu einer Tiefgrabung, um den karthagischen Anfängen von Leptis Magna auf die Spur zu kommen. Einige der Funde sind in den ersten Vitrinen des örtlichen Museums ausgestellt.

Südlich hinter dem Areal des alten Forums senkt sich das knapp über 100 000 m^2 große, heute völlig verlandete **Hafenbecken** (30) der Stadt in das umgebende Gelände ein. Hier kann man das Problem erahnen, dessen temporäre Lösung schließlich zu dem umfangreichen severischen Bauprogramm in der Stadt führte. In das Hafenbecken ergießt sich nämlich das **Wadi Lebda** (31), das regelmäßig nach den winterlichen Niederschlägen Geröll und Erdreich mit sich führte und so zum allmählichen Verlanden der Anlage geführt hätte. Deswegen wurde unter Septimius Severus das Wadi durch aufwändige Dammbauten und andere Maßnahmen umgeleitet, sodass es das Hafenbecken nicht mehr gefährdete. Gleichzeitig mit diesen Rettungsmaßnahmen für den Hafen wurde die zu ihm hinführende bereits beschriebene Prunkallee nebst dem ihr benachbarten neuen Forum angelegt, und damit sich dies in die vorhandene Bausubstanz, vor allem die hadrianischen Thermen, harmonisch einfügte, kamen das Nymphäum und der ovale Platz als Bindeglied hinzu. Als die Schutzbauten zur Umleitung des Wadi Lebda später nicht mehr gepflegt wurden, eroberte sich dieses seinen alten Lauf zurück, und so kam es schließlich doch zur Verlandung der Senke.

Einst war das Hafenbecken, vor allem an seiner östlichen Mole, von Kaianlagen und lang gestreckten **Speicherhallen** (32) gesäumt. Heute sind sie nur noch in ihren untersten Steinlagen vorhanden. Hält man sich am Westrand der Bodensenke, passiert man eine Stelle, an der eine Ansammlung von **Marmorkapitellen** (33) direkt am Meeresufer liegt. Sie sind zum Abtransport bereitgestellt worden, der jedoch nie erfolgte. Da Leptis Magna in der Antike dank seiner vielen repräsentativen Bauten ein regelrechter Säulenwald gewesen sein muss, kann man sich leicht vorstellen, dass die aus unterschiedlichsten Materialien gefertigten Werkstücke auch in späterer Zeit ihre Liebhaber gefunden haben (s. S. 106)

Auf einer Mole, die die Einfahrt in den Hafen im Nordwesten flankierte, erhob sich einst der heute nur im Untergeschoss erhaltene **Leuchtturm** (34). Das **Semaphor** (35) befand sich auf der östlichen Mole, direkt an der Hafeneinfahrt, die heute nur noch eine helle Sandbank ist und trockenen Fußes überquert werden kann. Südlich dahinter stand ein kleiner **Tempel** (36), an den sich die lang gestreckten Lagerhallen mit einer vorangestellten Säulenfront anschlossen.

Nach der Rückkehr auf den Platz des alten Forums kann man entweder durch das byzantinische Stadttor auf den Cardo Maximus zurückkehren oder am Meeresufer entlang bzw. den Schienen der alten Grabungsbahn folgend noch einen Abstecher zu den *scavi nuovi* unternehmen, den **Neuen Grabungen** (37) des italienischen Archäologen Vergara während der späten 1950er Jahre. Hier stößt man direkt am Meer auf den so genannten **Orientalischen Tempel** (38). Seine einstige Funktion ist umstritten. So wurde die Vermutung geäußert, es könnte sich bei diesem Gebäude um die von Kaiser Trajan errichtete Basilica Ulpia handeln, die in einer Restaurierungsinschrift eines Lucius Volusius Bassus Caerealis aus dem 4. Jahrhundert erwähnt wird. Das Bauwerk weist einen eigenartigen Grundriss auf. Seine mit drei Portalen versehene Schauseite ist dem Meer zugewandt. Die beiden anderen Eingänge, an der Uferstraße gelegen und daher sicher stärker frequentiert, befinden sich an seiner Rückseite. An den Außenwänden des Allerheiligsten entlang führt der Weg in den Hof, in dem man sich um 180 Grad drehen muss, um in das Sanktuar zu gelangen. Hier fand man bei der Freilegung eine ganze Reihe von Skulpturen, darunter eine Venus und eine weibliche Porträt-Statue aus flavischer Zeit, die sich heute im Nationalmuseum in Tripolis befinden.

Schräg gegenüber beeindrucken die noch hoch anstehenden Mauern eines anderen Bauwerks mit einem kaum minder ungewöhnlichen Grundriss. Seine Deutung ist umstritten und reicht vom Herrschersitz bis zum unvollendet gebliebenen **Bad** (39). Einig ist man sich nur darin, dass die Anfänge der Anlage auf severische Zeit zurückgeht und diese, nach erheblichen Umgestaltungen, bis in die byzantinische Periode in Benutzung war. In der letzten Bauphase führte ein kleiner Zugang in einen Raum mit zwölf Säulen aus mehreren Buntmarmorsorten und von dort in ein fast quadratisches Ensemble von kleinen Kammern und drei Wasserbecken. Dies scheint der älteste Teil der Anlage zu sein, der ursprünglich wohl (auf Grund seiner geringen Größe) eher als privates Bad diente. Von dort waren linker Hand eine ehemals überkuppelte Halle mit außen sechseckigem Grundriss und innen radial angeordneten, rechteckigen Nischen bzw. einer apsisartigen Ausbuchtung an der Rückwand zu erreichen, deren einstige Funktion kontrovers diskutiert wird. Vorgeschlagen wurden unter anderem die vormalige Nutzung als Baptisterium, Rundkirche oder repräsentativer Empfangssaal. Rechts vom alten Mitteltrakt mit den Becken schließt sich eine große dreigeteilte Halle an. Ihren Mittelsaal, der seitlich von zwei ihrerseits jeweils dreigeteilten Seitenschiffen flankiert war, überdachte einst ein Kreuzgewölbe. Hier dürfte sich, wenn man von einer profanen Nutzung des Gebäudes ausgeht, der Empfangssaal befunden haben, da sich an der Rückwand eine über drei Stufen erreichbare Exedra, der übliche Standort für einen Thron, befindet.

Bevor man auf dem Rückweg das Areal des alten Forums erreicht, kann man beim Knick des Uferweges nach rechts ins Gelände abzweigen und stößt dann im rechten Winkel auf die nordwestliche Parallelstraße zum Cardo Maximus. Hier befindet sich die Kultstätte für den ägyptischen Gott **Serapis** (40), dessen Podest nahezu komplett erhalten ist. Auch das darauf stehende Tempelgebäude ist noch in seinen unteren Partien auszumachen. Außerdem wurde ein Teil seiner Säulen wieder aufgestellt. Die hier entdeckten Statuen und Statuenfragmente, darunter ein Unterarm aus Marmor mit einem Sistrum, der kultischen Rassel der Göttin Isis, und das aus verschiedenen Steinen zusammengesetzte Kultbild des Serapis, befinden sich heute im Museum von Leptis Magna.

Folgt man der gepflasterten Straße parallel zum Cardo Maximus Richtung Südwesten, also weg vom Gelände des alten Forums, gelangt man an die Nordecke des *macellums,* eines **Marktgebäudes** (41), das von Annobal Tapapius Rufus, einem reichen Bürger der Stadt, 8/9 v. Chr. gestiftet worden ist. Die ehemaligen Eingänge in dieses Areal befinden sich allerdings an der gegenüber liegenden Schmalseite am Cardo Maximus, wo in der Mitte eine (wahrscheinlich erst nachträglich geschaffene) breite Treppe und seitlich – an einer Nebenstraße – eine Passage mit Säulen auf die Plattform des Marktes hinaufführen. Den Höhenunterschied zwischen Marktplateau und Hauptstraße hat man genutzt, um seitlich der Aufgangstreppe kleine Verkaufsläden anzulegen. Den gesamten Marktplatz umläuft eine säulengestützte Wandelhalle und in seiner Mittelachse erheben sich zwei pavillonartige Marktgebäude *(tholoi).* Beide bestanden aus einem runden Innenbau mit Arkadenbögen, der von einem niedrigeren achteckigen Umgang mit schrägem Dach umgeben

Leptis Magna, Marktgebäude (macellum)

Leptis Magna, Marktgebäude (macellum), Denkmal für einen Reeder an einem Miniatur-Triumphbogen

wurde. Einer der beiden *tholoi* konnte sich den Kern, der andere den Umgang bewahren. Man muss also in Gedanken beide Reste ineinander stecken, um einen Eindruck vom ursprünglichen Aussehen der beiden Pavillons zu gewinnen.

Die steinernen Ladentische *(mensae)* zwischen den Säulen der Umgänge tragen zum Teil Inschriften. Einer wurde zwischenzeitlich als Einfassung eines Brunnens missbraucht und weist deswegen eine dichte Folge tiefer Einkerbungen auf, die durch die Seile erzeugt wurden, die beim Heraufholen des Wassers an ihm entlangscheuerten. Zumindest in einem der *tholoi* könnten frische Fische verkauft worden sein, denn in seiner Mitte befand sich einst ein Wasserbecken. Zwischen den beiden Marktpavillons sind Denkmäler in Art kleiner Tetrapylone aufgestellt, die möglicherweise jeweils von einer kleinen Quadriga bekrönt waren. Einer dieser Miniatur-Triumphbogen weist als Reliefschmuck zwei detaillierte Schiffsdarstellungen auf. Er war also ursprünglich wohl einem spendablen Reeder gewidmet, wurde aber dann in ein Ehrenmal für den Bürger Porphyrios umgewandelt, der für einen Tierkampf im örtlichen Amphitheater vier lebende Elefanten gestiftet hatte. In unmittelbarer Nachbarschaft befindet sich die Kopie eines Eichsteins für Längenmaße mit deutlich sichtbaren Messskalen. Das Original wurde, gemeinsam mit einem klobigen Tisch mit Löwenfüßen, der zur Eichung von Hohlmaßen diente, ins örtliche Museum gebracht. Reizvoll sind vor allem die Ladentische an der Seite des Platzes, die dem Cardo Maximus zugewandt ist, auch wenn die Tischplatten verloren gegangen sind und nur noch die Stützen existieren, denn diese sind aus Marmor und an den Schmalseiten mit Delphin- und Greifendarstellungen geschmückt.

Verlässt man das Plateau des *macellums* über die Zugangstreppe, befindet man sich wieder auf dem Cardo Maximus, der auf Höhe der südlichen Marktecke zuerst vom einfachen **Triumphbogen** zu Ehren **des Kaisers Tiberius** (42) und an der nächsten Straßenkreuzung in südwestlicher Richtung von einem **Tetrapylon für den Kaiser Trajan** (43) überspannt wird. Allerdings ist von diesem Monument nur eine der vier Bogenseiten wiederaufgebaut worden.

Der Gebäudekomplex, der hier nach Südwesten seinen Anfang nimmt und auf den eine breite, achtstufige Treppe hinaufführt, ist gemäß der Bauinschrift, deren längliche Quader am oberen Ende des Aufganges abgelegt worden sind, das **Calchidicum** (44). Hier wurde also die auch aus anderen antiken Städten bekannte Institution des *chalcidicums* (von *chalcis*, Erz) falsch geschrieben. Wiederum liegt eine Stiftung vor, diesmal aus dem Jahr 11/12 durch Iddibal Caphada Aemilius, der das Gebäude dem Numen Augusti widmete. Vom Stifter ist sogar die Statue überliefert, die sich heute im Nationalmuseum in Tripolis befindet, ebenso wie der Kopf der Statue des hier verehrten Kaisers Augustus. Sicher fungierte das Chalcidicum als Handelshaus; ob sein Name aber Rückschlüsse darauf zulässt, dass hier Metallwaren verkauft worden sind, ist mehr als fraglich. Man geht heute zudem davon aus, dass mit dem Chalcidicum nur die Front der (heute verschwundenen) Säulen und der dahinter liegenden Läden oberhalb der Zugangstreppe gemeint ist. An den beiden Ecken der Frontseite flankieren zwei Brunnenanlagen den Treppenaufgang. Jenseits der Straßen sicherte ein filigran durchbrochenes steinernes Gitter, von dem nur noch ein kleines Stück erhalten ist, einen weiteren **Brunnen** (45). Dieser speiste eine kleine Viehtränke vor der Absperrung.

Noch weiter im Südwesten befindet sich am Cardo Maximus das große Fundament eines Monumentes, das die Bürger der Stadt zu Ehren des Proprätors **C. Gavius Macer** (46) errichtet hatten.

Nordwestlich hinter dem Chalcidicum, an der Parallelstraße zum Cardo Maximus, erhebt sich die wuchtige halbrunde Außenfassade des **Theaters** (47), die – anders als in Sabratha – nicht durch Arkadenbögen aufgelockert ist. Der Widmungsinschrift über dem seitlichen Eingang zufolge ist dieser Bau an der Zeitenwende 1 v./n. Chr. vom selben Annobal Tapapius Rufus finanziert worden, der einige Jahre zuvor schon das *macellum* gestiftet hatte. Der Text wiederholt sich inhaltsgleich zweisprachig (Lateinisch und Punisch) nochmals an der Innenseite desselben Durchgangs; hier wird die Formulierung »pater patriae« (Vater der Heimat) noch verstärkt durch die Darstellung zweier ineinander greifender Hände im Relief. Auch der gegenüber liegende, heute gesperrte Ausgang weist die Gründungsinschrift auf. Die beiden lebensgroßen Standfiguren der Dioskuren aus Marmor samt der zu ihren Füßen befindlichen Pferdeköpfe sowie die Hermen-Büsten des Bacchus und Herakles, mit denen die Bühne seitlich dekoriert war, sind 1998 nach einem Diebstahlsversuch ent-

Leptis Magna, Theater

Die Dioskuren (›Götterkinder‹) Kastor und Polydeukes (auch Pollux) waren in der griechischen Mythologie Söhne der Leda. Polydeukes war, ebenso wie seine Schwester Helena, als Sohn des Zeus unsterblich, sein Bruder Kastor und dessen Schwester Klytaimestra hingegen, die den Spartanerkönig Tyndareos als Vater hatten, waren sterblich. Als die beiden Brüder zwei Töchter des peloponnesischen Königs Leukippos, rauben wollten, die bereits den Söhnen des Aphareus zur Ehe versprochen waren, wurden sie von den Bräutigamen überrascht, der sterbliche Kastor von seinem Widersacher getötet. Die Zwillinge erflehten sich von Zeus, sie durch den Tod nicht voneinander zu trennen, weswegen im täglichen Wechsel Kastor, der als Sterblicher eigentlich keinen Anspruch auf einen Aufenthalt im Olymp hat, sich dort bei seinem Bruder aufhalten darf, der zum Ausgleich tags darauf mit ihm in den Hades hinabsteigen muss.

fernt und in die Magazine der lokalen Altertümerverwaltung transportiert worden. Die übrigen Skulpturen, die vor allem oberhalb der steil aufragenden, halbrunden Sitzreihen aufgestellt waren, wurden bereits vorher geborgen und können jetzt im örtlichen Museum und im Nationalmuseum von Tripolis besichtigt werden. Die vor den Sitzreihen eingezogenen Steinplatten, mit welchen die Bänke der städtischen Honoratioren von den übrigen Theaterbesuchern abgeschirmt waren, sind ein späterer Einbau, den 91/92 der Bürger Tiberius Claudius Sestius gemäß der großen Stiftungsinschrift in der inneren Wölbung der Abschrankung finanzierte. Die Außenwölbung ist an ihrem Südrand mit eingeritzten Darstellungen dekoriert, die Blattranken und den Oberkörper einer behelmten und bewaffneten Gestalt zeigen. Es befinden sich auch diverse Altäre und Statuensockel innerhalb des Theaterhalbrunds.

Bei Grabungs- und Restaurierungsarbeiten am Theater entdeckte man, dass dessen Bühnenhaus über einem alten punischen Friedhof mit mehreren Felsgräbern errichtet worden war. Die aus dieser Nekropole geborgenen Grabbeigaben sind im Museum von Leptis Magna ausgestellt.

Hinter der Spielfläche befand sich das Bühnenhaus. Da es bis auf die unterste Säulenreihe (die Inschrift »columnis marmoribus« auf den Architraven weist darauf hin, dass sie aus Marmor bestanden) nahezu vollständig verschwunden ist, bietet sich von den Sitzreihen des Theaters ein guter Blick hinüber auf den verwirrenden Säulenwald der großen **Portikus post Scaenam** (48), wie diese Bauten hinter einem Theater schon vom antiken Architekten Vitruv bezeichnet wurden. Hier war ein trapezförmiger Platz allseitig von säulengestützten Wandelhallen umgeben, deren aufgehendes Mauerwerk weitgehend abgetragen ist. Das freie Gelände nehmen mehrere kleine Gebäude ein, von denen das Tempelchen für die Dei Augusti in der Mitte das Wichtigste war.

Vom Theater ausgehend führt ein Trampelpfad quer durch das Gelände nach Nordwesten. Nach einiger Zeit passiert er die spärlichen Reste der **Villa des Orpheus** (49). Diese ist benannt nach einem hier gefundenen und im Museum von Tripolis ausgestellten Mosaik, das Orpheus mit der Lyra zeigt, umgeben von wilden Tieren, die seinem Gesang lauschen. Bald danach erreicht man die an dieser Stelle weitgehend unter Schutt und Sand geratene byzantinische Stadtmauer, die sich bequem überqueren lässt.

Von hier sieht man bereits das überkuppelte Gebäude der **Jagd-Thermen** (50) am Meerufer liegen. Es verdankt seine Bezeichnung den Wandmalereien im Eingangsbereich, welche eine *venatio* (Jagd) im Amphitheater zeigen. Sowohl die Gladiatoren wie auch die gefleckten Raubkatzen sind hierbei mit Namen versehen. Zu sehen sind die Bilder nur mehr auf der einen Seite des länglichen Tonnengewölbes im Frigidarium der Badeanlage. Gegenüber haben sich nur noch spärliche Malereireste erhalten. Der dahinter liegende Raum, in welchen ein Becken eingetieft ist, besitzt ebenfalls noch Malereien,

Leptis Magna, Wandmalereien in den Jagd-Thermen

die vor allem die fruchtbare Landschaft des Niltales zum Thema haben. Zumindest eine der Apsiden auf den Seiten des länglichen Frigidariums, in welchen sich Wasserbecken befinden, weist Reste von Mosaiken auf: mit viel Phantasie ist dort ein Krokodilskopf zu erkennen. Die übrigen Räume des Bades sind ohne Bildschmuck, waren dafür aber teilweise mit Stuck verziert. Im hintersten Teil des Bades, wo sich das Sudatorium befand, haben die zumeist abgefallenen *tubuli* (Hohlziegel) ihre Abdrücke im Wandputz hinterlassen. Einer der Räume außerhalb der überkuppelten Badeanlage verfügt ebenfalls noch über ein großes geometrisches Fußbodenmosaik. Da man in der Umgebung der Thermen keine Villa entdeckt hat, nimmt man an, dass es sich um das private Bad des Stadtgouverneurs gehandelt haben könnte, der Wohnung und Amtssitz in der Innenstadt hatte und nur zur Erholung hierher an den Stadtrand kam.

Für den Rückweg über den Decumanus Maximus zum Triumphbogen des Septimius Severus hält man sich jetzt auf einem anderen Trampelpfad in südliche Richtung, wo man bald auf die gepflasterte Hauptstraße stößt. An ihrem nordwestlich freigelegten Ende wurden die untersten Steinlagen eines weiteren **Triumphbogens** mit vier Pfeilern *(quadrifrons)* entdeckt, der laut Gründungsinschrift dem römischen Kaiser **Marc Aurel** (51) gewidmet war.

Dort, wo der Trampelpfad von den Jagd-Thermen auf den Decumanus Maximus stößt, befand sich einst der **Triumphbogen** zu Ehren des **Antoninus Pius** (52). Dieser wurde bei der byzantinischen Ummauerung der Stadt in das westliche Stadttor, das Oea-Tor, umgestaltet und zu diesem Zweck seitlich mit zwei mächtigen halbrunden Bastionen versehen. Das Baumaterial für den Umbau stammte zum größten Teil von den abgerissenen Partien des Bogens, denn die verbauten Spolien zeigen teils Rankenmuster und andere Ornamente.

Folgt man dem Decumanus Maximus zurück zum Severerbogen, passiert man linker Hand den **Tempel der Unbekannten Gottheit** (53) sowie zuletzt, kurz vor Erreichen des Zieles, ein längliches Gebäude mit bunten Marmorsäulen und kleinen Apsiden an den Schmalseiten, das man versuchsweise als **Schola** (54), als Unterrichts- oder Versammlungsgebäude gedeutet hat.

Hinzuweisen wäre noch auf die **Villa des Nil** (55) auf dem Uferstreifen zwischen Hafenbecken und Amphitheater. Sie ist benannt nach dem markantesten Motiv unter den zahlreichen hier aufgefundenen Mosaiken, die allesamt heute im Nationalmuseum in Tripolis ausgestellt sind. Das namengebende Hauptbild zeigt die Personifikation des Nil als dicken Mann auf einem Nilpferd, das von kleinen Putten an einer Girlande zu einem Obelisken gezogen wird. Die übrigen Darstellungen haben den Wasserreichtum Ägyptens zum Thema; sie zeigen Arten des Fischfangs oder auch kleine Eroten bei Vergnügungen im Fluss.

Unweit von hier steht noch der Stumpf eines völlig zerstörten **römischen Grabturms** (56) im Gelände. Außerdem befindet sich hier ein polygonaler, flacher **italienischer Bunker** aus der Kolonialzeit, der mit Quadern aus der benachbarten antiken Stadtruine errichtet wurde.

Abseits in einem begrünten Bezirk östlich des Stadtgebietes liegt das rund 12 000 Zuschauer fassende **Amphitheater** (57), das im Jahr 56 durch den Proconsul Africae M. Pompejus Silvanus Staberius Flavinus errichtet wurde. Der imposante längsovale Bau von 57 bzw. 47 m Achsenlänge wurde in einen ehemaligen Steinbruch eingetieft. Ein Zugang führt in die unteren Sitzränge und in die Arena selbst, ein weiterer für die oberen Zuschauerreihen führt zuvor auf einer Brücke über den erstgenannten Zugang.

Hinter dem Amphitheater erstreckt sich das **Hippodrom** (58) bzw. der Circus, in dem Pferderennen stattfanden. Von der 162 entstandenen Wettkampfstätte, die sich über eine Fläche von 100×450 m ausdehnt, haben sich die Mittel-Spina, die Grundmauern der Startboxen für die Pferde sowie diejenigen Teile der Zuschauerränge in Trümmern erhalten, die dem Amphitheater zugewandt sind.

Beim Bau einer – Mitte 2000 fertiggestellten – Asphaltstraße vorbei an den Resten der Villa des Nil zum abseits gelegenen Amphitheater stieß man auf eine unbekannte **Nekropole** (59), welche die Straßenbauer zwang, den Trassenverlauf zu ändern. Es ist also immer noch mit Überraschungen selbst in dieser vermeintlich gut erforschten Ruinenstadt zu rechnen.

Archäologisches Museum

Das Museum von Leptis Magna, erst 1997 eröffnet, befindet sich in einem eingezäunten Park neben dem Restaurant. Es präsentiert seine Objekte in großzügigem Rahmen. Die reichlich vorhandenen Schrifttafeln sind nicht, wie in vielen Museen des Landes, nur in Arabisch abgefasst, sondern es gibt zu allen Texten englische Übersetzungen.

Vor dem Eingang steht eine fast lebensgroße Bronzestatue des größten Sohnes der Stadt, des römischen Kaisers Septimius Severus, der hier am 11. April des Jahres 145 oder 146 das Licht der Welt erblickte. Allerdings ist das Bildwerk, das den Herrscher in voller Rüstung und im Gestus eines Imperators zeigt, kein antikes Original, sondern eine nach mehreren alten Vorlagen zusammengestellte moderne Schöpfung.

Zudem sind vor dem Museum Säulenkapitelle aufgestellt (darunter eines mit Theatermasken an allen vier Seiten), ebenso Architekturteile (Volute von einem Kranzgesims mit kunstvollem Seil- und Knotendekor), Statuentrümmer, Sarkophagfragmente und Reliefplatten. Einer der Reliefblöcke trägt eine phallische, Unheil abwehrende Darstellung.

Im Innern des Gebäudes sind die Ausstellungsräume im Erdgeschoss und in einer Galerie darüber um eine über beide Etagen reichende zentrale Halle gruppiert. Zwei breite gewundene Rampen bilden den Auf- bzw. Abgang zu den oberen Räumen.

Im **Eingangsbereich** hängt eine großformatige Rekonstruktionszeichnung vom Aussehen der antiken Stadt zur Zeit des Septimius Severus. Dahinter befinden sich einige prähistorische Funde, darunter Felsplatten und deren Abgüsse mit Ritzzeichnungen von Tieren.

Der erste Raum verfügt über nur wenige Stücke, darunter eine fragmentarische Marmorstatuette; die Ausgräber hoffen jedoch auf Zuwachs des Bestandes. Es handelt sich hier nämlich um die **aktuellsten Funde.** Sie traten bei Grabungen zu Tage, die man in den 1990er Jahren auf dem Freiplatz des Alten Forums nahe dem Hafenbecken durchführte, mit dem Ziel, auf frühere Schichten der Stadtgeschichte, möglichst aus der phönizischen Gründungsphase, zu stoßen. Diese Hoffnungen haben sich bis jetzt nicht erfüllt.

Die ältesten Funde im Stadtgebiet stammen aus einem **punischen Friedhof** aus der Zeit der karthagischen Oberhoheit, der später von der Spielbühne des römischen Theaters überbaut worden war. Als man dieses restaurierte, traten die Felsgräber mit ihren Ascheurnen und reichen Keramikbeigaben zu Tage. Diese Funde sind in den Vitrinen der folgenden Räume, nach Gräbern geordnet, ausgestellt. Schautafeln an den Wänden zeigen die Lage der Grabhöhlen.

Auch die anschließenden Räume beherbergen **Grabfunde,** allerdings diesmal nicht aus dem Stadtgebiet, sondern **aus der Umgebung:** aus dem Tophet bei Mselleten auf dem östlichen Ausläufer des Djebel Nafusa stammen zwei Grabstelen mit Tanit-Emblem, von denen eine reliefiert, die andere bemalt ist, und darüber hinaus eine

Nemesis-Relief im Museum von Leptis Magna

Lamm-Darstellung bzw. Granatapfelmuster zeigt. Der umfangreichere Komplex mit hausförmigen Ossuarien aus Kalkstein und reichen Keramikbeigaben, wurde aus einer kleinen Nekropole im Wadi Ca'am, dem antiken Kinyps, geborgen. Es schließt sich eine kleine Dokumentation zur punischen Schrift an, in welcher eine Reihe von Objekten gezeigt werden, die entweder nur Punisch oder, was häufiger der Fall war, zweisprachig Punisch-Lateinisch beschriftet wurden.

Bei der nächsten Objektgruppe handelt es sich um einige der Originalreliefs vom **Triumphbogen des Septimius Severus.** An den Wänden angebracht sind Teile der Trophäen von den Außenseiten der Bogenpfeiler sowie Platten, die von deren ursprünglich dreistreifig dekorierten Innenseiten stammen und am Bauwerk durch Abformungen ersetzt worden sind. Einmal sieht man den Herrscher bei einer Opferszene, wobei er das Schlachten der herbeigeführten Rinder nicht selbst vornimmt, sondern dem Akt im Bildstreifen darüber beiwohnt und sich damit praktisch selbst in göttliche Sphären erhebt und so zum Mitempfänger des Opfers wird. Noch deutlicher kommt die Vergöttlichung bei einem anderen Relief zum Ausdruck, das die Kapitolinische Trias zeigt, also Jupiter, Minerva und Juno, begleitet von Tyche, der Stadtgöttin von Leptis Magna: Unverkennbar weisen die beiden Hauptgötter die Gesichtszüge des Kaiserpaares, des Septimius Severus und seiner Gemahlin Julia Domna, auf. Wandtafeln zeigen Dokumentationen zu den anderen kaiserlichen Triumphbögen der Stadt.

Es schließt sich ein längerer Gang an, in welchem auf Wandtafeln die **Tempel der Stadt** vorgestellt und in Vitrinen die in ihnen gemachten kleineren Objekte präsentiert werden. Dazwischen sind großformatige Statuen aufgestellt. Wie im übrigen römischen Reich stießen auch in Leptis Magna die ägyptischen Kulte für die Göttin Isis und deren Gemahl Osiris auf Zuspruch. Letzterer wurde zumeist in seiner Sonderform als Fruchtbarkeitsgott verehrt, bei der er mit dem Stiergott Apis zu Serapis (von Osir-Apis) verschmolzen wurde. Dargestellt wird er wie der griechische Zeus mit wallendem Haar und Vollbart, allerdings mit einem Getreidemessbecher *(kalathos)* auf dem Haupt als Zeichen seiner Fruchtbarkeit. Oft wird er mit dem griechischen Heilgott Asklepios gleichgesetzt und dann nicht nur von einem dreiköpfigen Hund begleitet, sondern auch von der Äskulapschlange, die sich einen Stab emporwindet. Im Serapis-Tempel von Leptis Magna konnte sogar das originale Kultbild aufgefunden werden, das aus verschiedenen Gesteinsorten zusammengesetzt war: das reich gefältelte Gewand bestand aus dunklem Material; Hände, Füße und Kopf waren aus hellem Kalkstein darin eingesetzt.

Besonders reich waren die **hadrianischen Thermen** mit Statuen ausgeschmückt, von denen eine Auswahl in den nachfolgenden Räumen gezeigt wird. Zu den interessanten Bildwerken zählt hier die römische Marmorkopie einer verloren gegangenen griechischen Originalbronze des Erzgießers und Bildhauers Polyklet, die den Doryphoros, einen Speer tragenden Jüngling, darstellt. Eine Wandtafel zeigt die Rekonstruktionszeichnung vom Innern der Thermen mit den Wasserbecken, weitere Tafeln dokumentieren die anderen Thermen der Stadt sowie die Wasserspeicher, die den immensen Wasserverbrauch der Badeanlagen gewährleisteten.

Die anschließenden Räume dokumentieren zunächst das hadrianische Forum mit seiner reichen Bauplastik, darunter den berühmten Medusenhäuptern, dann das **Theater** im Innern der Stadt und seinen Skulpturenschmuck, schließlich das außerhalb gelegene ovale **Amphitheater** und die daneben befindliche **Pferderennbahn.** Wandfotos geben Mosaiken wieder, die das Geschehen im Amphitheater und auf der Rennbahn illustrieren. Die Mosaiken stammen aus der Villa Selene westlich von Leptis Magna, die im 2. Jahrhundert einem reichen römischen Gutsherrn gehörte. Bemerkenswert sind auch die Votivstelen mit der Darstellung der Schicksalsgöttin in Greifengestalt mit dem Glücksrad.

Auf dem Weg zur Rampe, die ins Obergeschoss führt, passiert man einige Statuenrümpfe, die teils einen Einlass an der Halspartie besitzen, sodass man bei Bedarf lediglich den Kopf auszutauschen brauchte, sowie ein umfangreiches Ensemble von lebensnahen Porträtköpfen.

Der spektakulärste Fund, der auf dem Cardo Maximus beim Trajansbogen gemacht wurde, ist ein von hier aus gut sichtbarer, in der zentralen Halle aufgestellter **Marmorelefant.** Die Skulptur war wohl Bestandteil eines Denkmals und ruft in Erinnerung, dass Leptis Magna und die anderen tripolitanischen Küstenstädte einen wesentlichen Teil ihrer Einnahmen aus dem Handel mit exotischen Tieren aus dem Innern Afrikas bestritten. Wenn man bedenkt, dass die wilden Tiere dort eingefangen, dann über immense Distanzen in die tripolitanischen Küstenstädte geschafft und zuletzt heil über das Mittelmeer nach Rom verschifft werden mussten, wird klar, dass diese lebendige Fracht am Zielort immense Verkaufserlöse einbrachte. Schon nach dem Transport durch Afrika waren die Tiere kaum mehr bezahlbar. Kein Wunder also, dass ein Bürger aus Leptis Magna namens Porphyrios, der am Hafen vier lebende Elefanten erworben hatte, um auch einmal im hiesigen Amphitheater einen spektakulären Tierkampf zeigen zu können, dafür ein Denkmal auf dem Marktplatz des Annobal Tapapius Rufus bekam.

In der oberen Etage wird zunächst das **Wirtschafts- und Alltagsleben** in Leptis Magna vorgestellt. Man sieht landwirtschaftliche Szenen auf Grabreliefs und die verwendeten Geräte im Original. Vom *macellum* der Stadt stammt ein Reliefblock, auf dem die genormten Längenmaße festgehalten waren. Für die Hohlmaße gibt es einen Quader mit drei unterschiedlich großen trichterförmigen Eintiefungen. Einer Wandtafel lassen sich die weit über das Mittelmeer verstreuten Handelskontakte entnehmen. Belegt wird dies durch unterschiedliche Amphorenformen, die für bestimmte griechische Inseln typisch sind und in Leptis Magna aufgefunden wurden.

Ein in der Stadt Misratha in mehreren großen Töpfen versteckter **Münzhortfund** nimmt den nächsten Raum ein. Vitrinen mit Kleinfunden und zuletzt große Ascheurnen, zum Teil aus Alabaster, beschließen die Auswahl der aus Leptis Magna stammenden Objekte. Die abschließenden Räume sind unterschiedlichen Fundorten auf dem Djebel Nafusa und dem Hinterland des Syrtebogens gewidmet. Dabei bilden die Bauinschriften aus dem römischen Truppenlager von Bu Ndjem und Grabreliefs aus der umfangreichen Nekropole von Ghirza die Schwerpunkte.

Danach sind lithurgische Bronzegeräte, Öllämpchen mit christlichen Motiven und einige Mosaiken ausgestellt, die aus der Zeit stammen, als in Leptis Magna das **Christentum** Einzug hielt. Zum Umbau der Severischen Basilika in eine Kirche gibt es ebenso Wandtafeln wie zu den in jener Zeit neu entstandenen Gotteshäusern.

Die nachfolgenden Räume sind der **islamischen Periode** gewidmet. Gezeigt werden u. a. frühislamische, bunt glasierte Keramik, das Modell einer alten Moschee aus der Umgebung von Leptis Magna und arabische Handschriften.

In der Abteilung, die abschließend das **aktuelle Libyen** zum Thema hat, ist ein Beduinenzelt aufgebaut, das die typische Zweiteilung aufweist. Auf der einen Seite befindet sich der mit Kissen und Polstern ausgelegte Empfangsteil, auf der anderen das für Besucher unzugängliche Frauengemach. Neben Staatsgeschenken zeigen die letzten Vitrinen auch Modelle von modernen Bauprojekten.

Die Umgebung von Leptis Magna

Vom Wadi Lebda nach Suq Al-Jumah

Umgebung von Leptis Magna

Besonders sehenswert:
Zliten
Villa Selene

Fährt man von den Ruinen von Leptis Magna wieder zurück zur Küstenstraße und schlägt dann den Weg nach Osten ein, überquert man schon bald das **Wadi Lebda.** Dies ist das Trockental, das nach den Winterregen soviel Geröll und Erdreich in das Hafenbecken des antiken Leptis Magna brachte, dass dieses zu verlanden drohte. Erst aufwändige Umleitungsmaßnahmen unter Kaiser Septimius Severus bannten die Gefahr.

Rund 18 km östlich von Leptis Magna, zwischen Homs und Zliten, überquert die Küstenstraße den Taleinschnitt des **Wadi Qa'am.** Es ist das einzige Wadi Libyens, das, dank mehrerer Quellen, die im Bett des Tales zu Tage treten, ganzjährig Wasser führt, auch wenn hier zumeist nur ein kleines Rinnsal in Richtung Mittelmeer fließt. In antiken Texten erscheint der damals offensichtlich kräftiger fließende Bach unter dem Namen Kinyps.

Wohl 515 v. Chr. versuchten griechische Kolonisten unter Führung des Dorieus, der sich als Sohn des spartanischen Königs Anaxandridas II. in seiner Heimat um seine legitimen Thronrechte betrogen sah, im rundum von Karthagern dominierten Tripolitanien einen Handelsstützpunkt *(apoikia)* zu gründen. Dafür wählten sie die Kinyps-Mündung, »in der schönsten Gegend Libyens«, wie Herodot hervorhebt, als geeigneten Platz. Doch stießen sie dort auf so heftigen Widerstand der einheimischen Bevölkerung, dass die Griechen nach nur drei Jahren abziehen mussten. Dorieus gründete mit seinen Gefährten die Stadt Herakleia am Eryx in Sizilien, wo er wenig später bei einem Gefecht ums Leben kam. Die verlassenen libyschen Behausungen der Siedler waren noch im 4. Jahrhundert v. Chr. sichtbar.

Dies sollte der einzige Versuch der Griechen bleiben, in Tripolitanien Fuß zu fassen. Bei dem ortsansässigen einheimischen Stamm handelte es sich, wie Herodot an anderer Stelle mitteilt, um »die Maker, die sich einen Schopf scheren, indem sie das Haar mitten auf dem Kopf wachsen lassen, an beiden Seiten aber bis auf die Haut abschneiden. Im Kriege tragen sie Straußenhäute zum Schutz. Durch ihr Land fließt ein Fluss, der Kinyps, der von einem Hügel, dem so genannten Charitenhügel, kommt und ins Meer mündet. Dieser Charitenhügel ist dicht mit Wald bewachsen, während es im übrigen [...] Libyen keine Wälder gibt. Von der See bis zu diesem Hügel aber sind es zweihundert Stadien.«

Im Wadi Qa'am gibt es wenige hundert Meter oberhalb der Stelle, wo die Küstenstraße den Taleinschnitt überquert, Reste eines römerzeitlichen Damms, der den Kinyps staute. Außerdem stieß man in den Hängen des Wadis auf eine kleine Nekropole, deren Grabbeigaben und zumeist hausförmigen Ossuarien (Behälter für den Leichenbrand) heute im Museum von Leptis Magna ausgestellt sind.

Nach weiteren etwa 10 km zweigt an einer Tankstelle eine asphaltierte Straße nach rechts in den Ort **Suq al-Jumah** ab. In seinem Zentrum befindet sich innerhalb einer Absperrung, die durch eine Tür zu betreten ist, der aus sorgfältig behauenen Steinquadern aufgemauerte untere Teil eines antiken Mausoleums. Stufen führen in den eingewölbten Raum hinab, in welchem sich in Wandnischen einst die Bestatteten befunden haben.

Schon Herodot äußert sich enthusiastisch über die idealen Verhältnisse in diesem Landstrich, wenn er schreibt: »Das Land ist so fruchtbar wie die besten Getreideländer und auch anders als das übrige Libyen. Es hat schwarze Erde, Überfluss an Quellen und weder unter Dürre noch infolge einer zu großen Regenmenge unter Nässe zu leiden. In diesem Teil Libyens regnet es nämlich. Der Ertrag an Getreide ist dort ebenso groß wie in Babylonien.«
Herodot, Historien, IV 198

Zliten

Bald darauf verlässt links eine schmale asphaltierte Nebenstraße die Küstenstraße und führt an den Stadtrand von Zliten, wo sich auch das 1998 in Betrieb genommene Zliten-Hotel befindet. Da neuerdings an der Hauptstraße ein durchgehend befestigter Mittelstreifen angelegt wurde, kann man diese Abkürzung nach Zliten nur nehmen, wenn man zunächst geradeaus weiterfährt und bei der nächstmöglichen Unterbrechung des Mittelstreifens wendet und ein Stück zurückfährt.

Bedeutendstes Bauwerk in Zliten, das etwa 35 km von Leptis Magna entfernt liegt, ist die kuppelreiche **Abd-al-Salam-al-Asmar-Moschee** (Abb. S. 26), deren zwei Minarettpaare die Stadt überragen. Sie trägt ihren Namen nach einem muslimischen Heiligen, dem

»schwarzen [dunkelhäutigen?] Diener des Friedens«, der hier in der zweiten Hälfte des 16. Jahrhunderts wirkte und, nachdem er mehrere Wunder vollbracht und 1562 die nach ihm benannte Moschee gegründet hatte, im hohen Alter von 120 Jahren verstorben sein soll. Sein von vielen Pilgern besuchtes Grabmal befindet sich in einer großen Halle links neben dem Haupteingang in die eigentliche Moschee.

In einem niedrigen, überkuppelten Bauwerk inmitten eines der drei Gebäudeflügel, die das Gebetshaus an den beiden Seiten und rückwärtig einfassen, ist zudem sein 995 A. H. (=1586) verstorbener Sohn Omran beigesetzt. Bei diesen umgebenden, mehrgeschossigen Bauten handelt es sich um die landesweit bedeutendste Koranschule im Rang einer Universität. Es werden hier aber auch für Schüler und Schülerinnen ab der siebten Jahrgangsstufe unentgeltlich Korankurse angeboten, die während der langen Sommerferien der staatlichen Schulen stattfinden und regen Zuspruch finden. In den ebenerdigen Unterrichtsräumen dieser islamischen Fakultät werden Studenten und Schüler auf traditionelle Weise im Koran unterwiesen. Mit Tinte schreibt man die Suren, um sie einzuüben, auf große Holztafeln, die mit einer dünnen Tonschicht überzogen sind und – ähnlich wie einst die Schiefertafeln in den europäischen Grundschulen – wieder blankgeputzt werden. Zumeist sind einige dieser Holztafeln vor den Unterrichtsräumen abgestellt und können bei einem Rundgang im Hof der Koranschule in Augenschein genommen werden. Die großen Unterrichtsräume selbst sollte man nur betreten, wenn man von Einheimischen ausdrücklich hereingebeten wird. In den darüber liegenden Unterkunftsräumen des Internats finden während des Pilgermonats zudem Mekkafahrer, die die Strecke nach Saudi-Arabien auf dem Landweg über Ägypten und den Sinai zurücklegen, eine Übernachtungsmöglichkeit. Auch wenn es sich bei dem Gebäudekomplex um eine alte Pilgerstätte handelt, so verdankt er sein heutiges Aussehen (unter anderem die Außenornamente der Moschee und des Heiligengrabes aus bunten kleinen Mosaiksteinchen und das links von der Moschee befindliche Eingangsportal in den Hof der Koranschule) erst Bau- und Renovierungsmaßnahmen aus den letzten anderthalb Jahrzehnten des 20. Jahrhunderts. Hinter Moschee und Koranschule liegt ein größerer **Friedhof.**

Das nicht weit von der Moschee entfernte, 1994 eingeweihte kleine **Museum** lohnt den Besuch vor allem wegen der dort ausgestellten Wandmalerei-Reste aus der örtlichen römischen Küstenvilla. Weitere Wandbilder von dort, wie der auf einem Panther reitende Dionysos, sowie die Mosaiken, darunter eines mit Kampfszenen von Gladiatoren, befinden sich heute im Nationalmuseum von Tripolis.

Die am Stadtrand unmittelbar an der Küste gelegene römische Villa ist in der Fachwelt als Villa von Zliten, oder, um der Verwechslungsgefahr mit der ähnlich lautenden Villa Selene westlich von Leptis Magna zu begegnen, als **Villa von Dar Buc Ammera** bekannt. Man gelangt zu ihr, indem man die vom Stadtzentrum zum Zliten-

Hotel führende Straße bis zum Ende nimmt und dann nach rechts abbiegt (von links her mündet die oben erwähnte, von der Verbindungsstraße zwischen Tripolis und Benghazi kommende Abkürzung nach Zliten ein). Auf dieser Strecke geht es geradeaus, wobei man zwischenzeitlich rechter Hand einen großen Platz mit einem täglichen Gebrauchtwagenmarkt passiert, zum Klinikkomplex, wo ein asphaltierter Abzweig die Hauptstraße, welche nach rechts abknickt, nach links verlässt und zur Rechten eine lange Neubautenreihe passiert. Am Ende dieser Wohnbungalows beginnt eine Schotterpiste, an deren Anfang ein eingezäuntes und verwildertes Grundstück liegt, auf welchem sich die Reste der römischen Villa befinden. Die Distanz zwischen dem Zliten-Hotel und dem Ruinengelände beträgt gut 3 km.

Wandmalereien aus der römischen Villa von Dar Buc Ammera im Museum von Zliten

Im Areal erreicht man als Erstes die Grundmauern einer kleinen runden Badeanlage, in deren Becken die wasserdichte Auskleidung aus Zement und Ziegeltrümmern noch gut zu erkennen ist. In den zentralen Teil des Bades führen drei schmale Durchgänge, von denen einer ein schwarz-rot gemustertes Bodenmosaik und ein anderer eines mit der bildlichen Darstellung zweier zusammengebundener Badeschwämmchen aufweist. Auch vom eigentlichen Villengebäude sind nur mehr die untersten Steinlagen vorhanden.

Zudem befindet sich auf einer Anhöhe am Rand des Grabungsgeländes ein kleiner islamischer Friedhof mit einem Heiligengrab, der den Villengrundriss teils überlagert und die völlige Freilegung des Gebäudekomplexes verhindert. Am leichtesten zu lokalisieren ist der mit Riemchenziegeln, die zu Fischgrätmustern zusammengestellt sind, bedeckte Boden des zentralen Atriumhofes, in dessen Mittelachse sich mehrere Einlässe zur Aufnahme von Regenwasser befinden, das in darunter liegenden Zisternen gespeichert wird. Der dahinter liegende Korridor, von dem mehrere Seitenräume abgehen, weist noch beachtliche Passagen seines Mosaikenschmuckes aus geometrischen Motiven auf, die aus kleinen schwarzen und weißen bzw. aus roten und weißen Steinchen zusammengesetzt sind. Beim Mäanderfeld, das den Bodenbelag seitlich begrenzt, sind alle drei Farben vertreten. Nahe der Küstenlinie und parallel zu ihr befindet sich noch ein langes Tonnengewölbe. Über ihm dürfte sich eine heute verschwundene Terrasse der Villa ins Meer hinaus erstreckt haben.

Misratah

Die nächste größere Stadt, die bei der Weiterfahrt von Zliten nach Osten erreicht wird, ist nach 50 km – dort, wo der Bogen der Großen Syrte seinen westlichen Anfang nimmt – Misratah. Mit mehr als einer Viertelmillion Einwohner stellt sie nach Tripolis und Benghazi die drittgrößte Ortschaft Libyens dar, besitzt (hinter den beiden genannten Städten) auch den drittgrößten Hafen des Landes und hat ihre Bevölkerungszahl während der letzten 20 Jahre etwa verdreifacht. Sie liegt nicht direkt an der Fernstraße, sondern einige Kilometer weiter nördlich. Entsprechend ihrer Ausdehnung zweigen mehrere Zufahrtstraßen zu ihr ab. Hier befindet sich die einzig nennenswerte Schwerindustrie des Landes in Gestalt eines Stahlwerks, des zweiten neben der kleineren Anlage in Tajura bei Tripolis. In Misratah sollen die Gleise und Waggons für die geplante Eisenbahnlinie zwischen den Küstenstädten gefertigt werden.

Der Ort bietet dem Besucher heute, abgesehen von einem lebhaften Markt mit Teppichwebern im historischen Kern der Altstadt, ein recht interessantes Museum. Es liegt nordwestlich der Altstadt unweit des Gooztek-Hotels. Unter den Ausstellungsstücken stechen vor allem die Reste und ertauchten Funde eines bei Homs in 70 m Tiefe entdeckten römerzeitlichen Schiffswracks hervor. In einem der folgenden Räume wird ein Teil des unweit von Misratah 1981 bei landwirtschaftlichen Arbeiten zufällig zu Tage getretenen umfangreichen Münzhortfundes gezeigt. Mit rund 100 000 Rohlingen und Münzen, die zwischen 294 und 333 geprägt wurden, stellt er die größte Entdeckung dieser Art auf dem Boden des römischen Reiches dar. Die übrigen Münzen und vor allem die Tongefäße, in denen die Metallobjekte gefunden wurden, werden im Obergeschoss des Museums von Leptis Magna aufbewahrt.

Eine Ausfallstraße, die Misratha in östliche Richtung verlässt, erreicht nach gut 10 km beim Ort **Qasr Ahmed** die Mittelmeerküste. 2 km westlich davon liegt der Bade- und Hafenort **Zarruq,** der früher unter dem Namen Misurata Marina bekannt war. Hier befand sich die antike Hafenstadt **Tubactis,** von der allerdings keine Reste mehr erhalten sind.

Etwa 40 km hinter Misratah durchquert die Straße, die jetzt dem westlichen Ende des Syrtebogens folgt und deswegen ihren Verlauf in südliche Richtung ändert, ein zum Städtchen **Taourgha** gehöriges Neubauviertel, das durch seinen Keramikmarkt eine gewisse Bekanntheit erlangt hat. Auf zwei Arealen unmittelbar an der Straße werden dieselben Töpferwaren wie in Al-Quasim auf dem Djebel Nafusa angeboten. Unter Einheimischen ist der Ort, dessen alter Kern 12 km östlich der Fernstraße liegt, zudem wegen seiner qualitätvollen Teppiche bekannt. Zudem ist er namensgebend für die *sebkha* Taourgha, den großen Salzsumpf, der sich nördlich und südlich der Kleinstadt zwischen der Küstenlinie und der Fernstraße auf einer Gesamtlänge von 85 km erstreckt.

70 km südlich von Taourgha wird schließlich **Al-Hischah al-Djedid** (Neu-Hischa), das vormalige Abu Qureyn, erreicht, von wo aus eine Straße nach Süden in die Djofra-Oasen ihren Anfang nimmt.

Die westliche Umgebung von Leptis Magna

Der Ort, der westlich des Ruinengeländes von Leptis Magna praktisch dessen modernen Nachfolger darstellt, ist **Homs.** In der dortigen Sidi-Ali-Fardjani-Moschee sind antike Säulen verbaut, die dem benachbarten Areal entstammen.

1974 wurden bei Silin, 18 km westlich von Leptis Magna, am Rand des Wadi Yala die Reste einer römischen Villa aus dem 2. Jahrhundert entdeckt. Die **Villa Selene** stellt mit ihren Mosaiken, die man nicht in ein Museum überführt, sondern an Ort und Stelle belassen hat, die mit Abstand besterhaltene der römischen Luxusbehausungen dar, die sich einst an der libyschen Mittelmeerküste aneinander reihten. Bedauerlicherweise ist der Besuch nur mit einer schriftlichen Genehmigung der Antikenverwaltung möglich.

Von Tripolis nach Ghadames

Von Tripolis nach Ghadames

Besonders sehenswert:
Qasr Bu Neran ☆
Qasr al-Hadj ☆
Nalut ☆☆
Cabao ☆

Auf der Fahrt von Tripolis nach Ghadames kann man eine ganze Reihe verlassener Berbersiedlungen und vor allem mehrere ihrer gut erhaltenen Speicherburgen aufsuchen. Dabei gibt es zwei alternative Strecken, die bis Al-Azaziyah, 50 km südwestlich von Tripolis, denselben Verlauf haben.

Die erste Route bleibt zunächst in der Küstenebene der Djifara und folgt dem Fuß des Steilabbruchs des Djebel Nafusa nach Westen. Dabei können in kurzen, beidesmal in südliche Richtung führenden Abstechern von der Hauptstrecke die Anlagen von Qasr Bu Neran und Qasr al-Hadj besucht werden. Die Straße setzt sich fort über die Ortschaften Al-Djausch (km 206), Badr und Tidji (km 239). Erst kurz vor Erreichen von Nalut windet sie sich dann in vielen Serpentinen steil auf das Bergplateau hinauf, wo die Speicherburg des Ortes weithin sichtbar am Steilabfall des Bergmassivs thront. Jenseits von Nalut setzt sich die Route in südliche Richtung fort. Nach 25 km mündet die alternative Strecke von links her ein, und beide Wegführungen nehmen wieder denselben Verlauf über Sinaun und Dardj nach Ghadames.

Für die alternative Strecke, verlässt man Al-Azaziyah nicht in westliche Richtung, sondern bleibt auf der Hauptstraße nach Süden, die direkt in Richtung Gharyan auf das Plateau des Djebel Nafusa hinaufführt. 17 km vor Gharyan, in Bughilan, zweigt eine nach Al-Kuklah und Az-Zintan führende Straße nach Westen ab, die die Ortsdurchfahrt erspart, man kann aber auch durch Gharyan hindurch bis Bu Zayyan geradeaus weiterfahren und dann erst nach Westen, in Richtung Az-Zintan, abbiegen. Die Route passiert Ar-Rhaybat und Al-Harrabah und mündet schließlich unweit südlich von Nalut in die oben erwähnte Fernstraße Nalut – Dardj – Ghadames ein. Zuvor ist ein Abstecher zu den Speicherburgen von Cabao und Forsetta möglich.

Bis in jüngste Vergangenheit waren die Berber am Fuß und auf dem Plateau des Djebel Nafusa Halbnomaden, die einerseits mit ihren Herden von Weidegrund zu Weidegrund wechselten, daneben aber auch Felder bewirtschafteten, die, je nach Regenmenge während der Wintermonate, einen bescheidenen Getreideertrag erbrachten. Um die Feldfrüchte sicher zu lagern, während man mit den Tieren umherzog, wurden aus Stein und Lehm wehrhafte **Speicherburgen** errichtet. Es handelt sich fast immer um ovale Anlagen mit hohen, glatten und nahezu fensterlosen Außenmauern. Eine niedrige, verschließbare und früher von einem Aufseher bewachte Pforte führt hinein in den Innen-

Im Innern der Speicherburg von Qasr al-Hadj

hof, in dessen Zentrum sich weitere Gebäude befinden können. Vom Hof aus sind die in mehreren Etagen übereinander angeordneten und durch hölzerne Flügeltüren verschließbaren kleinen Speicherkammern erreichbar. Man steigt über Holzleitern, in den Wänden verankerte hölzerne Trittbretter oder schmale aufgemauerte Galerien zum Eingang hoch. Jede Familie hatte ihre eigenen Vorratsräume. Im Notfall konnte sich auch die Dorfbevölkerung in diese befestigten Anlagen flüchten und bei den Nahrungsmitteln ausharren. Zu diesem Zweck wurden hier auch große Wassergefäße gelagert. Einige der Bauten, wie etwa in Qasr al-Hadj, werden noch heute zur Aufbewahrung von Getreide genutzt. Liegen die Speicherburgen oben auf dem Hochplateau des Djebel Nafusa, sind sie zumeist eng an den Steilabfall gebaut worden, um den natürlichen Schutz auszunutzen.

Qasr Bu Neran, die ›Burg des Vaters des Feuers‹, liegt am Fuß des Djebel Nafusa an einer schmalen, asphaltierten Straße, die knapp 10 km östlich vom Straßenkontrollpunkt Bir Ayyad bzw. 15 km westlich der Häusergruppe von Bir al-Ghanam die Hauptroute zwischen Al-Azaziyah und Nalut nach Süden in Richtung Taghma verlässt und hinauf auf den Djebel Nafusa führt, wo sie wenige Kilometer östlich von Yefren die Hauptstraße zwischen Gharyan und Az-Zintan erreicht. Auf dieser schmalen Nord-Süd-Verbindungsstrecke erreicht man die Anlage schon knapp 5 km nach dem nördlichen Abzweig. Links der Straße dehnt sie sich eindrucksvoll auf einer flachen, leicht ansteigenden Erhebung aus. Unter allen Speicheranlagen fällt Qasr Bu Neran durch ihre Größe auf. Von dem rechteckigen Bauwerk haben sich nur noch die einst innen an die Umfassungsmauer angelehnten Gewölbebögen erhalten; die äußere Mauer selbst ist praktisch vollständig abgetragen. Man blickt also heute direkt auf lange Partien von kompliziert verschachtelten, überkuppelten und überwölbten Räumen, die in mehreren Etagen übereinander liegen.

An Innenbauten findet sich, neben einem neuzeitlichen, nie fertiggestellten Haus, lediglich eine heute mit einer Betonplatte abgedeckte Zisterne. Alles in allem erinnert die Anlage – abgesehen von fehlenden Rund- und Halbrundtürmen zur Verstärkung der Außenmauern – in Grundriss und Ausmaßen eher an ein römisches Legionärslager als an eine Speicherburg der Berber. Deswegen liegt die Vermutung nahe, dass es an dieser Stelle vielleicht eine frühere, eventuell byzantinische Truppenunterkunft gegeben hat, die in islamischer Zeit übernommen wurde. Dafür spricht auch, dass sich das zementartige Bindemittel, mit dem die Bruchsteine in den Mauern und Gewölben zusammengehalten werden, deutlich von dem Lehmmörtel unterscheidet, mit dem die übrigen Berberburgen errichtet worden sind.

Nach der Rückkehr auf die Hauptstraße am Fuß des Djebel Nafusa führt 32 km nach Passieren des Kontrollpostens von Bir Ayyad eine Stichstraße wiederum in südliche Richtung nach knapp 3 km in den teils verlassenen Ort **Qasr al-Hadj,** der seinen Namen (Burg des Mekkapilgers) seiner komplett erhaltenen und teils noch zur Einlagerung von Getreide genutzten Speicherburg verdankt. Sie wurde in der 2. Hälfte des 12. Jahrhunderts durch Scheich Abdullah Ibn Mohammed Ibn Hellal Ibn Ganem Abu Tatla erbaut und bedeckt eine Fläche von 1188 m^2. Die niedrige Pforte ist verschlossen, den Schlüssel verwahrt ein Aufseher vor Ort. Er zeigt auch, neben einem Grundriss der ovalen Anlage mit ihren 120 Speicherräumen, eine kleine Sammlung alter Geräte. Sie liegen in den kleinen nischenartigen Wachstuben, die im schmalen Durchlass in den Innenhof ausgespart waren. Im Innenhof, in dem große Wasseramphoren herumliegen, bilden die Vorderseiten der in drei Etagen übereinander liegenden Speicherkammern eine einheitliche Fassade ohne Vor- und Rücksprünge. Auf den Holzknüppeln, die unter den Türöffnungen der höher gelegenen Lagerräume aus der Mauer ragen, ruhten einst Holzbretter als Tritthilfe.

Es gibt auch 3 km hinter Tidji einen asphaltierten Abzweig nach links, der auf den Djebel Nafusa hinaufführt und nach 23 km die Speicherburg am Ortsrand von Cabao erreicht.

Nalut weist die größte der ›klassischen‹ Speicherburgen auf. Um die über dem Steilabbruch des Djebel Nafusa thronende Anlage zu besichtigen, muss man zuerst die inmitten der heutigen, gleichnamigen Kleinstadt gelegene, zugunsten modernerer Häuser mit besserem sanitären Komfort aufgegebene alte Berbersiedlung durchqueren. Hier findet man noch Häuser in der traditionellen Bauweise, bei welcher die Zimmerdecken von Balken aus halbierten Palmstämmen getragen werden. In einem der eingestürzten Häuser befinden sich noch ein großer Mahlstein und andere Installationen zur Gewinnung von Olivenöl. Bemerkenswert ist auch die aus drei breiten Leisten zusammengesetzte Form des gedrungenen Aufsatzes, der als kleines Minarett die stillgelegte Moschee des Dorfes bekrönt. Am Ende der Ansiedlung liegt die ovale Speicherburg; der Einlass ist links. Anders als in Qasr al-Hadj springen hier die einzelnen Speicherkammern unterschiedlich weit vor, außerdem gibt es zusätzlich zu den Lagerräumen, die sich von innen an die hohe Umfassungsmauer anlehnen, noch ein inneres Oval mit weiteren Lagermöglichkeiten, sodass sich für den Besucher ein schmaler, beidseitig von den übereinander liegenden Speicherfächern gesäumter und leicht verwinkelter Rundgang ergibt. Immer wieder führen aufgemauerte Treppchen zu den höher gelegenen Kammern, die teils noch, wenn auch nicht mehr in Gebrauch, ihre Holztüren besitzen und innen vielfach noch Ansammlungen von Tongefäßen beherbergen.

Auf dem Weg nach Ghadames passiert die Straße nach weiteren 125 km noch die kleine Ortschaft **Sinaun,** eine Oase, die neben Palmenhainen auch noch eine ehemalige italienische Festung und eine zerfallene Berbersiedlung auf einem kleinen Hügel, beides östlich der Straße, aufweist.

Die letzte Ortschaft, bevor die von Norden kommende asphaltierte Straße nach Ghadames in westliche Richtung abknickt, ist **Dardj**, das – kurz vor Erreichen der Straßenbiegung – im Vorort Guddah mit einer lang gestreckten verlassenen Berbersiedlung auf einem Hang unweit westlich der Straße – von dieser durch einen Friedhof am Fuß der Anhöhe getrennt – aufwarten kann.

Folgt man anstelle des Abzweigs nach Ghadames der Straße ein kleines Stück geradeaus nach Süden weiter, gelangt man in die heutige Siedlung und westlich dahinter – von einer verfallenen Stadtmauer umgeben – in die verlassenen alten Häuser von Alt-Dardj, die ebenfalls gute Einblicke in die traditionellen Bautechniken und Ausschmückungen der Berberwohnungen geben.

Wie die Speicherburg von Nalut liegt auch die Anlage von **Cabao** auf dem Djebel Nafusa. Rund 45 km bevor die von Az-Zintan kommende Strecke auf dem Bergplateau 27 km südlich von Nalut in die Fernstraße nach Ghadames einmündet, zweigt eine ebenfalls asphaltierte Strecke nach Norden ab. Nur 1 km östlich von diesem Abzweig befindet sich – als Orientierungshilfe gut geeignet – südlich an der Straße eine Raststätte, auf deren Grundstück liebevoll eine Zisterne, eine Ölpresse und andere traditionelle Gerätschaften der Berber in Art eines bescheidenen Freilichtmuseums nachgebaut sind. Drinnen im Haus werden auch einige antike Säulentrommeln und Kapitelle aufbewahrt.

Der genannte Abzweig führt nach 13 km in den heutigen Ort Cabao. Dieser muss fast ganz durchquert werden, bis an seinem Ende eine Stichstraße nach links abgeht, die kontinuierlich abwärts führt.

Gesamtansicht der Speicherburg von Cabao

Am Ende des asphaltierten Ausbaus weitet sie sich zu einer kiesbedeckten Wendeplattform. Hier thront auf dem Hügel zur Rechten die Speicherburg, die schon bei der Anfahrt zu sehen war. Bemerkenswert ist zunächst die hölzerne Tür am originalen Zugang. Die im Lauf der Zeit an ihrer Spitze auf ein Fünftel ihrer Länge eingestürzte längsovale Außenmauer ist im Jahr 2000 restauriert und mit einer begehbaren hölzernen Galerie ausgestattet worden, über die jetzt auch ein zweiter Zugang ins Innere der Anlage führt. Die Anordnung der einzelnen Speicherkammern ist eine Mischung aus Qasr al-Hadj und Nalut, denn sie sind hier nur an die Umfassungsmauer angelehnt und lassen in ihrer Mitte einen offenen, nur von einem niedrigen Gebäude eingenommenen Innenhof frei; andererseits bilden sie keine geschlossene Front, sondern springen unterschiedlich weit vor, wodurch die hohen Wände aufgelockert werden.

Anders als die Speicherburg von Cabao ist die 5 km dahinter wiederum auf einer Anhöhe liegende Anlage von **Forsetta** kein reines Warenlager – und Schutzbau nur im Gefahrenfall – gewesen. Vielmehr war die Festung, die ein heute verlassenes, traditionelles Berberdorf mit fast puebloartig verschachtelten und teils übereinander gebauten Häusern überragt, nach Art einer Akropolis stets bewohnt.

Ghadames

Ghadames ☆☆

Besonders sehenswert
Altstadt
Museum
Mgasem-Seen

Zwei Fernstraßen führen nach Ghadames, die sich beide in der kleinen Ortschaft Dardj treffen. Die eine Route kommt von Norden aus Richtung Nalut, die andere, erst kürzlich ausgebaute Strecke von Gharyat im Osten. Von Dardj bis Ghadames sind es 100 km; 10 km hinter Dardj liegen rechts der Straße auf einer kleinen Anhöhe die Ruinen der verlassenen Berbersiedlung von **Matraz** und überragen das gleichnamige heutige Dorf. Einige Kilometer vor der eigentlichen Oasensenke passiert man linker Hand das Flughafenareal von Ghadames; ab hier ist die bislang eher schmale Asphaltstraße vierspurig ausgebaut.

Die 350 m ü. M. gelegene Oase Ghadames, deren Altstadtkern zum Unesco-Weltkulturerbe zählt, liegt im libysch-tunesisch-algerischen Länderdreieck, allerdings vollständig auf libyschem Territorium. Im Ortsnamen klingt noch die antike Benennung Cydamus nach. Alljährlich im Oktober ist die Oase Schauplatz des Ghadames-Festivals, bei welchem Musik- und Tanzgruppen aus Libyen und den Nachbarländern Folklore darbieten.

Die Wohnhäuser der Altstadt und die zugehörigen Gärten, in denen vor allem Dattelpalmen (man schätzt ihre Zahl auf 30 000) wachsen, werden von einer 7 km langen Mauer umschlossen. Seit 1983 ist allerdings der historische Kern der Oase unbewohnt und die Einwohner leben oberhalb ihrer alten Behausungen in Neubauvierteln mit größerem sanitären Komfort, mit deren Erstellung 1971 begonnen wurde. Lediglich im Hochsommer kehren die Leute vereinzelt in die alten Häuser zurück, da die Lehmbauten die Sommerhitze besser abwehren als moderne Ziegelbetonhäuser. In früherer Zeit betrug die Einwohnerzahl zwischen 8 000 und 10 000, mittlerweise ist sie durch Landflucht auf 7 500 geschrumpft.

Zwei Berberstämme, die in sieben Großfamilien zerfallen, teilen sich die Oase: Vom Wasid-Stamm sind es die Djerazan, die Tingtheen, die Terfarfarah und die Oulad Billel, vom Walid-Stamm die Tasko, die Derrar und die Masich. Als achte Gruppe siedelt der Tuareg-Stamm der Foghaz in der 4 km westlich von Ghadames gelegenen Kleinoase Tuneen.

Geschichte

Bei der Auflistung der einheimischen Stämme, die Herodot in seinen Historien gibt, bleibt die Oase Ghadames noch unerwähnt. Die früheste schriftliche Überlieferung findet sich im Feldzugsbericht des römischen Feldherrn Cornelius Balbus, der von hier aus 21/20 v. Chr. zur Strafexpedition gegen die Garamanten, welche die Südgrenze des römischen Reiches bedrohten, aufbrach, nachdem er offensichtlich von Sabratha aus gestartet war. Allerdings dürfte die Oase zunächst nicht dauerhaft im Besitz der Römer geblieben sein. Auch beim Aufstand des einheimischen Söldnerführers Tacfarinas gegen die Römer zur Zeit des Tiberius (14–37) dürfte Ghadames als Rebellenstützpunkt eine wichtige Rolle gespielt haben.

Erst für die Zeit des Septimius Severus (193–211) ist eine dauerhafte römische Präsenz gesichert, denn 1913 entdeckten italienische Truppen ein Inschriftenfragment aus der Zeit der drei ›IMPPP‹ – Septimius Severus, Caracalla und Geta –, das durch diese Dreifachnennung in die Zeit zwischen 209 und 211 datiert werden kann. Das umfangreichste Dokument zur römischen Truppenpräsenz ist eine 1860 von Duveyrier am Rand der Oase gefundene Inschrift; sie stammt wahrscheinlich aus dem Lager, in dem die Soldaten, eine Abteilung der in Numidien stationierten ›Legio III Augusta‹, ihren Standort hatten. Im Text wird festgehalten, dass diese Heereseinheit ein nicht näher definiertes Bauwerk dem Kaiser Severus Alexander (222–235) und seiner Mutter Julia Mamaea widmete. Von der Fremdherrschaft der Vandalen sind keine historischen Quellen bekannt. Erst als die Vandalen durch Belisar, den Feldherrn Kaiser Justinians, vertrieben wurden, liegen aus der Feder des byzantische Hofchronisten Prokopius, der als Berichterstatter an diesem Feldzug teilgenommen hatte, wieder Informationen vor, denen zufolge die Stämme im Landesinneren als befriedet galten. Die Bewohner der Oase wurden auf Veranlassung Kaiser Justinians zum christlichen Glauben bekehrt. Zur damaligen Zeit war Tripolitanien in vier Bistümer eingeteilt, wobei einer der Bischöfe seinen Amtssitz in der Oase Ghadames hatte.

Der Besuch des alten ummauerten Oasenkerns kostet Eintritt. Wegen der verwinkelten Gassen empfiehlt sich die Mitnahme eines ortskundigen Führers, damit man keinen wichtigen Platz versäumt. Unabdingbar ist auch eine Taschenlampe, da die engen, abgedeckten Seitengässchen kaum Licht von oben erhalten.

Entgegen der archäologischen Quellenlage gibt es eine Legende mit einer anderen Gründungsgeschichte. Danach soll eine Beduinengruppe einst am Ort der noch nicht existierenden Oase übernachtet haben. Eine Tagesetappe später bemerkte einer der Mitreisenden, dass er am Vortag einen wertvollen Gegenstand verloren hätte. Er bezeichnete den Ort des Verlustes als den Rastplatz von »gestern mittag« *(ghada-ams)*. Er kehrte dorthin zurück, stürzte dort aber so unglücklich vom Pferd, dass er hilflos am Boden lag und zu verdursten drohte. In dieser Not soll sein Reittier mit den Hufen so gegen einen Felsen getreten haben, dass dort eine Quelle hervorsprang, die dem Reiter das Leben rettete. Diese Quelle heißt seither Ain al-Frass (Stuten-Quelle). Bis die italienischen und danach französischen Kolonialherren neue Brunnen bohrten, bildete sie die einzige Wasserversorgung der Oase. In einer Variante dieser Gründungslegende wird dieser wundersam gerettete Reiter sogar mit dem arabischen Eroberer Oqba Ben Nafi aus dem 7. Jahrhundert gleichgesetzt.

Die Wasserversorgung der Oase

Nach der Fassung des Quellteichs und Reinigungsarbeiten ist die Stuten-Quelle heute fast vollständig versiegt und zeigt sich nur noch als kleiner Tümpel, sodass für die Wasserversorgung der Oase mehrere Brunnen außerhalb des Stadtgebietes erschlossen werden mussten, deren Wasserspiegel z. T. bis 900 m unter dem heutigen Bodenniveau liegt. Das Quellwasser wird in teils ober-, teils unterirdischen Kanälen so durch den Stadtkern geleitet, dass es zunächst die Moscheen erreicht. Somit können sich die Muslime vor dem Gebet mit dem saubersten Wasser reinigen. Anschließend führt der Kanal in einige Wohnhäuser, wo Trink- und Kochwasser entnommen werden kann (die meisten Haushalte mussten sich jedoch ihr Wasser in Tonkrügen direkt aus dem Quellteich oder aus den Wasserstellen neben den Moscheen holen), danach zu den Viehtränken oder den Plätzen zum Wäschewaschen und zuletzt in die Palmenkulturen.

Die Zuteilung des Wassers für die Felder unterlag einem streng geregelten Verteilerschlüssel, sodass keine Familie benachteiligt wurde. Einst gab es extra einen Sklaven, der Tag für Tag nichts anderes tat, als nach festgelegten Zeiten eine Bewässerungsrinne mit einem Klumpen aus Gras und Lehm zu verschließen und dafür die nächste zu öffnen, sodass das Wasser nach und nach alle Gärten erreichte.

Zwischen der Stuten-Quelle und den Häusern des Altstadtkerns erstreckt sich ein zentraler Platz, an dem die gemeinsamen Festlichkeiten stattfanden. Vor dem Quellteich der Stuten-Quelle befindet sich eine kleine Kameltränke, sodass die Lasttiere von Karawanen, die man nicht in die Stadt hineinlassen wollte, draußen im wahrsten Sinne des Wortes abgespeist werden konnten. Nahebei befindet sich das älteste Hotel der Stadt, in welchem Sophia Loren übernachtete, als sie 1957 in Ghadames zusammen mit John Wayne ›Timbuktu – Legend of the Lost‹ drehte.

Die Altstadt

Der alte ummauerte Kern der Oase war so strukturiert, dass jeder dieser sieben Clans ein in sich geschlossenes Stadtviertel mit identischem Aufbau, das heißt eigenem Fest- und Versammlungsplatz sowie Moschee und Koranschule besaß. In jedes Viertel führt ein eigenes Stadttor, von dem aus eine zumeist überdachte Straße ihren Anfang nimmt. Die Abdeckung dieser Hauptpassage sowie ihrer zahlreichen Seitengassen besteht aus Palmstämmen, über die ein Flechtwerk aus Palmrispen und -wedeln gebreitet ist, das den Estrichbelag trägt. In unregelmäßigen Abständen ist die Überdachung unterbrochen, um Licht einzulassen. Nahten Feinde, gaben die Frauen, die sich zumeist in den Häusern aufhielten und über die Dachterrassen hinweg Kontakt miteinander hielten, nicht nur den Männern, die in den Oasengärten tätig waren, Bescheid, sondern sie deckten auch die Lichteinlässe mit Matten ab, sodass das Oaseninnere in völliges Dunkel getaucht war und die Eindringlinge im Gewirr der engen Gassen die Orientierung verloren.

Die Hauptgasse eines jeden Viertels mündet in den zentralen Versammlungsplatz. In der Regel schließt sich an diese Freifläche eine Moschee – zumeist mit Koranschule – an. Diese zentralen Plätze verfügen über niedrige umlaufende aufgemauerte Steinsockel, auf denen

Ghadames, Häuser und Gärten der Altstadt

man bei Feierlichkeiten sitzen konnte, und sind zumeist besonders reich mit Wandmalereien in roter Farbe, Stuckornamenten oder Reliefplatten, die oft aus antiken Bauten wieder verwendet worden sind, dekoriert.

Wo die beiden Wohnquartiere der Wasid und der Walid aneinander grenzen, öffnet sich mitten im Stadtkern der kleine zentrale Al-Horriya-Platz. Der Zugang in das Viertel des Walid-Stammes zeigt besonders schöne geometrische Wandmalereien und Stuckmuster in roter Farbe. Die beiden anderen Seiten dieses rechteckigen Platzes werden von zwei Moscheen begrenzt. Links vom Walid-Portal ist es die **Yunis-Moschee,** die im Jahr 800 A. H. (= 1398) erbaut wurde und damit das zweitälteste Gotteshaus der Oase darstellt. Ihre Waschanlagen, in welchen sich die Muslime vor den fünf Tagesgebeten reinigten, sind am Wasserkanal neben der überdachten Gasse aufgereiht. Stützsäulen und Kapitelle der Moschee, zwischen denen sich kleine Arkadenbögen erheben, sind antiken Ursprungs und entstammen wohl der alten byzantinischen Kirche. In der zum zentralen Hof weisenden Außenmauer der Moschee ist rechts unten eine Wandnische ausgespart. Hier war einst eine **Wasseruhr** *(arab. Qadus)* aufgehängt, wobei eine daneben sitzende Person jedesmal, wenn sich das Gefäß tröpfchenweise nach drei Minuten geleert hatte, in eine Schnur aus Palmblättern einen Knoten als Gedächtnisstütze bei dieser monotonen Tätigkeit knüpfte. Die Bewohner von Ghadames hatten darüber hinaus auch einen eigenen Kalender, dessen Jahresrhythmus von Mai bis April verlief und bei dem der Jahresbeginn feierlich mit einem Wasserfest begangen wurde, bei dem auch die Wasseruhr neu geeicht wurde.

Das Gebetshaus auf der anderen Hofseite ist die **Al-Atiq-Moschee** (Die Alte), die 44 A. H. bzw. 668 errichtet wurde. Leider weisen die beiden ältesten Moscheen der Oase heute nicht mehr ihre originale Bausubstanz auf. Denn am 11. Januar 1943 fielen große Teile der Oase einem Angriff von fünf amerikanischen B–17-Bombern und zehn weiteren Kampfflugzeugen mit französischen Piloten, die von der algerischen Luftwaffenbasis Beskra gestartet waren, zum Opfer. Bei dem nur zehnminütigen Bombardement wurde die Atiq-Moschee dem Boden gleichgemacht und die Yunis-Moschee so stark in Mitleidenschaft gezogen, dass nur mehr ihr Abriss und ein Neubau möglich waren. In den rund siebzig völlig zerstörten und 200 beschädigten Häusern kamen mindestens 44 Menschen ums Leben. Die italienischen Truppen und ihr Kriegsgerät, denen der Angriff gegolten hatte, blieben unbehelligt.

Kurz hinter einem der Zugangstore hing ein Korb von der Decke herab, in welchen vorbeiziehende Karawanen mitgebrachte Schriftstücke aus den Nachbaroasen ablegten und andere Nachrichten aufnahmen, um sie weiterzutransportieren.

An weiteren historischen Sakralbauten sind die **Djami Amran** (Amran-Moschee) im Süden der Stadt und die **Djami Tin Dreen** (Tin Dreen-Moschee) bemerkenswert. Letztere nimmt wohl den Platz ein, an welchem sich die byzantinische Bischofskirche befunden hatte. Unweit von ihr öffnet sich ein rechteckiger Platz, in dessen Mitte, wie sein heutiger Name Al-Touta-Platz verrät, sich ein Maulbeerbaum erhebt. Hier befand sich, bis die Sklaverei abgeschafft wurde, der **Sklavenmarkt** (heute Midan Al-Touta). Am Beginn einer der beiden überdachten Gassen, die den Platz verlassen, liegt rechts die **Eliyas-Moschee**, in deren Waschanlagen wiederum, ähnlich wie bei der Yunis-Moschee, antike Säulenschäfte und Kapitelle verbaut sind.

Wohnhäuser

Einige der Wohnhäuser sind innen renoviert und liebevoll mit traditionellen Gegenständen des täglichen Lebens ausgestattet worden, sodass man einen guten Eindruck von der Ausstattung der Räume und dem Leben ihrer Bewohner gewinnt. Zur Gasse hin besitzen die Hausfassaden aus klimatischen Gründen keine Fenster; hier befindet sich lediglich die niedrige Eingangstür, die, wenn der Hausbesitzer seine Pilgerfahrt nach Mekka absolviert hatte, mit aufgenagelten bunten Stoffetzen dekoriert wurde. Im Erdgeschoss befand sich nicht nur der Zugangskorridor mit kleinen, rot umrandeten Wandnischen für Öllämpchen und einer größeren Aussparung für einen Wasserkrug zur ersten Bewirtung von Gästen, sondern, weil es dort am kühlsten ist, auch die Vorratskammer für verderbliche Lebensmittel. Über ein schmales Treppenhaus gelangt man in den großen zentralen Empfangs- und Speiseraum in der darüber liegenden Etage. Er ist mit stuckierten und rot übermalten Nischeneinrahmungen und Ornamentleisten sowie mit Spiegeln und Gefäßen aus Metall und glasierter Keramik prachtvoll dekoriert. Außerdem zeigen die dicken Wände tiefe Aussparungen, die mit Holztüren verschließbar sind und

Ghadames, prächtig dekorierter Innenraum eines Hauses

in denen Kleidung, Schmuck und Gebrauchsgegenstände aufbewahrt wurden. Vom zentralen Raum gehen kleinere Zimmer ab, die als Schlafräume dienten; ein besonders reich geschmücktes und mit einem großen Holzbett versehenes solches Nebengelass, genannt Al-Koubba, fungierte nach Hochzeitsfeiern als Gemach für das frisch vermählte Paar. Bevor man auf die Dachterrasse gelangt, wo im Sommer auch übernachtet wird, passiert man die Küche, deren Qualm durch die hohe Lage leicht abzieht, ohne die anderen Räume zu verräuchern, und die übrigen Vorratsräume.

Umgebung der Altstadt

Zwischen den Neubauvierteln und der tiefer gelegenen Altstadt zieht sich ein flacher Abhang entlang, der den Friedhof des Wasid-Stammes mit zwei weiß gekalkten Marabuts beherbergt. An der Oberkante dieser Nekropole liegt die ehemalige türkische und von den Italienern übernommene Festung, in der heute ein kleines **Museum** untergebracht ist, das überwiegend ethnologische Ausstellungsstücke zeigt. Man findet dort undekorierte Gebrauchskeramik aus lokaler Produktion ebenso vor wie aus Tunesien importierte bunt glasierte Gefäße, die nur bei feierlichen Anlässen Verwendung fanden. Da Ghadames einst auch ein wichtiges Zentrum der Lederverarbeitung bildete, wird auch dieser Handwerkszweig dokumentiert: Für die Herstellung der reich bestickten Schuhe nahmen die Männer das Gerben der Tierhäute (Kamel und Rind), das Zurechtschneiden der Lederstücke sowie das Bohren der feinen Löcher vor, durch welche die Frauen dann die bunten Fäden zogen und zu Ornamenten zusammenstellten. Ein Raum des Museums beherbergt aber auch archäologische Objekte, hauptsächlich kugelförmige byzantinische Kapitelle mit zu Dreiecken stilisierten Blattmustern (wie man sie auch in größerer Zahl im alten Kern der Oase verbaut finden kann) und einige Reliefplatten, mit denen einst die römischen Grabtürme *(aznam)* im Westen der Stadt dekoriert waren. Das Reliefbild auf einer schlanken Steinstele im Museum zeigt, wie man sich ein solches Bauwerk vorzustellen hat. Als charakteristische Bauteile für diese Architekturform finden sich unter den Exponaten ein Architravfragment mit ausgeschnittenem Bogen und Rosettenmustern in den Zwickeln, sowie eine Platte mit einer Grabinschrift in einer *tabula ansata*. Die übrigen Reliefs zeigen Szenen der Landwirtschaft und der Jagd sowie eine Gruppe von drei stehenden Personen. Die Ausstellungsräume, in denen unter anderem auf Wandtafeln die Restaurierungsarbeiten und die Bauaufnahme in der Oase durch eine libysch-italienische Kooperation dokumentiert werden, beschließt ein kleiner Verkaufsstand für Souvenirs wie Postkarten/Briefmarken und Sandrosen.

Wasid-Friedhof: Vom höher gelegenen Museum führt ein Fußpfad durch einen islamischen Friedhof hinunter zum südlichen Eingangstor der Altstadt. Auf dem kleinen, links des gepflasterten Weges liegenden Areal dieser Begräbnisstätte, in welcher der Wasid-Stamm seine Toten beerdigt, liegen oben am Hang einige Felsknollen, von denen eine zahlreiche prähistorische Mulden aufweist und eine andere ebenfalls zwei der flachen Vertiefungen und zudem eine stark verwitterte prähistorische Felszeichnung mit der kaum mehr erkennbaren Darstellung eines nach rechts gewandten Rindes (Umzeichnung davon im Museum von Ghadames). Den rechts des Weges gelegenen Hauptteil des Friedhofs dominieren die weiß gekalkten Kuppelbauten zweier Marabuts (Heiligengräber), von denen sich der kleinere mit der Grablege des Tuareg-Heiligen Sidi Beschir inmitten des Hanges erhebt, während der separat ummauerte, größere mit der Grabstätte des Sidi al-Bedri die untere Ecke des Geländes einnimmt.

Walid-Friedhof: Der Friedhof des Walid-Stammes befindet sich im Nordwesten der Altstadt. In der näheren Umgebung erheben sich inmitten eines Geländes, das von Wohnbebauung freigehalten wurde und von großen Steinquadern übersät ist, zwei Turmstümpfe aus Bruchsteinen, die mit Lehm zusammengehalten werden. Bei diesen von den Einheimischen als Aznam bezeichneten Baudenkmälern handelt es sich um den Kern römischer Grabtürme, deren Verkleidungsplatten mit Reliefdarstellungen und Ornamenten ins Museum von Ghadames überführt wurden.

Ausflüge in die Umgebung der Oase

Wo unweit der römischen Grabturmstümpfe die neuerdings asphaltierte Straße in die Kleinoase Tuneen abzweigt, befinden sich am Straßenrand die spärlichen Reste einer **Qasr Magdul** genannten Wachstation der Berber. Die 4 km von Ghadames entfernte **Kleinoase Tuneen** wird hauptsächlich von Tuareg vom Stamm der Foghaz bewohnt. Hier sind, im Gegensatz zu Ghadames, wo die Häuser aus einem Erdgeschoss und zwei Obergeschossen bestehen, die Lehmhäuser eine Etage niedriger.

Etwa 10 km nördlich von Ghadames erhebt sich ein Bergkegel, dessen Plateau von der alten Berberfestung **Ras al-Ghul** (Kopf des bösen Geistes) eingenommen wird. Von hier aus wurde der von Norden kommende Karawanenweg überwacht. Zu der kreisförmigen Wehranlage mit zwei konzentrischen Mauerringen und weiteren Gebäudegrundrissen auf einer schmalen Terrasse im Südosten der steil aufragenden Felswände führt heute ein schmaler Pfad hinauf. Oben findet der Besucher noch einige Gebäudegrundrisse sowie einen tiefen Zisternenschacht vor. Der Überlieferung nach soll diese Festung einst durch den Verrat eines Überläufers erobert worden sein, indem dieser den Belagerern die Position des Zisternenschachtes verriet. Durch einen von außen dorthin getriebenen Stollen wurde diese Wasserstelle unbrauchbar gemacht, sodass die Verteidiger zur Aufgabe gezwungen waren. Von diesem angeblichen Querstollen ist

Die Berberfestung von Ras al-Ghul (Kopf des bösen Geistes)

aber heute nichts mehr erkennbar. Zwar beginnt neben dem Fußpfad, der auf die Burg hinaufführt, ein niedriger Felstunnel, doch endet dieser nach wenigen Metern blind im Berginneren.

Rund 1 km östlich der Wehranlage befindet sich am Fuß eines niedrigen Tafelberges ein kleines Friedhofsgelände, wo hier gefallene Kampfgefährten des Propheten Mohammed beigesetzt sein sollen. Das Plateau dieses Höhenrückens war nach Ausweis von Feuersteinwerkzeugen und -abschlägen schon in prähistorischer Zeit besiedelt.

Eine in Richtung algerische Grenze nach Westen verlaufende Piste führt von der Festung aus zu einem Gelände mit hohen **Wanderdünen.** Man befindet sich beim Besuch unmittelbar an der Grenze und sollte beim Besteigen der Sandberge darauf achten, den deutlich sichtbaren algerischen Wachtposten nicht zu nahe zu kommen.

Ein reizvolles Ausflugsziel bieten auch die beiden **Mgasem-Seen.** Man erreicht sie auf der asphaltierten Straße in Richtung Darj. Rund 40 km hinter Ghadames zweigt eine Piste nach Norden ab, auf welcher man nach weiteren 10 km zu den beiden 3 km auseinander liegenden Gewässern gelangt.

Auf dem Djebel Nafusa

Djebel Nafusa

Das Leben an der Grenze des römischen Reiches

Besonders sehenswert:
Gharyan
As-Senama ☆

In der Antike herrschte auf dem Plateau des Djebel Nafusa der Anbau von Oliven vor und in vielen Gehöften, die dort schon in ähnlicher Form in der Antike existiert haben müsssen, befinden sich Mahl-

Wanderdünen nahe der algerischen Grenze

steine zum Zerkleinern der Früchte und Geräte zum Auspressen des Ölkuchens. Meist handelt es sich dabei um zwei eng beieinander stehende Steinpfeiler, zwischen welchen einst ein langer Holzstamm als Hebelstange verankert war.

Vor allem in den Schwemmebenen der Wadis gab es daneben aber auch Getreideanbau. Staumauern, die die Wadis durchquerten, verhinderten ein ungenutztes und rasches Abfließen des Regenwassers, das während der Wintermonate in vielfach heftigen Schauern herniederprasselt, ins Mittelmeer. Größere Reste solcher Rückhalteanlagen lassen sich beispielsweise heute noch bei Sidi Djelani im Wadi Megenin südlich von Tripolis bewundern. Dort gab es zwei Dämme, deren aus Quadern mit Mörtel sorgfältig gesetztes, getrepptes Mauerwerk mit Strebepfeilern teils noch mehrere Meter hoch ansteht. Das Aufstauen des Regenwassers bewirkte vor allem, dass der Grundwasserspiegel wieder aufgefüllt wurde und auch nach intensiver Wasserentnahme auf hohem Niveau blieb. Da das Wasser, das sich fast ausschließlich im Winter ansammelte, zumeist auch noch in Zisternen geleitet und gespeichert wurde, konnte damit auch die regenlose Periode während des Sommers überbrückt werden. Nicht zufällig erfolgte die Grenzziehung des römischen Reiches so auf dem Hochplateau des Djebel Nafusa, dass alle Gebiete eingeschlossen waren, bei denen die natürlichen Regenfälle zur Feldbewässerung ausreichten.

Auf dem Djebel Nafusa gab es, wie in den meisten Partien der römischen Reichsgrenze, keinen durchgehenden Wall und kein durchgehendes Mauerwerk im Sinne unseres obergermanisch-rätischen Limes, auch wenn die Grenzlinie im Hinterland des Djebel Nafusa unter der Bezeichnung Limes Tripolitanus in den lateinischen Inschriften erscheint. Stattdessen beschränkte man sich darauf, die strategisch wichtigen Stellen durch befestigte Posten zu kontrollieren. Dazu gehörten vorrangig die Wasserstellen und Quellen, daneben aber auch Ausgänge von Wadis, die als Wanderrouten der Nomaden und Karawanen dienten, oder Knotenpunkte von solchen Routen. Auf diese Weise ließen sich mit relativ geringem personellen Aufwand sämtliche Bewegungen an der Grenze kontrollieren. So erklärt es sich auch, dass für den gesamten nordafrikanischen Raum nur eine Legion, die Legio III Augusta, für ausreichend erachtet wurde. Die beiden wichtigsten Truppenlager der Römer auf libyschem Gebiet sind Gheryat al-Gharbiya und Bu Ndjem, das antike Gholaia. Daneben gab es kleinere Truppenunterkünfte in Art eines *burgus,* wie sie unter anderem in der Anlage von Qasr Bularqan im Wadi Merdum vorliegen. In ihnen waren teils auch Hilfstruppen der römischen Legionäre stationiert. Eine Kette von Wachtürmen *(speculae)* schloss die Lücken in der Grenzsicherung. Ein gut ausgebautes Straßennetz hinter der Verteidigungslinie ermöglichte im Gefahrenfall rasche Truppenbewegungen.

Die Hauptlast der Grenzverteidigung trugen jedoch die *limitanei* genannten Wehrbauern. In einem offiziellen Dokument erscheint der Begriff erstmalig 363 und bezeichnet zu diesem Zeitpunkt bereits gut organisierte Streitkräfte und kein nur im Gefahrenfall zusammengestelltes Milizenheer. Im Gegensatz zu den regulären Truppen des römischen Reiches, den *comitatenses,* die je nach Erfordernis ihren Standort wechseln konnten, waren die *limitanei* des 4. Jahrhunderts ortsgebunden und besaßen eigenes Land, hatten aber offensichtlich keine Verpflichtung, es zu bewirtschaften. Für die straffe Organisation der *limitanei,* die wahrscheinlich auf den römischen Kaiser Diokletian (284–305) zurückgeht, spricht die Tatsache, dass sie einem *dux limitis* unterstanden, der die Verantwortung über einen Grenzabschnitt trug, der sich oftmals über mehrere Provinzen erstrecken konnte. Gut befestigte Gehöfte, von denen die Ansiedlung von Ghirza die bedeutendste darstellt, machen es jedoch wahrscheinlich, dass auf dem Djebel Nafusa schon in vordiokletianischer Zeit die ortsansässige Bevölkerung mit Grenzsicherungsaufgaben betraut wurde.

Wenn auch die römischen Provinzen Nordafrikas überwiegend landwirtschaftlich genutzt wurden, wobei Getreide in den Küstenebenen und Oliven in den bergigen Regionen des Hinterlandes die Hauptrolle spielten, so lebte dennoch ein geschätzter Bevölkerungsanteil von 25–30 % in Städten. Viele dieser Ortsnamen sind nur aus schriftlichen Quellen bekannt; die entsprechenden Siedlungen, die zumeist nur zwischen 2000 und 3000 Einwohner besessen haben dürften, sind entweder heute unter moderner Bebauung verschwunden oder konnten noch nicht eindeutig den aufgefundenen Ruinenstätten zugewiesen werden.

Die begüterte Oberschicht scheint sogar, wie archäologischen Funden und antiken Texten gleichermaßen entnommen werden kann, nahezu ausschließlich in Städten, genauer gesagt in reichgeschmückten vornehmen Villen am Stadtrand *(vicus)*, gewohnt zu haben, obwohl ihre Einkünfte zumeist aus landwirtschaftlichen Erträgen stammten. Apuleius von Madaura erwähnt in seiner ›Apologie‹ einige begüterte Mitbürger aus Oea/Tripolis, die zwar in der Stadt wohnten, aber von Erträgen ihrer teils weit entfernt liegenden Landgüter lebten. Die Domäne seiner eigenen Gemahlin Pudentilla soll 100 Meilen, also mehrere Tagereisen entfernt gewesen sein. Hier befand sich ein mit allem erdenklichen Komfort ausgestattetes Landhaus zur Erholung von den Strapazen der Anfahrt. Apuleius und Pudentilla verbrachten in einem solch Anwesen ihre Flitterwochen. In der späten römischen Kaiserzeit, ab dem 4. Jahrhundert, scheint sich der Trend durchgesetzt zu haben, die luxuriösen Landhäuser, die nun näher an die Städte heranrückten, das ganze Jahr über zu bewohnen und die Stadtwohnungen aufzugeben.

Eine in der turmartig befestigten antiken Wohnanlage von Ghasr Duib im Wadi Soffeggin nordwestlich von Mizda zu Tage getretene Bauinschrift aus der Zeit des römischen Kaisers Philippus Arabs (244–249) nennt den zuvor nicht geläufigen Begriff *centenarium*, der wohl diese Art von Gebäuden bezeichnet. Es handelt sich bei ihnen wahrscheinlich um gut befestigte Gehöfte, die kein Militär beherbergten, sondern Landbesitzern im Bereich des römischen Limes gehörten.

Im Widerspruch zu den Bestrebungen der Oberschicht des 2. und 3. Jahrhunderts, in den Städten zu leben, scheint zu stehen, dass die weiträumig über das Land verteilten römischen Grabtürme aus dieser Zeit, in denen nach Ausweis ihrer Größe und reichen Baudekoration vornehme Familien beigesetzt worden sind, vermeintlich isoliert und ohne erkennbare Nähe zu einer Ansiedlung im Gelände stehen. Doch sind einerseits die steinernen Grabtürme vielfach stabiler gebaut worden als die Wohnhäuser und haben deshalb dem Zahn der Zeit besser widerstehen können, sodass es möglicherweise Kleinstädte in ihrer Nähe gab, die aber heute nicht mehr nachweisbar sind. Und zweitens ist anzunehmen, dass sich die römische Sitte, die Grabanlagen längs der Ausfallstraßen aufzustellen, auch auf Nordafrika übertragen hat, sodass die Mausoleen – insofern sie nicht auch heute noch an Fernstraßen liegen – alte Wege markieren. Es darf zudem angesichts der Tatsache, dass bei den einheimischen Libyern der Ahnenkult eine wichtige Rolle spielte, vermutet werden, dass die teils sehr aufwändig gestalteten Mausoleen auch als Verehrungsstätte für die Vorfahren des Gutsbesitzers fungierten. Diesen *manen* dürften dann auch die einheimischen Bediensteten und Landarbeiter ihre Referenz erwiesen haben, was als Nebeneffekt auch zu einer höheren Loyalität gegenüber ihren hochherrschaftlichen Dienstherren beitrug.

Nur noch in bildlichen Darstellungen, beispielsweise auf Mosaiken mit ländlichen Szenen, sind die *mapalia* genannten Hütten aus vergänglichem Material wie Holz und Stroh überliefert. Sie dürften im Umfeld der aus stabilerem Material errichteten Gehöfte gestanden haben und dienten den Erntearbeitern als Unterkünfte. Auch antike

Schilderungen gibt es von ihrem Aussehen. So beschreibt sie der römische Feldherr Sallust in seinem ›Jugurthinischen Krieg‹ als »länglich, mit geschweiften Seiten und Dächern wie Schiffskielen.«

Die antiken Denkmäler in der Nähe des römischen Limes sind teils schon von den Reisenden des 19. Jahrhunderts, wie Heinrich Barth oder Gerhard Rohlfs, entdeckt und dokumentiert worden. Um eine erste systematische Erforschung kümmerten sich nach dem Zweiten Weltkrieg die englischen Archäologen Richard George Goodchild und Lady Olwen Brogan. 1980 initiierte schließlich Muammar Gadhafi persönlich ein auch von der UNESCO unterstütztes Projekt, in dessen Rahmen innerhalb eines Jahrzehnts alle historischen Relikte südlich des Djebel Nafusa und im westlichen Hinterland des Syrtebogens dokumentiert wurden. In dem Gebiet zwischen Bu Ndjem/ Gholaia im Osten, Gheryat al-Gharbiya im Süden und dem Westrand des Djebel Nafusa konnten so mehr als 2000 historische Stätten erfasst werden.

Die wichtigsten Orte des Djebel Nafusa

Für Ausflüge auf den Djebel Nafusa verlässt man Tripolis auf einer südlichen Ausfallstraße, die nach 53 km zunächst **Al-Azaziyah** erreicht. Die Stadt ist benannt nach dem Osmanensultan Abdülaziz (arab. Abd al-Aziz; 1861–1876), der sich hier 1870 als Residenz ein Kastell errichten ließ (heute als Polizeistation genutzt; deswegen Fotografierverbot!).

Bevor man 45 km weiter Gharyan, die erste größere Stadt auf dem Djebel Nafusa, erreicht, windet sich die in der tripolitanischen Küstenebene der Djifara nahezu schnurgerade nach Süden verlaufende, gut ausgebaute Hauptstraße am Fuß des Steilabfalls des Bergmassivs in engen Serpentinen auf die erste Schichtstufe der Hochebene hinauf. Oben angekommen, passiert man zunächst die zahlreichen beidseitig der Straße platzierten Verkaufsstände des Dorfes **Al-Quasim,** an denen hiesige Keramik angeboten wird. Der lehmige Boden der Region hat hier das bedeutendste Töpfereizentrum des Landes entstehen lassen. Die Handwerker lassen sich bereitwillig bei der Aufbereitung des Lehms und Arbeit an der Töpferscheibe zusehen. Vielfach sind jedoch die traditionellen bienenkorbförmigen Brennöfen mit Befeuerung durch Holzkohle von modernen elektronisch gesteuerten Anlagen verdrängt worden. Bald darauf erklimmt die Straße eine weitere Schichtstufe des Hochplateaus und erreicht nach wenigen Kilometern Gharyan.

Gharyan, 720 m ü. M. gelegen, ist vor allem wegen seiner wohl schon in der Antike angelegten Troglodytenwohnungen berühmt. Sie bestehen aus tiefen, zumeist rechteckigen Schächten im Lehmboden oder im darunter anstehenden Fels. Ein Zugangsstollen führt auf den mehrere Quadratmeter großen Grund des offenen Schachtes hinab, und von dort sind ebenfalls ausgehöhlte Kammern erreichbar, die nur durch den zentralen Schacht Tageslicht erhalten. Alte Luftaufnahmen von Gharyan zeigen Hunderte solcher Behausungen in so dichter Abfolge, dass der Ort damals eher einer Kraterlandschaft auf dem Mond als einer irdischen Ansiedlung ähnelte. Viele dieser Anlagen sind heute zugeschüttet, die wenigen übriggebliebenen dienen als Speicherräume – denn selbst in der größten Sommerhitze sind die Felsräume angenehm kühl, während sie im Winter der Kälte trotzen – oder nur mehr als Müllgruben; bewohnt wird keine mehr. Lediglich eine Einzige am Ortsrand wird als kleines ethnologisches Anschauungsobjekt unterhalten und beherbergt eine Sammlung traditioneller Gerätschaften. Die Bewohner solcher Behausungen erscheinen unter der Bezeichnung Troglodyten bereits in antiken Beschreibungen, und der Philosoph Seneca verwendet sie in einem seiner lehrhaften Briefe an Lucilius (90. Brief) als Beispiel für eine naturnahe Lebensweise im Gegensatz zum übersteigerten Luxusbedürfnis vieler seiner Zeitgenossen, auch wenn er dabei die Troglodyten-Bewohner des Djebel Nafusa unpräzise als »die Einwohner der Syrten« bezeichnet.

Yefren, 65 km westlich von Gharyan, liegt 680 m ü. M. nahe der steilen Abbruchkante des Djebel Nafusa. Den schönsten Blick hinab ins Tal und hinüber auf den gegenüber liegenden Hang mit den Resten der aufgelassenen Berbersiedlung genießt man von der Terrasse des Funduq ar-Rumia aus.

Nördlich der Straße, die von Yefren nach Gharyan führt, liegt 15 km östlich von Yefren – kurz bevor diese Straße in die vierspurige Ost-West-Straße auf dem Djebel Nafusa einmündet – der römische Grabturm von **Ghaspet Safit** (auch Henscir Safit genannt). Eine schmale asphaltierte Straße führt zu der Anhöhe hinauf, auf welcher der Grabturm, vor allem aber der benachbarte pilzförmige Wasserturm schon von weither sichtbar ist. Von dem ehemals dreigeschossigen antiken Mausoleum existieren lediglich der untere Teil und Partien des Mittelstücks, die noch horizontale Bänder mit Blattrankenornamenten und an den vier Ecken Akanthuswürfel zeigen. Unklar ist, wie man sich den oberen Abschluss vorzustellen hat, eventuell als flache Pyramide. Die Inschrift der *tabula ansata* auf der Vorderseite des Turms, die den Namen des Grabinhabers aufwies, ist heute unleserlich. Darunter befindet sich die Grabkammer mit sechs kleinen Wandnischen, in welchen die heute verschwundenen Urnen mit der Asche der hier Beigesetzten aufgestellt wurden. Folgt man der Straße wenige Meter bergauf, liegt rechts ein ummauertes Areal, das als Kultstätte interpretiert wird, da die erhaltenen drei bis vier Steinlagen dieses Gevierts ohne erkennbare Innenbauten an einigen Stellen plastisch hervorstehende Tierköpfe (Rinder und Löwen) aufweisen.

In **Jadu,** 67 km westlich von Yefren gelegen und über die Orte Ar-Rumia (11 km entfernt) und Az-Zintan (weitere 23 km) zu erreichen, wurde vor wenigen Jahren dank privater Initiative in einem traditionellen Wohnhaus ein kleines ethnologisches Museum eingerichtet, das die traditionelle Lebensweise der Berber und einige antike Inschriftenblöcke zeigt.

Verlässt man das Zentrum von Jadu in östlicher Richtung, geht von dieser Straße nach 15 km eine Stichstraße nach links in die Ortschaft Termessa ab, die malerisch an der Abbruchkante des Djebel Nafusa liegt und einen herrlichen Ausblick hinunter in die Ebene der Djifara bietet. Ein isolierter Felssporn am äußersten Ende des Dorfes, dessen hangnahe Wohnhäuser heute weitgehend verlassen sind, trägt auf der Spitze in spektakulärer Lage ein Heiligengrab.

Von Gharyan nach Tarhuna

Verlässt man Gharyan in westliche Richtung, stößt man wenige Kilometer außerhalb des Ortes auf den kleinen Verkehrskreisel, von dem die Straße nach Süden in Richtung Mizda und Sebha abzweigt. Dieser Wegführung folgt man bis zum nächsten Abzweig, wo sich in der Regel auch ein Kontrollposten befindet, und verlässt die Straße nach links (Osten). Diese ebenfalls asphaltierte Route führt nach Tarhuna. Auf halbem Weg, am Rand des **Wadi Bir al-Wa'ar,** steht links an der Straße ein Grabturm, der von den Einheimischen **As-Senama** genannt wird. Man betritt das eingezäunte Areal durch eine Drehtür. As-Senama gehört zu den am üppigsten mit Bauplastik ausgestatteten römischen Grabtürmen des Djebel Nafusa. Auf einer quadratischen Grundfläche erhebt sich das aus sorgfältig behauenen Quadern aufgemauerte, zu geschätzt drei Vierteln seiner einstigen Höhe erhaltene Monument. Die Vorderseite ist der Straße zugewandt. Über der

As-Senama, römischer Grabturm

gedrungenen, undekorierten Sockelzone erheben sich drei Etagen. In der etwa würfelförmigen mittleren sieht man ein Steinportal, von gestuften Reliefbordüren gerahmt und von Tondi flankiert; mit Ergänzungen in modernem Beton. Über diesem vermauerten Einlass ist die *tabula ansata* mit der Grabinschrift eingelassen.

Ein gestuftes Gesims leitet über zum darüberliegenden, heute weitgehend zerstörten Obergeschoss mit seinem Außenkranz von ehemals 5 × 5 Säulen, von denen einige wieder aufgerichtet worden sind. Jede der vier Wände enthält eine flache Nische mit muschelgeschmückter Apsis. Reliefbüsten flankieren die Nischen; sie stehen unter dem umlaufenden Gesims auf flachen, den Baukörper vertikal gliedernden Pilastern mit Akanthusdekor und sollen wohl die hier Beigesetzten darstellen. Unklar ist, ob der Turm ursprünglich flach abgedeckt war oder mit einem Pyramidendach abschloss. Die vom Obergeschoss herabgestürzten Trümmer, hauptsächlich Bruchstücke von Säulenschäften, aber auch Kapitellfragmente mit Girlandendekor und großen Blüten in den Girlandenbögen, liegen im Gelände innerhalb der Einzäunung.

Tarhuna und Umgebung

Tarhuna und Umgebung

Besonders sehenswert: Ain Scherschara Ghasr Dugga

Steuert man hingegen Tarhuna nicht, wie eingangs vorgeschlagen, von Gharyan, sondern direkt von Tripolis aus an, erreicht man nach 25 km **Qasr Ben Gaschir** (wo in westlicher Richtung ein Abzweig zum internationalen Flughafen von Tripolis besteht), nach weiteren 20 km den Marktflecken **Suq al-Chammis** und schließlich, reichlich 80 km nach Verlassen von Tripolis, **Bir Midji.** Dort liegt unweit des alten historischen Ortskerns linker Hand auf einer Anhöhe ein großer Findling. An seiner Oberseite sind rundum prähistorische Felsgravuren mit kleinformatigen Tierdarstellungen angebracht; sie zeigen u. a. Ziegen und Antilopen, einen Elefanten und ein Rind mit einem ovalen Emblem von unbekannter Bedeutung zwischen den Hörnern. Hinter diesem Rind ist eine kleine menschliche Figur wiedergegeben. Die besondere Bedeutung dieses eher unspektakulären Platzes besteht darin, dass es sich um die nördlichste Fundstelle prähistorischer Bilder auf libyschem Boden handelt, deren Darstellungen möglicherweise – hier sind Detailforschungen abzuwarten – eine Brücke zwischen den Felsbildern der Südsahara und der südeuropäischen Mittelmeerseite schlagen.

10 km weiter erreicht man die Stadt **Tarhuna.** Sie ist vor allem wegen ihres kleinen Wasserfalls **Ain Scherschara** bekannt, der sich 3 km außerhalb des Ortes in eine karstige Senke ergießt. Für die Bewohner eines weitgehend von der Wüste geprägten Landes ist er eine Attraktion und ein beliebtes Wochenend-Ausflugsziel. Um dorthin zu gelangen, durchquert man zunächst ein Wadi mitten in Tarhuna und biegt am kurz darauf folgenden Verkehrskreisel rechtwinklig nach links ab. Dann geht es bis zum Ende der Asphaltierung

Darstellung eines Nashorns auf prähistorischen Felsgravuren bei Tarhuna

immer geradeaus bergab. In einem Eukalyptushain führt eine Piste zu dem Naturschauspiel.

Auf einem Hügel links der Straße zwischen Tarhuna und Ain Scherschara befindet sich eine weitere Fundstelle mit **prähistorischen Felsgravuren.** Der Platz ist einmalig, weil hier, mangels steil aufragender Felswände, die insgesamt 34 Darstellungen in die Oberseiten der hier über den Boden verteilten Steinplatten eingraviert sind. 31 der Bilder zeigen männliche oder weibliche Rinder, die übrigen drei einmal einen Hund, dann eine zoologisch nicht bestimmbare Raubkatze und zuletzt ein Nashorn mit dem rätselhaften ovalen Emblem vor sich. Nach ihren großen Dimensionen und der Ausführung datiert man die Bilder in die Stilstufe der Bubalus-Rinder, also die erste Periode der nordafrikanischen Felsbildkunst, die ungefähr von 10 000 bis 6 000 v. Chr. dauerte .

Unweit des Wasserfalls konnte der Archäologe R. G. Goodchild 1947 einen **römischen Töpferofen** ausgraben, der mit 6,5 m Durchmesser zu den größten bekannten Beispielen seiner Art zählt und zudem ausgezeichnet erhalten war. Freigelegt wurde eine von einem zentralen Pfeiler gestützte,durchlöcherte Lehmplatte, deren zahlreiche Durchbohrungen entlang sechs konzentrischen Kreisen angeordnet waren. Auf dieser Platte ruhte einst das Brenngut, unter ihr wurde der – wie heutige Beispiele – wahrscheinlich bienenstockförmige Ofen beheizt, sodass die heiße Luft durch die zahlreichen Öffnungen hindurch in den überwölbten Brennraum einströmen konnte.

Setzt man seine Fahrt auf der Schnellstraße von Tarhuna nach Homs und Leptis Magna fort, bietet sich knapp 5 km hinter Tarhuna ein Abstecher nach links an, bei dem man zunächst auf einen (mittlerweile von angepflanzten Oliven- und Mandelsträuchern umgebenen) Baum stößt, dessen Wurzeln sich in ein kleines Mausoleum hineingebohrt haben. Auch wenn dieser Grabbau wohl römisch ist, gilt er bei den Einheimischen als Bestattungsplatz eines muslimischen Heiligen und erfährt unter dem Namen **Al-Khadra** seine Verehrung. Der Platz ist schon 1895/96, als er noch gänzlich einsam als Landmarke im unwirtlichen Gelände stand, vom englischen Orientreisenden Swainson Cowper aufgesucht und beschrieben worden.

Etwa 6 km weiter im Nordosten folgt die Ortschaft **Medinet Dugga.** An ihre Vergangenheit, als sich hier das antike Mesphe befand, erinnert noch die nordwestlich außerhalb des Dorfes gelegene Ruine eines großen römischen Mausoleums, das heute unter dem Namen **Qasr Dugga** bekannt ist. Noch immer beeindrucken die Reste des mutmaßlich in der ersten Hälfte des 3. Jahrhunderts entstandenen Bauwerks. Der Unterbau bildet einen hohen, durch ein horizontal umlaufendes Gesims in zwei Etagen untergliederten Sockel. Seine drei massigen, auf einem niedrigen, getreppten Unterbau stehenden Mauerzüge, die an den Ecken jeweils mit Pilastern dekoriert sind, stehen so im rechten Winkel zueinander, dass sie ein eckiges ›U‹ bilden. Auf diesem zweigeschossigen Unterbau erhob sich einst eine Kolonnade aus 30 hohen Säulen mit korinthischen Kapitellen. Die Stützen, die wohl ein Flachdach trugen, waren so angeordnet, dass seitlich jeweils neun, von hinten sechs und von vorn jeweils zwei Säulen an den vorspringenden Mauerflügeln zu sehen waren. Der Quersockel verband die beiden vorspringenden Mauerzüge auf eine Breite von vier Säulenreihen und war gegenüber der Front um drei Säulenreihen zurückgesetzt. Ob es zwischen den Säulen des Obergeschosses noch weitere Mauerzüge oder eine andere Art der Innenbebauung, wie beispielsweise eine Cella, gegeben hat, lässt sich nicht mehr ermitteln. Die beiden Längsflügel flankieren eine Art Dromos, der in die beiden unterirdisch miteinander verbundenen, eingewölbten Grabkammern unter dem Mausoleum führt.

Nach der Rückkehr auf die Schnellstraße von Tarhuna nach Homs passiert man bald das seinerzeit von italienischen Kolonisten unter dem Namen Breviglieri gegründete Dorf **Al-Khadra.** Hier hat es aber auch schon in römischer Zeit eine Ansiedlung gegeben, wie die Reste einer auf dem Hauptplatz des kleinen Ortes übriggebliebenen antiken Olivenpresse belegen. Man sieht noch die beiden sorgfältig behauenen hohen und jeweils aus einem einzigen Block gefertigten Steinpfeiler und ihr Architrav, zwischen denen einst ein langer hölzerner – längst verrotteter – Pfahl beweglich verankert war. Mittels

Mselleten, römisches Pfeilergrab

einer im Boden verankerten Seilwinde am Pfahlende übte man Druck auf zwei niedrige runde Steintrommeln aus, zwischen denen sich die Oliven befanden. Das ausgequetschte Öl floss in ein nebenan ausgetieftes Becken.

Etwas außerhalb von Al-Khadra haben sich auch noch die Reste einer byzantinischen Basilika erhalten. Sie weist mit ihren drei Schiffen, die von Reihen zu je vier Säulen voneinander getrennt werden und jeweils in eine Apsis einmünden, einen rechteckigen Grundriss auf. Die im Vergleich zu ihren Nachbarn etwas größere Mittelapsis ist zudem mit einer abgeschrankten Plattform ausgestattet. Der Eingang in das Gotteshaus liegt dezentral am Ostende des nördlichen Schiffs. Bei einer späteren Erweiterung auf eine Grundfläche auf 22 × 11 m wurden im Süden ein Korridor sowie im Westen noch weitere Räume angebaut, darunter hinter der Mittelapsis ein Baptisterium mit kreuzförmigem Taufbecken. Teile der Bauplastik wurden ins Nationalmuseum von Tripolis überführt und sind dort in der byzantinischen Abteilung, dem hintersten Raum im 1. Obergeschoss, ausgestellt.

Beni Ulid und Umgebung

Beni Ulid

Besonders sehenswert:
Mselleten
Qasr Bularkan

73 km südöstlich von Tarhuna liegt **Beni Ulid,** das sich, nachdem hier 1998 ein komfortables Hotel eröffnet wurde, als Ausgangsbasis für den Besuch einiger antiker Stätten in der Umgebung anbietet. Beni Ulid liegt selbst im Wadi Merdum, das sich nach Osten fortsetzt und dann ins größere Wadi Soffegin einmündet, welches sich – fast parallel zu den weiter südlichen Trockentälern des Wadi Zemzem (siehe Ghirza) und Wadi Bel al-Kebir (siehe Bu Ndjem) – in nordöstliche Richtung zum Mittelmeer hin entwässert.

In knapp 30 km Entfernung von Beni Ulid schneidet die von dort ins nordöstlich gelegene Bir Dufan führende, moderne Straße, die zunächst einen Bogen in südliche Richtung schlägt, das **Wadi Merdum** wieder. Dort liegt auf der nördlichen Wadi- und der rechten Straßenseite **Mselleten** bzw. Faschiet al-Habs mit zwei schlichten römischen Pfeilergräbern aus dem 2. oder 3. Jahrhundert. Die beiden Turmmausoleen mit quadratischem Querschnitt stehen jeweils auf einem niedrigen Sockel und sind durch ein Gesims so zweigeteilt, dass der Sockel mit der unteren Etage fast dieselbe Höhe (jeweils fünf Steinlagen) aufweist wie die darüberliegende Partie, bei der an der Vorderseite ein spitzbogiger Einlass ausgespart ist. Durch ein weiteres Gesims von den beiden senkrecht aufragenden Segmenten getrennt wird das Bauwerk von einem spitzwinkligen Pyramidendach von zehn Steinlagen Höhe bekrönt, wobei in beiden Fällen der oberste Block mit der Spitze verloren gegangen ist.

Auf der südlichen Wadiseite und etwas weiter östlich von der Straße entfernt befindet sich auf einer leichten Anhöhe ein gut erhaltenes römisches Kastell, das heute von den Einheimischen **Qasr Bularqan** genannt wird. Der Wehrbau, bei dem die Außenmauern noch zu einer beachtlichen Höhe vorhanden sind, hat eine fast quadratische Grundfläche und ist an den Ecken sowie in der Mitte jeder seiner vier Seiten mit einem Turm bewehrt. Der einzige Zugang in den Hof im Lagerinneren liegt im Südosten. Erst in den 1950er Jahren ist die imposante Anlage, von der sich kaum Innenbebauung erhalten hat, von der Royal Air Force zufällig aus der Luft entdeckt worden.

Im gesamten Verlauf des Wadi Merdum östlich von Beni Ulid stößt man immer wieder auf turmartige Wehrgehöfte *(centenarien)* in teils sehr gutem Erhaltungszustand.

Kurz bevor das Wadi Merdum von Norden her ins Wadi Soffegin einmündet, kommt aus der entgegengesetzten Richtung das **Wadi Nefud,** an dessen Oberlauf 5 km von Sedada entfernt linker Hand das Qasr Banat (Mädchenschloss) genannte **antike Wehrgehöft** steht. Seine stellenweise bis in 6 m Höhe erhaltenen Mauern weisen abgerundete Ecken auf und bedecken eine Fläche von 21 × 25 m. Der einzige Zugang befindet sich an der dem Wadi zugewandten Längsseite, wo er links von der Mittelachse platziert ist. Seine Innenbebauung ist noch weitgehend unter dem Schutt verborgen. Auf Grund seiner sorgfältig bearbeiteten Quader zählt das Gehöft zu den frühen Vertretern seiner Gattung und entstand wohl schon in der ersten Hälfte des 3. Jahrhunderts unter Alexander Severus.

Mselleten, römisches Pfeilergrab

Unweit des Gehöfts erhebt sich auch – über einer unterirdischen Krypta, deren Decke von einem einzigen zentralen Pfeiler gestützt wird – der rechteckige untere Teil eines römischen Mausoleums. Treppen führen zu seiner Cella hinauf, die einst allseitig von dorischen Säulen umgeben war. Der nur mehr in Fragmenten auf dem Boden aufgefundenen Inschrift des Architravs lässt sich entnehmen, dass das Grabmal für Aurellius Nazmuri von seinen Söhnen Maior, Magnus und Arcadius errichtet worden ist. Da seine Quader ähnlich sorgfältig bearbeitet sind wie die des Gehöfts, gehören beide Anlagen wohl in dieselbe Periode.

Ghirza

Ghirza ☆

Besonders sehenswert: Grabbauten der Nordnekropole

Von Beni Ulid kommend nimmt man zunächst die Ausfallstraße Richtung Bir Dufan und Zliten, die – parallel zum Wadi Merdum – auch zu den Grabtürmen von Mselleten und zum Qasr Bularqan führt. Allerdings hält man sich an der Straßengabel nach rund 30 km nicht links (Richtung Bir Dufan), sondern rechts (Richtung Misratah). Die Kreuzung nach weiteren 30 km verlässt man nach Süden in Richtung Asdadah. 27 km weiter erreicht man die Straße, die Asdadah mit der Küstenstraße zwischen Tripolis und Benghazi verbindet. Zu dieser hin biegt man links (nach Osten) ab. Nach rund 30 km (kurz nach dem Kilometerstein ›19 km [zur Küstenstraße]‹) zweigt von dieser asphaltierten Route eine breite, im Rahmen des Great-Man-Made-River-Projects angelegte Piste nach rechts (Süden) ab, die laut Ausschilderung zum ›ANC-Asdada-Camp‹ führt. Nach 70 km verlässt eine schmälere, gewundene und holperige Piste diese breite Staubstraße nach rechts und erreicht nach rund 3 km die ersten Häuser von Ghirza. Um den Ort zu durchqueren, biegt man nach links ab und erreicht hinter dem Ortsausgang zunächst die antike Limitanei-Siedlung und dahinter die Nordnekropole. Für die abseits gelegene Südnekropole benötigt man ein geländegängiges Fahrzeug.

Alternativ kann Ghirza auch von der Küstenstraße Tripolis–Benghazi aus angefahren werden, indem man 37 km nach dem südlichen Ortsende (Keramikmarkt) von Taourgha, unmittelbar vor einer Straßenüberführung, nach rechts in die Verbindungsstraße nach Asdadah abzweigt, von der aus man nach 18 km (nicht bereits nach 9 km in die erste Piste abbiegen!) die nach links abgehende oben erwähnte Piste zum ANC-Camp erreicht.

Unter den von *limitanei* (Wehrbauern) bewohnten Siedlungen, welche die Lücken zwischen den Anlagen des römischen Militärs (konkret: der Legio III Augusta) im Limes Tripolitanus zu schließen hatten, gehört Ghirza zu den besterhaltenen und interessantesten. Der Ort, dessen antiker Name nicht sicher überliefert ist, liegt – etwa gleich weit von den beiden Truppenlagern von Gheryat al-Gharbiya und Bu Ndjem entfernt – nahe am Oberlauf des breiten, sich in nordöstliche Richtung zur Mittelmeerküste hin entwässernden Wadi Zemzem, dort, wo von Süden her das kleinere Wadi Ghirza einmündet. Somit ließ sich von hier aus der aus dem Fezzan kommende und durch das Wadi Zemzem an die Küste führende Karawanenweg gut kontrollieren.

Möglicherweise verbirgt sich im Ortsnamen eine Reminiszenz an den Gott Gurza, den nach einem Zeugnis des arabischen Historikers Al-Bekri aus dem 11. Jahrhundert viele Stämme Tripolitaniens auf Berggipfeln verehrten. Dieser hat wahrscheinlich seine Wurzeln im stiergestaltigen Gurzil, den der selbst aus Afrika stammende antike Historiker Corippus im 6. Jahrhundert als Hauptgott der ›Mauren‹ nennt. Er galt als Sohn des ägyptischen Gottes Ammon und einer Kuh; sein Abbild soll bei Kriegen mitgeführt worden sein.

Die Siedlung

Die etwa 30 antiken Wohnhäuser von Ghirza, die offensichtlich nicht planmäßig angelegt, sondern nach Belieben errichtet wurden, befinden sich am Nordrand des Wadi Ghirza 5 km von dessen Mündung ins Wadi Zemzem beidseitig einer kleinen, Sciabet al-Gsur genannten Geländesenke, die ihrerseits ins Wadi Ghirza mündet. Daher hatten die ansässigen Bauern durch die winterlichen Regenfälle genügend Wasservorräte. Die Siedler dürften – wie überall auf dem Djebel Nafusa – auf dem Boden des Wadis, wo eine nutzbare Fläche von 250 ha zur Verfügung stand, Datteln, Oliven (man fand zumindest eine Ölpresse in einem der Gebäude) und in regenreichen Jahren auch Getreide angebaut haben. Um das kostbare Nass zurückzuhalten, errichteten die Bewohner in Abständen von 100 m quer durch den Wadigrund niedrige Steindämme, deren Reste noch sichtbar sind. Außerdem wurden nahe der Wohnhäuser Zisternen angelegt. Denn das Wadi Zemzem und seine Nebentäler liegen südöstlich des eigentlichen Djebel Nafusa, fast schon am Übergang zur Wüste. Daneben spielte auch die Viehhaltung eine große Rolle. Eine der hier gefundenen Inschriften spricht von einem Tieropfer von 30 Ziegen und 51 Stieren, was auf einen gewissen Wohlstand der Ortschaft schließen lässt.

Ghirza scheint erst im frühen 3. Jahrhundert zur Grenzsicherung gegründet worden zu sein, zumindest konnte man bislang keine vorrömische Siedlung ermitteln, sodass auch die auf Grund der Namensähnlichkeit naheliegende Gleichsetzung mit der aus älteren Texten überlieferten Stadt Gereisa eher unwahrscheinlich ist. Allerdings fehlen im Siedlungsbild klassische Verteidigungsbauten wie Stadtmauern oder Wehrtürme. Im Gefahrenfall dürfte sich die Bevölkerung in bestimmte größere und stärker befestigte Gehöfte zurückgezogen und dort den Angriffen getrotzt haben. Zumeist waren die aus lokalen Bruchsteinen aufgemauerten und mehrgeschossigen Wohnbauten, deren Außenwände sich oft noch bis in mehrere Meter Höhe erhalten haben, mit Innenhöfen ausgestattet. Spätere Umbauten machen es wahrscheinlich, dass einige von ihnen auch noch in arabischer Zeit bewohnt waren.

Ghirza, Grabbauten der Nordnekropole

Die Nekropolen

Eindrucksvoller als die Ruinen der Wohnhäuser sind die prunkvollen Grabbauten in den beiden etwa 3 km voneinander entfernten Friedhofsareale, der Nordnekropole (im Nordosten) und der Südnekropole (Südwesten). Es fällt auf, dass die Wohnhäuser eher schlicht und zweckmäßig – als Verteidigungsbauten – angelegt, die Grabtürme und -tempel hingegen um so üppiger dekoriert sind. Ob dieser Umstand jedoch dafür spricht, dass man dem ewigen Leben eine höhere Bedeutung beimaß als dem zeitlich begrenzten und – an der römischen Reichsgrenze – sicher auch gefahrvollen Dasein auf Erden, lässt sich nicht beantworten. Da die Grabbauten offensichtlich in keinem allzu großen zeitlichen Abstand voneinander im 3. Jahrhundert entstanden sind, liegt die Folgerung nahe, dass auch die Blütezeit von Ghirza eher kurzlebig war.

Die **Nordnekropole** befindet sich nahe der Siedlung auf dem Plateau westlich des Sciabet al-Gsur und besteht fast ausschließlich aus tempelartigen Grabbauten, die sich auf Plattformen mit rechteckigem Grundriss erheben. Die ingesamt sieben Gräber stehen, mit Ausnahme des vorgezogenen Mausoleums G, etwa in einer Reihe und weisen mit ihren Eingängen nach Osten.

Am eindrucksvollsten und mit 4 × 5 m auch am größten ist das ganz im Norden gelegene Grab A. Mit seinem Podium und seiner Gliederung der Architraven mit Triglyphen und Metopen sowie mit Zahnschnitt am Geison erinnert es an einen Peripteraltempel der dorischen Bauordnung, zu dem allerdings die eher ionisch inspirierten Korbkapitelle mit Voluten auf den 14 Säulen nicht passen. Der nicht einfach zu lesenden Grabinschrift auf der von zwei Adlern flankierten *tabula ansata* ist zu entnehmen, dass die Anlage vom Geschwisterpaar Nimira und Fedel für ihre Eltern Nasif und Mathlich errichtet wurde. Deren Grablege befand sich allerdings nicht in der durch eine Scheintür verschlossenen *cella*, sondern in einer durch das Podium überbauten Grabkammer.

Daneben erheben sich jeweils auf einem niedrigen Podium mit quadratischer Grundfläche, das mit korinthischen Eckpilastern und einem am oberen Rand umlaufenden Fries mit Ranken und floralen Motiven dekoriert ist, die Grabbauten B und C, die den am häufigsten in der Nordnekropole vertretenen Grabtyp repräsentieren. Hier umstehen allseitig durch Arkadenbögen verbundene Säulenreihen die zu einem zentralen Stützpfeiler degenerierte massive *cella*. Beim Tempelgrab B, einer Stiftung des Marchius Metusan für seine Eltern Marchius Fydel und Flavia Thesylgum, waren es einst 5 × 5 Säulen sowie zwei weitere, die den Cellazugang flankierten; beim Mausoleum C, das Marchius Nimmire und [M?]accurasan für ihre Eltern Marchius Chullam und Varnychsin errichtet haben, sind es vier Säulen auf jeder Seite. Bei beiden Bauwerken – und beim letztgenannten noch vor Ort sichtbar – bildete den oberen Abschluss ein Relieffries mit figürlichen Motiven, die unter anderem Menschen bei der Jagd

Ghirza, Grabbauten der Nordnekropole
Links: Scheintür von Grab A
Rechts: Detail des Frieses von Grab C

und Landwirtschaft zeigen Über den vier Ecken des Grabtempels B stand nach Ausweis der im Schutt gefundenen geflügelten Rümpfe je eine Statue der Victoria.

Die anschließenden Gräber D bis G sind mehr oder minder stark zerstört. Vom Mausoleum D steht nur der Stumpf des Podiums, das einst eine Ädikula mit vier Säulen trug, E präsentiert sich mit 3 × 3 Säulen in erheblich besserem Zustand, und von F ist nur mehr die einst von 5 × 5 Säulen umgebene *cella* sichtbar. Grab G schließlich ist nur noch ein Schutthaufen.

In der 3 km weiter westlich auf einem Plateau oberhalb des Wadi Ghirza gelegenen **Südnekropole** herrschen hingegen turmartige Gräber mit Ädikula vor. Die sieben zumeist stark zerstörten Mausoleen dürften – wie auch bei vergleichbaren Gräbern an anderen Orten zu beobachten – als Landmarken an einer alten Karawanenstraße ins Innere Afrikas aufgereiht worden sein. Beim besterhaltenen Exemplar, dem Grab A, weist das acht Steinlagen hohe, auf einem niedrigen gestuften Podium stehende Untergeschoss an seinen Kanten Akanthuspilaster auf und schließt oben mit einem Fries von Blütenrosetten bzw. – an der nördlichen Frontseite mit der Scheintüre – mit Köpfen und Büsten der Verstorbenen ab. Wie noch heute die geringen Baureste des zweiten Geschosses über dem auskragenden Gesims zeigen, erhob sich hier eine Ädikula mit vier Säulen, welche die pfeilerartige *cella* umgaben. Als Bekrönung des einst 15 m hohen Bauwerks fungierte eine spitzwinklige Pyramide, die ihrerseits einen steinernen Pinienzapfen auf ihrer Spitze trug. Alte Schwarzweißaufnahmen zeigen noch den kompletten Erhaltungszustand des Monuments, dessen obere beiden Partien bei einem schweren Erdbeben 1935 einstürzten.

Das am reichsten dekorierte Monument der Südnekropole, Grab G, ist 1958 abgebrochen und im Nationalmuseum von Tripolis wiederaufgebaut worden.

Ghirza, Rekonstruktion eines Grabturms der Südnekropole

Der Syrtebogen

Geographie und Geschichte

Die beiden Kulturlandschaften Tripolitanien und Kyrenaika mit ihrem südlich anschließenden Bergland trennt ein ausgedehnter Trockenstreifen, auf dem sich nur eine steppenartige Vegetation hält. Die Wasserarmut dieses Gebiets erklärt sich daraus, dass hier ein Höhenzug im Hinterland fehlt, welcher die Wolken zum Abregnen zwingen könnte. Entsprechend ist hier ohne künstliche Bewässerung kein Feldbau möglich. Doch sieht man viel Weidewirtschaft. Allenthalben stößt man auf Herden von Kamelen, Ziegen und Schafen. Dennoch gab es hier bereits in der Antike einige Ansiedlungen und Hafenplätze, die aber immer nur dort existieren konnten, wo Quellen an die Oberfläche traten und ausreichend Wasser lieferten.

Die Küstenlinie schlägt hier einen weiten Bogen nach Süden und bildet so einen Meeresgolf, der schon in der Antike die Bezeichnung Syrtis Mayor, Große Syrte, bekam, zur Unterscheidung von seinem kleinen Gegenstück, der Syrtis Minor, die dem heutigen Golf von Gabès an Tunesiens Ostküste entspricht. Schenkt man dem justinianischen Hofschreiber Prokopius Glauben, dann leitet sich die antike Bezeichnung Syrtis vom griechischen Wort *suresthai* ab, das ›gezogen werden‹ bedeutet und darauf anspielt, dass die Wind- und Wasserverhältnisse sowie der Meeresboden mit seinen Untiefen eine reguläre Schifffahrt fast unmöglich machten und das Syrtebecken zu einem unberechenbaren Gewässer für die Schifffahrt werden ließen.

Selbst ins Neue Testament fand die fast sprichwörtliche Gefährlichkeit der Großen Syrte ihren Eingang. Als der Apostel Paulus nach seiner Gefangennahme auf dem Seeweg von Caesarea nach Rom gebracht werden sollte und sein Schiff in einen schweren Sturm geriet, kappten, wie es in der Apostelgeschichte überliefert wird, die Matrosen die Ankertrossen, aus Angst, »in die Syrte zu geraten«.

Wahrscheinlich hat der Name Syrte aber keine griechischen, sondern semitische Wurzeln, wo *sert* eine der vielen Bezeichnungen für die Wüste ist. Der Begriff wurde demnach ursprünglich weniger die Meeresbucht bezeichnen, als vielmehr die unwirtliche Küste und ihr Hinterland. Auch hierzu liegen entsprechende Schilderungen antiker Autoren vor. So berichtet Plutarch über eine Episode aus dem Afrikafeldzug von Cato dem Jüngeren, der 48 v. Chr. im Verlauf des Bürgerkriegs gegen Cäsar mit einem römischen Truppenkontingent von knapp 10 000 Mann auf dem Weg von Kyrene nach Mauretanien zu König Juba I. war. Dabei mussten die Soldaten die Distanz »wegen der Winterstürme auf dem Landweg«, sprich entlang dem weitläufigen Syrtebogen, zurücklegen, was Versorgungsnöte aufwarf. Deswegen hatte Cato »eine Menge von Eseln zusammengebracht, welche Wasser schleppten, und sich mit Vieh und Wagen reichlich versehen […] 27 Tage lang zogen sie ohne Unterbrechung vorwärts«. Bei

Die beiden Syrten führen »ihren Namen nach ihrer Beschaffenheit […]. Denn es sind dies zwei Meerbusen fast am Ende Afrikas, ungleich in ihrer Größe, aber von gleicher Eigentümlichkeit: Ihre dem Festland zunächst liegenden Teile sind sehr tief, der Rest, wie es der Zufall gefügt hat, tief beim einen Wetter, beim anderen seicht. Denn wenn das Meer rau und von Winden aufgewühlt zu werden beginnt, reißen die Wogen Schlamm und Sand und riesige Steine mit sich; so wechselt das Aussehen des Meeresgrundes zugleich mit den Winden. Von diesem Mit-sich-Reißen haben die Syrten ihren Namen.«
Sallust, Jugurthinischer Krieg, 78

◁ Ein Dromedar im Schatten eines Tamariskenbaums

Strabo, der dieselben kriegerischen Ereignisse überliefert, werden daraus sogar 30 Tage, die von den Mannen Catos bei drückender Hitze zurückgelegt werden mussten.

Der bedeutendste einheimische Stamm im Syrtebogen waren die Nasamonen. Sie verlagerten im Lauf der Jahrhunderte mehrfach ihre Wohnsitze und werden deswegen von den diversen antiken Geographen unterschiedlich lokalisiert. Die detallierteste Beschreibung dieser Völkerschaft erfolgte durch Herodot, der auch erwähnt, dass die Nasamonen den Sommer über ihre Herden an der Küste zurücklassen und zur Dattelernte in die Oase »Augila«, eine der heutigen Djalu-Oasen (s. S. 178), ziehen würden.

Auch wenn dieser lang gezogene öde Landstrich über keine nennenswerte wirtschaftliche Bedeutung verfügt und auch heute mit seinem Strauchbewuchs lediglich als Weideland geeignet ist, geriet er in der Antike zum Zankapfel. Denn hier kollidierten die Expansionsbestrebungen der Karthager im Westen und der Kyrener im Osten. Die Auseinandersetzungen scheinen ihren Höhepunkt erreicht zu haben, bald nachdem in der Kyrenaika das Herrscherhaus der Battiaden von einer demokratischen Staatsform abgelöst worden war. Es soll, wie der römische Autor Sallust in der Vorgeschichte zu seinem ›Jugurthinischen Krieg‹ berichtet, zu einem langwierigen und blutigen Krieg gekommen sein, der erst sein Ende fand, als beide Seiten befürchteten, so geschwächt zu werden, dass sich irgendein Dritter beider rivalisierender Reiche bemächtigen könnte. Für die Konfliktlösung wählte man einen unkonventionellen Weg. Man vereinbarte, dass zum selben Zeitpunkt aus den beiden Hauptstädten Karthago und Kyrene je eine Läufergruppe starten sollte, und wo diese im Syrtebogen aufeinander treffen würden, wollte man die Grenze ziehen. Wahrscheinlich durch heftigen Gegenwind stark behindert, gerieten die kyrenischen Abgesandten ins Hintertreffen, während umgekehrt die beiden Brüder Philaeni, welche für Karthago ins Rennen gegangen waren, gut voran kamen. Jedenfalls begegneten sich beide Parteien weit östlich der Streckenmitte sodass gegen die Karthager der Vorwurf laut wurde, sie seien früher als vereinbart aufgebrochen. Dies wiesen die Brüder zurück und versprachen, sich am Treffpunkt lebendig unter Sandhügeln verschütten zu lassen, wenn diese fortan die Grenzmarkierung bilden würden. Umgekehrt müssten sich die kyrenischen Läufer, wenn sie die Trennungslinie zwischen beiden Gebieten weiter westlich gezogen sehen möchten, an der von ihnen gewählten Stelle ebenso begraben lassen. Davor schreckten diese zurück und so mussten die Philaeni-Brüder ihr selbstmörderisches Angebot wahrmachen. Bis in die römische Kaiserzeit galten zwei Sandhügel in Küstennähe beim heutigen Ras A'ali, die aber wahrscheinlich natürlichen Ursprungs waren, als Gräber der heldenhaften Karthager. Diokletian errichtete auf ihnen ein Gedächtnismonument, das wahrscheinlich (ähnlich dem Tetrapylon in Ptolemais) aus vier Säulen bestand, auf denen die Statuen der Tetrarchen, also des Kaisers und seiner drei Mitregenten, standen. Trümmer dieses Denkmals mit Resten entsprechender Inschriften konnten bei Ausgrabungen aufgedeckt werden.

Erst in jüngster Vergangenheit stellte die Große Syrte wieder einen Konfliktherd dar. Da man in der Meeresbucht auch *offshore*, also unter Wasser, reiche Ölvorkommen vermutet, erweiterte Gadhafi eigenmächtig seine international anerkannten Hoheitsgewässer über die damals übliche Zwölf-Meilen-Grenze hinaus und erklärte die gesamte Syrtebucht zum libyschen Staatsgebiet. Prompt unterband die amerikanische Mittelmeerflotte, die im Januar 1986 dort gerade Seemanöver abhielt, diese Bestrebungen, indem sie im März desselben Jahres in das umstrittene Gewässer einlief. Bei den folgenden Luftkämpfen verlor Libyen mehrere Militärjets, drei kleinere Kriegsschiffe und eine Radarstellung sowie eine Raketenbatterie. Seitdem beschränkt sich zwar Libyen wieder auf sein vorheriges Territorium, es fanden aber bislang auch keine Bohrungen vor der Küste statt. Letztendlich mündeten diese Ereignisse am 15. April 1986 in das Bombardement von Tripolis und Benghazi durch die amerikanische Luftwaffe, die rund 100 libysche Zivilisten das Leben kostete, als Reaktion auf den zehn Tage zuvor auf die Berliner Diskothek La Belle verübten Bombenanschlag, für den Libyen verantwortlich gemacht wurde.

Von Siirt nach Benghazi

Siirt

Von Siirt nach Benghazi

Besonders sehenswert: Medinet Sultan Adjdabiya

Die Großstadt Siirt hat in der Gegenwart Berühmtheit erlangt als der Ort, in dessen Hinterland Muammar Gadhafi wohl 1942 als Sohn einer Beduinenfamilie geboren wurde. Als Zehnjährigen schickten ihn seine Eltern in die Schule ins 30 km entfernte Siirt – eine Strecke, die er allwöchentlich zu Fuß zurücklegte. Vier Jahre später konnte er dann auf eine weiterführende Schule in Sebha im Fezzan überwechseln. Mittlerweile gibt es Bestrebungen, den Dauerrivalitäten zwischen Tripolis und Benghazi den Wind aus den Segeln zu nehmen, indem wichtige öffentliche Institutionen aus der Landeshauptstadt nach Siirt verlagert werden, das so mittelfristig in den Rang der neuen Machtzentrale aufsteigen könnte. Der Volkskongress tagt dort bereits in einem neu errichteten Zentrum mit angegliedertem Hotel, in welchem gelegentlich auch internationale Konferenzen abgehalten werden. Immerhin ist Siirt bereits heute Verwaltungshauptstadt des Bezirks Chaledj (Golf).

Siirt ist das wohl von Karthagern als Handelsstützpunkt gegründete Turris Euphranta, das unter den Ptolemäern zeitweilig die Grenze zwischen Tripolitanien und der Kyrenaika markierte und später in Macomades umbenannt wurde. Der Ort verfügt jedoch heute über keine antiken Reste mehr. Die Fatimiden nahmen die unterbrochene Besiedlung wieder auf und gründeten hier auf ihrem Vorstoß nach Ägypten einen befestigten Ort, der allerdings rasch wieder verfiel. Heute präsentiert sich Siirt als aufstrebende Großstadt mit ausschließlich modernen Bauten.

Auf dem Weg von Siirt ins 409 km entfernte Adjdabiya führt die Straße, zumeist in größerem Abstand von der Mittelmeerküste, durch den landschaftlich eintönigen und nicht sonderlich dicht besiedelten Syrtebogen. Wenige Ortschaften liegen auf dem Weg. Mehrfach kommt man an Erdöltanks und -verladestationen vorbei, von denen der Hafen von As-Sidrah die bedeutendste ist.

Rund 55 km östlich von Siirt passiert die Küstenstraße **Medinet Sultan,** das nach Ausweis antiker Quellen der bedeutendste Ort des Syrtebogens war. In punischer Zeit hieß er Charax (Korax, Pharax), unter den Römern Iscina, in frühislamischer Zeit Sort. Strabo gibt lediglich an, dass Charax östlich von Turris Euphranta gelegen sei; anderen Wegbeschreibungen zufolge betrug die Distanz zwischen den beiden Orten 290 Stadien (50 km). Diese Angaben bestätigen die genannten Identifikationen. Die antiken Quellen nennen noch einen weiteren Hafen, Eperos, der 150 Stadien, 26 km, entfernt lag und deswegen mit dem heutigen An-Naim gleichgesetzt werden kann.

Laut Strabo ist Charax von den Karthagern als *emporium,* also Handelsstützpunkt gegründet worden, in welchem hauptsächlich aus der Kyrenaika geschmuggelte Silphionpflanzen und deren Saft gegen Wein eingetauscht wurden. Auf der ›Tabula Peutingeriana‹, der mittelalterlichen Kopie einer antiken Landkarte, findet sich außer dem Ortsnamen Iscina noch der ergänzende Hinweis »locus Judaeorum Augusti«, der bezeugt, dass sich hier auf Veranlassung der Römer

Medinet Sultan, Museumsgelände, Bronzestatue des Marble Arch

eine jüdische Gemeinde befand. Es bleibt aber unklar, ob die Zuwanderung dieser Glaubensgruppe bereits vor dem jüdischen Aufstand von 115, der schwere Unruhen und Zerstörungen in der Kyrenaika bewirkte, stattgefunden hatte oder erst danach, möglicherweise sogar als dessen Folge. Beschreibungen antiker Reste gaben schon 1821 die Brüder F. W. und H. W. Beechey während ihrer Forschungsreise, gefolgt 1846 von Heinrich Barth, der als Erster die Gleichsetzung der Ruinen mit dem antiken Charax vorschlug.

Am Ortsrand von Medinet Sultan, unmittelbar links an der Küstenstraße, liegt ein eingezäuntes Museumsgelände. Hierher hat man die Reliefplatten und die beiden Bronzeskulpturen der Philaeni-Brüder gebracht, mit denen der 144 km weiter östlich errichtete italienische Marmorbogen aus faschistischer Zeit bis zu seiner Sprengung nach der 1970 erfolgten Ausweisung der letzten italienischen Gutsherren dekoriert war. International war der 31 m hohe, futuristisch anmutende Bogen unter seiner englischen Bezeichnung **Marble Arch** bekannt. Der italienische Marschall Balbo hatte ihn 1937 errichten lassen, anlässlich der Wiederinbetriebnahme der Küstenstraße, deren Einweihung Mussolini persönlich vornahm. Als Standort des Monuments hatte man **Ras Lanuf** gewählt, die vermeintliche Mitte der der fast 2000 km langen Straße zwischen der ägyptischen und der tunesischen Grenze, die schon in der Antike Karthago und Alexandria miteinander verbunden hatte.

Die beiden monumentalen Bronzen im Museumsareal zeigen die legendären Brüder in dem Augenblick, in welchem sie – in Einlösung ihrer Wette – in liegender Haltung nackt und mit schützend über den Kopf gehaltenen Armen gerade lebendig unter den Sandmassen begraben werden. Ursprünglich befanden sich die Skulpturen in zwei länglichen Nischen auf den beiden Frontseiten des Marmorbogens,

Medinet Sultan, Museumsgelände, Reliefplatte des Marble Arch

der die Küstenstraße überspannte, direkt über dem hohen eingewölbten Durchfahrtstor. Beidseitig davon zeigten Reliefplatten im Stil des faschistischen Realismus vor allem italienische Kolonisten bei der Bearbeitung des aus ihrer Sicht während der Osmanenzeit sträflich vernachlässigten fruchtbaren Ackerlandes der Kyrenaika, aber auch Truppen, vor denen auf einem Relief Mussolini eine Ansprache hält. Diese Reliefplatten aus Travertin sowie die Tafel mit der offiziellen Bauinschrift des Monuments vom »5. Mai XIV«, gezählt nach der von Mussolini neu eingeführten Datierung ab dem Beginn der faschistischen Ära, befinden sich in einem überwucherten Gelände hinter einem kleinen Museumsgebäude, in welchem Grabungsfunde der Umgebung gezeigt werden, meist Keramik und beschriftete Steine von der Antike bis zum Islam.

Ein viertelstündiger Fußmarsch vom Museumsareal von As-Sultan in Richtung Küste führt zu den 1963 freigelegten und restaurierten Resten des islamischen As-Sultan, die wohl überwiegend auf die Zeit der Fatimiden zurückgehen, darunter die Grundmauern der eine Fläche von 31 × 41 m² bedeckenden Moschee. Bei den Ausgrabungen der Gebetsstätte traten eine Reihe kufisch beschrifteter Steinquader ans Tageslicht, von denen einige im Museum von Sultan ausgestellt sind.

Das nächste Kap, das auf Ras Lannuf, den einstigen Standort des Marble Arch, folgt, ist **Ras al-A'ali.** Hier werden die Arae Philaenorum lokalisiert, die beiden angeblichen, heute weitgehend verschwundenen antiken Grabhügel, die an den Opfertod der beiden karthagischen Brüder erinnern sollten.

Bei **Al-Agheila**, wo sich möglicherweise der antike Ort Automalax Anabucis befunden hat, erreichen der Syrtebogen und die seiner Krümmung folgende Fernstraße ihren südlichsten Punkt.

Die bei Marsa Brega gelegene Ortschaft **Bu Grada** ist das antike Boreum, das seinerzeit neben Iscina/Sultan die zweite bedeutende jüdische Ansiedlung im Syrtebogen beherbergte. Diese Juden sollen jedoch nach Auskunft des byzantinischen Hofschreibers Prokop unter Justinian zum Christentum bekehrt worden sein und daraufhin ihre Synagoge in eine Kirche umgewandelt haben.

Adjdabiya

Adjdabiya, das antike Corniclanum, liegt am östlichen Ende des Golfs der Großen Syrte und damit an der alten Straße zwischen Tripolitanien und der Kyrenaika. Zudem ist es seit alters her der Ausgangspunkt in die Djalu- und Kufra-Oasen und von dort aus weiter in den Tschad und den Sudan. Auch wenn sich nur wenige Kilometer westlich der Stadt der 15 m unter dem Meeresspiegel liegende Salzsumpf der Sebkhat asch-Scham ausdehnt, so verdankt der Siedlungsplatz seine Existenz den lokalen Süßwasservorkommen.

Die Fatimiden erwählten sich bei ihrem Vorstoß aus ihrer maghrebinischen Heimat nach Ägypten den Ort Ayibah, den sie später in Adjdabiya umbenannten, als zeitweilige Residenz und aus dieser kurzen Periode des beginnenden 10. Jahrhunderts sind in der heute durch Neubauten geprägten Stadt noch einige wenige Baureste vorhanden. Im Zentrum befinden sich unweit westlich der nach Kufra führenden Durchgangsstraße auf einem Freiplatz, der leider als Müllhalde der umgebenden Wohnsilos genutzt wird, die Grundmauern eines fatimidischen **Ribât**, eines befestigten Palastes. Deutlich sind noch die Rundtürme an den Ecken und die Rechtecktürme an beiden Längsseiten auszumachen. Die Mauern der Innenbauten sind unterschiedlich hoch erhalten. An der Rückwand der Anlage im Südwesten ist sogar noch ein Gewölbeteil vom zentralen Empfangssaal vorhanden. Zeichnungen des Orientreisenden Pacho von 1824 zeigen, dass zu seiner Zeit auch noch die Längstonnen-Einwölbungen der beiden flankierenden Räume existierten.

Folgt man der Durchgangsstraße in die Oasen nach Süden bis zum nächsten Kreisverkehr und biegt dort nach rechts ab, gelangt man in das zweite Areal mit historischen Überresten. Innerhalb eines ummauerten Friedhofs auf der linken (südlichen) Straßenseite befinden sich die 1954 entdeckten und seither freigelegten und wieder restaurierten Grundmauern und Pfeiler der fatimidischen **Abu'l-Qasim-Moschee.** Sogar Partien einer aus gebrannten Lehmziegeln errichteten Mauer von einstmals 1,7 m Dicke, mutmaßlich Reste des nördlichen Abschnitts der mittelalterlichen Stadtmauer, lassen sich in der nördlichen Friedhofsecke ausmachen. Westlich der Friedhofsmauern traten 1975 bei Bauarbeiten für eine Mädchenschule Reste einer Brunnen- und Zisternenanlage (Saharisch-Zisternen) zu Tage,

Adjdabiya, fatimidischer Ribât

deren Teile durch Rinnen verbunden sind. Die Relikte befinden sich heute zwar auf dem Schulgelände, können bei Anfrage (Pförtnerhäuschen am Schulhofeingang) aber besichtigt werden.

Die örtlichen Funde, zu denen neben islamischen Inschriften und Architekturteilen auch solche aus römischer und byzantinischer Zeit gehören, sollen demnächst in einem kleinen Museum auf der gegenüber liegenden (nördlichen) Straßenseite präsentiert werden.

Auf der vierspurig ausgebauten Straße von Adjdabiya ins 150 km entfernte Benghazi passiert man nach 106 km den Ort **Qaminis.** Dort zweigt eine Verbindung nach Al-Merdj ab, auf welcher man nach 18 km den Ort **Soluq** erreicht. Hier wurde der vor einem italienischen Militärgericht in Benghazi als Aufrührer zum Tode verurteilte Widerstandskämpfer Omar Mukhtar am 17. September 1931 öffentlich in Anwesenheit zahlreicher gewaltsam herbeigebrachter Libyer am Galgen erhängt. Auf Befehl von Marschall Graziani erhielt der Leichnam eine anonyme Bestattung auf dem Friedhof von Sidi Mohammed Abeid in Benghazi, sodass das Grab des Widerstandskämpfers bis heute unbekannt ist. Ungeachtet dessen gibt es sowohl in Soluq als auch in Benghazi Mausoleen Omar Mukhtars.

Vom Syrtebogen über die Djofra-Oasen nach Sebha

Vom Syrtebogen in die Djofra-Oasen

Besonders sehenswert:
Bu Ndjem
Waddan

Rund 60 km südöstlich von Taourgha und 127 km westlich von Siirt zweigt bei Al-Hischah al-Djedid (bei den Einheimischen besser unter Abu Qureyn bekannt) eine Straße von der Hauptroute zwischen Tripolis und Benghazi nach Süden ab. Sie führt über Bu Ndjem, in das man nach 100 km gelangt, in Richtung Djofra-Oasen.

Rund 130 km weiter östlich gehen nochmals zwei ausgebaute Wege von derselben Küstenstraße ins Landesinnere ab. Die eine, wenige Kilometer westlich von Siirt beginnend, erreicht nach 140 km Bu Ndjem, die andere, die kurz hinter Siirt abzweigt, führt nach 230 km direkt in das Becken der Djofra-Oasen und passiert am Nordostrand der Oasensenke den 671 m ü. M. hohen Djebel Waddan, den Berg der Mähnenschafe.

Bu Ndjem und Gholaia

Die erstgenannte, bei Al-Hischah beginnende Route durchquert zunächst das ebene Hinterland des Syrtebogens und mündet dann in den Djofra-Graben, einen gewaltigen tektonischen Riss von 400 km Länge und 20–25 km Breite, der vom Syrtebogen in südöstliche Richtung bis ins Becken der drei Djofra-Oasen reicht. Diese Straße folgt einer historischen Route, auf der beispielsweise Valerius Festus, der Legat Numidiens, zur Zeit des römischen Kaisers Vespasian bei seinem Befriedungsfeldzug gegen die Garamanten nach Süden gezogen sein dürfte. Der Djofra-Graben klafft zwischen zwei geologisch unterschiedlichen Schichten: Im Westen liegt ein harter Kreidekalk vor, im Osten hingegen, am Djebel Waddan und seiner Umgebung, ist es ein deutlich bizarrer verwitterter weicher Kalkmergel.

Nach reichlich 60 km schneidet die Straße das tief eingeschnittene und weit verzweigte Wadi Bei al-Khebir und folgt dann dem von Norden nach Süden verlaufenden Wadi Bei al-Khaib. 100 km nach Verlassen der Küstenstraße werden zunächst die wenigen Häuser von **Bu Ndjem** erreicht. Hier steht links an der Straße eine aus unregelmäßigen Steinblöcken und Zement errichtete Festung aus der italienischen Kolonialzeit mit quadratischem Grundriss und Rundtürmen an den Ecken, das Fortina Capitano di Mondato. Im Innern des verfallenden Wehrbaus sind die Truppenunterkünfte entlang der Mauern, auf die man über Treppen hinaufsteigen kann, gut zu erkennen. Ein mächtiger Rundturm erhebt sich im Zentrum der Anlage, dessen flache Abdachung eingebrochen ist. Hinter der Festung, unweit eines Wasserturms, befinden sich Quellen, die an einigen Stellen noch heute heiß und schwefelhaltig an die Oberfläche treten.

Rund 800 m weiter östlich erstrecken sich auf dem Boden des antiken **Gholaia** die Ruinen eines römerzeitlichen Truppenlagers, das in den 1960/70er Jahren von französischen Archäologen unter Leitung von R. Rebuffat ausgegraben worden ist. Der Komplex besteht aus der Truppenunterkunft und einer umgebenden Zivilsiedlung *(vicus)*, die das Kastell im Westen, Norden und Osten umgab und neben den Wohnbauten auch einige Tempel umfasste. Im Südwesten befand sich die Nekropole. Während vom Lager selbst noch Reste vorhanden sind, zeichnen sich die umgebenden Bauten nur noch als flache Schuttberge ab, die keine Grundrisse mehr erkennen lassen.

Das Kastell weist, ähnlich der Anlage von Gheryat al-Gharbiya, den klassischen römischen Lagergrundriss auf: rechteckig mit gerundeten Ecken sowie Eingangstoren auf allen vier Seiten. In Ost-West-Richtung ist das Militärgebäude 136 m lang, in Nord-Süd-Richtung 91 m. Die Durchlässe der Schmalseiten – zu denen auch das Hauptportal im Osten gehört – liegen genau in der Mittelachse, während die Tore der Längswände im Süden und Norden nach Osten hin verschoben sind. Der französische Reisende G. F. Lyon hat die Ruine 1819 besucht und dabei das damals noch komplett erhaltene **Nordtor** (2) in einer Zeichnung festgehalten, die dann in seinem Reisebericht ›A Narrative of Travels in Northern Africa in the Years 1818, 19 and 20‹ erschienen ist. Auf dem Bild ist ersichtlich, dass nur der untere Teil, einschließlich des Bogens des Portals, aus Steinquadern bestand und das Mauerwerk darüber aus Ziegeln errichtet worden war und Zinnen aufwies.

Plan des Kastells von Bu Ndjem

1 Westtor
2 Nordtor
3 Osttor
4 Südtor
5 Truppenunterkünfte
6 Principia
7 Praetorium mit Schreibstube
8 Thermen

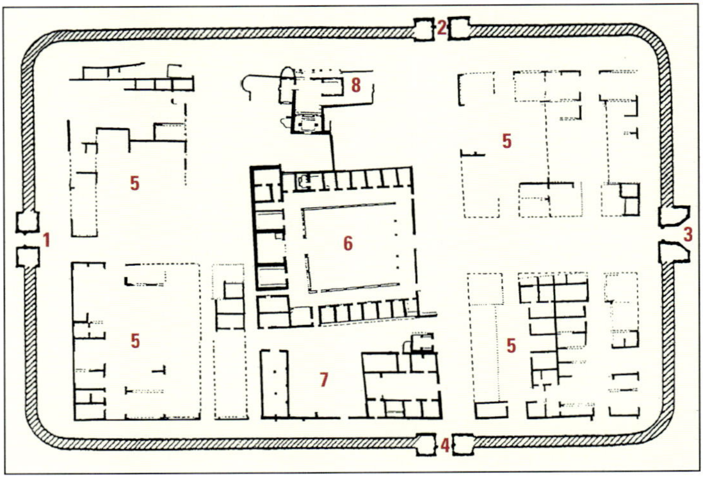

Heute ist vom **Westtor** (1) praktisch nichts mehr vorhanden und die übrigen drei Portale existieren nur mehr bis auf die Höhe des Gewölbebogenansatzes. Das **Haupttor im Osten** (3) weist denselben auffälligen Grundriss mit den abgeschrägten Ecken der seitlichen Mauerzungen auf wie das Tor im Hauptlager der Legio III Augusta in Theveste. In Gholaia waren also, ebenso wie in Gheryat Unterabteilungen dieser Legion stationiert. Die Bauinschriften über den vier Tordurchgängen, bei denen die Scheitelsteine des Torbogens jeweils ein Adlerrelief zeigten, sind weitgehend identisch. Während man drei der Textblöcke schon seit längerem kannte, ist der Letzte, vom **Südtor** (4), erst 1971 im Zuge der französischen Ausgrabungen entdeckt worden. Aus diesen Inschriften und einem Weihealtar lässt sich der antike Name des Ortes, Gholaia, entnehmen, ebenso das Datum für den Baubeginn des Lagers, das dem 24. Januar 201 entspricht, sowie der Name des Befehlshabers, der Julius Dignus lautete. Einer der beschrifteten Blöcke ist schon Gerhard Rohlfs aufgefallen, der das Ruinengelände am 24. Januar 1879 – ohne es ahnen zu können auf den Tag genau 1678 Jahre nach der Lagergründung – erreicht hatte: »Die Inschrift, welche über dem nördlichen Thor stand, und deren Träger, ein schwerer Quader, der jetzt auf dem Boden liegt, ist vollkommen gut erhalten.«

Von den Innenbauten, die seit ihrer Freilegung allmählich wieder versanden, zeichnen sich noch die Grundmauern der **Soldatenunterkünfte** (5) als längliche Reihen von aneinander gebauten rechteckigen Räumen ab. Von der **Principia** (6), dem Lagerheiligtum, in der Mitte des Lagers sind zudem noch die Steinpfeiler zu erkennen, die als Türwangen dienten oder dem zwischen ihnen hochgezogenen Bruchsteinmauerwerk den Halt gaben. In Raum 1 ihres Südflügels trat bei den Ausgrabungen die einzige bislang überlieferte **Schreib-**

stube *(scriptorium; 7)* eines römischen Truppenlagers mit einem aufgemauerten und verputzten Schreibpult zu Tage. Dieses einmalige Inventar ist von den Ausgräbern geborgen worden und nicht mehr an Ort und Stelle zu sehen. Die über 130 Ostraka, die hier aufgefunden wurden und einen Zeitraum von rund 160 Jahren umfassen, gewähren einen Einblick in den Alltag römischer Legionäre. Überliefert sind Daten zu Zustand und Umfang der hier stationierten Truppen, Befehle und Anordnungen sowie Dienstpläne. Ihnen zu Folge umfassten die Aufgaben der Soldaten – neben den rein militärischen Aufgaben, zu denen auch Erkundungen und Späherdienste gehörten, – unter anderem das Beheizen der Thermen des Kastells, Instandsetzungen und das Eintreiben von Steuern.

Das andere repräsentative Gebäude, das **Praetorium** (7), bestehend aus einem mittleren Saal, von dem aus drei bzw. vier Nebenräume an den Seiten und ein weiterer an der Rückwand zugänglich waren, nahm den Raum zwischen *principia* und der Umfassungsmauer ein.

Als besonderen Luxus besaß das Lager ein kleines **Bad** (8), das sich nördlich der *principia* befand. Die Gründungsinschrift gibt an, dass die Thermen 202 unter dem Lagerkommandanten Q. Auidius Quintianus errichtet wurden. In den Putz des Frigidariums eingekratzt entdeckten die Archäologen die aufschlussreiche Zeichnung eines Soldaten, der die Außenansicht des Lagers festgehalten hat. Man erkennt auf der – von den Ausgräbern abgenommenen und magazinierten – Skizze die Türme an den Ecken des Lagers und beidseitig der Tore sowie die Zinnen auf den Mauerkronen.

Bei dem Dörfchen *(vicus)* außerhalb der Kastellmauern nimmt das lang gestreckte ›Batiment aux niches‹, bei dem es sich um ein kleines Kaufhaus mit mehreren Verkaufsräumen handelte, schon auf Grund seiner Größe eine besondere Rolle ein. In einigen der Räume befanden sich Graffiti auf dem Verputz der Wände. Ihre Auswertung ergab, dass zumindest dieses Gebäude Ende des 3. oder im frühen 4. Jahrhundert aufgegeben wurde.

Bei den übrigen im Umfeld der Truppenunterkunft zu Tage getretenen Bauten handelt es sich meist um Tempelreste. So stießen die Ausgräber 600 m nördlich des Lagers auf den so genannten Nordtempel für eine unbekannte Gottheit und 300 m weiter auf die Relikte eines Heiligtums, das dem Jupiter Hammon geweiht war.

Etwa 250 m östlich des Lagers befand sich die Kultstätte für den Gott Mars Cannaphar, einer sonst unbekannten Variante des römischen Kriegsgottes, die wohl aus einer Verschmelzung mit einer einheimischen Gottheit entstand. Das Innere des nahezu quadratischen Tempels mit einer halbrunden Apsis an der Rückwand wurde von vier Pfeilern gestützt. Besonders interessant ist seine Bauinschrift. Dem 13-zeiligen Text ist nicht nur das Entstehungsdatum der Kultstätte, die 225 errichtet wurde, zu entnehmen, sondern auch, dass die Baumaßnahmen von einer Unterabteilung *(vexillationes)* der Legio III Augusta unter dem Befehl des Centurio T. Flavius Apronianus ausgeführt wurden. Die deutlich zu erkennenden Tilgungen im Text galten dem gestürzten und ermordeten Kaiser Severus Alexander (222–235) und seiner einflussreichen Mutter Julia Mammaea. Die Inschrift ist, wie viele der Funde aus dem Lager, heute im Obergeschoss des Museums von Leptis Magna ausgestellt.

Djofra-Oasen

Die Straße folgt auch südlich von Bu Ndjem/Gholaia weiterhin dem Wadi Bei al-Chaib. Nach knapp 200 km Fahrt auf einer wenig abwechslungsreichen Strecke mit Steppenvegetation senkt sich die Straße allmählich ab in das Becken mit den drei Oasen Waddan, Hun und Soknah, die, da sie in derselben großen Geländedepression liegen, als Djofra-Oasen zusammengefasst werden. Von dort aus startete Gerhard Rohlfs im Frühjahr 1879 seine Expedition in die damals noch legendären und geheimnisumwitterten Kufra-Oasen.

Zuerst wird **Waddan** erreicht. Der historische Ortskern liegt links abseits der Hauptstraße. Auf einer Anhöhe inmitten der Siedlung steht eine stark verfallene Festung, von der sich ein guter Blick auf die Wohnhäuser und vor allem auf die ausgedehnten Palmenhaine der Oase bietet. Die Datteln der Region gelten landesweit als die besten und werden in Verkaufsständen einer staatlichen Kooperative auch direkt an der Durchgangsstraße verkauft.

Auch die folgende Oase, **Hun,** befindet sich links der Durchgangsstraße. Ihre alte Festung liegt hier allerdings dezentral am süd-

Waddan, Festung

lichen Ortsrand und wird heute durch einen dominierenden Komplex öffentlicher Bauten direkt daneben leicht übersehen. Hier hatten die Italiener zwischen 1935 und 1943 den Verwaltungssitz für ihre besetzte Südprovinz.

Als letzte Oase schließt sich, diesmal rechts der Durchgangsstraße, **Soknah** an, das über keine nennenswerten alten Reste mehr verfügt, auch wenn es während der osmanischen Fremdherrschaft die bedeutendste der drei Djofra-Oasen gewesen ist. Etwas weiter südlich liegt nochmals ein kleines begrüntes Areal westlich der Straße, das ebenfalls zu Soknah zählt.

Djebel as-Soda

Wenige Kilometer dahinter verlässt die Straße, die nach Sebha – die von hier 340 km entfernte Provinzhauptstadt des Fezzan – führt, die Oasensenke und steigt rasch auf das Hochplateau des Djebel as-Soda an. Wie schon der Name (Schwarzes Gebirge) verrät, handelt es sich hierbei um ein von schwarzen Basaltbrocken übersätes Areal. Es ist immer wieder von tiefen Wadis durchschnitten und in einiger Distanz von der Straße lassen sich auch kleinere Vulkankegel ausmachen. Die höchste Stelle westlich der Straße erreicht 840 m über dem Meer. Doch die dunkle Basaltschicht bedeckt nur die Oberfläche; darunter liegen mächtige Sedimente von weißem Kreidekalk. Insgesamt nimmt der Djebel as-Soda eine Fläche von 25 000 km^2 ein.

Der Djebel as-Soda ist sicher identisch mit dem Mons Ater bzw. Mons Niger der antiken Geographen, über den Plinius in seiner Naturgeschichte schreibt: »Mons Ater (Schwarzes Gebirge) wird es genannt, weil es ein Aussehen hat, als sei es von den Strahlen der Sonne verbrannt.«

Als nächste Geländeformation werden nach mehr als 100 km die Ausläufer einer Kieswüste, der Serir ben Afen bzw. Serir al-Gattusa, erreicht. Hier überdeckt die sandige Kiesschicht ein Plateau aus nubischem Sandstein. Schließlich steigt die Straße hinab in den östlichen Zipfel des sandgefüllten Beckens von Ubari und weiter in die Oasensenke von Sebha, dem antiken Sabae.

Von Adjdabiya zu den Oasen Djalu und Kufra

Djalu-Oasen

Von Adjdabiya führt eine Straße nach Süden zu den Kufra-Oasen. Nach 250 km, einem Drittel der Strecke, gelangt man zu den Djalu-Oasen, inmitten einer Depression des Kalkplateaus, die 15 m unterhalb des Meeresspiegels liegt. Die fruchtbaren Djalu-Oasen bilden ein Dreieck. Als Erstes wird, wenn man von Norden kommt, Audjila erreicht. Hier gabelt sich die Straße, die in nordöstliche Richtung

»Die Augiler verehren nur Götter der Unterwelt.«
Plinius, Naturgeschichte, V 45

nach Idjcharra, in südöstliche Richtung nach Djalu, dem namengebenden Hauptort selbst führt.

Audjila (Awjilah, Odschla) hat seinen antiken Namen praktisch unverändert bewahrt. Schon Herodot berichtet, dass der im äußersten Westen der Kyrenaika und im östlichen Syrtebogen beheimatete Stamm der **Nasamonen** im Sommer von der Küste unter Zurücklassung seiner Herden ins Landesinnere in die Oase »Augila« zieht, um dort Datteln zu ernten. Plinius beschreibt die Oase als Zwischenstation auf halber Strecke zwischen dem Hinterland der beiden Syrten und »Äthiopien«, womit aber zu seiner Zeit das nordsudanesische Niltal bezeichnet wurde.

Die umfassendste Beschreibung der Region und ihrer Bewohner aber liefert uns Herodot: »An die Auschiser grenzen im Westen die Nasamonen, ein zahlreiches Volk. Sie lassen im Sommer ihre Herden an der Küste und ziehen, um Datteln zu ernten, ins Innere des Landes nach Augila, wo es mächtige Dattelpalmen in Mengen gibt, die auch alle Früchte tragen. Sie fangen auch Heuschrecken, die sie an der Sonne trocknen und danach zerstoßen; sie bereiten daraus mit Milch eine Suppe, die sie trinken. In der Regel hat jeder mehrere Frauen, denn es herrscht Weibergemeinschaft. […] Wenn er seinen Stock vor der Behausung aufgestellt hat, vollzieht er den Beischlaf mit ihr. Wenn ein Nasamone sich zum ersten Mal verheiratet, ist es Sitte, dass die junge Frau sich in der ersten Nacht der Reihe nach von allen Hochzeitsgästen beschlafen lässt. Hinterher gibt ihr dann jeder ein Geschenk, das er von Zuhause mitgebracht hat. Wenn sie schwören und weissagen, machen sie es so: Sie schwören bei den Männern, welche sie für die Gerechtesten und die Besten halten, welche es bei ihnen gegeben hat, und legen dabei die Hände auf deren Grab. Um zu weissagen, gehen sie an die Gräber ihrer Vorfahren, wo sie beten und sich dann zum Schlaf niederlegen, und was ihnen da im Traum erscheint, danach richten sie sich. Wenn zwei Brüderschaft miteinander schließen wollen, so lässt einer den anderen aus seiner Hand trinken und trinkt selbst aus der Hand des anderen. Haben sie nichts zu trinken, so nehmen sie Staub von der Erde in die Hand und lecken ihn ab […].

Ihre Toten begraben die Hirtenvölker [Libyens] wie die Griechen, mit Ausnahme der Nasamonen. Diese begraben sie sitzend, und wenn einer im Sterben liegt, achten sie darauf, dass er im Sitzen und nicht in der Rückenlage stirbt. Ihre Hütten bestehen aus einem Geflecht von Asphodelos und Binsen und sind tragbar.« (Herodot, 4. Buch, Kap. 172 und 190)

Audjila war 1798 eine der Zwischenstationen des deutschen Afrikaforschers Friedrich Konrad Hornemann auf seiner Expedition von Siwa nach Murzuq im Fezzan. Damit war er der erste Europäer der Neuzeit, der die Sahara durchquert hat. 4 km rechts der Hauptstraße befindet sich im alten Teil von Audjila eine teils eingefallene, Moschee aus dem 12. Jahrhundert, die Djami al-Atiq, die an ihren konischen Kuppeln zu erkennen ist. In den aus Kalkstein und Lehmmörtel bestehenden Mauern sind noch einige alte Inschriftensteine angebracht, die man beim Betreten der verwinkelten Gebetsstätte auffinden kann. Ihre Freitagskanzel *(minbar)* wurde, als hier die Nutzung eingestellt wurde, in die neue Bumandil-Moschee überführt.

Die Kufra-Oasen

Kufra-Oasen ☆

Besonders sehenswert: Bewässerungsprojekte

Unter der Bezeichnung Kufra-Oasen wird eine Gruppe weit verstreuter Grünzonen 325 km südlich der Djalu-Oasen zusammengefasst. Sie liegen in einer Mulde des vegetationslosen Berglandes von Kufra im Südosten Libyens.

Selbst in dieser entlegenen Gegend wurde der Befreiungskampf der Libyer gegen die italienischen Kolonisten ausgetragen: Der italienische Marschall Graziani erstürmte 1935 die Oase mit wüstentauglichen Kettenfahrzeugen und beraubte damit die Aufständischen unter Omar Mukhtar ihres letzten Stützpunkts. Der Angriff wurde vorbereitet durch heftige Bombardements der italienischen Luftwaffe, denen beispielsweise auch die Oase Tazerbo zum Opfer fiel. Schon Jahre zuvor hatte Graziani entlang der ägyptisch-libyschen Grenze einen ›neuen Limes‹, einen 300 km langen, verminten mehrfachen Stacheldrahtzaum mit Wachtürmen im Hundert-Meter-Abstand ziehen lassen und konnte damit den Freiheitskämpfern den Nachschub abschneiden.

Die Oase blieb auch nicht vom Zweiten Weltkrieg verschont. Nach dreiwöchiger Belagerung zwangen die von General Leclerc angeführten Freien Franzosen, die vom Tschad-See in den Fezzan vorgestoßen waren, die italienische Garnison der Kufra-Oase am 1. März 1941 zur Kapitulation.

Im Hauptort **Al-Djauf** überwiegt heute die moderne Bebauung; kaum mehr findet man traditionelle Architektur. Bekannt geworden sind die Kufra-Oasen vor allem durch die in den 1970er Jahren initiierten gigantischen Bewässerungsprojekte mit ihren kreisrunden Feldern von durchschnittlich 100 ha Ausdehnung. Jede Anbaufläche hat einen zentralen Brunnen, von dem aus sie mittels eines drehbaren, von Dieselmotoren über den Acker bewegten Arms von 560 m Länge mit dem kostbaren Nass berieselt wird. Um den Boden nicht auszulaugen, ist jedes Feld in eine innere Scheibe und einen äußeren Ring aufgeteilt. Wechselweise wird auf einem Ackerteil Futterklee angebaut, auf dem anderen Getreide Einige nur über Pisten zu erreichende **Musterfarmen** 13 km vom Flughafen und 20 km von Al-Djauf entfernt, können besucht werden.

Die Marktflecken in der Umgebung des Hauptortes, vor allem **Djenzia** mit seinem großen Kamelmarkt (Suq Al-Djamal) und dem Handwerkermarkt (Suq al-Sudani), weisen eine stark sudanesische Prägung auf. Von Al-Djauf aus verkehren auch unregelmäßig Linienbusse, die nach sechs Tagen die sudanesische Hauptstadt Khartoum erreichen.

Der Fezzan

Geographie und Geschichte

Der Fezzan ist eine 550 000 km^2 große Landschaft im Südwesten Libyens. Sein Kerngebiet liegt südlich der Hamada al-Hamra, der Roten (Stein)wüste und besteht aus der östlich von Murzuq beginnenden Hofra-Senke und den westlich anschließenden Regionen. Die größte Fläche beanspruchen im westlichen Teil zwei mit Dünenfeldern bedeckte Becken, der Edeyen (›Sandmeer‹) von Ubari im Norden und der Edeyen von Murzuq im Süden. In östliche Richtung schließen sich die wasserlosen Basaltfelder des Haurudj al-Aswad und des Djebel Ben Gheneima an. Dahinter erstrecken sich die riesigen Kies- und Sandwüsten der libyschen Sahara. Geprägt wird das Gebiet durch die etwa von Westen nach Osten verlaufenden Trockentäler des Wadi asch-Schiati, Wadi Adjal und Wadi Etba bzw. Wadi Berdjusch.

In der heißen, regenarmen und entsprechend dünn besiedelten Region (die Bevölkerungszahl betrug hier 1960, vor der Ansiedlungsförderung durch die libysche Regierung, nur einmal knapp 50 000 Einwohner) ließen sich nur 2–3 % der Fläche in den Wadis und den Oasen am Wüstenrand (von denen Murzuq und Sebha die bedeutendsten waren) als Kulturland nutzen. Hauptsächlich die anspruchslosen Dattelpalmen gediehen hier. Erst Ende des 20. Jahrhunderts haben sich durch Bewässerungs- und Kultivierungsmaßnahmen die Lebensbedingungen spürbar verbessert.

Trotz dieser lebensfeindlichen Umstände bekundeten bereits in der Antike Karthager, Römer und Byzantiner ihr Interesse an dieser Region, die in der Antike Phazania hieß und sich somit ihren alten Namen bis in die Gegenwart bewahren konnte. Über die Osmanen hinweg blieb diese Begehrlichkeit bis in die Neuzeit hinein ungebrochen, als die Kolonialmächte Italien (das 1914 den Fezzan besetzte, ihn 1930 als südlichste Provinz zum Staatsgebiet erklärte und ihn 1943 wieder verlor) und Frankreich (unter dessen Verwaltung der Fezzan von 1943 bis zur Schaffung des Königreichs Libyen 1951 stand) hier aktiv wurden. Dies lag vor allem an der Brückenfunktion des Fezzan zwischen der Mittelmeerregion und dem Innern Afrikas: Denn jeder, der zwischen diesen beiden Großräumen im Norden und Süden wechseln wollte, war darauf angewiesen, auf seinem Weg die wenigen Stellen aufzusuchen, die in dem unwirtlichen trennenden Wüstengürtel Lebensraum anboten. Daher entwickelte sich an diesen Stationen des Transits zwar unter Umständen ein bescheidener Wohlstand, es kam aber vor allem stets zu Auseinandersetzungen um die Kontrolle des Handelskorridors. In beiden Fällen, sei es durch friedlichen Handel oder durch Besitzerwechsel nach heftigen Kämpfen, führte dies zu einem Bevölkerungsgemisch und einer starken kulturellen Beeinflussung aus den unterschiedlichsten Richtungen. Noch heute zeigt die überwiegend arabische und berberische Bevölkerung der südlibyschen Oasen auch einen schwarzafrikanischen Einschlag.

◁ *Wadi Anschal im Akakus-Gebirge, Felsbild mit drei menschlichen Gestalten*

Von Gharyan nach Sebha

Von Gharyan nach Sebha

Besonders sehenswert:
Gheryat al-Gharbiya
Sebha

Westlich von Gharyan zweigt an einem Verkehrskreisel die heute wichtigste Straße in den Fezzan und dessen Verwaltungshauptstadt Sebha Richtung Süden ab. Im Gegensatz zum Steilabfall an seinem Nordrand senkt sich das Hochplateau des Djebel Nafusa nach Süden hin fast unmerklich ab. Allmählich weicht die sanft geschwungene fruchtbare Ebene mit ihren Oliven-, Feigen- und Mandelbäumen (prachtvolle Blüte im Februar und März) einer steppenartigen Landschaft mit niedrigen Sträuchern, die sich zunehmend in eine Geröllwüste wandelt.

Mizda und Umgebung

Rund 90 km südlich von Gharyan erscheinen auf dem Weg nach Sebha westlich der Fernstraße die Häuser der Oase von **Mizda.** Im Ort, für dessen Besuch man die Hauptroute kurz verlassen muss, gibt es noch Wohn- und Speichertürme der Berber. Bei Mizda zweigt zudem links eine Verbindung nach Beni Ulid ab.

Auf der Asphaltstraße, die durch zunehmend vegetationsärmer werdendes Gelände von Mizda nach Süden führt, bieten sich abschnittsweise eindrucksvolle Blicke hinab in die tief eingeschnittenen Wadis. Kies und Geröll lassen erahnen, welche Wassermassen sich hier ansammeln und zu Tal schießen können.

49 km südlich von Mizda befindet sich zunächst auf dem Gipfel einer unmittelbar westlich der Straße gelegenen Anhöhe – gegenüber einem Sendemasten linker Hand – ein kleines **Wehrgehöft.** 61 km südlich von Mizda erhebt sich in exponierter Lage unmittelbar östlich der Straße der Stumpf eines **römischen Grabturms,** den bereits der deutsche Afrikaforscher Heinrich Barth im 19. Jahrhundert beschrieben und gezeichnet hat. Erhalten ist noch das untere ›Geschoss‹ des Monuments, an dessen Südseite die kleine Zugangsöffnung in die heute wieder verschüttete unterirdische Grabkammer (wohl mit Wandnischen für den Leichenbrand) hinabführt.

Römischer Grabturm bei Mizda

Die Proportionen des ursprünglich dreigegliederten Grabmals dürften nahezu 1 : 1 : 1 betragen haben. Das noch stehende Untergeschoss des schlanken Bauwerks, das sich über einem niedrigen Sockel mit abgeschrägten Seitenflächen und einer quadratischen Grundfläche erhebt, besitzt an den Ecken Zierpfeiler mit quadratischem Querschnitt und gestuft auskragenden Kapitellen. Darüber befindet sich noch eine Lage von Quadern, von denen einige mit Rosettenmustern versehen sind. Auch die Steinlage, die dieses erhaltene Unterteil vom darüber befindlichen, heute verlorenen Mittelstück trennt, besitzt eine gestufte Auskragung. Um das Monument liegen Trümmer herum; sie lassen erkennen, dass das Mittelgeschoss an den Ecken mit runden Dreiviertelsäulen mit Akanthuskapitellen geschmückt war. Zudem finden sich auch wieder mehrere Blöcke, auf denen kreisrunde Blütenrosetten als Dekorelemente herausgearbeitet sind. Den obersten Teil des Grabmals bildete eine Pyramidenspitze, von der einige, an ihren schrägen Kanten erkennbaren Bausteine noch im Gelände liegen.

Der Turm entsprach also in seiner dreigeschossigen Gliederung und seiner Proportionierung ungefähr den Pfeilergrabmälern im Wadi Merdum unweit des Römerkastells von Qasr Bularqan/Mselleten. Wenige Meter hinter dem Grabturm liegen noch mehrere behauene längliche Steinquader auf einem großen Haufen im Gelände, die zu einem Bauwerk unbekannter Funktion gehörten. Darüber hinaus haben sich vom Gehöft, zu dem der Grabturm gehörte, rund 1,5 km weiter im Norden noch geringfügige Reste der Grundmauern aus großen Steinquadern erhalten. Der ausgedehnte Talgrund am Fuß der Kuppe mit dem Mausoleum und den Häuserfundamenten diente den einstigen Bewohnern als landwirtschaftliche Nutzfläche.

Rund 16 km weiter südlich erhebt sich, wiederum auf der linken Straßenseite, ein aus der Entfernung zunächst an einen indischen Stupa erinnerndes **Denkmal,** das dem Befreiungskampf der Libyer vor und während des Zweiten Weltkriegs gewidmet ist.

Gheryat asch-Scharkiya und Gheryat al-Gharbiya

Mit der Oase von **Gheryat asch-Scharkiya** (›östliche Ansammlung von Dörfern‹) 150 km südlich von Mizda erreicht man die einstige Grenze des römischen Reiches, den Limes Tripolitanus. Westlich der Straße schiebt sich hier eine mächtige Festung an den Steilabfall des die Straße flankierenden Höhenzuges heran. Sie wurde von den Osmanen angelegt und von den Italienern übernommen, die sie zum **Forte Baccon** – so die beidseitig des Haupteingangs angebrachte Namensinschrift – umgestalteten. Zu Füßen des imponierenden Bauwerks liegt in einer Wasser führenden Senke die Palmenoase von Gheryat.

Zum Fort kann man entweder von der Oase aus einen steilen Fußpfad hinauf auf das Festungsplateau nehmen oder man hält sich auf der asphaltierten Hauptstraße in Richtung Süden, lässt dabei die Festung ein gutes Stück hinter sich und biegt dann beim nächsten Kontrollposten nach rechts in eine schmale Asphaltstraße ein, die von der Oase Ghadames kommt. Kurz nach diesem Abzweig folgt ein weiterer, ebenfalls nach rechts, der hinauf zu der kleinen Ansiedlung mit einer schlichten Moschee auf dem Burgplateau führt. Im letzten Abschnitt geht der Asphalt rasch in eine kurze, grobe Rüttelpiste über.

In der aus grob zurechtgehauenen Bruchsteinen mit Mörtel aufgemauerten osmanisch-italienischen Wehranlage mit ihren Schießscharten und Truppenunterkünften befinden sich überraschend einige sorgfältig aus exakt zurechtgehauenen Quadern errichtete, noch mehrere Meter hoch erhaltene Mauerzüge, die einst zu einem anti-

Gheryat asch-Scharkiya, osmanische Festung mit der Oase im Hintergrund

ken Turm mit quadratischer Grundfläche und gerundeten Ecken gehörten. Heute führt eine außen angestückelte bröselige Treppe auf seine Mauerkrone hinauf. Hierbei handelt es sich um die Reste eines turmartigen Kleinkastells *(burgus),* das einst Bestandteil des römischen Limes Tripolitanus war und dessen verbliebene Mauern von den neuzeitlichen Bauherren in deren Festung integriert wurden. In einem der rückwärtigen Räume hat ein islamischer Lokalheiliger (Marabut) sein Grab erhalten.

Folgt man danach für rund 10 km der Straße nach Darj und Ghadames, erreicht man nach weiteren 5 km auf einer von hier nach Norden abzweigenden Stichstraße das erheblich besser erhaltene römische Truppenlager von **Gheryat al-Gharbiya** (›westliche Ansammlung von Dörfern‹) aus frühseverischer Zeit. Es erstreckt sich oberhalb der gleichnamigen Oase auf einer Felszunge desselben Höhenzuges wie Gheryat asch-Scharkiya. Ein baugeschichtliches Detail verrät, dass hier eine enge Beziehung zum Standlager der Legio III Augusta in Lambaesis/Algerien besteht, denn beide Wehranlagen besitzen den gleichen, darüber hinaus nur noch in Bu Ndjem/Gholaia belegten fünfeckigen Grundriss der beiden Tortürme, die den Haupteingang in die Truppenunterkunft flankieren. Da keine Geländeunebenheiten die Bauausführung behinderten, konnte man ein Truppenlager im Idealgrundriss errichten. Die Mauerzüge des rechteckigen Kastells mit gerundeten Ecken lassen sich, wenn auch abschnittsweise stark zerstört, noch zu größten Teilen im Gelände erkennen und erreichen manchmal eine beachtliche Höhe. Während sich das Hauptportal *(porta praetoria)* und sein heute zerstörtes Gegenstück *(porta decumanus)* auf der anderen Schmalseite genau in der Mauermitte befinden, sind die beiden Zugänge an den Längsseiten *(porta principalis sinistra* bzw. *dextra)* etwas zur Seite, zur *porta praetoria* hin, verschoben. Die rechteckigen Türme der Längsseiten, ebenso wie die Zwischentürme im Verlauf des Mauerzuges, ragen nicht nach außen, sondern ins Lagerinnere hinein.

Auch wenn die alten Innenbauten nicht mehr auszumachen sind, kann man daraus schließen, dass sich, dem idealen Lagergrundriss entsprechend, genau im Zentrum der Anlage das Stabsgebäude mit dem Lagerheiligtum *(principia)* befunden hat und die daran vorbeiführende Straße zwischen den beiden Seitentoren deswegen aus der Mittelachse versetzt werden musste (den selben Idealgrundriss einschließlich der durch die Ausgrabungen freigelegten Innenbauten weist das weiter im Osten gelegene Kastell von Bu Ndjem/Gholaia auf). Das Osttor besaß noch in den 1990er Jahren seinen Torbogen; erst kürzlich ist er eingestürzt. Sein Scheitelstein, geschmückt mit einem Kranzrelief und den darin befindlichen, noch nicht gedeuteten Buchstaben PRO AFR ILL, liegt im Gelände. Oberhalb des weitgehend verschütteten südlichen Seitentores befindet sich noch ein dekorierter Quader in originaler Position. Er zeigt in stark verwittertem Relief zwei Adler, gesäumt von zwei Kränze haltenden Siegesgöttinnen (Victorien).

In der Nordostecke des Kastells befindet sich eine verschüttete Zisterne mit Resten ihres Mörtelverputzes. Eine Reihe römischer Spolien, zumeist Teile von Grabreliefs und Inschriftensteine, sind zudem in der kleinen Moschee unterhalb des Kastells verbaut. Eine der dort eingemauerten Inschriften nennt einen gewissen Rogatianus, der den Beruf eines Hornisten ausübte.

In 1 km Entfernung und somit gut in Sichtweite des Lagers erhebt sich auf einer Anhöhe ein aus grob behauenen Steinen aufgemauerter Wachturm, den auch schon der Afrikaforscher Heinrich Barth dokumentiert hat. Eine hier vermauerte Inschrift bezeichnet den Turm als *burgus* und nennt als Baudatum die Regierungszeit des Kaisers Severus Alexander (222–235). Von hier aus hatten die römischen Wachposten auch Sichtverbindung zum Turm von Gheryat asch-Scharkiya.

Setzt man die Fahrt in Richtung Sebha fort, beginnen 80 km hinter Gheryat unvermutet begrünte Senken zwischen Kegelbergen. Nach weiteren 12 km wird die kleine Ansiedlung von **Asch-Schuwairif** erreicht, die ihre Existenz einem nahegelegenen Bohrcamp verdankt. An der Straßengabelung bei der dortigen Tankstelle führt der Abzweig rechts weiter nach Sebha. 70 km weiter passiert man einen Abzweig nach Soknah, der südlichsten der drei Djofra-Oasen. Allmählich mehren sich die Tafelberge, die den Ausläufer des Djebel al-Hasawina darstellen.

Auf dem Weg nach Sebha passiert man noch die aus mehreren Siedlungen bestehenden Oasendörfer von **Braq** am östlichen Ende des Wadi asch-Schiati. Noch wird diskutiert, ob der vom römischen Provinzgouverneur Lucius Cornelius Balbus 20 v. Chr. bei seinem Feldzug gegen die Garamanten erreichte Ort Baracum auf Grund seiner Namensähnlichkeit mit Braq zu identifizieren ist. Danach folgt die kleine Ortschaft **Tamanhint,** von der aus es noch 32 km bis Sebha sind.

Rund 20 km vor dem Zielort befindet sich auf Höhe eines schon weithin sichtbaren, östlich der Straße liegenden dunklen Tafelberges ein Straßenkontrollposten. Dahinter erstrecken sich, durch dichtes Strauchwerk vor dem Flugsand geschützt, viele künstlich bewässerte Felder, auf denen hauptsächlich Viehfutter (Luzerne und Halfagras) angebaut wird. Beim Blick zurück auf den Tafelberg wird auf dessen Südhang eine aus hellen Steinbrocken zusammengelegte arabische Aufschrift »Djamahariya« (Volksrepublik) sichtbar. Wenige Kilometer vor den ersten Häusern von Sebha erstreckt sich links der Straße das Gelände des größten örtlichen Viehmarkts.

Sebha

Sebha, am 27. Breitengrad in 445 m ü. M., ist heute das Verwaltungszentrum des gesamten Fezzan und verfügt auch über einen Flughafen. Ursprünglich befanden sich in dem Oasenbecken vier kleine Ansiedlungen und drei größere Ortschaften, nämlich Al-Dje-

Ruine eines Lehmhauses bei Sebha

did, Al-Gorda und Al-Hadjara, die mittlerweile zu einer Großstadt zusammengewachsen sind. Bis in die jüngste Vergangenheit gab es zwei getrennte Wohnareale, nämlich auf der einen Seite das der hellhäutigen Oberschicht der Berber und Araber und auf der anderen das Ghetto von En-Zela, in welchem die Nachkommen der als Sklaven hierher verschleppten dunklen Bevölkerung oder aus Schwarzafrika zugewanderte Leute lebten.

Auch heute halten sich viele, zumeist illegal zugewanderte Schwarzafrikaner aus den Nachbarländern Niger und Tschad in der Oase auf und bewohnen verlassene Altbauten im ehemaligen Stadtkern von Al-Gorda oder Elendsquartiere am Ortsrand.

Rund 8 km vom Zentrum entfernt errichteten die Italiener eine eindrucksvolle Festung, das **Fort Helena.** Bis zum Dezember 1956, dem Abzugstermin der Franzosen aus dem Fezzan, trug die Burg, die jetzt Einheiten der Fremdenlegion beherbergte, den Namen des französischen Generals Leclerc. Dessen Freies Französisches Armeekorps hatte die Festung am 8. Januar 1943 – aus dem Tschad kommend – erobert, nachdem zwei Tage zuvor schon das italienische Wüstenfort Umm al-Aranib nach heftigen Kämpfen gefallen war. Damit befand sich der gesamte Südteil Libyens unter französischer Kontrolle und die Soldaten General Leclercs konnten von hier aus ihren Vormarsch Richtung Tripolis und Tunesien fortsetzen. Gegenwärtig hat sich das libysche Militär in der Festung einquartiert, weswegen eine Innenbesichtigung nicht möglich ist und Fotografierverbot herrscht.

Von Sebha nach Ghat

Von Sebha nach Ghat

Besonders sehenswert:
Wadi Adjal
Djerma
Mandara-Seen ☆☆
Ubari
Uweinat
Qaf al-Djinun
Ghat ☆

Von Sebha, der Provinzhauptstadt des Fezzan, führt eine Straße nach Westen, die bis über Ghat hinaus asphaltiert ist. Dazu fährt man in Sebha Richtung Flughafen, den man linker Hand passiert. Nach einer Weile verlässt die Straße das Oasenbecken und die Zahl der bewässerten Felder nimmt ab. Es folgt eine Wüstenlandschaft mit dunklen Hügelketten. Allmählich erhebt sich links ein durchgehendes Bergmassiv, das zur Straße hin relativ steil abfällt. Es sind dies die östlichen Ausläufer des Messak-Sattafet-Gebirges. Auf der gegenüber liegenden Nordseite türmen sich immer mehr die hohen Dünen des Sandmeeres von Ubari auf. Schließlich wird – eindrucksvoll flankiert vom dunklen Gebirge links und den hellen Dünen rechts, die beide mittlerweile zu beachtlichen Höhen angewachsen sind – das fruchtbare Wadi Adjal mit seinen Palmenhainen und bewässerten Feldern erreicht. Hier gedeihen sogar Weinstöcke. Allerdings werden im streng islamischen Libyen die Trauben nur zum sofortigen Verzehr und zur Rosinenproduktion angebaut und nicht zur Gewinnung von Alkohol.

Im Wadi Adjal

Am Beginn des Wadis befinden sich, vor allem nördlich der Straße, einige Festungen aus ungebrannten Lehmziegeln, die wohl aus frühislamischer Zeit, aus dem ausgehenden 1. Jahrtausend, stammen. Die mittlerweile stark zerfallenen Anlagen haben zumeist quadratischen oder rechteckigen Grundriss und sind an den Ecken mit Türmen bewehrt, längere Mauerzüge können auch zusätzliche Türme aufweisen. Zu den bedeutendsten dieser Wehrbauten, die den Wadi-Eingang schützten, gehören als östlichster und größter das Ghasr Sidi Dawud und die noch gut erhaltene Anlage westlich von Al-Graia mit ihren vier Ecktürmen und je einem Zwischenturm an der Nord- und Südseite. Einziges aus Stein errichtetes Fort ist das Ghasr Laroku 35 km östlich von Djerma.

Sicher hat es auch in vorislamischer Zeit ähnliche Verteidigungsanlagen gegeben, als das Wadi vom einheimische Volksstamm der **Garamanten** (Abb. S. 32) besiedelt war, die hier auch ihre Hauptstadt Garama, das heutige Djerma, besaßen. Nachdem Tripolitanien 146 v. Chr. durch die Zerstörung Karthagos in die römische Machtsphäre geraten war, bereiteten den neuen Herren vor allem jene Garamanten – »ein noch unbezwungener Stamm, der von dauernden Raubzügen gegen seine Nachbarn gut lebte« (so Tacitus in seinen ›Historien‹) – südlich ihrer Reichsgrenze erhebliche Probleme. Wie es in römischen Quellen heißt, machten Garamanten die Karawanenwege aus Innerafrika unsicher und zerstörten die Brunnen, sodass der römische Afrikahandel empfindlich gestört war. Schließlich wurde Lucius Cornelius Balbus, der Statthalter der kurz zuvor neu geschaffenen Provinz Africa proconsularis, damit beauftragt, einen Feldzug gegen die Unruhestifter durchzuführen, der 21/20 v. Chr. stattfand. Die römischen Truppen brachen von der Oase Ghadames nach Süden auf und erreichten schließlich im Wadi Adjal Garama, das sie zerstörten und plünderten.

Für wie bedeutsam die Römer diesen Feldzug einschätzten, zeigt die Tatsache, dass dem siegreichen Feldherrn, obwohl dieser von Geburt kein römischer Bürger war, sondern aus Cadiz in Spanien stammte, wenig später ein Triumphzug durch Rom zugebilligt wurde. Allerdings führte der Feldzug noch zu keiner völligen Unterwerfung des unbotmäßigen Stammes, denn in der Folgezeit mussten noch weitere Militäraktionen gegen den Süden unternommen werden. Eine davon fand wahrscheinlich um 15 v. Chr. statt. Seinerzeit, unter Kaiser Augustus, unterwarf Publius Sulpicius Quirinius (der das Amt des Statthalters der Doppelprovinz Creta et Cyrenai bekleidete und später vor allem als Organisator der im neutestamentlichen Lukasevangelium in Zusammenhang mit der Geburt Christi erwähnten Volkszählung von 6/7 in Judäa berühmt wurde) sowohl die Garamanten als auch die Bevölkerung der Marmarica, während sein Kollege, der *proconsul africae* Cossus Cornelius Lentulus, die Musulanier und Gaetuler besiegte. Allerdings gibt sich der römische

Historiker Annaeus Florus in seiner im 2. Jahrhundert verfassten römischen Geschichte über den Wert der Unternehmung zurückhaltend, wenn er tradiert: »Quirinius konnte zwar als Sieger zurückkehren, hinsichtlich der Einschätzung des Sieges war er jedoch sehr bescheiden.«

Am besten überliefert ist der Befriedungsfeldzug von Valerius Festus, dem Legaten Numidiens zur Zeit des römischen Kaisers Vespasian, der um 69/70 mit seinen Legionären über Gholaia (heute Bu Ndjem) und die Djofra-Oasen ins Wadi asch-Schiati und ins Wadi Adjal vordrang. Nach den Angaben Plinius' entdeckten die Römer dabei einen gegenüber der bislang bekannten Route um vier Tage kürzeren Weg zu den Garamanten. Diese neue Strecke erhielt den Namen ›Am Felskopf vorbei‹ *(praeter caput saxi)*. Auslöser der Expedition war ein blutiger Streit zwischen den Küstenstädten Oea und Leptis Magna wegen angeblicher gegenseitiger Vieh- und Getreidediebstähle. Die Bürger von Oea wussten sich schließlich gegen die Feinde nicht anders zu helfen, als die Garamanten um Unterstützung zu bitten, was diese sich nicht zweimal sagen ließen. Sie überfielen Leptis Magna und zogen von dort mit reicher Beute in Richtung Heimat ab. Die Beute – soweit sie sie nicht schon unterwegs an Nomaden verscherbelt hatten – konnten ihnen die Römer aber wieder abnehmen.

Schon zuvor einmal, 22, hatten die Garamanten im Zuge des Aufstands des Tacfarinas, auf dessen Seite sie standen, die Stadt Leptis Magna bedroht und waren durch den römischen Feldherrn Quintus Junius Blaesus zurückgeschlagen worden. Zur Niederschlagung der Erhebung hatten die Römer eigens die neunte Legion (Legio IX Hispana) dorthin verlegt. Blaesus' Nachfolger Publius Cornelius Dolabella, 23/24 *proconsul africae*, dem der endgültige Sieg über die

»Elf Tagesreisen von der Großen Syrte gegen Westen hin [wohnen] die Garamanten, die auch selbst von Sandwüsten umgeben sind; trotzdem finden sie ohne Schwierigkeiten in einer Tiefe von etwa zwei Ellen Brunnen, weil sich die Gewässer Mauretaniens dort sammeln. Häuser erbauen sie mit dem wie Stein aus ihren Bergen herausgebrochenen Salz. Von diesen sind es sieben Tagesreisen in der Richtung des Wintersonnenuntergangs zu den Troglodyten, mit denen sie Handel [treiben, aber] nur mit einem aus Äthiopien kommenden Edelstein, den wir Karfunkel nennen.«

Plinius, Naturgeschichte, V 33

Darstellung eines Garamanten mit Streitwagen, Felsbild aus dem Akakus-Gebirge

Das Aussehen der Garamanten wird übereinstimmend so beschrieben, dass sie mit einem Lendenschurz bekleidet waren und darüber einen langen bunten Umhang oder Mantel trugen. In die langen Haare hatten sie sich Federn gesteckt und ihre dunkle Haut war vielfach tätowiert. Als nach dem Sieg der Römer über Tacfarinas eine Delegation von Garamanten nach Rom kam, um Abbitte für die Unterstützung des Unterlegenen zu leisten, erregten sie dort auf Grund ihres exotischen Aussehens große Aufmerksamkeit: »Danach kamen auch Gesandte der Garamanten. Sie bildeten eine seltene Erscheinung in Rom und waren nach dem Tode des Tacfarinas von dem betroffenen, aber sich keiner Schuld bewussten Volk geschickt worden, um dem römischen Volk Genugtuung zu leisten.«

Tacitus, Annalen, IV 27

Aufständischen gelang, stiftete in seiner Amtszeit in Leptis Magna einen der Siegesgöttin geweihten Altar.

Schließlich kam es zu einer Koexistenz und sogar Verständigung zwischen den Garamanten und Römern, und die Garamanten unterstützten ihre einstigen Widersacher sogar bei diversen Expeditionen auf nordafrikanischem Boden. Im Jahr 569 sollen die Garamanten den christlichen Glauben angenommen haben. In einem der ›Königsgräber‹ von Djerma fand man ein Kreuz als Beigabe.

Die frühesten und auch ausführlichsten Berichte über die Garamanten verdanken wir Herodot, der die einheimischen Stämme Libyens im vierten Buch seiner ›Historien‹ auflistet. Allerdings ist bei ihm zweimal von »Garamanten« die Rede, womit auch deutlich unterschiedliche Bevölkerungsgruppen gemeint sind: Denn einmal werden sie als scheues Volk beschrieben, das sich nicht zu verteidigen weiß, ein andermal hingegen als »ein zahlreiches Volk«, das kriegerisch war, Jagd auf die in Höhlen lebenden ›Äthiopier‹ machte und vierspännige Wagen zur Fortbewegung benutzte. Herodot glaubt sogar, die Griechen hätten »von den Libyern gelernt, vier Pferde anzuspannen«. Bei den späteren Widersachern der Römer handelt es sich demzufolge um den letztgenannten Volksstamm.

Als Siedlungsgebiet der Garamanten im Fezzan gelten vor allem das Wadi Adjal und das nördlich davon gelegene Wadi asch-Schiati, die beide ausgesprochen fruchtbar sind, allerdings durch einen Ausläufer des Sandmeeres von Ubari voneinander getrennt werden. Dennoch bemerkt Herodot, dass es für die Garamanten, um Ackerbau betreiben zu können, notwendig war, über dem versalzenen Boden künstlich Erdreich aufzuschütten.

Die Kontakte der Garamanten nach Süden hin reichten mindestens bis in jene innerafrikanische Landschaft, die antike Quellen als Agisymba bezeichnen; vermutlich die Gegend nördlich des Tschad-Sees. Wie der griechische Historiker Marinos von Tyros um 110 festhielt (wobei diese Episode nur durch ein Zitat seines Nachfolgers Ptolemaios überliefert ist), soll der römische Kaufmann Julius Maternus, der sich wohl zwischen 83 und 92 auf dem afrikanischen Kontinent aufhielt, in dieser Zeit zusammen mit dem König der Garamanten von dessen Hauptstadt Garama aus nach Agisymba aufgebrochen sein. Nach viereinhalb Monaten sollen sie dieses ›äthiopische‹ Land mit seinem auffällig reichen Bestand an Rhinozerossen erreicht haben. Damit war Julius Maternus derjenige Römer, der am tiefsten ins Innere Afrikas vorgestoßen war. Eine weitere Expedition auf einer kürzeren, ›nur‹ drei Monate Reisezeit beanspruchenden Route, soll zur selben Zeit den Römer Septimius Flaccus (eventuell eine Fehlüberlieferung des Namens von Suellius Flaccus, der laut einer in Siirt gefundenen Inschrift 86/87 Legat Numidiens war) vom Garamantenland nach ›Äthiopien‹ geführt haben.

Die römischen Schilderungen vom Ausssehen der Garamanten stimmen auffällig mit den bildlichen Darstellungen überein, die uns die alten Ägypter mehr als ein Jahrtausend zuvor hinterlassen haben.

Die berühmtesten und besterhaltenen Libyerdarstellungen aus pharaonischer Zeit stammen aus dem Grab Sethos' I. (1290–1279 v. Chr.) im thebanischen Tal der Könige. Diese Parallelen sind um so verblüffender, da zwischen der pharaonischen bildlichen und der römischen literarischen Überlieferung nicht nur eine mehr als tausendjährige zeitliche, sondern auch eine geographische Lücke klafft: Die alten Ägypter beschreiben ihre Nachbarn in der Kyrenaika und deren südlichem Hinterland, die Römer hingegen ein Volk in der Westhälfte des Fezzan. Aber auch die Garamanten selbst haben sich an den Felswänden des Wadi Adjal und im südlich anschließenden Akakus-Gebirge bildlich verewigt, denn mehrfach sind in den dortigen Wandmalereien menschliche Gestalten mit langen Überwurfmänteln und Federn im Haar, aber vor allem die für die Garamanten typischen, von vier Pferden gezogenen Streitwagen wiedergegeben.

Weder über die soziale Struktur noch über die religiösen Vorstellungen der Garamanten liegen genaue Kenntnisse vor, vor allem, weil die Garamanten über keine eigene Schrift verfügten und uns so keine Selbstzeugnisse hinterlassen haben.

»Hinter den Nasamonen wohnen die Asbyten und Maker; jenseits von ihnen elf Tagesreisen von der Großen Syrte gegen Westen hin die Garamanten, die auch selbst von Sandwüsten umgeben sind; trotzdem finden sie ohne Schwierigkeiten in einer Tiefe von etwa zwei Ellen Brunnen, weil sich die Gewässer Mauretaniens dort sammeln. Häuser erbauen sie mit dem wie Stein aus ihren Bergen herausgebrochenen Salz.«

Plinius, Naturgeschichte, V 34

Als erste größere Ortschaft im Wadi Adjal wird, 133 km westlich von Sebha und wenige Kilometer westlich von Al-Graia, **Fedjadj** erreicht (wo nach Süden ein asphaltierter Abzweig besteht, der durch die natürliche Pforte des Bab al-Maqnusa zunächst nach Tsawah führt und nach insgesamt 105 km Murzuq erreicht), kurz danach passiert man **Taherkiba.** Unweit von hier befindet sich südlich der Straße die kleine eingezäunte Nekropole von **Charaig** mit den stark erodierten Lehmziegelstümpfen von Pyramidengräbern der Garamanten.

Etwas abseits der Straße liegt, ebenfalls links, das Dorf **Boudrinna,** bei welchem Archäologen der Universität Hamburg unter Leitung von Helmut Ziegert einen alten Siedlungsplatz entdeckten. Dieser befand sich vor rund 200 000 Jahren am Ufer eines gewaltigen Binnensees, der das Saharabecken ausfüllte und mit einer Ausdehnung von 500 km in Nord-Süd und 550 km in Ost-West-Richtung eine Fläche von 200 000 km^2 bedeckte. 1998 konnte auch die Verbindung zum zweiten großen Binnengewässer der damaligen Zeit in der Sahara, dem 2000 km entfernten Kufra-See, ermittelt werden, sodass beide Gewässer zusammen eine Fläche von 350 000 km^2 einnahmen, was etwa der Ausdehnung Deutschlands entspricht. Die bei Boudrinna aufgefundenen Siedlungsreste in Gestalt von großen Geröllbrocken, die zu runden Hüttengrundrissen (der älteste hat 2,6 m Durchmesser) zusammengetragen worden waren, gehören zu den frühesten bekannten Behausungen der Menschheit. Die Bewohner stellten standardisierte Werkzeugtypen für die unterschiedlichen handwerklichen Anforderungen her. Einer der Siedlungsplätze lag auf einer Insel, sodass es Wasserfahrzeuge gegeben haben muss. Das Schilf am Seeufer wurde regelmäßig abgebrannt, um anschleichenden wilden Tieren keine Deckung zu bieten. Von diesen Rodungen zeugt eine mehrere Meter dicke Ascheschicht. Ein so hohes Zivilisationsniveau hatte man in dieser frühen Phase der Menschheitsgeschichte zuvor für undenkbar gehalten.

In den heutigen traditionellen Dörfern des Wadis beschränkt sich die Wohnbebauung in der Regel auf Häuser und Läden unmittelbar an der Straße. Die in den letzten Jahren neu entstandenen Ansiedlungen hingegen bedecken Areale mehr oder minder abseits der Durchfahrt. Hierzu zählen auch die modernen Häuser, in welche die Bevölkerung der Mandara-Seen umgesiedelt wurde. Zu jedem Dorf gehört neben einer oder mehreren Moscheen auch ein Wasserturm, der für ausreichenden Wasserdruck in allen Wohnungen sorgt. Das kostbare Nass für den Hausgebrauch und für die Bewässerung der Felder wird in zahllosen Tiefbohrungen aus dem Boden des Wadis gewonnen.

Djerma und das antike Garama

Nahezu unverändert beibehalten hat das Dorf Djerma seinen antiken Namen; es hieß Garama, als es Hauptstadt der Garamanten war. Die heutigen Wohnhäuser erstrecken sich längs der Straße, die Sebha und Ghat verbindet. Am westlichen Ortsende stößt man auf eine asphaltierte Querstraße. Sie führt nach Norden zu den Resten des antiken Garama und nach Süden zu den Königsgräbern der Garamanten und dann weiter durch das Messak-Sattafet-Gebirge hindurch zu den Wadis in dessen Innenbogen, von denen das Wadi Mathendusch am bekanntesten ist.

Im Winkel zwischen der Ortsdurchfahrung von Djerma und der Querstraße nach Süden liegt in einem eingezäunten Grundstück das kleine archäologische und ethnologische **Museum.** In seinem Garten sind neben Baumstämmen aus versteinertem Holz vor allem großformatige Opferinstallationen für den Totenkult ausgestellt, die aus unterschiedlichen Nekropolen der Garamanten stammen. Sie sind fast ausschließlich aus dem lokalen rötlichen Sandstein gefertigt und bestehen aus einem niedrigen Steinquader, der als Opferplatte für Speise- und Trankspenden fungierte und deswegen an seiner Oberseite eine dichte Folge von rechteckigen oder runden Vertiefungen aufweist. Hinter diesen Gabentischen stand eine flache Stele aufrecht, die zumeist wie eine stilisierte vierfingerige Hand gestaltet ist, gelegentlich aber nur aus einem ›Finger‹-Paar besteht. Manchmal sind auch zwei solcher Stelen wieder zu einem vierfingerigen Ensemble zusammengeschoben.

Im Innern des Museums ist ein solches Opferensemble vor einem Nachbau eines Garamantengrabes ausgestellt. Sonst beherbergt das Gebäude, sieht man einmal von den zahlreichen Steinwerkzeugen aus dem Paläo-, Meso- und Neolithikum ab, nur recht wenige Originalobjekte, zeigt dafür aber auf zahlreichen Schautafeln mit Zeichnungen, Fotos, Plänen und Karten eine ausführliche Dokumentation zur Geologie und Prähistorie des Akakus- sowie des Messak-Mellet und des Messak-Sattafet-Gebirges, die als Einstimmung für den

Djerma, Ruinen der Garamantenhauptstadt

Besuch der Stätten mit ihren Felsbildern bestens geeignet ist. Man besichtigt für eine sinnvolle chronologische Abfolge die vier langen, zu einem Rechteck angeordneten Ausstellungsräume entgegen dem Uhrzeigersinn. Im Durchgang, der die beiden Längsräume verbindet, hat man ein prähistorisches Grab mit einer Mumie wiedererrichtet, das von den Hamburger Archäologen unter der Leitung von Helmut Ziegert in Bint Beya östlich von Djerma entdeckt wurde. Den archäologischen Teil ergänzen Funde aus der Zeit der Garamanten und eine kleine Dokumentation zum frühen Islam. Eine ethnologische Abteilung mit Exponaten aus dem Alltagsleben der Bevölkerung des Fezzan beschließt den Rundgang.

Zu den Ruinen des antiken **Garama,** der einstigen Hauptstadt der Garamanten, gelangt man, indem man auf der Kreuzung an der Ecke des Museumsgeländes die durch Djerma führende Hauptstraße nach Norden verlässt. Hier beginnt eine kurze asphaltierte Stichstraße; sie endet am Ruinengelände. Die alte Stadt besitzt einen längsovalen Grundriss und ist von einer möglicherweise auf spätbyzantinische Zeit zurückgehenden Mauer umgeben. Diese ist, ebenso wie die Häuser, aus Bruchsteinen und Geröllbrocken errichtet, die durch ungebrannten Lehm zusammengehalten werden. Bei Ausgrabungsarbeiten durch englische Archäologen, die bereits in den 1960er Jahren unter Leitung des 1996 verstorbenen Ch. M. Daniels stattgefunden hatten und im Herbst 1999 durch libysche Archäologen unter M. S. Ayoub wieder aufgenommen wurden, traten im Stadtzentrum die Fundamente und untersten Lagen steinerner Bauten zu Tage. Man interpretiert diese Relikte auf Grund ihrer stabileren Bauweise gegenüber den übrigen Wohnbauten als Kultstätten. Paläste werden es wohl nicht gewesen sein, da sich am rückwärtigen Ende der Stadtanlage eine aus Steinen und Lehm errichtete Zitadelle befindet. Deren heute noch sichtbaren Mauern dürften wohl erst aus islamischer Zeit stammen, als Djerma im 14. Jahrhundert Hauptstadt des lokalen Reichs von Kherman war, nachdem die Araber Garama 46 A. H. (666) eingenommen hatten. Eine vergleichbare Burg hat aber wohl auch bereits in der Antike existiert und dürfte auch damals schon den Herrschersitz der Garamanten gebildet haben.

Nur wenige Hundert Meter östlich der Stadtruine wurde 1971 bei **Saniat Gebril** ein römisches Wohnhaus aus dem 1. bis 5. Jahrhundert mit reichem Inventar an Alltagsgegenständen ausgegraben, von dem aber heute nichts mehr im Gelände zu sehen ist.

Kehrt man auf der Stichstraße von den Ruinen des antiken Garama nach Djerma zurück und fährt über die Kreuzung am Museum hinweg geradeaus weiter, steigt die Straße nach wenigen Hundert Metern dank einer künstlichen Aufschüttung steil an und führt in einer lang gezogenen S-Kurve hinauf zum Rand des Messak-Sattafet-Gebirges. Dort wurde für die Verkehrsverbindung eine eindrucksvolle Schlucht in den Felsen gesprengt. Wo vor Erreichen dieser Passage die S-Kurve beginnt, befinden sich beidseitig der Straße Gräber, von denen die rechts unten liegenden die bedeutenderen sind. Sie werden auf Grund ihrer Anordnung, ihrer Größe und ihres Bautyps sowie der in ihnen gefundenen Beigaben, die frühere Plünderer zurückgelassen hatten, als die **Königsgräber der Garamanten** gedeutet.

Die teils restaurierten, aber mittlerweile wieder im Zerfall begriffenen Bestattungsplätze bestehen jeweils aus einer rechteckigen, leicht geböschten Ummauerung aus Bruchsteinen mit einem dicken Verputz, die einen tiefen (heute überall wieder zugeschütteten) Grabschacht umschließt. An der Frontseite, die der Asphaltstraße zugewandt ist, befindet sich ein Durchlass. Davor war jeweils eine Opferplatte mit einer vierfingerigen Stele postiert, von denen sich einige noch an Ort und Stelle befinden, die meisten jedoch ins örtliche Museum überführt wurden, wo eine Schautafel den Aufbau eines solchen Grabes demonstriert. Die Königsgräber liegen parallel zur heutigen Straße in einer langen Reihe, wobei der Erhaltungszustand hangabwärts immer mehr abnimmt. Im Gegensatz dazu sind die in Trümmern liegenden Gräber auf der gegenüber liegenden Straßenseite, in denen möglicherweise hohe Würdenträger oder Mitglieder der königlichen Familie beigesetzt waren, ohne erkennbare Systematik angeordnet.

Einen besseren Befund *in situ* erbrachten die Ausgrabungen in der heute kaum mehr im Gelände auszumachenden Nekropole von

Saniat Ben Howedi bei Djerma. Die Funde, im Wesentlichen die vierfingrigen Opferinstallationen für den Totenkult, befinden sich heute im Museumsgarten von Djerma.

Setzt man seinen Weg hingegen auf der ost-west-verlaufenden Straße in Richtung Ghat fort, passiert man an der Straßenkreuzung beim Museum zunächst links eine Tankstelle und wenige hundert Meter weiter auf derselben Straßenseite ein alleinstehendes **Pyramidengrab der Garamanten,** das, da es verwittert ist, an einen Termitenbau erinnert. Kurz dahinter folgt zunächst ein asphaltierter Abzweig, der auf eine parkplatzähnliche Freifläche führt, die man aber nicht benutzt. Stattdessen biegt man bei der nächstfolgenden Gelegenheit bei einigen flachen Bauten in eine Piste ein, auf der man nach 1 km zum rätselhaftesten Gebäude des Wadis kommt.

Es ist dies ein von den Einheimischen **Ghasr al-Uatuat** genannter, 5 m hoher steinerner Grabturm mit quadratischer Grundfläche und sorgfältig gearbeitetem Mauerwerk. Er steht auf einem $3 \times 3{,}5\ m^2$ großen rechteckigen Sockel, der asymmetrisch dreifach gestuft ist. Die vier Kanten des gedrungenen Turms sind mit Pilastern verziert, die oben in einem eigenartigen, korinthisch-ionischen Mischstil in Voluten über Akanthusblättern abschließen. Vom auskragenden Gesims sind lediglich einige Teile vorhanden, vom ursprünglichen Giebeldach mit seinen Eck-Akroteren haben sich nur Trümmer im Schutt gefunden, die bei der nach 1965 erfolgten Restaurierung nicht verbaut werden konnten.

Die Existenz dieses deutlich von römischem Einfluss geprägten kleinen Mausoleums so weit im Garamantenland hat zu den unterschiedlichsten Spekulationen darüber geführt, wer hier wohl beigesetzt ist. Die Theorien reichen von einem römischen Kaufmann, den es, ähnlich wie Julius Maternus, hierher verschlagen hat, bis hin zu einem einheimischen Regenten, der die fremde Architektur im Norden kennen lernte und sich von ihr zu seinem Grabmal inspirieren ließ. Leider weist das Bauwerk keinerlei originale Inschriften auf. Die zahlreichen Graffiti an seinen Außenwänden stammen alle aus späterer Zeit. Auch bei den Restaurierungsarbeiten fanden sich keine Hinweise auf den Grabinhaber. Auffällig ist, dass das Bauwerk selbst über keine Grabkammer verfügt, lediglich einen knappen Meter westlich des Turms wurde eine mit Steinen ausgekleidete Grabgrube gefunden, die – was für die lokalen Totenbräuche völlig ungewöhnlich ist – zwei Amphoren mit den Resten von Leichenbrand enthielt. Auf Grund ihrer Sonderstellung gehört diese Bestattung sicher mit dem nicht minder ungewöhnlichen Grabmonument zusammen. Von der Nekropole, die diesen Grabturm umgab, ist heute nichts mehr zu erkennen.

Unmittelbar westlich hinter dem Grabturm erhebt sich der Höhenzug des **Djebel Zinchecra.** Auf der deutlich ausgeprägten Zwischenterrasse und auf seinem Plateau befinden sich verstreute Reste einer **Höhensiedlung der Garamanten.** Einige Gebäudegrundrisse sind noch gut zu erkennen, die verstreuten Graffiti und Inschriften lassen sich hingegen oft nur ausmachen, wenn die Felswände im Streiflicht der Sonne liegen. Am spektakulärsten ist eine am Boden angebrachte Inschrift am Südrand des Plateaus. Sie ist gut 40 cm breit und nennt in griechischer Sprache den Namen Aurelios. Hier wirft sich dieselbe Frage nach dem Urheber auf wie beim Grabturm von Ghasr al-Uatuat. Auch der herrliche Ausblick, den man von oben über das Wadi Adjal genießen kann, lohnt den kurzen, aber steilen Aufstieg.

Wenige Kilometer weiter westlich erhebt sich vor den steil aufragenden Felswänden des Gebirges am Südrand des Wadi Adjal ein vorgeschobener Höhenzug. Er begrenzt das hier einmündende **Wadi Bousna.** Seine Hänge sind übersät mit den Eingangslöchern von Felsgräbern, die wohl aus der Zeit der Garamanten stammen. Außerdem weist auf der höchsten Erhebung des Höhenzugs die glatte Wand der steilen Abbruchkante unmittelbar unterhalb des Bergplateaus eine größere Anzahl von großen Felsgravuren auf. Die 1914 durch C. Zoli entdeckten prähistorischen Darstellungen, die sich auf der Nordseite der Felswand über eine Länge von 10 m und dann vereinzelt weiter nach Südwesten hinziehen, zeigen als Hauptmotiv mehrere bis zu 2 m hohe Elefanten, von denen einer von einem Jungtier begleitet und von einem noch kleiner wiedergegebenen Jäger attackiert wird. Seitlich sind Rinder abgebildet, dazwischen Antilopen eingestreut.

Pyramidengräber von Al-Hatir

Folgt man der Hauptstraße weiter nach Westen, erreicht man – in 15 km Entfernung von Djerma auf halbem Weg nach Ubari – links an der Straße ein eingezäuntes Gelände mit den **Pyramidengräbern von Al-Hatir,** zu welchen ein kurzer, asphaltierter Abzweig führt. Wie das alleinstehende Grab am Rand von Djerma sind die ehemals verkleideten Oberflächen der aus Lehmziegeln aufgemauerten Grabbauten heute stark erodiert, dennoch deutlich besser erhalten als in Charaig. Am westlichen Rand der kleinen Nekropole kann man in einen der Grabschächte hineinblicken, über denen nach der Beisetzung die Pyramiden errichtet wurden.

Die Mandara-Seen

Zwischen dem Wadi Adjal im Süden und dem Wadi asch-Schiati im Norden erstreckt sich ein Ausläufer des Sandmeeres von Ubari, der eine Reihe von kleinen Seen beherbergt. Diese von Dattelpalmen umstandenen Gewässer inmitten hoher, überwiegend südwest-nordost-ausgerichteter Dünenketten sind Naturwunder, die weltweit ihresgleichen suchen. Zur Frage, warum die Gewässer nicht von den wandernden Sandmassen verschüttet werden, gibt es unterschiedliche Theorien. Eine besagt, dass als Ausgleich für die Auffüllung der Seebecken durch hineinrutschenden Sand immer wieder große Hohlräume im karstigen Gestein unter ihnen einbrechen und sich dadurch der steinige Untergrund der Gewässer immer mehr absenkt.

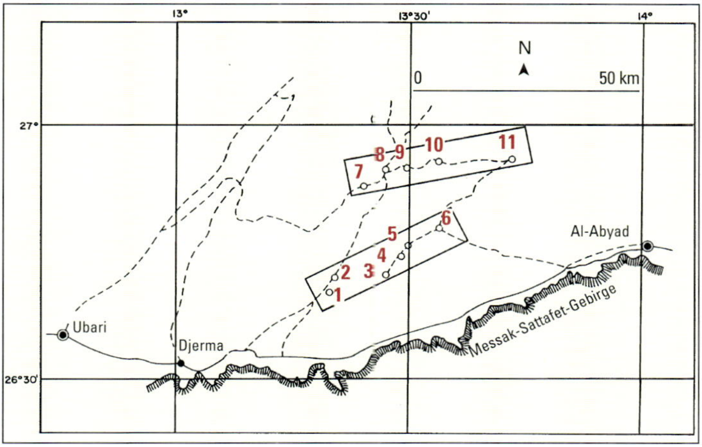

Lageplan der Mandara-Seen

1 Mandara-See
2 Umm el-Ma'a
3 Mahruqah-See
4 Baqat-See
5 Maflu-See
6 Gabrun-See
7 Umm el-Ress
8 Freduha-See
9 Truna-See
10 Umm Hassa
11 Tademka-See

Der erste Europäer, der einen der Seen in der Neuzeit zu Gesicht bekam, war der Forschungsreisende Edward Vogel, der das Gewässer während seines Aufenthalts im Winter 1852/53 von Murzuq aus aufsuchte. Nicht überliefert ist, ob in der Antike beispielsweise die Römer auf ihrem Feldzug gegen die Garamantenhauptstadt Garama von ihrer Existenz erfahren haben.

Bei den Gewässern handelt es sich teilweise um die Reste des riesigen Binnensees, der vor rund 400 000 und dann erneut vor etwa 200 000 Jahren das heutige Saharabecken nahezu ausfüllte und mit 350 000 km² etwa die Fläche des heutigen Deutschlands einnahm. Man fand heraus, dass sich die Seen unter artesischem Druck aus zwei unterirdischen Wasservorkommen speisen, die sich im Gehalt und in der chemischen Zusammensetzung der in ihnen gelösten Salze und in der Tiefe ihrer Wasserdepots unterscheiden und auch in verschiedenen geologischen Epochen entstanden sind. Durch die hohe Wasserverdunstung in der Wüste (bei der geringen Luftfeuchtigkeit und Temperaturen von 42–46 °C im Juli/August beträgt die Verdunstungsrate zwischen 2250 und 2500 mm pro Jahr und ist damit die weltweit höchste) und die ständige Zufuhr von Salz, das in dem nachströmenden Wasser gelöst ist und nicht verdunsten kann, hat sich im Lauf der Jahrtausende der Salzgehalt in den Seen so stark angereichert, dass er mit durchschnittlich 34 % an denjenigen des Toten Meeres heranreicht, wo eine gesättigte Salzlösung vorliegt. Man kann sich also auch in den libyschen Seen bequem auf dem Rücken liegend treiben lassen und dabei Zeitung lesen. Das Baden ist ungefährlich, denn durch den hohen Salzgehalt können sich hier keine Krankheitserreger entfalten. So benötigen beispielsweise die Verursacher der in vielen stehenden Gewässern Afrikas verbreiteten und zu Recht gefürchteten Bilharziose, bevor sie in den Menschen eindringen und dessen innere Organe schädigen, eine bestimmte

Spiegelungen im Gabrun-See

Schnecke als Zwischenwirt, die in den versalzten Seen nicht überleben kann.

Gräbt man hingegen nur wenige Meter vom Seeufer entfernt ein Loch in den Sand, das bis zum Wasserspiegel hinabreicht, kann man dort klares salzarmes Wasser entnehmen. Der im Touristencamp am Gabrun-See, dem größten der Gewässer, angelegte Brunnen verdankt seine Existenz demselben Phänomen. Die Tiefe der Seen war lange Zeit ungeklärt. Da der weiche Gewässergrund einem Senkblei keinen Widerstand bot, ließ sich der Boden nicht ausloten und bot so wilden Spekulationen über immense Abgründe Nahrung. Heute weiß man, dass es sich zumeist – bei jahreszeitlichen Schwankungen der Seespiegel von bis zu 2 m – um nur wenige Meter tiefe Gewässer handelt. Der Gabrun-See erreicht allerdings eine Tiefe von 26 m.

Die südlichsten dieser großen Teiche werden unter der Bezeichnung Mandara-Seen zusammengefasst. Man erreicht sie mit geländegängigen Fahrzeugen, indem man von der Straße von Djerma nach Sebha 25 km östlich von Djerma beim Dorf Takerkiba Richtung Norden in die Dünen einbiegt. Da die Seen mittlerweile eine vielbesuchte touristische Attraktion darstellen, führen viele Reifenspuren im Sand dorthin, an denen man sich orientieren kann. Sie können allerdings nach stärkeren Winden auch zugeweht sein.

Die Mandara-Seen verteilen sich auf zwei Areale mit je zwei benachbarten Gewässern. Steuert man die beiden östlichen, den Maflu- und den Qabr-Oun-See (Gabrun-See) an, passiert man wenige Kilometer vor dem Maflu-See zwei ausgetrocknete kleine Teiche, den **Mahruqa-** und den **Baqat-See,** bei denen nur noch die umgebenden Palmen und eine mit getrocknetem Schlamm gefüllte Senke daran erinnern, dass hier einst Wasser an die Wüstenoberfläche trat.

Die erste der Wasser führenden Senken, die man erreicht, ist der **Maflu-See,** in geologischen Fachpublikationen auch Taxurunas-See genannt: ein lang gestreckter Teich mit Schilf- und Palmenbewuchs am Ufer. Er ist der kleinste der noch nicht ausgetrockneten südlichen Teiche. Im Frühjahr 2001 wurde unweit des Gewässers ein kleines Touristencamp in Betrieb genommen, das neben Getränken auch Schilfhütten zur Übernachtung bietet.

Achtung: Da während der Touristensaison diese Piste unter Umständen stark befahren ist, muss auch mit Gegenverkehr gerechnet werden. Es besteht also immer die Gefahr, dass zwei Fahrzeuge gleichzeitig von beiden Seiten auf eine der Dünen, die an der Strecke liegen, hinaufschießen und dann oben auf dem Kamm kollidieren.

Wenige Minuten später schließt sich eine aufgelassene Siedlung an. Sie reicht bis ans Ufer des **Gabrun-Sees,** der nach Süden von einer gewaltigen Sanddüne von 80 m Höhe begrenzt wird und sich inmitten eines bis zu 200 m hohen Dünengebiets befindet. Wie durch ein Wunder macht die Sandbarriere vor dem See Halt, ohne ihn zu verschütten. Genau genommen müsste man seinen Namen Qabr-Oun-See umschreiben, da er nach dem Lokalheiligen Oun benannt ist, dessen Grab *(qabr)* im unteren Dünendrittel liegt. Palmwedel und grüne Stofffetzen markieren den Ort. Die Bevölkerung schreibt es dem Wirken des Heiligen zu, dass die Düne den See unbedeckt lässt. Von allen Gewässern besitzt er mit 100 ha die größte Ausdehnung. Beim Baden bemerkt man ein Phänomen, dass den Gesetzen der Physik zuwider zu laufen scheint: Denn entgegen der Regel, dass warmes Wasser nach oben steigt, hat sich im See ein labiles Gleichgewicht aus zwei Schichten mit unterschiedlichem Salzgehalt eingependelt, sodass das Wasser bis 1 m Tiefe angenehm frisch und darunter, bedingt durch die Erdwärme, mit 35–40 °C fast unangenehm heiß ist.

Die **verlassene Siedlung** am Seeufer wurde bis vor kurzem von Leuten bewohnt, die von den anderen verächtlich als *daoudas,* Wurmesser, bezeichnet wurden. Denn sie fischten die kleinen Blattfußkrebse (Branchiopoden; zu diesen durch einen napfförmigen Rückenschild charakterisierten Tierchen gehören beispielsweise auch die Wasserflöhe), die sich dem hohen Salzgehalt des Gewässers angepasst haben, heraus und pressten daraus eine Paste, die auch als angebliches Aphrodisiakum geschätzt war. Etwa 1990 wurde die Bevölkerung in das neue Dorf Gabrun al-Djedid im Wadi Adjal, wo neue Häuser mit besserem sanitären Komfort errichtet wurden, umgesiedelt. Ein Rundgang durch den verlassenen Ort am Seeufer zeigt, wie einfach die Leute dort gehaust hatten. In der Dorfmitte befindet sich eine kleine Moschee, in die sich noch gelegentlich Muslime zum Gebet begeben und die daher auch notdürftig in Schuss gehalten wird. Am Seeufer wird ein kleines Touristen-Camp mit Schilfhütten und Getränkeverkauf unterhalten. Diese Bevölkerungsgruppe hat dem ganzen Ausläufer des Sandmeeres von Ubari mit seinen Seen den Namen gegeben – Ramlat al-Daouda.

Die beiden anderen Gewässer, die zu den Mandara-Seen gezählt werden, sind der Umm al-Ma'a und der für die ganze Gruppe namengebende, eigentliche Mandara-See. Sie liegen nordwestlich der bisher beschriebenen Teiche und sind von diesen durch eine nicht einfach zu überquerende Kette von sehr hohen Dünen getrennt. Da sich hier die tragfähigen Partien des Sandes fast täglich verändern, fehlt auch das breite Band der Fahrzeugspuren, an dem man sich orientieren könnte. Man fährt ein gutes Stück dieselbe Strecke zurück, auf der man zum Gabrun-See gekommen ist, und sucht sich dann rechts davon einen Weg durch die Dünenkette.

Diese Mühe wird zuletzt belohnt durch eine spektakuläre Abfahrt den Dünenhang hinunter zum **Umm al-Ma'a,** der Mutter des Wassers, wie der lang gestreckte Teich, der sich entlang der sandigen Berge von Ost nach West zieht, genannt wird. Der intensive Bewuchs von Schilf und Palmen macht dieses Gewässer sicherlich zum Schönsten der Seen.

Fährt man den sandigen Hang nördlich des Umm al-Ma'a ein Stückchen hinauf, kann man rechts bereits die Palmen sehen, die das Letzte der Seenbecken umstehen. Hierbei handelt es sich um den eigentlichen **Mandara-See,** dem die Gruppe ihren Namen verdankt. Mit 5 ha Ausdehnung stellt er deren zweitgrößtes Gewässer dar, bis er Mitte der 1990er Jahre aus ungeklärten Gründen auszutrocknen begann. Heute präsentiert sich das nahezu rechteckige Becken nur noch als riesiges Schlammloch, das weitenteils mit einer weißen Salzkruste überzogen ist. Entsprechend trocknet auch die Ufervegetation aus; doch ist die Lage des Sees mit der am Ostufer ansteigenden hohen, charakteristisch sattelförmigen Düne noch immer beeindruckend. Die am nordöstlichen Ufer gelegene kleine Ansiedlung ist gleichzeitig mit derjenigen des Gabrun-Sees zugunsten komfortablerer Wohnungen im Wadi Adjal aufgegeben worden.

In südwestliche Richtung erreicht man von hier aus zunächst nach kurzer Zeit die breite Hauptpiste zum Gabrun-See und danach wieder die Asphaltstraße, die Djerma und Sebha verbindet. Diese einfachere Strecke kann natürlich auch in umgekehrte Richtung zu den Seen Umm al-Ma'a und Mandara genommen werden. Für die Fortsetzung des Besuchs zu den Gewässern Maflu und Gabrun muss dann allerdings derselbe Weg wieder zurück zur Hauptpiste genommen werden, da sich die Steilabfahrt hinab zum Umm al-Ma'a nicht in umgekehrte Richtung bewältigen lässt.

Mittlerweile haben sich an allen vier genannten Seen während der Touristensaison Schmuck- und Souvenirhändler aus Ghat niedergelassen, die ihre Waren anbieten – ein weiteres Indiz dafür, welche Besuchermengen mittlerweile alljährlich diese Naturwunder aufsuchen.

Nördlich der beschriebenen Seengruppe befindet sich noch eine Reihe vergleichbarer Gewässer, die jedoch teils nur saisonal Wasser führen. Sie liegen hintereinander nahezu in Ost-West-Richtung wie

Sandünen am Umm al-Ma'a

Perlen an einer Schnur aufgereiht. Nur der östlichste von ihnen, der **Tademka-See,** hat die dreifache Distanz zu seinem Nachbarn, dem **Um-Hassa-See.** Der sich westlich anschließende **Truna-See** ist der größte der Gruppe. Alle drei Senken sind ständig gefüllt, hingegen liegen die beiden westlichsten Teiche, der **Freduha-** und der **Umm-al-Ress-See,** gelegentlich trocken. Man kann diese selten von Touristen besuchte Gewässergruppe mit einer dreitägigen Expedition quer durch den Ausläufer des Sandmeeres von Ubari verknüpfen, die im Wadi asch-Schiati ihren Abschluss findet, oder man steuert sie als Halbtagesausflug vom ausgetrockneten Mandara-See aus an, von welchem der Truna-See 35 km entfernt liegt.

Ubari und Uweinat

Das Städtchen **Ubari,** das außer einer italienischen Festung über keinerlei ›historische‹ Reste mehr verfügt, ist der namengebende Ort für das Sandmeer, das von der algerischen Grenze im Westen bis über die Asphaltstraße, die Sebha mit Braq verbindet, hinaus nach Osten verläuft. Im Norden wird es von der Geröllwüste der Hamadat Tinghirt und im Süden zwischen Sebha und Uweinat nacheinander vom Wadi al-Haya, Wadi Adjal und Wadi Irawen begrenzt. Das letztgenannte Trockental nimmt bei Ubari seinen Anfang.

Jenseits von Ubari führen die nächsten 220 km der von Osten nach Westen verlaufenden Asphaltstraße durch eine Steppenlandschaft, die nur von einigen wenigen Hirten mit ihren Herden bewohnt wird. Zunächst begleitet im Süden der Steilabfall des Messak Sattafet-Gebirges die Straße, dann senkt sich diese in mehreren flachen Schichtstufen hinab, um schließlich – wiederum auf ihrer linken Seite – von der hügeligen Nordspitze des Akakus-Gebirges flankiert zu werden. Dann wird **Uweinat** erreicht. Der Ort wird auch Serdelesch genannt, um Verwechslungen mit dem Höhenzug des Djebel Uweinat im libysch-ägyptisch-sudanesischen Länderdreieck zu vermeiden.

Hinter Uweinat (zwischen den Kilometersteinen 106 und 107, die die Distanz nach Ghat anzeigen) nimmt eine Piste nach Norden ihren Anfang, die den Erg Titegshine tangiert, weiter östlich in das Wadi Ti'n-Torha führt und nach etwas mehr als 40 km das **Wadi Aramat** und das **Wadi Madjadat** erreicht, wo sich zahlreiche **Felsbilder** befinden. Die bekannteste Darstellung des Wadi Aramas zeigt einen von vier Pferden gezogenen einachsigen Streitwagen aus der Periode der Garamanten. Um die sehenswerten Zeichnungen dieser Trockentäler und ihrer Umgebung zu erkunden, sollten zwei Tage veranschlagt werden. Diesen Abstecher kann man unterhalb des Höhenzuges des Qaf al-Djinun beenden, wo wieder die Asphaltstraße erreicht wird.

Bald hinter Uweinat wendet sich die asphaltierte Straße, nachdem sie dem Lauf des **Wadi Tanesfert** gefolgt war, in einem weiten Bogen nach Süden und verläuft fortan im breiten **Wadi Tanezzuft.** Gesäumt wird dieses Trockental im Osten vom steil abbrechenden Westrand des Akakus-Gebirges, während man von der Asphaltstraße aus nach Westen hin am Horizont die östlichen Ausläufer des Tassili N'Ajjer-Gebirges erkennen kann, die aber bereits auf algerischem Staatsgebiet liegen. Auffällig ist der obere Rand des steil abfallenden Akakus-Gebirges: Über weite Strecken zeigt er eine gewellte Struktur, bedingt durch eine dichte Abfolge von parallelen halbrunden Tälern, die unmittelbar an der Steilkante ihren Anfang nehmen und sich langsam nach Osten absenken, fast so, als würde man auf den Querschnitt eines Waschbretts blicken.

Etwa auf halber Strecke zum 142 km von Ubari entfernten Ghat zeichnet sich am Horizont – zunächst rechts von der Fahrtrichtung – ein bizarrer Höhenzug ab, der aus der Entfernung den Eindruck erweckt, als sei sein lang gezogener Rücken mit einer Festung aus Mauerzügen, Türmen und Gebäuden bebaut. In der Folge führt dann die Straße unmittelbar darauf zu, um den Höhenzug zuletzt linker Hand zu passieren. Erst dann wird erkennbar, dass es sich bei dem Höhenzug, der wegen seines teils gespenstischen Aussehens **Qaf al-Djinun** (Höhle der bösen Geister) heißt, in Wirklichkeit um mehrere hintereinander gestaffelte Erhebungen handelt, die aus der Distanz zu einem einzigen Bergrücken verschmelzen, und dass auch die vermeintlichen Festungsbauten allesamt einer Laune der Natur entstammen. *Djinun* ist der Plural zu *djin,* ein Begriff, den jeder Leser aus ›1001 Nacht‹ kennt, und die Einheimischen erzählen sich Gruselsagen über die Gespenster, die in den bizarren Felsen hausen sollen. Deswegen fand der Afrikaforscher Heinrich Barth im Juli 1850 auch keinen Führer, der bereit gewesen wäre, mit ihm den Höhenzug, in welchem er Felsbilder vermutete, zu betreten. Tatsächlich verirrte er sich im Gelände und wäre beinahe verdurstet, wenn er nicht von einem Targi gerettet worden wäre.

Wo die Straße in einem weiten Bogen den Djebel Djinun umrundet, beginnt links zwischen ihr und dem Steilhang des Akakus ein Idhan Idinen genanntes lang gezogenes Dünenfeld, das nahe an die Oasenstadt Ghat heranreicht. An dessen Rand treten schwefelhaltige Thermalquellen zu Tage. Schließlich wird Ghat erreicht.

Ghat

Ghat ☆

Besonders sehenswert: Historische Altstadt

Die alte, aus Bruchsteinen und luftgetrockneten Lehmziegeln errichtete Berbersiedlung war einst ein wichtiger Karawanenstützpunkt an der Kreuzung mehrerer Wüstenpisten. Für die aus Ghadames kommenden Berberkarawanen bildete Ghat den letzten Stopp auf heimischem Territorium, bevor es weiter in den Sudan und nach Schwarzafrika ging. Einst beherbergte Ghat auch Schmiedewerkstätten, deren Produkte, vor allem Schwerter, in der gesamten Sahara Berühmtheit genossen. Die Altstadt ist heute von der libyschen Bevölkerung fast vollständig verlassen worden, seit die Regierung hier in den 1980er Jahren für die 12 000 Einwohner Neubauten mit fließendem Wasser und anderem sanitären Komfort hat errichten lassen. In den wenigen noch bewohnbaren Häusern der alten Siedlung haben sich schwarzafrikanische Zuwanderer, die zumeist illegal ins Land gekommen sind, eingerichtet. Neuerdings sind auch die Untergeschosse einige Wohnbauten als kleine Läden reaktiviert worden, in denen den Touristen Silberschmuck der Berber und Tuareg sowie andere landestypische Produkte angeboten werden. Zu den nur hier angefertigten Stücken gehören kleine Döschen aus Kamelleder (meist rund mit konischem Deckel) mit phantasievollem Dekor. Hingegen stammt der Silberschmuck vielfach aus den südlichen Nachbarländern Mali und Tschad.

Auch wenn Ghat nicht, anders als Ghadames, auf der UNESCO-Liste des Weltkulturerbes steht, bemüht man sich dennoch, die Bausubstanz vor dem weiteren Verfall zu bewahren. Bei der Anfahrt passiert die Durchgangsstraße ein Areal, in welchem Lehmziegel für Wiederaufbaumaßnahmen in großer Menge zum Trocknen ausliegen. Einst umschloss eine durchgehende Ziegelmauer die Oasenstadt. Am Rand des kleinen Vorplatzes vor dem Eingangstor wurden die oberirdischen Bestandteile eines traditionellen Brunnens nachgebaut. Hierbei wird wieder einmal ersichtlich, welch wichtige Rolle die Dattelpalme auch als Lieferant von Baumaterial darstellt: Zwischen zwei langen halbierten Palmstämmen, die oben verbunden sind, ist ein aus Palmholzbrettern zusammengestückeltes Rad eingefügt, über welches das aus Palmblättern geflochtene Seil lief, an dem der Tierbalg zum Wasserschöpfen befestigt war. Diese Konstruktion überragt eine kreisrunde Brunneneinfassung aus Lehmziegeln mit einer Ausgussrinne aus einem ausgehöhlten Stück eines halbierten Palmstammes. Lediglich das Brunnenloch wurde bei diesem Anschauungsobjekt nicht ausgeführt.

Brunnen vor der Altstadt von Ghat

Blick auf die Altstadt von Ghat

Man betritt die alte Oase durch ein weiß gekalktes **Eingangstor**, dessen Türsturz mit einem Ornament aus zickzackförmig verlegten Ziegeln dekoriert ist. Noch in der Passage sind Nischen mit Sitzgelegenheiten für die Torwächter eingetieft. Bald weitet sich die Gasse zu einem kleinen Platz, von dessen rechter Seite eine mehrfach abknickende Treppe schließlich auf eine ummauerte runde Plattform auf dem Dach eines größeren Gebäudes führt. Dies war der **Amtssitz** des osmanischen Statthalters über Ghat, der aber auch als Fluchtturm fungierte, wohin sich die Bevölkerung bei Gefahr zurückziehen konnte. Unmittelbar daneben ragt das auffällige, weiß gekalkte Minarett einer **Moschee** empor. Hier befindet sich ein weiterer Abgang von der Plattform, der – an der Moschee vorbei – durch eine kurze abgedeckte Passage schließlich wieder auf den kleinen Platz hinabführt. Wenn Ghat auch keine große Fläche bedeckt und man sich zwischen den Häusern und Ruinen deswegen nicht verlaufen kann, so gerät man bei der Erkundung des Wegenetzes dennnoch häufig in Sackgassen oder die Innenhöfe aufgelassener Wohnhäuser. Hier kann man dann deutlich sehen, dass sich alle Räume in zwei bis drei Etagen um einen zentralen Hof gruppieren, von dem aus sie auch Tageslicht empfangen, während die den Straßen und Gassen zugewandten Wände abgesehen von den Türen so gut wie keine Öffnungen aufweisen.

Der alte Ortskern wird überragt von der aus Steinen erbauten **Festung Koukemen,** die im frühen 20. Jahrhundert von den Italienern auf dem niedrigen Höhenzug errichtet wurde, an dessen Fuß sich Ghat ausbreitet. In halber Höhe des kurzen Aufstiegs passiert man die Reste einer nicht mehr in Betrieb befindlichen Kaskade von Becken, in denen sich Schwebstoffe zur Klärung des Grundwassers absetzen konnten. Oben belohnt ein schöner Ausblick auf die alte Berberstadt.

Die Asphaltstraße setzt sich über Ghat hinaus noch 30 km bis südlich von **Al-Barakat** (auch Birket), das über eine sehenswerte kleine Altstadt verfügt, fort und geht dann in eine Piste über. Dort befindet sich ein Polizei- und Grenzposten, da von dieser Stelle nicht nur die Piste zum Südende des Akakus-Gebirges ihren Anfang nimmt, sondern auch eine Staubstraße ins algerische Djanet führt. Der libysche Grenzposten ist von Al-Barakat 50 km entfernt, von ihm sind es 10 km zum algerischen Grenzort Tin Alkoum, von dem aus bis Djanet noch etwas mehr als 200 km zurückzulegen sind.

Felsbilder im Südwesten Libyens

Entdeckung und Erforschung der Felsbilder

Die Entdeckung der Felsbilder der Sahara geht auf den deutschen Afrikaforscher Heinrich Barth (1821–1865) zurück. Als er 1850/51 von Murzuq aus die Wüste nach Süden zu durchquerte, stieß er im Wadi Tel Izzaghen im Fezzan auf einige Ritzzeichnungen, die er als Erster in seinen Tagebüchern dokumentierte, und dies rund 30 Jahre vor der Auffindung der ersten prähistorischen Bilderhöhle auf europäischem Boden: Altamira in Spanien. Insofern kann man ihm nicht verdenken, dass er von der Bedeutung seiner Entdeckung keinerlei Vorstellung hatte. Aus seinen Notizen ist eine gewisse Ratlosigkeit zu spüren, wenn er die Felsgravuren beschreibt: »Und zwar bestanden sie nicht aus Kritzeleien, sondern, obwohl keine vollendeten Skulpturen, waren sie doch mit fester und ruhiger Hand, welche wohlgeübt in solcher Arbeit gewesen, in tiefen Umrissen eingegraben und trugen durchaus einen von Allem, was sonst in diesem Landstriche gefunden wird, verschiedenen Charakter.«

»Sicherlich konnte ein Barbar, welcher nie Gegenstände der Kunst gesehen noch seine Hand darin versucht hatte, nicht mit einer solchen Festigkeit die Linien eingraben und allen Figuren jene leichte und natürliche Gestaltung geben, welche sie bei aller ihrer Wunderlichkeit zeigen […].«
Heinrich Barth über die 1850 von ihm entdeckten Felsbilder der Sahara, in: Heinrich Barth, Reisen und Entdeckungen in Nord- und Centralafrika in den Jahren 1849 bis 1855, Gotha 1858

Die ersten wissenschaftlichen Untersuchungen der Felsbilder nahm dann 1932 der Ethnologe Leo Frobenius (1873–1938). Zwölf Afrika-Expeditionen unternahm er zwischen 1904 und 1935. Dabei kooperierte er gerade bei seinen Forschungen auf libyschem Boden eng mit italienischen Kollegen, was nicht verwundert, war der Fezzan doch 1914 von den Italienern besetzt und 1930 als südlichste Provinz in das italienische Staatsgebiet eingegliedert worden, bis er 1943 unter französische Verwaltung kam. Neben vielen anderen

Mittlerweile hat sich die Erkundung der Felsbilder Libyens zu einer italienische Domäne entwickelt. Nestoren der Forschung sind dabei Fabrizzio Mori und Paolo Graziosi, die dort seit 1955 auch Ausgrabungen durchführen. Dennoch sind auch Vertreter anderer Nationen an der Dokumentation und Auswertung der Zehntausenden von Fundstätten beteiligt, darunter das belgische Ehepaar Axel und Anne-Michelle Van Albada, die Innsbrucker Rüdiger und Gabriele Lutz sowie Yves und Christine Gauthier, außerdem sind Jan Jelinek, Gérard Jacquet, Jean L. LeQuellec und Alfredo Muzzolini zu nennen, um nur die wichtigsten Vertreter dieser Spezialdisziplin aufzuführen.

Publikationen legte Frobenius seine Forschungsergebnisse im libyschen Messak-Sattafet-Gebirge ein Jahr vor seinem Tod in dem Werk ›Ekade Ektab – Die Felsbilder Fezzans‹ vor. Der durch seine spektakulären Veröffentlichungen populär gewordene Henri Lhote spielt für die libyschen Fundstätten nur insofern eine Rolle, als seine Materialien aus der westlich benachbarten algerischen Sahara, vor allem aus dem Tassili-Gebirge, eine wertvolle Ergänzung zur Datierung und kulturgeschichtlichen Einordnung der prähistorischen Orte liefern.

Auf libyschem Boden kommen Felsbilder hauptsächlich in zwei Gegenden vor: im Akakus-, dem Messak-Sattafet- und dem Messak-Mellet-Gebirge im Westen sowie am Djebel Uweinat an der Grenze zu Ägypten und dem Sudan im äußersten Südosten des Landes. Die Felsbilder repräsentieren lokale Ausformungen der zahlreichen prähistorischen Kunstzentren Nordafrikas, die zu einer Zeit, in der es keine trennenden Staatsgrenzen gab, miteinander in Kontakt standen und sich beeinflussten. Dennoch hat jede der Regionen ihre Charakteristika. Mittlerweile sind auch im übrigen Nordafrika Felsbilder gefunden worden, unter anderem auf marokkanischem und algerischem Boden im Sahara-Atlas und im Tassili N'Ajjer, im Tschad im Tibesti-Gebirge sowie im Niger auf dem Djado-Plateau, im Ennedi- und im Air-Gebirge.

Die Felsbilder können Gravuren sein, die in die Felswände eingetieft sind, oder Malereien, die auf die Felswände aufgetragen wurden, wobei bei Letzteren Erdfarben, d. h. unterschiedliche Braun- und Rottöne sowie Schwarz (aus Ruß und Holzkohle) und Weiß (aus zerriebenem Kalkstein) naturgegeben den (Farb)ton angeben. Nicht belegt ist bislang, dass man Felsgravuren noch zusätzlich farbig aus-

Akakus-Gebirge, Felsbild von der sogenannten Jagdwand im Wadi Teschuinat

geführt hat. Welche Technik gewählt wurde, hängt ausschließlich vom Untergrund ab. So ließen sich beispielsweise in die senkrechten Wände des Messak Mellet- und Messak-Sattafet-Gebirges mit ihrer dunklen Oberfläche aus Basalt oder Steinlack-überzogenem Sandstein nur Ritzungen und Gravuren anbringen. Hingegen boten sich im Akakus-Gebirge die zumeist unter Felsvorsprüngen (so genannten Abris) liegenden glatten Wandflächen aus hellem Kalkstein zur Ausgestaltung mit farbigen Malereien an.

Die Funktion der Felsbilder lässt sich, da die Künstler noch keine Schrift kannten und deswegen keine Selbstzeugnisse hinterlegen konnten, nur indirekt erschließen. Bei Jagdszenen nimmt man kultischen Charakter an – die Hoffnung auf reiche Beute –, ohne dass man die damit verbundenen Riten kennt. Ähnlich könnte die Darstellung domestizierter Tiere den Wunsch nach großen und gesunden Herden zum Ausdruck gebracht haben. Kampfszenen dienten eventuell der magischen Vorbereitung eines Feldzuges oder wurden danach als Erinnerung oder Dank an die Götter angebracht. Die zahlreichen Bilder von Frauen mit gespreizten Schenkeln oder beim Geschlechtsakt mit einem Mann, der fast immer mit einem übergroßen Phallus versehen ist, gehören wohl zur Fruchtbarkeit im weitesten Sinne, wobei man sich streiten kann, ob diese Motive von Männern oder von Frauen angefertigt worden sind. Die jüngsten Darstellungen, bei denen dann auch eine Schrift, das Tifinagh der Beduinen, auftritt, scheinen hingegen zumeist fast aus Langeweile angebracht worden zu sein, da die Texte oft nur Filiationsangaben (X, Sohn von Y) beinhalten und damit demselben Bedürfnis nach Präsenzmitteilung zu entspringen scheinen, wie es bei unseren Graffiti-Sprühern der Fall ist.

Akakus-Gebirge, Felsritzung mit der Darstellung eines Elefanten im Wadi Teschuinat

Akakus-Gebirge, Felsbild mit der Darstellung eines Menschen im Wadi Teschuinat

Datierung der Felsbilder

Heute werden bei der Erforschung und Datierung der Felsbilder nicht nur kunstgeschichtliche Stilkriterien berücksichtigt, sondern auch naturwissenschaftliche Disziplinen wie Klimatologie, Geologie, Biologie und Kernphysik hinzugezogen. Zunächst einmal ermöglicht eine Untersuchung der Oberfläche eine grobe Abschätzung, ob es sich bei Ritzungen und Gravuren, um alte oder rezente Felsbilder handelt, denn jede offen liegende Gesteinsfläche verwittert bei Wind und Wetter. Wird nun eine Darstellung eingeritzt, so kommt eine unverwitterte Gesteinsschicht ans Tageslicht, die sich deutlich in der Farbe von der übrigen Felswand unterscheidet. Im Lauf der Jahrhunderte verändert sich aber auch diese neue Oberfläche und gleicht sich farblich immer mehr ihrer Umgebung an, bis sie sich nur noch als eingetiefte Rille oder Fläche ausmachen lässt. Mittlerweile lässt sich der Grad der Oberflächenverwitterung auch mit naturwissenschaftlichen Methoden genauer messen. Überlagern sich eine ältere und eine jüngere Darstellung, so lässt sich sowohl bei Malereien wie auch bei Gravuren unschwer ermitteln, welche Darstellung welche überlagert. Das darunterliegende Bild ist das Ältere, und durch viele Detailuntersuchungen hat man so eine relative Chronologie der Stilstufen und der mit ihnen verbundenen Motive ermittelt.

Dabei kommt den Wissenschaftlern zugute, dass Plätze mit Felsbildern über die Jahrtausende immer wieder aufs neue als offensichtlich kultische Orte aufgesucht und dabei immer wieder mit neuen Darstellungen versehen worden sind. Man kann sogar für eine bestimmte Phase nachweisen, dass ältere großformatige Tierdarstellungen ›aktualisiert‹ wurden, indem man sie statt des ursprünglichen einen Auges nachträglich mit einem Augenpaar versehen hat. Die Deutung der Felsbildstellen als Kultplätze wird zudem dadurch unterstützt, dass 1958 bei Ausgrabungen durch den italienischen Archäologen Fabrizzio Mori vor einem solchen Abri im Wadi Teschuinat mit bildlichen Darstellungen auch Bestattungen, unter anderem auch einer Kindermumie, nachgewiesen werden konnten, deren Alter durch Radiocarbon-Messungen auf rund 5200 Jahre bestimmt wurde. Hingegen enthalten die Farbpigmente der Malereien entweder zu wenig organisches Material, als dass ihr Alter mit dieser Methode ermittelt werden könnte, oder der Anteil an radioaktivem Kohlenstoff, dessen gesetzmäßig ablaufender Zerfall dieser Datierungsmethode zu Grunde liegt, ist bei der schwarzen, aus Ruß und Holzkohle hergestellten Farben durch Verunreinigungen verfälscht.

Weiterhin werden in die Diskussion um das Alter der Felsbilder Erkenntnisse der Klimaforschung mit einbezogen, denen zufolge eine Besiedlung der Region nicht zu allen Zeiten möglich war, da es immer wieder Phasen extremer Trockenheit gegeben hat. In diesen Phasen konnten, wenn überhaupt, nur kleine Gruppen in wenigen Rückzugsgebieten überleben und entsprechend sind aus dieser Zeit keine Felsbilder zu erwarten. Nach solchen Unterbrechungen kehrten dann bei einer Verbesserung des Klimas und einer Zunahme von Flora und Fauna auch die Menschen in die verlassenen Regionen zurück und brachten wieder ihre Motive an den Felswänden an.

Durch Synchronisation der Klimakurve der Sahara, an deren aktueller Erstellung der italienische Klimatologe Mauro Cremaschi entscheidenden Anteil hatte, mit den ermittelten fünf Stilstufen der Felsbildkunst ergeben sich nach heutigem Kenntnisstand die folgenden annähernden Datierungen:

1) vor 6000 v. Chr.: die **Bubalus-Zeit,** auch Periode der Frühen Jäger. Sie ist benannt nach dem am häufigsten dargestellten Wildtier, dem durch sein überdimensioniertes Gehörn charakterisierten, wohl mit dem heutigen Kaffern-Büffel verwandten Altweltbüffel oder Bubalus antiquus (Syncerus caffer antiquus), der vor rund 5000 Jahren ausgestorben ist. Die Anfänge dieser Stilstufe sind umstritten, im Allgemeinen lässt man sie um 10 000 v. Chr. beginnen. Während sich die Menschen jener Zeit, die noch von der Jagd lebten, selbst nur selten und dann auch nur klein darstellten, werden die Tiere groß, oft fast lebensgroß wiedergegeben. Neben dem Bubalus finden sich andere Jagdbeute wie Gazellen, Antilopen, Wildesel usw., aber auch gefährliche Tiere wie Löwe, Elefant und Nashorn, die durch Abbildung vielleicht gebannt und friedlich gestimmt werden sollten. Die Tatsache, dass auch Tiere wie Krokodile oder Nilpferde erscheinen, die auf einen wasserreichen Lebensraum angewiesen sind, veranschaulicht, dass das Klima seinerzeit deutlich regenreicher war.

2) 7000–6000 v. Chr.: die **Rundkopfzeit.** Sie trägt ihren Namen nach großformatigen charakteristischen Menschendarstellungen, bei denen die kugeligen Köpfe direkt auf dem Rumpf aufsitzen. Da Rundkopfbilder nur in der Malerei überliefert sind, beschränkt sich ihr Vorkommen auf libyschem Boden auf das Tadrart- und Akakus-Gebirge, im Messak-Sattafet und Messak-Mellet mit seinen Felsgravuren fehlt diese Stilstufe selbstredend. Die beeindruckendsten Beispiele dieser Stilrichtung weist allerdings der algerische Tassili N'Ajjer auf. Ob sie tatsächlich gleichzeitig mit der Spätstufe der Bubalus-Zeit datiert, ist noch umstritten, denn bei den Rundkopfbildern hat man zwar ebenfalls großformatige Darstellungen, doch spielt hier die Wiedergabe von Tieren nur eine untergeordnete Rolle.

3) 5000–2500 v. Chr.: die **Rinderzeit.** Nach tausendjähriger extremer Trockenheit, in welcher der Raum, den wir heute als Sahara kennen, äußerst lebensfeindlich war, setzt eine erneute Feuchtperiode ein. Die Bevölkerung, die nun in die Region zurückkehrt, hat, nach Auskunft ihrer Felsbilder, Haustiere domestiziert, allen voran das Rind, nach welchem diese Periode benannt wurde. Es werden aber auch Schafe und Ziegen wiedergegeben. Dennoch spielt auch die Jagd noch eine wichtige Rolle bei der Nahrungsbeschaffung: häufig in Begleitung von Hunden stellen sich die Menschen beim Jagen, aber auch in anderen Alltagssituationen dar.

Akakus-Gebirge, Felsbild mit der Darstellung von Menschen im Wadi Tanschalt

Vielleicht sind die Darstellungen der Bubalus-Rinder mit ihrem gewaltigen Gehörn – aus der ersten Stilstufe – auch verantwortlich für eine Passage, die sich bei Herodot findet. Dieser Schilderung zufolge soll es im Land der Garamanten Rinder geben, die beim Weiden nur rückwärts gehen können, da ihre großen Hörner nach vorne gebogen sind und sie deswegen beim Vorwärtsgehen ständig mit deren Spitzen im Boden steckenbleiben würden.

4) 1500 bis Zeitenwende: die **Pferdezeit.** Erneut zwingt ein trockenes Jahrtausend die Bevölkerung zum Verlassen der Region. Nachdem sich die klimatischen Verhältnisse geringfügig gebessert hatten, sind wieder Siedler nachweisbar. Sie kennen Metallwaffen sowie den von Pferden gezogenen Streitwagen. Am einfachsten sind sie daran zu erkennen, wie sie sich selbst wiedergegeben haben, nämlich mit einem Rumpf, der, entfernt an eine Eieruhr erinnernd, aus zwei mit den Spitzen verbundenen Dreiecken besteht. Der Kopf wird nur als kurzer dicker Zapfen angegeben, und auch Arme und Beine, die jeweils an den Ecken der beiden Rumpfdreiecke ansetzen, bestehen nur aus Strichen. Dies ist auch die Zeit der Garamanten und der Begegnung mit den expandierenden Kulturen des nördlichen Mittelmeerraumes, zunächst der Phönizier und Griechen, dann der Römer.

5) Zeitenwende bis Gegenwart: die **Kamelzeit.** Man weiß, dass das von der Arabischen Halbinsel stammende einhöckerige Dromedar, heute das charakteristischste Tier der Sahara, erst um die Zeitenwende in Nordafrika heimisch geworden ist. Daher können alle Felsbilder, auf denen das ›Wüstenschiff‹ wiedergegeben ist, erst in den letzten beiden Jahrtausenden entstanden sein. Vielfach heben sich die Kameldarstellungen, sofern sie als Gravur ausgearbeitet und nicht aufgemalt sind, allein schon durch ihre deutlich hellere und somit jüngere Patinierung von benachbarten älteren Tierbildern ab. Auf diese Beduinen, die sich mit ihren Kamelherden bis in die Gegenwart hinein auf den Felswänden verewigt haben, gehen dort auch die zahlreichen Inschriften in Tifinagh zurück.

Felsbilder im Akakus-Gebirge

Akakus-Gebirge ☆☆

Besonders sehenswert:
Wadi Tanschalt
Afzidjar
Wadi Anschal
Wadi Teschuinat
Wadi Ti'n-Laleen

Unter den zahlreichen Provenienzen mit Felszeichnungen stehen die Darstellungen des Akakus- und des südlich anschließenden Tadrart-Gebirges als 287. Monument auf der Liste des UNESCO-Weltkulturerbes.

Das Akakus-Gebirge darf nur mit Begleitung eines ortskundigen einheimischen Führers befahren werden, da man in den weit verzweigten Wadis rasch die Orientierung verliert und zuverlässiges Kartenmaterial noch nicht zur Verfügung steht bzw. aus Sicherheitsgründen nicht veröffentlicht wird. Selbst mit GPS-Koordinaten besteht die Gefahr, dass man in ein Wadi hineinfährt, das zunächst in Richtung des angepeilten Besuchspunktes liegt. Ans Wadi-Ende gelangt, stellt man unter Umständen fest, dass es doch einen anderen Verlauf genommen hat, als es anfänglich den Anschein hatte, und man muss wieder zum Ausgangspunkt zurückfahren, wo man aber immer noch nicht weiß, ob nun das linke oder das rechte Nachbartal den Bogen zur gewünschten Stelle schlägt.

Außerdem sollen die einheimischen Führer verhindern, dass Besucher ihren Zivilisationsmüll zurücklassen, die Farben der Felsmalereien beim Fotografieren durch Blitzlicht gefährden oder sich gar

Bizarre Landschaftsformationen im Akakus-Gebirge

selbst an den Felswänden verewigen. Fast alle Stellen mit Felsmalereien sind so gelegen, dass sie mit empfindlicheren Filmen (200 oder 400 ISO) auch ohne Blitz gut fotografiert werden können.

Die meisten örtlichen Agenturen bieten Fahrten in den südlichsten Teil des Akakus-Gebirges an. Hier sind – nach heutigem Forschungsstand, denn es gelten noch längst nicht alle Wadis als erforscht – die meisten und auch die schönsten Felsbilder zu finden, außerdem sind diese Stellen am leichtesten zu erreichen. Als Ausgangspunkt bietet sich Ghat oder weiter im Norden auch Uweinat an, wo mittlerweile mehrere örtliche Agenturen ihre Dienste anbieten. Sowohl der Zustand der Geländefahrzeuge wie auch die Preise unterscheiden sich deutlich, sodass sich Vergleiche lohnen. Es sollte auch eindeutig vereinbart werden, welche Punkte angefahren werden.

Da es sich stets um mehrtägige Unternehmungen handelt, muss zudem an ausreichend Trinkwasser und Nahrungsmittel sowie an Schlafsack und ggf. Zelt gedacht werden. Vor allem in den Wintermonaten kann es nachts auch empfindlich kalt werden, selbst Minusgrade sind dann nicht ausgeschlossen. Oft genügt schon der hohe Temperaturunterschied zwischen Tag und Nacht, dass man die nächtlichen Werte als extrem kalt empfindet, auch wenn sie, absolut gemessen, noch weit im Plus-Bereich liegen. Ein warmer Schlafsack ist also absolut empfehlenswert.

Felsbögen im Akakus-Gebirge

Topographie

Das Akakus-Gebirge, geologisch ein östlicher Ausläufer des großen algerischen Tassili-Gebirges, besteht aus kambrischem Sandstein, der vielfach mit dunklem ›Wüstenlack‹ überzogen ist. Es erstreckt sich über eine Länge von 130 km in nord-südlicher Richtung. Nach Westen hin fällt es in einem hohen Steilabbruch zu einer Ebene ab, deren nördlicher Abschnitt Wadi Tanezzuft genannt wird. Im Süden steigt die Abbruchkante allmählich bis auf 1373 m ü. M. an. An seiner Ostseite hingegen, wohin sich die zahlreichen Wadis entwässern, geht das Akakus-Gebirge allmählich in die hohen Dünenketten von Ouan Kasa über, hinter denen eine Kieswüste beginnt.

Viele der Wadis besitzen ausgewaschene Bodensenken, die sich nach Regenfällen mit Wasser füllen. Oft sind diese als *gueltas* bezeichneten Löcher Sammelbecken für Wasser, das nach Niederschlägen von den Felswänden abläuft. Wenn eine solche Senke auch noch so günstig im Schatten der Berge liegt, dass die Sonne ihre verdunstende Kraft nicht zur Geltung bringen kann, dann hält sich das kostbare Nass oft wochenlang und wird von Wildtieren und Herden als Tränke aufgesucht.

Die Felsbilder

Von Ghat kommend – zunächst in südlicher Verlängerung des **Wadi Tanezzuft** am Westrand des Akakus-Gebirges entlang – erreicht man 30 km nach dem Ende der asphaltierten Straße auf der sich in südliche Richtung anschließenden Piste das **Wadi Ayadar.** Zunächst bietet sich bei der Anfahrt von oben ein schöner Blick hinab in das von senkrechten Felswänden gesäumte Trockental; dann senkt sich die Piste selbst ins Wadi hinab und wendet sich langsam in östliche Richtung ans südliche Ende des Akakus-Gebirges. Kurz bevor man dort nach weiteren 30 km die Einfahrt in das weitverzweigte System der Trockentäler, welche das Bergland durchschneiden, erreicht, passiert man noch am Fuß eines Dünenfeldes links der Piste die Hinterlassenschaften einer prähistorischen Besiedlung: mehrere Mahl- und Reibsteine, zumeist aus dem lokalen Kalksandstein gefertigt, sowie Tausende von Keramikscherben und -splittern mit den für das Neolithikum typischen, in den Ton mit Gerätschaften eingedrückten Loch- und Kamm-Mustern.

Achtung: Die nachfolgenden detaillierten Beschreibungen ausgewählter Felsbildstellen verstehen sich ausschließlich als Hilfestellung bei den Verhandlungen mit den örtlichen Agenturen darüber, welche Plätze im Akakus-Gebirge angefahren werden sollen. Sie sollen keinesfalls dazu animieren, entgegen den Bestimmungen das Gelände ohne einheimischen Führer zu befahren, weswegen auch bewusst auf die Angabe von GPS-Daten verzichtet wurde.

Entlang der vom südlichen Ende des Akakus-Gebirges in nördliche Richtung führenden Piste schieben sich die umgebenden Berge immer näher an die Route heran und verengen sich bald zu einer schmalen Passage, hinter der es ein kurzes Stück steil hinabgeht. Unmittelbar an der oberen Kante dieser engen Abfahrt, die **Tacharchuri** genannt wird, trägt die rechte Bergwand wenig über dem Boden unter einem Geländevorsprung die ersten Felsgravuren, die unter anderem ein Kamel zeigen. Passiert man diese Stelle links und läuft ein Stückchen in gleichbleibender Höhe am Hang entlang – parallel zu dem Wadi, das sich links unterhalb davon erstreckt – erreicht man nach 100 m rechter Hand eine flache Felsnische, an deren Decke stark abgeblätterte Rinderdarstellungen in weißer und andere Tierbilder in roter Farbe zu erkennen sind.

Die Passage weitet sich nach der Fahrt hinunter ins Wadi wieder geringfügig und führt auf ein sandiges Gelände mit vermeintlich flachen Dünen – genannt **Ouan Bubu** – zu, die aber bald in ihrer gesamten Breite in eine spektakuläre Steilabfahrt den sandigen Hang hinab münden. Danach wird die Passage wieder enger. Hinter hellgelben Dünenanwehungen begleiten steil aufragende, bizarr verwitterte Wände aus dunklem verwittertem Sandstein das Trockental, durch welches die Piste verläuft. Schließlich wird der östliche Beginn des **Wadi Tanschalt** erreicht, der durch den gewaltige Naturbogen von **Afzidjar** bzw. **Fozzidjareen,** auf den die Piste geradeaus zuführt, markiert wird.

Westlich des Felssporns mit dem Bogen mündet das breite, aber kurze **Wadi Fozzidjar** in das Wadi Tanschalt ein. Die Nordwand dieses buchtartigen Nebentales weist unter einem Felsvorsprung eine ganze Reihe von Felsbildern und -ritzungen auf. Gleich zu Beginn trägt eine größere glatte Wandfläche, zu der man auf einer Felsknolle hinaufsteigen kann, unter anderem eingravierte, stark stilisierte Darstellungen von Beduinen mit Gesichtsschleiern, die fast wie Helme wiedergegeben sind, sowie mit Bewaffnung (Rundschilde und Speere) und zum Teil mit Kamelen, die sie am Zügel hinter sich her ziehen. Weitere Kamele sind mit hellroter Farbe aufgetragen. Man sieht aber auch ältere, in dunklerem Rot ausgeführte Motive aus der Rinder- und der Pferdezeit, darunter ein kopfloses, aus zwei aufgebäumten Rümpfen zusammengesetztes Tier und ein Fohlen mit ungestümen Bewegungen und fliegender Mähne. Weiter links auf der Felswand folgen mehr Malereien, die hauptsächlich Kamelherden und Menschen zeigen. Den Abschluss bilden unter anderem Darstellungen einer Familiengruppe – eine sitzende Gestalt in Begleitung eines kleinen Kindes, davor eine weitere Person mit einem verästelten pflanzlichen Objekt in den Händen, und ganz zuletzt eine Symposiumsszene, bei der eine von Dienern umgebene Gestalt unter einer Art Strahlenkranz sitzt und mit einem langen Halm aus einem kugeligen Gefäß trinkt.

Für die weiteren Felsbilder des Wadi Tanschalt muss man zum Naturbogen zurückkehren, den man – in geradliniger Fortsetzung der zuvor genutzten Piste – auf seiner linken Seite passiert. Man überquert ein kleines Dünengelände und sieht bald danach zur Linken eine glatte dunkle Felswand, vor der eine ebensolche große Steinknolle liegt. Beide weisen ausschließlich Ritzungen auf, darunter Rinder, Rinderköpfe und mehrere Strauße.

Ein gutes Stück weiter öffnet sich, ebenfalls links im Wadi, eine Grotte, die mit sich teils überlappenden Rinderdarstellungen in deutlich sichtbar unterschiedlichen Stilstufen versehen ist. Links oberhalb befindet sich an der Höhlenwand eine einzelne kleine Mufflondarstellung. An der Grottenrückwand öffnet sich nach rechts eine kleine Felsspalte, durch welche sich schlanke Besucher zwängen können. Nach wenigen Metern erreicht man 4 m über dem Boden seitlich der Grottenöffnung wieder das Tageslicht. Auf der darunter liegenden Felswand sieht man auf einer kleinen geglätteten Fläche eingeritzte Tierdarstellungen.

Tritt man von hier aus den Rückweg an und hält sich immer entlang der gegenüber liegenden Felswand des Wadi Tanschalt, passiert man zunächst eine niedrige, flache Grotte, an deren Oberseite sich zwei aufgemalte Rinder in deutlich verschiedenem Stil (und damit unterschiedlicher Datierung) gegenüber stehen. Darauf folgt bald eine kleine Talausbuchtung mit einer hohen Sandanwehung. Steigt man diese etwas nach oben, erkennt man schon aus der Distanz in einer Grotte, die sich links davon in der steil aufragenden Felswand öffnet, in roter Farbe die große Darstellung **zweier Personen im Rundkopfstil,** die eine deutlich kleinere Gestalt zwischen sich an den Händen halten. Rechts davon sind die Wände der Grotte mit stark verblichenen Motiven in gelbbraunem Ocker bedeckt, die Jäger mit Pfeil und Bogen sowie Jagdwild inmitten von stark stilisierten Pflanzenbüscheln oder Sträuchern zeigen.

Wenig später, dort, wo der steile Wadirand eine hohe glatte Wand mit einem auffälligen Muschelbruch aufweist, kann man nach links

Akakus-Gebirge, Felsritzungen im Wadi Anschal

in das parallele **Wadi Anschal** überwechseln. In dem kurvenreichen Trockental muss man auf der Piste allerdings zunächst 10 km zurücklegen, bevor man auf prähistorische Felsbilder trifft. Das erste Ensemble von ausschließlich eingravierten Darstellungen befindet sich auf der rechten Talseite, wo sich dieses zu einer Bucht weitet. Am rechten Ende dieser halbrunden Ebene weist eine steile Felswand hinter einer Akaziengruppe eine Gruppe lebendig gestalteter Kamelreiter auf. Beim genauen Hinsehen (und schrägem Lichteinfall gegen Mittag) erkennt man, dass sich diese kleinen Bilder inmitten eines älteren, aus der Bubalus-Zeit stammenden und praktisch lebensgroß wiedergegebenen Rindes befinden. Ein weiteres kleineres Rind rechts davon ist noch zur Hälfte unter dem Sand und Geröll am Fuß der Felswand begraben.

Unmittelbar links der Bucht setzt sich das Tal in einer senkrechten und auffällig glatten Felswand fort, auf der eine unvollendet gebliebene dicht gestaffelte Giraffenherde eingekratzt ist, unweit links davon eine Reihe mit abwechselnden Rindern und Elefanten in dünnen Linien. Weitere 4 km dahinter liegt links der Piste eine Grotte. Hier zeigen die Darstellungen überwiegend in weißer und roter Farbe aufgetragene schlanke menschliche Gestalten, zum Teil mit Streifen-Tätowierungen an den Fußknöcheln. Stilistisch gehören die Bilder in eine Spätstufe der Pferdezeit, da hier die Frauen statt des dreieckigen Unterkörpers mit einer deutlichen Steatopygie (Fettsteiß) wiedergegeben sind. Wenige Kilometer weiter endet das Tal nach einer lang gezogenen Kurve in einer *guelta*, die zumeist aber nicht wassergefüllt ist. Die glatten Felswände der Umgebung weisen kurze Inschriften in Tifinagh auf.

Ein absolutes Muss ist der Besuch des Wadi Teschuinat, dem mit 60 km Länge und über 100 Seitentälern größten Trockental des Akakus-Gebirges, das auch die schönsten Felsbilder der Region aufweist. Auf dem Weg dorthin kann man, je nach Zeit und Routenwahl, eine Reihe interessanter anderer Plätze ansteuern. So gibt es im **Wadi Teraghreen** und im **Wadi Imhau** je einen kleinen **Naturbogen,** unter denen die Geländefahrzeuge gerade noch hindurchpassen. Auf einen kann man sogar hinaufsteigen. Es gibt hier mehrere isolierte Sandsteinfelsen, die teils zu Nadeln, teils in Pilzform verwittert sind und gelegentlich auch eingravierte Felsbilder aufweisen.

Am Schnittpunkt mehrerer Wadis befindet sich nur wenig abseits östlich der direkt ins Wadi Teschuinat führenden Piste die **Wasserstelle von Amininat.** Hier wird mittlerweile das kostbare Nass mittels einer Motorpumpe aus dem Boden geholt. Diese wird bei Bedarf von einem Aufseher in Betrieb genommen, der nahe der Pumpstation ein kleines Häuschen aus Hohlziegeln bewohnt. Wegen seiner zentralen Bedeutung finden sich an diesem bescheiden begrünten Platz laufend Nomaden ein, die ihre Herden tränken oder die Wasservorräte ergänzen. Vor allem von den dünenbedeckten Felsen herab, welche das Becken von Amininat umschließen, genießt man einen phantastischen Ausblick auf die skurril verwitterten dunklen Felszacken, die aus dem grellgelben Sand ragen. Es bieten sich aber auch entlang der sonstigen Route ins Wadi Teschuinat immer wieder hohe Dünen und Sandanwehungen an, deren manchmal mühselige Besteigung mit einem unvergleichlichen Panorama belohnt wird.

In der näheren Umgebung der Wasserstelle von Amininat weist im **Wadi Inimillal** die Rückwand eines Abri, die hinter einem herabgestürzten Felsblock verborgen liegt, neben kleineren Menschendarstellungen mit den Eieruhr-Rümpfen des Pferdestils eine ebenfalls in Rot aufgemalte große Figur in Vorderansicht mit einem eigenartig geformten Kopf und abgewinkelt erhobenen Armen als Hauptmotiv auf.

Je näher man dem **Wadi Teschuinat** kommt, desto mehr verschwindet der Sand, und der Boden wird zunehmend von scharfkantigen schwarzen Geröllbrocken bedeckt. Erst nachdem sich die Piste vom steinigen Hochplateau in westliche Richtung nach einer kurzen und steilen Abfahrt auf die Sohle des Trockentals hinabbegeben hat, fährt man wieder auf sandigem Untergrund. Der vorderste, d.h. östlichste Teil des Wadis hat keine nennenswerten Felsbilder. Interessant wird es für den Besucher erst ab einem verästelten Seitental, das von Süden (links) her ins Haupttal einmündet und an seiner rechten (westlichen) Seite eine steil aufragende Felswand mit skurrilen Auswaschungen besitzt. Die dichte Abfolge von Naturbögen erinnert an die Strebepfeiler an den Außenmauern gotischer Kirchen. Diese bizarren Strukturen, die von den Einheimischen **Tan Chalig**a (auch Tin oder Til Chaliga) genannt werden, ziehen sich noch ein kleines Stück dorthin weiter, wo die Felswand zurückweicht und eine weite, halbrunde Ausbuchtung freigibt. Auf dem rechten Abschnitt ihrer Rückwand öffnet sich hinter einer ansteigenden Geröllhalde eine Höhle, an deren linker Wand die meisterhaft in verschiedenen Rot- und Braunabstufungen ausgeführte, 30 cm lange

Akakus-Gebirge, Felsbilder (oben und unten) mit der Darstellung der Mufflonjagd im Wadi Teschuinat

Darstellung eines nach links gewandten Nashorns mit gesenktem Kopf – also beim Fressen oder in Angriffshaltung – zu finden ist.

Wenig später, nachdem man einen isoliert in der Wadimitte stehenden auffälligen Felskubus passiert hat, weitet sich das Tal linker Hand zu einer breiten Einmündung eines kleinen Seitenwadis. Seinen westlichen Abschluss bildet, quer zum Haupttal, eine hohe und steil aufragende Felswand mit einem charakteristischen Muschelbruch. Ein niedriger, zunächst hinter einer Sandanwehung verborgener Abri in Bodenhöhe rechts der Felswand zeigt in Rot und Weiß gemalte Jagdbilder, bei denen zwei von Hunden begleitete Menschen

in raschem Lauf bei der Mufflonjagd wiedergegeben sind. Die kleinere hintere Person hat eine Stange mit einem zusammengeschnürten Bündel geschultert. Darunter sind in weißer Farbe dünnbeinige Giraffen und ein später zugefügtes rotes Dromedar abgebildet. Nach rechts schließen sich in einem langen Streifen zahlreiche Tierbilder aus verschiedenen Epochen an, darunter zahlreiche rote Kamele, eine Herde gelb und rot gemusterter Giraffen und schließlich sogar, wenn auch stark ausgebleicht, zwei Streitwagen, die von Pferden gezogen werden.

Ins Haupttal zurückgekehrt ragt dort in dessen Fortsetzung nach Westen bald auf der linken Seite eine glatte Felswand senkrecht auf, die unter dem Namen **Tararo** bekannt ist. Hier sieht man eine der wenigen eingeritzten Darstellungen des Wadi Teschuinat, die großformatige Gravur eines Elefanten, der – an seinen geschickt im ›Standbild‹ eingefangenen tapsigen Bewegungen – als Jungtier zu erkennen ist. Beim genauen Hinsehen entdeckt man an derselben Felswand links unterhalb davon eine kleinere, nicht so qualitätvoll ausgeführte weitere Abbildung eines jungen Elefanten, für die das Gegenstück Pate gestanden hat.

Im weiteren Verlauf mündet wiederum von links ein breites Wadi ein, in welchem sich sogar eine kleine Ansiedlung aus einfachen Strohhütten befindet.

Wenige Kilometer westlich dahinter kann man ein Stückchen in ein weiteres Seitental hineinfahren, das **Wadi Anfardjeen,** das durch einen hoch gelegenen, kleinen Naturbogen auf seiner rechten Seite charakterisiert ist. Dann verhindern aber große Felsbrocken das Weiterkommen mit dem Fahrzeug. Wer den landschaftlich sehenswerten Weg zu Fuß fortsetzt, gelangt – vorbei an einigen nur temporär wassergefüllten *gueltas,* die aber als Schlammgruben deutlich auszumachen sind – nach 20 Minuten am Ende des Taleinschnitts an einen Felsspalt, an dessen Grund, vor Sonne und Verdunstung geschützt, sich stets ein kleiner Teich befindet.

Nahe seiner Einmündung in das Haupttal besitzt dieses Nebenwadi an seiner Ostseite, am oberen Ende einer Geröllhalde, einen hoch gelegenen Abri, zu dem ein kurzer, steiler Pfad hinaufführt. Hier ist als Hauptmotiv in Dunkelrot eine Mufflonjagd wiedergegeben. Eine größere Gruppe von Jägern mit Spitzbärten und zipfelmützenartigen Kopfbedeckungen oder Haarschopfen hat ein großes Beutetier umzingelt. Oberhalb davon fällt ein Jagdhund ein kleineres Mufflon an. Zudem kann man rechts anschließend an der Höhlendecke einen in derselben Farbe ausgeführten Wüstenfuchs (Fennek) und weitere Mufflons und Giraffenbilder auffinden. Bereits an dem schmalen Bergpfad, der am Ende des Aufstiegs zu der flachen Grotte mit der Jagdszene hinüberführt, erkennt man schwach an der hellen Felswand eine Straußenjagd.

Unter den übrigen ebenfalls auf der südlichen Seite des Wadi Teschuinat gelegenen Felsbildstellen sei nur noch eine herausgehoben. Hier liegt vor der flachen Grotte, bei der sich vor allem an der niedrigen Decke zahlreiche Tier- und Menschendarstellungen befinden, ein großer herabgefallener Felsbrocken, an dessen Oberseite zahlreiche kleine Mulden und an Holzwurmgänge erinnernde Linien ausgehöhlt bzw. eingraviert sind. Angeblich soll es sich hierbei um eine Landkarte des Wadi Teschuinat mit all seinen Nebentälern und Wasserstellen handeln. Unter den Menschendarstellungen sind vor allem diejenigen von Interesse, die schlanke Gestalten mit langen Umhängen und Federschmuck im Haar zeigen, da sich ihr Aussehen mit demjenigen deckt, das die antiken Historiker von den Garamanten überliefern.

Auf der nördlichen Wadiseite verdienen vor allem zwei Plätze Beachtung. Das eine ist der Abri von **Uan Millul,** dessen zahlreiche Felsmalereien, vor allem die zahlreichen Kamelbilder, zwar nicht immer der höchsten Qualitätsstufe angehören, doch unternahm hier vor der Felswand der italienische Archäologe Fabrizzio Mori 1958 Ausgrabungen vor und entdeckte dabei die Überreste von Bestattungen. Die rechteckigen Gruben der Archäologen sind noch deutlich im Gelände auszumachen.

Die interessantesten Darstellungen weist schließlich die nur wenige Hundert Meter davon entfernt liegende Grotte von **Uan Amil** auf. Rot ausgeführte menschliche Figuren, die mit ihren Spitzbärten und Zipfelmützen bzw. Haarschopfen ikonographisch und stilistisch eine enge Verwandtschaft zu denjenigen der oben geschilderten Mufflonjagd aufweisen, sind bei unterschiedlichsten Tätigkeiten wiedergegeben. Leider sind weite Teile der großflächigen Bildkomposition, die einst die Grottenwände überzogen, verloren gegangen, sodass nur noch einzelne Darstellungen die reiche Motivpalette erahnen lassen. An der Rückwand der Höhle erkennt man eine mit einem netzartigen Umhang bekleidete Gestalt, flankiert von einer hockenden und einer stehenden Person. Rechts davon werden einer ande-

Links: Akakus-Gebirge, Felsbild mit der Darstellung einer ›Haarwäsche‹ in der Grotte von Uan Amil
Rechts: Akakus-Gebirge, Felsbild mit der Darstellung einer Giraffe in der Grotte von Uan Amil

ren Person wohl von einem Diener die Haare gewaschen, eine hockende Gestalt direkt darunter prüft Pfeile oder befiedert sie neu. Eine hockende Gestalt schräg unterhalb ist beim Stuhlgang dargestellt.

Nach rechts schließt sich an der Seitenwand der Grotte zunächst eine höhergestellte Persönlichkeit an, bekleidet mit einem netzartigen Umhang und unter einem Baldachin sitzend. Mehrere Personen wenden sich ihr zu, dahinter kauert eine Gestalt mit nach vorne herabhängenden langen Haaren. Zuletzt bewegt sich eine dichte Gruppe von Gestalten, in Umhängen und bewaffnet, nach rechts. Unklar ist, ob sie in kompositorischem Zusammenhang mit den leicht bewaffneten Jägern stehen, die ihnen entgegen zu kommen scheinen. Eine isolierte Szene in der Wandmitte, bei welcher sich zwei größer als die übrigen Gestalten wiedergegebene Personen mit gebogenen Stöcken in den Händen (wobei die rechte Gestalt wiederum ein netzartiges Gewand trägt) gegenüber sitzen, hat trotz ihrer ausgeblichenen Farben eine wissenschaftliche Diskussion ausgelöst. Denn die Profilansicht der Personen erinnert so deutlich an Wandmalereien aus pharaonenzeitlichen Gräbern des Niltals, dass eine künstlerische Beeinflussung von dort nahezu sicher ist. Es bleibt nur unklar, auf welche Weise das Vorbild nach Westen in das libysche Bergland übermittelt worden ist.

Nahe beim Grotteneingang sind noch Rinder und Giraffen dargestellt, die auf Grund ihrer unterschiedlichen Farbgebung und Stilistik nicht gleichzeitig mit den roten Figuren im Höhleninneren entstanden sein dürften.

Auf verworrenen Pfaden und teils durch schmale Bergpassagen, die sich erst kurz vor Erreichen der hohen Felswände als Durchlässe erweisen, kann man vom Wadi Teschuinat aus in das weiter im Norden verlaufende Wadi Ti'n-Laleen gelangen. Auf dem Weg dorthin passiert man im **Wadi Ti'n-Aniwa** eine kleine Grotte, deren apsisartige Rückwand vollständig mit sich teils überschneidenden in Rot aufgemalten Motiven übersät ist. Rechts oben gruppieren sich mehrere Personen mit ihren für die Pferdezeit typischen Rümpfen um ein hohes Gefäß, eine andere Gestalt steht in einem pferdegezogenen Wagen. Vor allem in der unteren Hälfte sind Palmenhaine und Kamelherden wiedergegeben.

Das Hauptmotiv im **Wadi Ti'n-Laleen** sind erotische Szenen. Die am besten erhaltenen überziehen an einer Stelle, wo sich das Tal zu einem größeren Kessel weitet, an dessen Nordseite eine glatte Felswand, vor der einige große Findlinge liegen, sodass die eingravierten Szenen zunächst dahinter verborgen bleiben. Mehrmals sind hier stehende Männer mit Tiermasken oder männliche Fabelwesen mit Tierköpfen dargestellt. Mit überdimensionierten Phalloi dringen sie in Frauen ein, die mit gespreizten Schenkeln auf dem Rücken liegen. Die Frauen sind entweder reich mit Schmuck behängt und/oder weisen entsprechende Tätowierungen auf. Diagonal gegenüber befindet sich in der kleinen Ebene eine steile Felswand

Akakus-Gebirge, Felsbild mit der Darstellung eines Streitwagens im Wadi Ti'n-Aniwa

mit einer Grotte. Beidseitig der Höhlenöffnung sind – klein und kaum zu erkennen –, neben verschiedenen Tierdarstellungen stark stilisierte, hockende Frauen mit gespreizten Beinen in Vorderansicht in die Felswände eingraviert.

Wenige Hundert Meter dahinter steht inmitten des Hauptwadis eine Steinknolle mit einer glatten, nach Norden zeigenden Vorderseite. Auf ihr sind zwei nebeneinander schreitende, sich weitgehend überlappende Löwen wiedergegeben einer mit erhobenem, einer mit gesenktem Kopf. Beide gehören auf Grund ihrer lebensgroßen Wiedergabe in die Bubaluszeit und sind, wie es mehrfach bei Felsbildern aus dieser Perode zu beobachten ist, in einer späteren Phase nachträglich mit einem zweiten Auge versehen worden. Neben der erhobenen Schwanzquaste des einen Tieres kann man eine kleine menschliche Gestalt erkennen, die wohl ebenfalls später hinzugefügt wurde.

Messak Mellet/Messak Sattafet

Topographie

Messak Mellet und Messak Sattafet ☆☆

Besonders sehenswert: Wadi Mathendusch

Östlich des Akakus-Gebirges liegt das Messak-Massiv, ein über 400 km langer und durchschnittlich 60 km breiter Höhenzug aus Sandstein. In einer sichelförmigen Biegung verläuft es von Süden nach Osten. Das südliche Fünftel wird auf Grund seines hellen Gesteins als Messak Mellet (Weißer Messak) bezeichnet, der restliche Bogen, von dunklem und scharfkantigem Grobgeröll bedeckt, als Messak Sattafet (Schwarzer Messak). Die Außenseite des Bogens fällt 80 bis 100 m steil in die angrenzende Ebene ab – also im Wesent-

Um vor allem die versteckten und nur aufwändig zu erreichenden Felsbild-Stellen gezielt aufzufinden, empfiehlt sich die Mitnahme eines ortskundigen Führers. Hier gilt, dass Beduinen, die das Akakus-Gebirge wie ihre Westentasche kennen, vielfach kaum Kenntnis von den weniger frequentierten Tälern des Messak-Gebirges haben und umgekehrt. Als problematisch bei den Verhandlungen, welche Stellen besucht werden sollen, kann es sich auch erweisen, dass manche Wadis – und vor allem deren Seitentäler – unter verschiedenen Namen bekannt sind. So erscheint das durch seine Melkszene bekannt gewordene Trockental einmal als Wadi Tiksatine, ein andermal als Wadi Haleb (Tal der Milch).

lichen in das Wadi Irawen und den westlichen Teil des Wadi Adjal. Die konkave Innenlinie hingegen geht sanft in das stellenweise bis zu 3 km breite sandige Tal des Wadi Berdjusch über. Der Höhenzug schlägt dabei einen Bogen um das Sandmeer von Murzuq, dessen Dünenketten sich jenseits des breiten Trockentals entlangziehen.

Die beiden ungleichen Teile des Messak-Gebirges stellen also Hochplateaus dar, die mit scharfkantigem Geröll überzogen und zu ihrer konkaven Innenseite hin gekippt sind. Die zahlreichen Wadis, die mit ihren verzweigten Seitentälern fächerförmig das gekrümmte Bergland durchziehen, entwässern sich entsprechend in diese absteigende Richtung. Vereinzelt bietet aber auch der steil abfallende Außenbogen breite Durchlässe: dort, wo er (hinter seinem Knie im Westen) von Norden nach Süden verläuft. Die Wichtigsten dieser Einstiegspassagen zur Durchquerung des Plateaus sind der Pass von Tamellelt, weiter südlich der von Tahaha und anschließend der von Abahoha, und schließlich, in der Lücke zwischen Messak Mellet und Messak Sattafet, der Pass von Tlemsin.

Auf Grund ihres dunklen Gesteins weisen die beiden Messak-Gebirge keine Malereien, sondern nur Felsgravuren und -ritzungen auf, die in die steil ansteigenden Seitenwände der Wadis eingeschnitten sind. Vertreten sind dieselben Stilstufen, wie sie auch bei den Darstellungen im Akakus zu beobachten sind. Sie decken also das gesamte Spektrum von den lebensgroßen Darstellungen der Bubalus-Periode bis zu den Gravuren der Kamelphase ab, wenn auch in unterschiedlicher Intensität: So ist beispielsweise die Pferdezeit nur spärlich vertreten. Lediglich die Epoche der Rundköpfe ist verständlicherweise nicht belegt, denn sie tritt nur in gemalten Bildern auf, die im Messak auch sonst fehlen.

Die Anfahrtswege

Relativ nah am Wadi Berdjusch und deswegen besonders gern von Touristen aufgesucht sind die Darstellungen des Wadi Mathendusch (auch Wadi Mathrandusch) und seiner Umgebung. Man muss auf dem Weg dorthin nur ein relativ kurzes Stück über das scharfkantige dunkle Geröllplateau zurücklegen, das zudem durch eine, wenn auch schlechte, Piste erschlossen ist. Die übrigen Darstellungen befinden sich weiter oberhalb in den Tälern und verlangen eine entsprechend längere Anfahrt über schwieriges Gelände, auf dem man nur sehr langsam vorwärts kommt. Oftmals versperren so große Brocken den Weg, dass man seinen Weg nur noch zu Fuß fortsetzen kann. Da man im Messak Ölvorkommen vermutet, wurde in den frühen 1980er Jahren die gesamte Geröllebene für die geologische Prospektion vorbereitet. Dafür wurden mit schweren Bulldozern die Steine beiseite geräumt und so in regelmäßigen Abständen breite Fahrschneisen geschaffen, welche das Plateau gitterförmig durchziehen. Durch sie wird an manchen Stellen das Fortkommen mit dem Fahrzeug erleichtert.

Auch wenn, anders als bei den Höhlenmalereien des Akakus, ein Besuch der Felsgravuren der beiden Messak-Gebirge ohne Mitnahme eines örtlichen Führers erlaubt ist (es muss lediglich eine Genehmigung bei den örtlichen Behörden in Ghat oder Djerma eingeholt werden), sollte man sich so verhalten, dass diese Kunstschätze, die Jahrtausende überdauert haben, auch künftigen Generationen noch erhalten bleiben. Dazu gehört vor allem, davon abzusehen – was leider auch bei den frühen Dokumentationen der Felsbilder durch Leo Frobenius und andere Forscher eine gängige Methode war –, die Ritz- und Gravurlinien der Felsbilder mit Kreide oder ähnlichem nachzufahren, damit sie auf den Fotos deutlicher hervortreten. Gerade die Haupttouristenziele Wadi Mathendusch und Wadi Aramas sind auch bereits durch Plastikabfälle und anderen Müll der Besucher verschmutzt. Eigentlich sollte selbstverständlich sein, dass man diese ›zivilisatorischen Errungenschaften‹ nicht vor Ort zurücklässt, sondern wieder mitnimmt und anderweitig entsorgt.

Anfahrt ab Djerma: Man kann die Wadis mit den Felsgravuren direkt von Djerma aus (sogar bei Zeitmangel als Tagestour, da die einfache Strecke nur 175 km beträgt) besuchen, indem man an der Kreuzung beim dortigen Museum die neu angelegte Straße nach Süden nimmt. Sie steigt auf einer lang gezogenen aufgeschütteten Rampe neben den so genannten Königsgräbern der Garamanten rasch auf das Plateau des Messak Sattafet hinauf und tritt in dessen Steilabbruch gleich zu Beginn durch eine künstlich in den Fels gesprengte, beidseitig von steil aufragenden Bergwänden gesäumte Fahrrinne ein.

Diese neue Straße, deren Asphaltdecke zunehmend dünner wird und schließlich in eine Piste übergeht, durchquert das Sandsteinplateau des Messak Sattafet in seiner vollen Breite und mündet schließlich in das Wadi Berdjusch, wo ein groß angelegtes Bewässerungsprojekt durchgeführt wird. Die Getreidesilos inmitten einer kleinen Baumgruppe sind schon weithin sichtbar. Dahinter befinden sich inmitten der wüstenhaften Talebene rund 30 kreisförmige Felder mit künstlich herbeigeschaffter Erde, die mit Getreide bepflanzt sind. Das Wasser kommt aus gebohrten Brunnen und wird mit langen Bewässerungsarmen, die sich um eine Achse in der Feldmitte drehen und etwa alle zwei Stunden eine volle Umdrehung zurücklegen, auf die Versuchsfelder gesprüht. Damit der Boden nicht allzu schnell auslaugt, liegen die Felder abwechselnd brach.

Das Wadi Berdjusch folgt dem konkaven Innenbogen des Messak-Sattafet und schlägt in seinem Verlauf einen Bogen nach Südwesten. Links der breiten Ebene liegen die hohen Dünen des Sandmeeres von Murzuq, rechts die Geröllfelder des Messak Sattafet. Hier muss man an den richtigen Stellen das Wadi verlassen und die Geröllebene durchqueren, um an die Täler mit den Felsbildern zu gelangen, die sich in die Umgebung eingeschnitten haben. Zu den wichtigsten Plätzen führen Pisten, die sich als helle Bänder zwischen den dunklen Steinbrocken abzeichnen, und zumindest am Abzweig ins Wadi Mathendusch gibt es sogar ein Hinweisschild.

Bizarre Landschafts- und Steinformationen im Messak Mellet

Anfahrt vom Akakus-Gebirge aus: Man kann in einer mehrtägigen Tour den Besuch der Felsmalereien des Akakus mit demjenigen der Gravuren in den Wadis der beiden Messak-Gebirge kombinieren. Dazu verlässt man das Akakus-Gebirge an der Wasserstelle von Aminat in östliche Richtung. Wo am Rand der kleinen Senke von Aminat wieder die Berge beginnen, befindet sich unmittelbar links an der Piste an einer senkrechten Bergwand eine Felsgravur, die ein stark stilisiertes langhalsiges Huftier – eine Antilope oder (wofür das Netzmuster am Hals sprechen würde) eine Giraffe – zeigt.

Die bizarr aus dem Sand ragenden Felszacken des Akakus-Gebirges werden zunehmend niedriger und dünnen sich auch immer mehr aus, und unvermittelt befindet man sich in den lang gezogenen, quer zur Fahrtrichtung verlaufenden, hohen Dünenketten von Ouan Kasa. Es erfordert einiges fahrerisches Geschick, diese in dichter Folge gestaffelten Sandbarrieren zu überqueren, zwischen denen aber immer wieder Senken mit festem Untergrund liegen. Dahinter schließt sich eine Kieswüste an. Sie geht in ein Gelände über, das wieder von Bergen überragt wird und in das sich mehrere Wadis eingeschnitten haben. Diese werden teils auf kürzestem Weg durchquert, teils fährt man eine gewisse Strecke auf ihrer – vielfach kiesgefüllten und mit Akazien und Kameldorn bewachsenen – Sohle entlang. Dann wird am Pass von Abaoha allmählich der Westrand des Messak-Sattafet-Gebirges erreicht. Die beidseitig der Passage steil aufragenden Felswände werden im Verlauf der Strecke vermeintlich immer niedriger. In Wirklichkeit fährt man aber das geradlinig verlaufende Wadi stromaufwärts, und zuletzt hat man nach einer bequemen Auffahrt das Hochplateau des Messak Sattafet erreicht.

Von hier aus geht es abwechselnd über die geröllübersäten Flächen und durch dazwischen eingetiefte Trockentäler, von denen das Wadi Izalaylan das bedeutendste ist, bis ins Wadi Berdjusch an der Innenseite des Gebirgsbogens. Der feste Sand dieser breiten Ebene zwischen den dunklen Steinbrocken des Messak und den Dünenketten des Sandmeeres von Murzuq ermöglicht jetzt wieder ein schnelles Vorwärtskommen. Bei der Weiterfahrt in nördliche Richtung liegen linker Hand die jeweiligen Einstiege in die Wadis mit den bedeutendsten Felsbildern: Zunächst das Wadi Imrawen, dann das Wadi In Habeter, zu dessen weitverzweigtem Tälergeflecht auch das oft frequentierte Wadi Mathendusch gehört. Nachdem die Route von der Wasserstelle von Amininat im Akakus bis in das Wadi Berdjusch fast einen ganzen Tag beansprucht, wird man – nach einer Übernachtung in den Dünen des Sandmeeres von Murzuq – den Besuch der Felsbilder erst am darauffolgenden Tag in Angriff nehmen.

Wer sich den Felsgravuren intensiver widmen will und entsprechend viel Zeit mitbringt, kann auch nach Durchquerung des Messak Sattafet im Wadi Berdjusch nach Süden abbiegen und die dortigen prähistorischen Darstellungen aufsuchen. Im Südteil des Messak Sattafet konzentrieren sie sich vor allem im Wadi In Hagarin und im Wadi Ti'n Scharuma, das nur wenige Kilometer weiter südlich beginnt. In beiden Trockentälern befinden sich bereits innerhalb der ersten 10 km hinter der Wadi-Einmündung interessante Motive. Jenseits südlich des Passes von Tlemsin (Tehi'n-Tlemsin) stößt man auf den Messak Mellet. Hier weisen, bevor man mit dem Pass von Anai (Tehi'n-Anai) das südliche Ende des ›weißen‹ Hochplateaus erreicht, vor allem die beiden Äste des Wadi In-Aramas/In-Kufar mehrere Felsbildstellen auf. Südlich davon besitzen vor allem die beiden eng beieinander in das – hier nahe ans Geröllplateau herangerückte – Sandmeer von Murzuq einmündenden Trockentäler des Wadi Ankbritt und des Wadi In Afuda prähistorische Gravuren.

Die Felsbildstellen

Das bekannteste Trockental mit prähistorischen Felsgravuren ist das Wadi Mathendusch. Es ist ein kleiner Abschnitt des ausgedehnten Wadi In Habeter. Dieses erstreckt sich in seinem Oberlauf – nahezu in geradliniger Verlängerung des **Wadi Aramas,** das am Pass von Tamellelt am steilen Westrand des Gebirges seinen Anfang nimmt – von Westen nach Osten und weist bereits dort einige Stellen mit Felsbildern auf. Eine liegt dort, wo von Norden her das Wadi In Elobu einmündet. Weiter talabwärts stößt wiederum von Norden ein Tal hinzu, das sich aus der Vereinigung des Wadi Tillizaghen mit dem

Wadi Iblal gebildet hat. Alle genannten Seitentäler besitzen in ihrem Oberlauf mehrere Abschnitte mit Felsbildern.

Wenige Kilometer östlich dieser Einmündung knickt das Wadi Aramas nach Nordosten ab und verläuft fast parallel zum Innenbogen des Messak-Gebirges, um sich bei der Bucht von Elauen ins Wadi Berdjusch zu ergießen. Dieser Abschnitt zwischen der Biegung und der Mündung des Wadi ist besonders reich an Felsbildern. Die Stellen werden von den Einheimischen (von West nach Ost) als Wadi al-Aurer, Wadi In Galghien und schließlich Wadi Mathendusch bezeichnet. Man kann den etwas mehr als 10 km langen Sektor in mehreren Stunden zu Fuß durchwandern, wobei es sich empfiehlt, die Besichtigungen von Ost nach West zu absolvieren. Denn die Bilder des Wadi Mathendusch und von In Galghien liegen an der Nordseite des Tales, wo sie am besten vormittags und mittags durch die Sonne ausgeleuchtet sind, während sich die sich mehrere Kilometer später im Westen folgenden Szenen an den gegenüber liegenden Felswänden befinden, wo sie erst im Verlauf des Nachmittags ins Licht geraten.

Noch oben auf dem Geröllplateau, kurz bevor sich die Piste in das **Wadi Mathendusch** hinunterwindet, sind linker Hand im Gelände mehrere liegende oder aufgerichtete längsovale Steine zu erkennen, die eine vollständig um den Bauch laufende Rille aufweisen. Auch wenn einige der Steine, bei denen diese Trennungslinie nach oben verschoben ist, an eregierte Phalloi mit Eichel erinnern, handelt es sich nicht um männliche Fruchtbarkeitsembleme, sondern um Steine, an denen Tiere festgebunden werden können. Die Rille verhindert ein Abrutschen des Stricks. Identisch bearbeitete Steine, nur in kleinerem Format, bildeten einst das Ende von losen Fallen für wilde Tiere. Hatte sich ein Tier in der Schlinge verfangen, war es gezwungen, den daran angebundenen Stein ständig hinter sich herzuziehen und ermüdete bald, sodass der Jäger es einholen und erlegen konnte. Offensichtlich war es der Mangel an Bäumen, an denen Schlingseile hätten befestigt werden können, der die Menschen auf Fallen mit Fangsteinen brachte. Mit dieser Technik konnten auch große Tiere erbeutet werden. So zeigt ein Felsbild im Wadi Imrawen ein mit dieser Gerätschaft eingefangenes, lebensgroß abgebildetes Rind, das sich mit einem Vorderlauf in der Schlinge verfangen hat und einen solchen Stein daran hinter sich herschleppt. Vor ihm steht – in deutlich kleinerem Format dargestellt – ein Bogenschütze. Ähnlich ist ein Motiv im Wadi Djedid gestaltet, nur dass hier einer der Hinterläufe des Rindes in der Schlinge steckt und zwei Jäger mit angespannter Bogensehne, zu denen eine dritte Person hinzueilt, das Wild von vorne erlegen.

Blickt man im Talgrund des Wadi Mathendusch auf die gegenüber liegende Felswand, die über eine Länge von mehreren Hundert Metern dicht mit Felsgravuren überzogen ist, so beginnen die Motive bereits an deren rechtem niedrigen Ende mit einigen einfachen Vogel- und Rinderdarstellungen. Auf dem Weg nach links passiert man die in mehreren Etagen übereinander angebrachten Bilder von Rindern und Rinderköpfen, die in teils hervorragender Qualität aus der glatten Wand herausgearbeitet sind. Typisch sind bei den Umrissen der Tiere die ausgeschliffenen Doppellinien, zwischen denen ein schmaler, wulstiger Steg übrig bleibt. Oft sind auch die Innenflächen der Tierrümpfe sorgfältig glattpoliert.

Die interessantesten und größten Bilder konzentrieren sich in der Mitte der langen Felswand. Bekrönt wird diese Stelle durch einen ganz oben am Steilabbruch gelegenen, auffälligen Felsblock, auf dem Tiere, deren Rümpfe durch ihre gelbe Farbe deutlich aus dem dunklen Untergrund hervorstechen und die zumeist als Meerkatzen gedeutet werden, in halbaufgerichteter Körperhaltung miteinander zu kämpfen scheinen. Direkt unterhalb davon wird auf einer Felsknolle ein auf dem Rücken liegendes und gefesseltes Nashorn von Jägern mit Tiermasken abtransportiert. Auf gleicher Höhe rechts anschließend bedecken großformatige Giraffendarstellungen mit runden Symbolen, deren Bedeutung ungeklärt ist, jeweils beide Seiten von spitzwinklig vorstehenden Felszungen. Unterhalb der Nashornjagd, fast auf Bodenniveau, wurde eine weitere Giraffe, damit sie auf den glatten Felsbrocken passt, mit nach vorne gestrecktem Hals abgebildet. Eine kleine menschliche Gestalt scheint an ihrem Schwanz zu ziehen, ein weiterer Jäger steht zwischen Tierschweif und Hinterläufen.

Felsgravur im Wadi Mathendusch: ›Kampf der Meerkatzen‹

Herabgestützter Block mit Felsritzungen im Wadi Mathendusch: Darstellungen von Giraffen

Unter den zahlreichen Gravuren, die sich nach links hin anschließen, verdienen auf halber Höhe der Felswand eine dichte Gruppe von Straußenvögeln innerhalb eines Kreises (wohl die Wiedergabe eines Geheges) mit einem einzelnen Tier außerhalb davon und vor allem auf Bodenniveau eine nach rechts gewandte Großechse in Begleitung eines hinter ihr trabenden Jungtieres – Krokodile oder Warane – Beachtung. Am linken Ende knickt die Felswand fast rechtwinklig nach vorne ab. Hier finden sich unter anderem eine Echse in Draufsicht, eine mit überschlagenen Beinen hockende menschliche Gestalt, bei der allerdings die Gesichtszüge nicht ausgearbeitet sind, sowie zahlreiche plastische Rinderdarstellungen. Wo sich nach einem weiteren Knick die Felswand wieder parallel zum Wadi, wenn auch weiter vorgeschoben, fortsetzt, kann man bei günstigem Lichteinfall noch mehrere, auf Grund ihres hohen Alters stark verwitterte, große Tierbilder ausmachen, darunter einige Löwen.

Bei Fortsetzung dieser Richtung erreicht man nach mehreren Kilometern und einer mehrstündigen Wanderung zunächst die an derselben nördlichen Talseite angebrachten Felsbilder des **Wadi In Galghien** mit einer berühmten Elefantendarstellung.

Einige Kilometer danach folgen auf der gegenüber liegenden Talseite die Darstellungen von **Al-Aurer.** Sie zeigen vor allem einzelne und dicht gestaffelte Gruppen von Giraffen, links davon aber auch Jagdszenen, bei denen von Hunden begleitete Menschen vielfach mit Tiermasken bekleidet sind. Es wird dazwischen aber auch ein Geschlechtsakt zwischen einem Mann und einer Frau dargestellt. Auf der schmalen Fläche einer vorspringenden Felszunge sind besonders plastische Nilpferde verewigt.

Unweit von hier mündet von Nordwesten her das **Wadi Tillizaghen** ein, dessen Felsgravuren sich vor allem im Oberlauf, oberhalb der Stelle, wo das Seitental von Tin Iblal von Norden her einmündet, konzentrieren.

Wer die Distanz zwischen dem Wadi Mathendusch und Al-Aurer nicht zu Fuß zurücklegen will, kann einen Großteil der Strecke auch im Fahrzeug absolvieren. Nach der Rückkehr ins Wadi Berdjusch, wo 8 km nach Südwesten bis zu einer auffälligen Ansammlung von Erdhügeln zu fahren sind, und der Durchquerung des breiten Geröllstreifens, der das breite Tal rechts flankiert, erreicht man südwestlich der Bilderwand von Al-Aurer den Taleinschnitt erneut.

Rund 8 km südwestlich der Hügelgruppe, bei denen die nach Al-Aurer führende Piste das Wadi Berdjusch verlässt, zweigt von diesem Trockental eine weitere Piste in Richtung des Messak-Plateaus ab. Sie führt in das tief eingeschnittene **Wadi Tiksatine,** wo wenige Hundert Meter nach Erreichen des Talgrundes auf der rechten Felswand die Gravuren beginnen. Zu ihnen zählt auch die berühmte Melkszene, der das Tal seinen zweiten Namen Wadi Haleb (Tal der Milch) verdanken dürfte.

Murzuq

Murzuq

Besonders sehenswert: Festung

Murzuq (395 m ü. M.) liegt 120 km südwestlich von Sebha, das seit der italienischen Besatzungszeit dessen Funktion als Regionalhauptstadt übernommen hat. Zuvor, in osmanischer Zeit, war es die wichtigste Ortschaft des Fezzan, da sich hier die einzige Zollstation der Türken befand. Damit wurde der Tatsache Rechnung getragen, dass Murzuq ein bedeutendes Tauschzentrum für europäische gegen innerafrikanische Waren und einen wichtigen Umschlagplatz des Sklavenhandels darstellte. Der erste Europäer, der bis in die Oasenstadt gelangte, war am 17. November 1798 Friedrich Konrad Hornemann. Von hier aus startete er auch ein reichliches Jahr später seine zweite Afrika-Expedition, die ihn das Leben kostete.

Trotz mancher Neubauten vermittelt Murzuq in seinem historischen Kern aus Lehmbauten, die von einer **Festung** überragt werden, noch lebhaft die Atmosphäre einer traditionellen Oasensiedlung. Die auf einem Hügel gelegene kleine Zitadelle geht in ihrer heutigen

Gestalt zwar auf osmanische Zeit zurück, doch ergaben mittlerweile Untersuchungen, dass es hier schon eine vorosmanische Wehranlage aus dem frühen 14. Jahrhundert gegeben hat. Interessant ist auch die der Burg benachbarte **Moschee** mit ihrem schlichten massigen Minarett, das sich nach oben hin stark verjüngt.

Zur Geschichte der Festung in osmanischer Zeit gibt eine aus der Gegend von Murzuq stammende, zuletzt in der dortigen Polizeistation aufbewahrte rechteckige Marmorplatte interessante Hinweise. Sie weist in ihrer Inschrift die Datumsangabe 1261 A. H. auf, was dem Jahr 1845 entspricht, und nennt den von 1839–1861 regierenden osmanischen Sultan Abdul Magid (Abdülmeçit). Die Militärfestung, von der im Text die Rede ist, kann nur diejenige von Murzuq sein. Ihre Wiedererbauung wäre dann durch diese Inschrift in die Zeit Abdul Magids datiert. Leiter der Baumaßnahmen könnte dann ein gewisser Mustafa Pascha gewesen sein; zumindest nennt ein Grabstein aus einem Seitenraum in der Moschee vor der Festung, der mehrere Bestattungen beherbergt, diesen Namen zusammen mit der Jahresangabe 1273 A. H. (1856/57). Auf Grund der Tatsache, dass sich das Grab an so prominenter Stelle befindet, kann man annehmen, dass Mustafa Pascha zur fraglichen Zeit Provinzgouverneur im Dienst der Osmanen und damit auch zuständig für die Durchführung der Bautätigkeit gewesen ist.

Murzuq, Moschee und Festung

Die Umgebung von Murzuq

Umgebung von Murzuq

Besonders sehenswert: Grabtürme in Zuweilah

Auf dem Friedhof von **Tsawa,** 47 km westlich von Murzuq, gibt es einige Grabsteine aus dem 12. und 13. Jahrhundert. Der Ort eignet sich gegebenenfalls auch als Ausgangsbasis für die 160 km entfernten Felsbilder des Wadi Mathendusch und die anderen Trockentäler des Messak-Sattafet-Gebirges. Bei der Anfahrt zu den prähistorischen Zeugnissen passiert man auch die künstlich bewässerten kreisrunden Getreidefelder des Wadi Berdjusch. Man kann von Tsawa aus aber auch auf der asphaltierten Straße nach Norden weiterfahren, wo man nach etwa 100 km zunächst das **Bab al-Maqnusa,** die natürliche Pforte vom aus Süden ins Wadi Adjal, passiert und dann, 3 km vor dem westlich davon gelegenen Ort Fedjadj, die Fernstraße zwischen Sebha und Ghat erreicht.

In östliche Richtung verlässt Murzuq eine Straße, die – über Traghen, Umm al-Aranib und Zuweilah – nach Temissa führt, von wo aus die Piste zum Wau an-Namus ihren Anfang nimmt. **Traghen,** das nach 50 km erreicht wird, besitzt eine Moschee mit einem ähnlich gedrungenen konischen Minarett, wie es schon in Murzuq zu beobachten war.

Umm al-Aranib, knapp 100 km von Murzuq entfernt, konnte sich trotz vieler Neubauten seinen alten Ortskern noch bewahren. Es war während des Zweiten Weltkriegs Schauplatz mehrtägiger heftiger Kämpfe zwischen den Italienern und den Freien Franzosen unter General Leclerc. Am 7. Januar 1943 nahm Leclerc den wichtigen Stützpunkt ein.

Rund 40 km weiter östlich befindet sich 450 m ü. M. die **Oase Zuweilah** (Zawila). Die alteingesessene Bevölkerung sieht sich als Abkömmlinge des Propheten Mohammed und will den Ort bei der ersten arabischen Eroberungswelle erreicht haben, als nach der Einnahme der Kyrenaika 642 ein Stoßtrupp auch tief in den Fezzan kam. Wie der arabische Historiker Al-Idrisi berichtet, soll der Ort, den er Sawila nennt, 918 durch Abdallah Ibn al-Chattab vom Berberstamm der Hauara gegründet worden und bald zum Verwaltungszentrum des gesamten Fezzan aufgestiegen sein. In fatimidischer Zeit war der Ort zumindest temporär einer der Plätze, an denen Münzen geprägt wurden. So verwahrt die Pariser Bibliothèque Nationale einen laut Aufschrift in Zuweilah gefertigten Golddinar des 1021–1036 regierenden Kalifen Abu'l Hassan Ali az-Zaher le-I'zaz Din Allah mit dem Prägedatum 414 A. H. (1023/24).

Nur wenige Kilometer nördlich des Oasenkerns erreicht man über eine Piste die **Darih al-Maliq,** die Grabtürme der lokalen Al-Chattab-Sultane, die im 12. Jahrhundert von Zuweilah aus große Teile des Fezzan beherrschten. Die aus vor Ort gewonnenen Sandsteinquadern aufgemauerten und überkuppelten Grabbauten stehen in einer Reihe. Die eingangslosen Türme, deren Schauseite nach Westen ausgerichtet ist, besitzen jeweils einen quadratischen Grundriss und etwa gleiche Höhe. Oben im aufgehenden Mauerwerk sind Rundbogenfenster eingelassen. Bei einem der Bauten sieht man auch eine Fassadengliederung aus einem Paar zugemauerter Rundbogenfenster im Untergeschoss.

Von Sebha zum Wau an-Namus

Den Besuch des Wau an-Namus beginnt man am besten in Sebha, wo auch die Genehmigung zur Fahrt eingeholt werden muss (dies kann aber auch noch in Zuweilah, Temissa oder zur Not im Wau el-Kebir nachgeholt werden). Auf der anfänglich asphaltierten Strecke, die von Ghadduwah südwestlich von Sebha direkt nach Umm al-Aranib führt, sind bis zum Ziel mehr als 500 km zurückzulegen. Wählt man die Route, die dazwischen auch Traghen mitnimmt, erhöht sich die Distanz auf fast 580 km. Es gibt aber auch gut befahrbare Pisten, die von Sebha über die Kieswüste der Serir al-Gattusa direkt nach Zuweilah bzw. Temissa führen.

Von Umm al-Aranib über Zuweilah bis wenige Kilometer östlich von Temissa (Distanz Zuweilah –Temissa 77 km) ist die Strecke noch asphaltiert, dann beginnt eine – anfänglich kaum auszumachende, da über ein ausgedehntes Sandfeld führende – Piste, die nach Südosten führt und nach knapp 170 km zunächst den nicht mehr als solchen erkennbaren riesigen Vulkankrater des **Wau el-Kebir**, die ›Große Mulde‹ erreicht. Die bis in eine Tiefe von 35 m hinabreichende Bodensenke des 415 m ü. M. gelegenen, erloschenen Vulkans bedeckt ein Areal von 200 km². Am Rand der Senke passiert man einen Militärposten, links der Piste bietet wenig später ein heute als Hotel genutztes ehemaliges Camp von Bohrarbeitern eine Übernachtungsmöglichkeit. Auf der Fortsetzung der Piste zum rund 125 km entfernten Wau en-Namus durchquert man nochmals ein Sandfeld. Erst kurz vor dem Zielort färbt sich der Boden dunkel und dann erreicht man – nach Passieren eines kleineren Vulkans, dessen Kraterrand nur noch zu zwei Dritteln vorhanden ist – überraschend den sich als ganz flachen, dunklen und langgestreckten Höhenzug ankündigenden steilen Rand der Bodensenke des Wau en-Namus.

Wau an-Namus ☆☆

Besonders sehenswert: Der Vulkankrater mit den bunten Seen

Der **Wau an-Namus,** der Krater der Mücken, im Hinterland der Syrte auf 17° 46' 35" östlicher Länge und 24° 55' 24" nördlicher Breite gelegen, zählt gemeinsam mit den Mandara-See zu den größten Naturwundern Libyens: ein mehrere Hundert Meter eingetiefter Vulkankrater aus dem Quartär von über 3 km Durchmesser. Die höchste Stelle des Vulkans liegt 573 m ü. M. Inmitten der Caldera erhebt sich der Zentralkegel des Vulkans. Er bedeckt ein Areal von 1300 m Durchmesser und steigt zu einer Höhe von 170 m auf, bleibt also bei der Anfahrt aus der Distanz lange unsichtbar. Vom Rand blickt man hinab in den Trichterschlund. Da er seine Aktivitäten längst eingestellt hat, kann man in die Senke hinabsteigen. Mit dem Geländewa-

In der Kratersenke des Wau an-Namus

gen sollte man nicht hineinfahren, da die Reifenspuren den Genuss der landschaftlichen Unberührtheit nachhaltig beeinträchtigen. Reste einer nahen kleinen Ansiedlung zeigen, dass selbst in dieser abgeschiedenen Einöde einst Menschen zu überleben versuchten.

Die Außenwälle der Caldera steigen mit 5 bis 10° nur sanft an, sodass man bei der Anfahrt lange Zeit nicht wahrnimmt, dass man sich dem Vulkankrater nähert. Unvermittelt steht man auf dem Rand der Senke, die bis zu 40° steil abfällt.

Beeindruckend ist am Wau an-Namus vor allem die reiche Farbenpalette, die die Natur hier für die seltenen Besucher bereithält: Der Boden des Kraters und seiner Umgebung besteht aus dunklem Sand und Gestein, an den Kraterrändern von Caldera und Zentralkegel setzen aus der dünnen Deckschicht des düsteren Grundes hervorbrechendes weißes Kalkgestein und gelbweiße Schwefelkristalle harte Kontraste, und im Krater selbst glitzern vier palmenumstandene, ganzjährig Wasser führende Seen, die durch Algen und Mineralien einmal grün, ein andermal blau und im dritten Fall orangegelb eingefärbt sind. Wegen der Mücken, die dem Gebiet nicht zu Unrecht ihren Namen gegeben haben, ist Malariaprophylaxe anzuraten. Zudem ist nicht auszuschließen, dass sich in den Seen – trotz ihrer Salzgehalts – auch Bilharziose-Ereger befinden. Vom Baden sollte deswegen Abstand genommen werden.

Man kann anschließend die Fahrt auf der Piste über den Wau an-Namus hinaus nach Osten fortsetzen und dann nach 380 km bis Tazerbo gelangen, wo man wieder auf eine asphaltierte Straße nach Norden trifft, die ihrerseits auf die Straße zwischen den Djalu- und den Kufra-Oasen stößt.

Hinweis zur Anfahrt: *Die aufwändige Expedition zum Wau an-Namus beginnt man am besten in Sebha, wo auch die Genehmigung für die Fahrt eingeholt werden muss (zur Not auch noch in Zuweilah). Die anfänglich asphaltierte Strecke, die von Ghadduwah südwestlich von Sebha direkt nach Umm al-Aranib führt, beträgt 500 km. Wählt man die Route über Traghen sind es fast 580 km. Die Strecke kann in ihrem weiteren Verlauf nur mehr mit allradgetriebenen Fahrzeugen bewältigt werden. Es ist auf ausreichend Benzin- und Wasservorräte zu achten, da nach Zuweilah keine Versorgungsmöglichkeiten mehr bestehen. Hilfreich ist die Mitnahme eines ortskundigen Führers; ohne einheimischen Begleiter muss man sich aus Sicherheitsgründen bei der Polizei in Zuweilah registrieren lassen.*

Die Kyrenaika

Die Kyrenaika, die Großlandschaft im Osten Libyens, nimmt eine Fläche von 857 000 km² ein. Das heutige Verwaltungszentrum ist die Großstadt Benghazi am östlichen Rand der Bucht der Großen Syrte. Im Norden besteht die Kyrenaika aus einer relativ schmalen Küstenebene, südlich derer sich der Djebel Akhdar, der – dank ausreichender Niederschläge – ›Grüne Berg‹ mit seinen bis zu 880 m Höhe aufsteigenden Höhenzügen erhebt. In der sich nach Süden anschließenden Libyschen Wüste bieten nur die Oasen von Jaghbub und Kufra nennenswerte Siedlungs- und Nutzflächen.

In der Antike wurde in das Gebiet der Kyrenaika gelegentlich auch noch die heute auf ägyptischem Staatsgebiet liegende Oase Siwa mit ihrem berühmten Ammons-Orakel einbezogen, die, so gibt es zumindest Plinius an, 400 Meilen von Kyrene entfernt ist.

Neben der Bezeichnung Kyrenaika findet sich in antiken Zeugnissen auch noch die Benennung als Pentapolis, Fünf-Städte-Bund, zu dem sich Kyrene, Apollonia, Euhesperides (später Berenike, das heutige Benghazi), Taucheira (Arsinoe) und Barke bzw. dessen später unabhängig gewordene Hafenstadt Ptolemais wohl um die Epoche Alexanders des Großen zusammengeschlossen hatten.

Geschichte

Die Stadtgründung

Die Kyrenaika verdankt ihren Namen der Stadt Kyrene, einer Gründung griechischer Kolonisten um 630 v. Chr., die fast die gesamte Antike hindurch auch Verwaltungszentrum der Region war. Der Überlieferung nach, wie sie am ausführlichsten von Herodot tradiert wird, soll das Orakel von Delphi im ersten Drittel des 7. Jahrhunderts v. Chr. dem König der Mittelmeerinsel Thera (dem heutigen Santorin) den Auftrag gegeben haben, in ›Libyen‹ (wie in griechischer Zeit der afrikanische Kontinent genannt wurde) eine neue Stadt zu gründen. Doch nahm man den Spruch – der für das sonst wegen seiner doppeldeutigen Äußerungen berüchtigte Orakel erstaunlich konkret ausgefallen war – zunächst nicht ernst und unternahm nichts. Erst als sich die wirtschaftliche Situation auf der Insel nach sieben regenlosen Jahren rapide verschlechterte und aus Delphi auf erneute Anfrage dieselbe Anordnung verlautete, schritt man zur Tat.

Durch Los bestimmte man aus den sieben Ortschaften von Thera eine Gruppe, die unter Führung eines vornehmen Bürgers, der wahrscheinlich Aristoteles hieß, auwandern sollte. Doch keiner der Gruppe wusste genau, wo die vom Orakel bestimmte künftige Heimat lag. Erst als man auf der Nachbarinsel Kreta einen Purpurfischer namens Korobios aufgetan hatte, den einst ein Sturm an die afrikanische Küste verschlagen hatte und der sich bereit erklärte, die Auswanderer über das Mittelmeer zu bringen, brach man mit zwei Fünf-

◁ Kyrene, Blick auf die antike Unterstadt

zigruderern auf. Zunächst landete die Gruppe jedoch nicht an der Küste des Kontinents, sondern auf der vorgelagerten Insel Platea, dem heutigen Bomba im gleichnamigen Golf. Dort fand man die Lebensbedingungen aber so unerträglich, dass man wieder umkehrte. In der alten Heimat hatten die Zurückgebliebenen, die offensichtlich über die Heimkehrpläne informiert worden waren, die Hafenzufahrt blockiert und zwangen ihre einstigen Mitbürger wieder zum Abdrehen in Richtung Afrika. Auf Thera besserte sich jedoch die Lage weiterhin nicht, sodass erneut in Delphi vorgesprochen wurde. Dort erfuhr man, dass die Auswanderer die Anweisung des Orakels noch nicht vollständig erfüllt hätten, da sie noch nicht auf dem Kontinent, sondern nur auf der vorgelagerten Insel siedelten.

So wechselten die Griechen nach zweijährigem Inselaufenthalt auf das Festland über, wo sie jedoch auf die einheimische Bevölkerung stießen. Aus der Auflistung der ansässigen Stämme durch Herodot lässt sich schließen, dass hier vor allem die Asbyster lebten, die dann später unter dem Einfluss der griechischen Zuwanderer ihre Vorliebe für den vierspännigen Streitwagen entdeckt haben sollen. Westlich von ihnen – dort, wo die Griechen später die Städte Barke (heute Al-Merdj) im Landesinneren und Euhesperides (heute Benghazi) an der Küste gründeten – siedelten die Auschiser und inmitten ihres Stammesgebietes an der Küste bei Taucheira (Tocra) lebte der kleine Stamm der Bakaler. Ihre Nachbarn, die Nasamonen, bewohnten bereits den Syrtebogen.

Nachdem die griechischen Kolonisatoren sieben weitere Jahre in der fruchtbaren Küstenlandschaft von Aziris gegenüber der Insel Platea verbracht hatten, ließen sie sich durch die Einheimischen weglocken. Sie wurden ins Bergland des Djebel al-Akhdar an eine Quelle geführt. Schenkt man Herodot Glauben, dann leiteten die Einheimischen die Kolonisten des Nachts und an den fruchtbarsten Gebieten vorbei an ihren neuen Siedlungsplatz. Hier entstand um die Quelle, die dem Gott Apollon heilig gewesen sein soll, die Stadt Kyrene. Der Anführer der Griechen nahm den einheimischen Herrschertitel Battos an, der (umgekehrt wie bei Julius Caesar, dessen Eigenname zum Titel avancierte) von dreien seiner Nachfolger als Eigenname gewählt wurde. Alternierend mit Königen, die Arkesilaos hießen, regierten in der Folgezeit die acht Repräsentanten des Herrscherhauses der Battiaden, wie es nach seinem Stammvater benannt wurde, über Kyrene und die Kyrenaika.

Kyrene, Apollo-Quelle

Die enge Bindung der Quelle von Kyrene an den Gott Apollon wird in der griechischen Mythologie erklärt. Der Überlieferung zufolge soll Apollon die Nymphe Kyrene, die Tochter des Lapithenkönigs Hypseus, dabei beobachtet haben, wie sie einen Löwen, der ihre thessalische Heimat mit Furcht und Schrecken überzogen hatte, im Zweikampf mit bloßen Händen erwürgte. Von der Kraft der Königstochter beeindruckt, verliebte er sich in sie, gewann, nachdem er sie nach Libyen entführt hatte, auch ihre Zuneigung und zeugte mit ihr an der besagten Quelle einen Sohn namens Aristaios. Dieser war allerdings, obwohl er von den Göttern mit Nektar und Ambrosia aufgezogen worden war und dadurch die Unsterblichkeit erlangt hatte, recht missraten und tat sich vor allem dadurch hervor, dass er Frauen und Mädchen nachstellte. Eines seiner Opfer war Eurydike, die Gemahlin des Sängers Orpheus. Zuletzt musste sie vor dem ungebetenen Verehrer in einen Wald flüchten, wo sie von einer Schlange gebissen wurde und starb. Da ein Göttersspross den Tod seiner Frau verschuldet hatte, erhielt Orpheus die Chance, sie aus der Unterwelt zurückzuholen, allerdings nur unter der Bedingung, dass er sich auf dem Rückweg nicht nach ihr umdrehen dürfe. Bekanntlich konnte der Sänger dies nicht erfüllen und verlor Eurydike unwiderbringlich. Als weiterer Sohn der Kyrene gilt in der griechischen Mythologie Diomedes. Das Einfangen von dessen menschenfressenden Rossen und deren Verbringung nach Argos stellte die achte der zwölf Aufgaben dar, die Herakles zu erfüllen hatte (siehe S.116/117)

Silphion-Staude, Umzeichnung nach einem Münzbild

Als die wichtigste wirtschaftliche Grundlage der griechischen Kolonisten erwies sich bald die Silphion-Staude (lat. Silphium), ein Korbblütlergewächs, das mit dem Fenchel und dem Stink-Asant (Ferula asa foetida) verwandt ist. Sie wuchs nur in der Kyrenaika – und zwar von der Küste auf Höhe der Insel Platea bis an den Beginn des Syrtebogens, wie Herodot bemerkt – und war im gesamten Mittelmeerraum als Gewürzpflanze und wohl auch Aphrodisiakum geschätzt. Durch Raubbau an der Pflanze, die sich offenbar der Kultivierung widersetzte und nur wild geerntet werden konnte, war sie bereits in der frühen römischen Kaiserzeit ausgerottet. Wie Plinius berichtet, soll die letzte Vertreterin ihrer Gattung Kaiser Nero zum Geschenk gemacht worden sein.

Im Widerspruch zu den Angaben Plinius' steht freilich die Mitteilung des kyrenischen Bischofs Synesios, der die Anwesenheit von Silphion in seiner Heimat noch für das 4. Jahrhundert bezeugt.

Dieses Gewächs – für das nach seinem Verschwinden nur unzureichender Ersatz aus den östlichen Nachbarstaaten des römischen Reiches zu beschaffen war – spielte schon zur Zeit der Battiadendynastie eine überragende wirtschaftliche Rolle, was man allein schon an der Münzprägung erkennt. War es im gesamten Mittelmeerraum üblich, auf den Zahlungsmitteln das Porträt des jeweiligen Regenten abzubilden, so findet man stattdessen auf den in der Kyrenaika geprägten Tetradrachmen eine stark stilisierte Darstellung der Silphion-Pflanze. Diese kleinen und vereinfachten Münzbilder sind auch der einzige Anhaltspunkt, den man heute zur botanischen Bestimmung des Gewächses hat. Darüber hinaus ist damit keine gesicherte authentische Darstellung eines kyrenischen Königs der Battiadendynastie überliefert, sieht man einmal von einem aus dem Apollonheiligtum in Kyrene stammenden unbeschrifteten Bronzekopf ab, der sich heute im örtlichen Magazin befindet und in dem man aus stilistischen und ikonographischen Gründen – da das Stück seine deutlichsten Parallelen in sicher datierten Bildwerken aus der Zeit um 440 v. Chr. besitzt – ein Porträt Arkesilaos' IV. zu erkennen glaubt.

»Seit vielen Jahren findet man es in Libyen nicht mehr. Höhere Profite witternd, hatten die Vermittler, die Weideland verpachten, zugestimmt, dass die Plätze, wo Silphium gedieh, von Schafen abgeweidet würden. Der letzte Spross, den man noch fand, wurde Kaiser Nero gesandt. Sollte je ein Tier auf einen Schössling stoßen und davon fressen, wird man es daran erkennen, dass ein Schaf sich rasch zum Schlafen niederlegt, während Ziegen ziemlich laut niesen. Doch das einzige Silphium, das man seit langem zu uns nach Rom gebracht hat, stammt aus Persien und aus Armenien, zwar reichlich, aber nicht im entferntesten so gut wie das aus der Kyrenaika.«

Plinius, Naturgeschichte, XIX 38

Die Kyrenaika

Die Battiadendynastie

Über den Dynastiebegründer **Battos I.**, unter dessen Führung die griechischen Kolonisten um 630 v. Chr. von der Insel Thera nach Nordafrika gelangten, überliefert Herodot eine Geburtslegende. Ihr zufolge soll sich der kretische König Etearchos nach dem Tod seiner ersten Frau neu vermählt haben. Die neue Frau erwies sich gegenüber Phronime, der Tochter aus erster Ehe, als wahre Stiefmutter und denunzierte diese beim Herrscher mit der Behauptung, sie unterhielte unzüchtige Beziehungen. Etearchos fiel auf die Intrige herein und beschloss den Tod seiner Tochter. Dazu nahm er einen Kaufmann aus Thera namens Themison als Gastfreund auf und entlockte ihm dafür das Versprechen, ihm jedweden Wunsch zu erfüllen. Daraufhin beauftragte er ihn, Phronime beim Auslaufen seines Schiffes mitzu-

»Zu der Zeit, da Battos Kyrene gründete, soll seine Stimme auf folgende Weise geheilt worden sein: Als er durch das Land der Kyrenaier zog, sah er in dessen äußersten und noch unbewohnten Gegenden einen Löwen, und die Angst, die ihn infolge dieses Anblicks befiel, zwang ihn, einen deutlichen und lauten Schrei von sich zu geben.«
Pausanias, Beschreibung Griechenlands, X 15,7

nehmen und auf hoher See über Bord zu werfen. Der getäuschte Händler wandte jedoch seinerseits eine List an und warf zwar – gemäß dem Eid, den er gegenüber Etearchos abgelegt hatte – das Mädchen ins Meer, hatte es jedoch zuvor an ein Seil gebunden, an welchem er es wieder herausziehen konnte. Er nahm sie auf seine Heimatinsel Thera mit, wo sie die Geliebte eines gewissen Polymnestros wurde und ihm einen Sohn, eben jenen Battos, gebar. Angeblich soll dieser gestottert haben. Dies ist aber wohl eine Fehlinterpretation seines in Libyen angenommenen Namens (ursprünglich hat er wohl Aristoteles geheißen), der sich zwar von einem einheimischen Herrschertitel ableitet, die griechischen Historiker aber an das Wort für stammeln *(battarizein)* aus ihrem eigenen Vokabular erinnerte. Genau 40 Jahre lang soll er regiert haben. Allerdings darf man diese Zahl, die in der Antike und im Orient den allgemeinen Symbolwert einer großen Menge besitzt (man denke nur an den 40-jährigen Exodus des Volkes Israel in der Wüste oder an ›Ali Baba und die vierzig Räuber‹) nicht allzu wörtlich nehmen. Dafür spricht auch, dass über seinen Sohn und Nachfolger **Arkesilaos I.,** abgesehen von seiner angeblich 16-jährigen Regierungszeit, keine historischen Ereignisse bekannt sind.

Besser sieht dann die Überlieferung zu dessen Sohn und Nachfolger **Battos II.** mit dem Beinamen ›der Glückliche‹ aus. Er lud die Griechen des Mittelmeerraumes ein, nach Libyen zu kommen und dort zu siedeln. Unterstützt wurde er dabei von einem Spruch des Orakels von Delphi, welcher lautete: »Wer zu spät kommt nach Libyen, dem lieblichen Lande, wenn dort schon die Felder verteilt, den wird es dereinst noch gereuen.« Die rasche Zunahme der griechischen Kolonisatoren ging auf Kosten der einheimischen Bevölkerung, deren Ländereien einfach enteignet wurden. Schließlich wusste deren Stammesfürst Adikran keinen anderen Ausweg mehr, als die benachbarten Ägypter um Unterstützung zu bitten. Der dortige Pharao, Apries (589–570 v. Chr., der fünfte Herrscher der in der Stadt Sais im Nildelta beheimateten 26. Dynastie), erklärte seine Hilfsbereitschaft, unterschätzte aber die Kampfkraft der Griechen völlig. Entsprechend wurde sein unzureichend vorbereitetes Heer in der entscheidenden Schlacht beim noch nicht eindeutig lokalisierten Ort Irasa von den Griechen völlig aufgerieben. Nach seiner Rückkehr nach Ägypten wurde Apries – konfrontiert mit dem Vorwurf, die ägyptische Armee leichtfertig ins Verderben geschickt zu haben – gestürzt und von Amasis (570–526 v. Chr.) abgelöst.

Amasis soll sich, nachdem er mit Kyrene ein Schutz- und Trutzbündnis abgeschlossen hatte, von dort sogar eine Frau namens Ladike von vornehmer Abkunft – eventuell sogar königlichen Geblüts – zur Gemahlin genommen haben. Allerdings hatte er Nöte beim Vollzug der Ehe, die sich beim Verkehr mit anderen Frauen nicht zeigten, weswegen er seine Gattin der Hexerei beschuldigte und töten lassen wollte. Diese gelobte in höchster Not der Göttin Aphrodite die Stiftung eines Bildwerkes, wenn es in der kommenden Nacht zur geschlechtlichen Vereinigung kommen würde. Nachdem die Göttin ihr Flehen erhört hatte, erfüllte sie ihrerseits ihr Gelübde und ließ ein Standbild der Aphrodite in Kyrene aufstellen, das Herodot, der diese Episode tradiert, noch an Ort und Stelle gesehen haben will. Demselben Bericht zufolge soll auch König Amasis eine vergoldete Statue der Athene und eine farbig gefasste Darstellung von sich selbst nach Kyrene gesandt haben. Der Perserkönig Kambyses ließ, nachdem er (während der Regentschaft Arkesilaos' III.) Ägypten erobert hatte, die Königswitwe Ladike unbehelligt in ihre kyrenische Heimat zurückkehren.

Arkesilaos II., Umzeichnung nach einer Schale, Detail

Der nächste König von Kyrene, **Arkesilaos II.,** mit dem Beinamen ›der Harte‹, hatte sich neben den Schwierigkeiten mit den einheimischen Stämmen auch noch hausinterne Nöte geschaffen. Sein autoritärer Führungsstil bewegte seine Brüder, die Residenzstadt zu verlassen und eine neue Ansiedlung namens Barke, das heutige Al-

Merdj zu gründen. Von dort aus sabotierten die abtrünnigen Geschwister ihren ältesten Bruder und wiegelten die Einheimischen zu Unruhen auf. Beim Rachefeldzug des Königs wurden die Libyer zunächst weit nach Osten zurückgeworfen, doch dann erfochten die in die Enge getriebenen Stämme bei Leukon (einer noch nicht eindeutig lokalisierten Stadt) einen glänzenden Sieg, der 7000 Soldaten des Arkesilaos das Leben kostete. Der bald darauf ernsthaft erkrankte König wurde schließlich von seinem Bruder Learchos umgebracht, der nach der Herrscherwürde strebte, seinerseits aber einem Mordanschlag der Königswitwe Eryxo zum Opfer fiel.

Eryxo schaffte es auch, ihren Sohn **Battos III.** auf den Thron zu heben, obwohl dieser körperlich behindert war und deswegen den Beinamen ›der Lahme‹ trug. Seine Herrschaft war nicht gefestigt, und die Bürger von Kyrene befragten wieder einmal das Orakel von Delphi, wie sie ihre Nöte lösen könnten. Nach der dortigen Empfehlung, einen Verwaltungsexperten aus der griechischen Stadt Mantinea anzufordern, erklärte sich der von dort stammende Demonax bereit, die Verhältnisse in Kyrene zu ordnen. Als Hauptmaßnahme wurde die Autorität des Herrschers eingeschränkt und die Königsfamilie bis auf einige Krongüter enteignet. Die Ländereien wurden der Bevölkerung zugewiesen, die man zuvor in drei Gruppen geteilt hatte, nämlich zuerst die von Thera stammenden Bürger, dann die aus Kreta und der Peloponnes und zuletzt diejenigen der anderen griechischen Inseln. König Battos und seine Gemahlin Pheretime mussten diesen schmerzlichen Schritt wohl oder übel akzeptieren.

Deren Sohn und Nachfolger **Arkesilaos III.** sah sich nicht mehr an den Orakelspruch und die Entscheidung des Demonax gebunden und verlangte die alten Besitztümer zurück. Dies löste einen Bürgerkrieg aus, in dessen Verlauf der König und seine Mutter fliehen mussten. Während sich Pheretime vergeblich bemühte, von Euelthon, dem König von Salamis auf Zypern, wohin sie entkommen war, militärische Hilfe zur Rückeroberung des Thrones zu erhalten, war ihr Sohn, den es an den Hof von Samos verschlagen hatte, erfolgreicher. Mit Hilfe des Heeres, das er dort angeworben hatte, konnte er wieder auf den Thron zurückkehren und ließ seine Gegner blutig verfolgen. Allerdings wagte er sich auf Grund eines anderen Orakelspruchs aus Delphi nicht mehr nach Kyrene zurück, sondern residierte in Barke am Hof seines Schwiegervaters Alazeir. Dort fielen beide gemeinsam schließlich einem Mordanschlag zum Opfer.

Während der Regierungszeit Arkesilaos' III. hatten im Nachbarland Ägypten die Perser das saitische Herrscherhaus abgelöst und den Pharaonenthron als 27. Dynastie bestiegen. Der kyrenische Regent leistete dem vordringenden Perserkönig Kambyses Tribute und durfte dafür weiterhin unter dessen nomineller Oberhoheit die Herrschaft über die Kyrenaika ausüben. Die Perser hatten ihr Großreich in zwanzig Satrapien eingeteilt, denen jeweils ein Satrap (wörtlich: Landbeschützer) vorstand. Herodot zufolge bildeten das von den Persern Mudraya genannte Ägypten und die benachbarte Kyrenaika gemeinsam die

»Die benachbarten Libyer, welche fürchteten, es könnte ihnen ergehn wie den Ägyptern, ergaben sich ohne Schwertstreich, zahlten Steuern und schickten Geschenke. Ebenso machten es auch die Kyrenaier und die Barkaier [...] Die Geschenke der Libyer nahm Kambyses gnädig an; die der Kyrener waren ihm nicht recht, wohl weil sie ihm zu gering waren; sie hatten nämlich nur 500 Minen Silber geschickt. Unwillig nahm er das Geld und warf es mit eigener Hand unter die Soldaten.«

Herodot, Historien, III 13

Kyrene, Agora mit der Grablege des Dynastiebegründers Battos

sechste Satrapie, die alljährlich 700 Talente Silber nach Persien abzuliefern hatte. »Von Ägypten, den Libyern an der ägyptischen Grenze, Kyrene und Barka – denn die gehörten zur Provinz Ägypten – gingen 700 Talente ein, ohne das Silber, welches die Fischerei am Moëris-See einbrachte.« (Herodot, 3. Buch, 90. Kapitel)

Nach der Ermordung Arkesilaos' III. hatte es die Königsmutter Pheretime leicht – mit der Lüge, eine perserfeindliche Fraktion, welche die Loslösung der Kyrenaika vom Großreich planen würde, hätte ihren Sohn umgebracht – von Aryandes, dem persischen Satrapen von Ägypten, militärische Unterstützung zu erhalten. Dieser stellte ihr sowohl das Landheer wie auch seine gesamte Flotte zur Verfügung, sicher nicht ohne den Hintergedanken, sich nach einem Sieg in der Kyrenaika dauerhaft festzusetzen.

Trotz dieses militärischen Aufgebots gelang es Pheretime nicht, das abtrünnige Barke, wo ihr Gemahl den Tod gefunden hatte, zu unterwerfen. Die Bevölkerung leistete den Belagerern heftigen Widerstand, und Tunnel, welche diese unter die Mauern vortrieben, wurden von den Eingeschlossenen geortet, indem sie mit großen Bronzeschilden auf Patrouille gingen und diese immer wieder auf die Erde stellten, um sie als Resonanzkörper zu benutzen. Hörten sie, dass unter ihnen gegraben wurde, so trieben sie Schächte in die Tiefe und töteten die Mineure von oben. Schließlich boten Pheretime und die Perser einen Frieden an, der so lange Bestand haben sollte, wie sich der Boden vor den Mauern der Stadt nicht verändern würde. Die Bürger von Barke, die nach neunmonatiger Belagerung dankbar einwilligten, hatten jedoch nicht bemerkt, dass ihre Gegner in der Nacht zuvor viele Gruben ausgehoben und so mit Zweigen und Erde abgedeckt hatten, dass davon nichts mehr zu sehen war. Nach Vertragsabschluss rissen die Perser die Gruben ein, womit die Bedingung für den Waffenstillstand hinfällig geworden waren – und metzelten die Leute von Barke nieder.

Die Überlebenden ließ die rachsüchtige Königin foltern und kreuzigen. Sie soll für ihren Blutrausch jedoch von den Göttern mit der Fäulnis bestraft worden sein, an der sie qualvoll zugrunde ging.

Der nächste König war **Battos IV.**, der Sohn Arkesilaos' III. und Enkel der machthungrigen Pheretime, der den Beinamen ›der Schöne‹ trug. Aus seiner Regierungszeit sind, da der Bericht Herodots mit der Eroberung Barkes endet, keine besonderen Ereignisse überliefert. Wahrscheinlich gelang es ihm, sich von der Oberhoheit der Perser wieder zu lösen.

Besser ist die Quellenlage wieder zu seinem Sohn und Nachfolger **Arkesilaos IV.**, mit dem das Herrscherhaus der Battiaden seinen Abschluss fand, so wie es das Orakel von Delphi laut Herodot prophezeit haben soll: »Vier Könige Battos und vier Arkesilaos, acht Menschenalter hindurch, gestattet euch Loxias [der Dunkle, ein Beiname des Orakelgotts Apollon], Kyrene zu beherrschen. Es noch länger zu versuchen, rät er euch nicht.« Denn die Pferde des um 440 v. Chr. gestürzten letzten Herrschers trugen den Sieg im Wagenrennen bei den Pythischen Spielen 462 v. Chr. und bei den Olympischen Spielen 460 v. Chr. davon. Anlässlich des sportlichen Triumphs in Delphi, bei dem das Viergespann von seinem Schwager Karchotos gelenkt worden war, verfasste kein geringerer als Pindar, der berühmteste Dichter seiner Zeit, wohl im Auftrag des kyrenischen Hofs zwei lange Oden.

In diesen Oden nimmt Pindar auch auf die Geschichte der Herrscherdynastie Bezug. So ist dieses literarische Werk gleichzeitig eine wichtige historische Quelle. Sie wirft vor allem ein Licht darauf, dass Arkesilaos IV. ein despotischer Herrscher gewesen ist, der mit großen innenpolitischen Schwierigkeiten zu kämpfen hatte, die er unter anderem durch Verbannung seiner Widersacher zu lösen suchte. Unter dem Einfluss der Demokratie, die sich in den griechischen Mutterstädten nach und nach als neue fortschrittliche Staatsform etablierte, kam es schließlich zum Staatsstreich: Der König wurde aus Kyrene vertrieben, konnte aber nach Euhesperides (Benghazi), fliehen, das er inzwischen durch Anwerben griechischer Kolonisten vergrößert hatte. Bevor er von dort aus zum militärischen Gegenschlag gegen seine Heimatstadt rüsten konnte, wurde er ermordet, wahrscheinlich gemeinsam mit seinem Sohn und Kronprinzen, der als Battos V. hätte den Thron besteigen sollen.

Nach dem Sturz der Monarchie richteten die Bürger die *isonomia* ein, eine gemäßigte Form der Demokratie. Offenbar wurden Teile des Adels, die der neuen Staatsform gefährlich werden konnten, in die Verbannung geschickt. Die Region kam jedoch lange nicht zur Ruhe, da die Interessengruppen ihre Konflikte mit Waffengewalt austrugen, was bald in einen Bürgerkrieg ausartete. Nachdem sich die Unruhen gelegt hatten, ohne dass Näheres über die Hintergründe überliefert ist, erlebte Kyrene eine nie dagewesene kulturelle Blüte, die ihre augenfälligste Ausprägung in der berühmten kyrenischen Philosophenschule fand, welche Aristippos hier um 390 v. Chr. begründete.

»Selig bist du auch jetzt, weil du nun Ruhm / mit deinen Rossen geholt hast aus dem berühmten pythischen Wettkampf / und diesen Zug der Männer empfängst, / den apollinischen Festreigen; daher vergiss nicht, / wenn du in Kyrene, dem lieblichen Garten Aphrodites besungen wirst, / in allem Gott als Urheber anzusetzen, / Karrhotos aber vor allen Freunden zu lieben. / Er kam nicht mit einer Ausrede / […] / in den Palast der gerecht herrschenden Battiaden zurück, / sondern er hat, / am Wasser der kastalischen Quelle zu Gast, den Preis des Wagensieges um dein Haar gelegt / den er mit unzerreissbaren Zügeln / auf dem Platz, der zwölfmal umlaufen werden musste, errang. / […] / Denn unter vierzig / Wagenlenkern, die stürzten, / hast du mutig / den Wagen heil ans Ziel gebracht.«

Pindar, Pythische Ode V; auf den Sieg (462/461 v. Chr.) des Pferdegespanns von König Arkesilaos IV., das von dessen Schwager Karrhotos gelenkt worden war.

Die Kyrenaika unter Alexander dem Großen und den Ptolemäern

Alexander der Große, der 336 v. Chr. die Nachfolge seines ermordeten Vaters Philipp II. von Makedonien angetreten hatte, wandte sich rasch gegen die persische Bedrohung und konnte auf kleinasiatischem Boden seinen Gegnern in den Schlachten am Granikos (334 v. Chr.) und bei Issos (333 v. Chr.) empfindliche Niederlagen beibringen. Seinem weiteren Vordringen nach Süden stellte sich nur die Inselstadt Tyros entgegen, die er erfolgreich belagern und erobern konnte. Ägypten, das er 332 v. Chr. erreichte, ergab sich ihm kampflos, ebenso wie bald darauf die benachbarte Kyrenaika. In der ausführlichen zehnbändigen Biographie des Curtius Rufus über das Leben Alexanders nimmt die Unterwerfung der Kyrenaika nur drei Sätze ein: »(Alexander) fuhr [...] den Fluss hinab bis zum See Mareotis. Dorthin brachten ihm Gesandte aus Kyrene Geschenke und baten ihn um Frieden und dass er ihre Städte besuchen möchte. Er nahm die Geschenke an, schloss mit ihnen ein Freundschaftsbündnis und ging dann weiter an die Ausführung seines Entschlusses.« Dabei handelte es sich um das Vorhaben, in der Libyschen Wüste das Ammons-Orakel der Oase Siwa, heute auf ägyptischem Boden unweit der Grenze zu Libyen, aufzusuchen. Ausgangsort für diese strapaziöse Unternehmung war die Küstenstadt Paraitonion, das heutige Marsa Matruh. Nach der erfolgreichen Rückkehr aus Siwa legte Alexander der Große im westlichen Nildelta auf einer Landzunge nördlich des erwähnten Mareotis-Sees den Grundstein für die spätere Residenzstadt Alexandria und ordnete vor dem Vorstoß nach Mesopotamien die Verhältnisse in seinem nordafrikanischen Reichsteil: »Über das an Ägypten grenzende Afrika wurde Apollonios gesetzt, über die Steuerverwaltung desselben Afrikas und Ägyptens Kleomenes.« Alexander selbst hat die Kyrenaika, die sich ihm kampflos unterstellt hatte, nie betreten.

Während der Perserherrschaft hatte die große Eigenständigkeit der Provinzen, zu der auch das Recht gehörte, Silbermünzen zu prägen (die Emission von Goldmünzen blieb dem Großkönig vorbehalten), immer wieder zu Separationsbestrebungen und Satrapenaufständen gegen die Zentralgewalt geführt. Deswegen beschnitt Alexander der Große nach seinem Sieg über die Perser, obwohl er deren traditionelle Reichseinteilung zunächst beibehielt, die Kompetenzen der Satrapen und trennte nicht nur die zivile und die militärische Verwaltung, sondern schuf daneben auch noch die Finanz- und Steuerbehörde als eigenständige Institution. Speziell in Ägypten und der Kyrenaika ging Alexander noch einen Schritt weiter und separierte von der allgemeinen Militärverwaltung, der auch die Flotte unterstand, die Garnisonen in den Festungen als zweite militärische Kraft.

Über den Ostteil des Reiches, mit Amtssitz zunächst in Ekbatana, dann in Babylon, setzte Alexander nach dem endgültigen Sieg über die Perser seinen Jugendfreund Harpalos ein, der ihn jedoch betrog und fliehen musste. Athen verweigerte ihm die Aufnahme, und in Kreta, wo er schließlich Zuflucht fand, wurde er 324 v. Chr. durch seinen spartanischen Heerführer Thibron ermordet. Im Jahr darauf zog Thibron mit den Söldnern und dem Schatz des Getöteten in die Kyrenaika und riss dort kurzfristig die Herrschaft an sich.

Nach dem überraschenden Tod Alexanders in Babylon im Juni des Jahres 323 v. Chr. konnten sich seine Feldherrn nicht auf einen gemeinsamen Nachfolger für das Gesamtreich einigen. Satrap über Ägypten wurde **Ptolemaios, Sohn des Lagos.** An ihn wandten sich 322 v. Chr. hilfesuchend kyrenische Adelige, die nach der Machtergreifung des Söldnerführers Thibron aus ihrer Heimat hatten fliehen müssen. Dies gab Ptolemaios einen Vorwand, um seine Truppen in die Kyrenaika einzumarschieren zu lassen. Den Feldzug leitete Ophellas, Sohn des Silenos, dem es schließlich gelang, Thibron zu besiegen. Er wurde in Taucheira (Tocra) hingerichtet.

Nach blutigen Kämpfen beschlossen die Feldherrn Alexanders im Herbst 320 v. Chr. die endgültige Aufteilung des Imperiums. Dabei verblieben Ägypten und die Kyrenaika mit der gemeinsamen Hauptstadt Alexandria unter der Herrschaft des Ptolemaios. Seine westliche Reichshälfte befriedete er durch persönliches Erscheinen und erließ das ›Diagramma von Kyrene‹, eine verfassungsähnliche Ordnung nach griechischem Muster, das dem nach seiner Vertreibung wieder zurückgekehrten lokalen Adel aber nur noch eingeschränkte Machtbefugnisse einräumte. Die letztendliche Entscheidungsgewalt behielt sich Ptolemaios selbst vor. Ihm gelang es zudem, sein Reich nach Westen auszudehnen und die Grenze zu Tripolitanien im Syrtebogen bis nach Euphrantas Pyrgos/Turris Euphranta, dem heutigen Siirt an der Einmündung des Wadi Tamet, vorzuverlegen.

»Dem Ptolemaios soll gehören Ägypten, Libyen, der Großteil des jenseits von diesem gelegenen Landes und was er sich dazu noch nach Westen hin mit dem Speer erwirbt.« Vertragsklausel im Abkommen von Triparadeisos (320 v. Chr.) zur Teilung des Reiches Alexanders des Großen unter seinen ehemaligen Feldherren.

Zitiert nach Photios Arrian, Diadochengeschichte, fr. 1 34

Trotzdem rebellierten 313 v. Chr. die Einheimischen gegen die ptolemäische Fremdherrschaft und belagerten die Zitadelle mit den eingeschlossenen Truppen. Erst im Jahr darauf gelang nach der Entsendung der Kriegsflotte und eines Heeres die Niederwerfung des Aufstandes. In der Folge scheint auch Ophellas in Kyrene zunehmende Eigenständigkeit gegenüber Alexandria erlangt zu haben. Als er 309 v. Chr. dem Agathokles von Syrakus mit seinen Truppen nach Karthago zu Hilfe eilte, wurde er dort von diesem, der offenbar einen Konkurrenten heranwachsen sah, ermordet. Seine Truppen liefen zu den Syrakusanern über.

In Alexandria nahm Ptolemaios 305 v. Chr. als **Ptolemaios I. Soter** den Königstitel an. In erster Ehe war er mit Eurydike, der Tochter des Antipatros, verheiratet. Zusammen mit ihr war die verwitwete Berenike I., Tochter eines makedonischen Adeligen namens Magas, an den alexandrinischen Hof gekommen. Sie wiederum brachte ihre beiden Kinder aus ihrer ersten Ehe mit dem Makedonen Philippos ein, nämlich die Tochter Antigone (die spätere Gemahlin des durch seinen sprichwörtlich gewordenen verlustreichen Sieg gegen Rom bekannten Pyrrhos) und den Sohn Magas. Als um 300 v. Chr. in der Kyrenaika erneut ein Aufstand gegen die ptolemäische Fremdherrschaft ausbrach, schickte Ptolemaios I. diesen Magas, dessen Stiefvater er mittlerweile durch die Ehe mit Berenike I. geworden war, in die abtrünnige Provinz. Sein Stiefsohn konnte die Unruhen nach fünf Jahren schließlich unterdrücken und wirkte dort fortan als Statthalter.

Nachdem es **Berenike I.** geglückt war, Eurydike als Königsgemahlin zu verdrängen, gebar sie Ptolemaios I. 316 v. Chr. die Tochter Arsinoe II. und acht Jahre später den Sohn Ptolemaios. Um 290 v. Chr. wurde sie schließlich offiziell zur Königin erhoben. Sie erreichte auch, dass ihr Sohn – anstelle des thronberechtigten Ptolemaios Keraunos, des Sohnes der Eurydike – 285 v. Chr. zum Mitregenten ernannt und schließlich als **Ptolemaios II. Philadelphos** die Nachfolge seines Vaters antreten konnte. Die verstoßene Eurydike war zuvor 287 v. Chr. mit ihrem Sohn und der Tochter Ptolemais aus Ägypten nach Milet geflohen, wo Ptolemais den Demetrios ehelichte. Aus dieser Ehe ging Demetrios der Schöne hervor, der später kurzzeitig über Kyrene herrschen sollte.

Mit der Thronbesteigung Ptolemaios' II. im Jahr 283 v. Chr. sagte sich Magas in der Kyrenaika von Alexandria los und ernannte sich zum König des selbständigen Landes. Um einem Rückeroberungsfeldzug der Ptolemäer vorzubeugen, verbündete er sich mit Antiochos I. von Syrien, dessen Tochter Apame er heiratete; zudem wollte er Alexandria angreifen, musste dieses Unterfangen jedoch 60 km vor dem Ziel bei Taposiris Magna abbrechen, da in der Kyrenaika hinter seinem Rücken Unruhen libyscher Nomaden ausgebrochen waren. Ptolemaios II. wurde seinerseits durch einen Streik seiner kretischen Söldner an einer Gegenoffensive gehindert.

»Ekdelos und Demophanes aus Megalopolis, welche Schüler des Arkesilaos in der Akademie gewesen waren und mehr als irgendeiner ihrer Zeitgenossen die Lehren der Philosophie auf die Politik und das praktische Handeln anwandten, […] waren es auch, die […] auf Bitten der Kyrenaier, deren Stadt an innerer Zwietracht krankte, zu ihnen hinüberfuhren, die Ordnung wieder herstellten und der Stadt eine gute Verfassung gaben.«

Plutarch, Große Griechen und Römer: Philopoimen, 1

Kurz vor seinem Tod um 250 v. Chr. fädelte Magas doch noch die Zusammenführung der beiden getrennten Reichshälften ein: Er verlobte seine Erbtochter **Berenike II.** mit **Ptolemaios III. Euergetes,** der damals noch Kronprinz war, hatte aber die Rechnung ohne seine Gemahlin Apame gemacht. Diese wollte nach dem Ableben ihres Gemahls die Unabhängigkeit der Kyrenaika wahren, löste die Verlobung auf und vermählte Berenike II. mit dem bereits erwähnten makedonischen Prinzen Demetrios dem Schönen, dem Enkelsohn der verstoßenen Ptolemäergemahlin Eurydike. Berenike II. zettelte eine Revolte gegen den ungeliebten Gemahl an, der zudem eine intime Beziehung zu seiner Schwiegermutter unterhielt. Als nämlich die Aufrührer den Palast stürmten, fanden sie Apame und Demetrios gemeinsam im Schlafgemach vor und töteten sie dort.

Angesichts der Unruhen witterten demokratische Kräfte Morgenluft. Sie beauftragten die arkadischen Rechtsgelehrten Ekdelos und Demophanes mit der Verwaltung Kyrenes, die diese zwischen 249 und 246 v. Chr. auch ausübten. Berenike II. konnte ihren Machtverlust in der Kyrenaika nicht verhindern. Sie heiratete Ptolemaios III. am Tag seiner Thronbesteigung, am 27. Januar 246 v. Chr.

Damit war die Kyrenaika jedoch nur formal wieder Teil des Ptolemäerreiches. De facto musste das Gebiet erst zurückerobert werden. Die schließlich militärisch wieder gewonnene Reichseinheit manifestierte sich in einer Reihe symbolischer Städtegründungen, das heißt, Ptolemaios III. ließ die bedeutendsten Orte der Kyrenaika nach Familienmitgliedern umbenennen: Taucheira wurde so nach seiner Mutter zu Arsinoe, die zu Barke gehörige anonyme Hafenstadt wurde unter dem Namen Ptolemais – zu Ehren seines Vaters Ptolemaios II. Philadelphos – selbständig und, auf Kosten von Kyrene, zum neuen Verwaltungszentrum ausgebaut. In unmittelbarer Nachbarschaft von Euhesperides entstand – mit regelmäßigen rechtwinkligen Straßenzügen nach dem hippodamischen Gestaltungsprinzip – das nach seiner Gemahlin benannte Neubauviertel von Berenike, die antike Vorgängersiedlung des heutigen Benghazi. In dieser Zeit schlossen sich auch die fünf wichtigsten Städte der Kyrenaika, nämlich Kyrene, Apollonia, Ptolemais bzw. Barke, Taucheira/Arsinoe und Euhesperides/Berenike offiziell zur Pentapolis zusammen und prägten eigene Münzen mit der Aufschrift »Koinon« (Bund).

Ptolemais, ptolemäischer Grabturm

Um die Thronfolgerechte des Kindes seiner nach Antiochia vermählten Schwester, die ebenfalls Berenike hieß, zu sichern, zog Ptolemaios III. in den Dritten Syrischen Krieg (›Laodikekrieg‹). Seine Frau Berenike II. gelobte, eine Haarlocke zu opfern, wenn der König unversehrt heimkehre. Da entdeckte der Hofastronom Konon ein neues Sternbild, das ›Haar der Berenike‹, und dies wurde als die in den Himmel entrückte Weihgabe gedeutet. Der Dichter Kallimachos, der in Kyrene als Sohn eines Battos geboren wurde, aber in Alexandria wirkte, verfasste darüber eine Ode, von der 21 Originalverse und die lateinische Übersetzung durch Catullus überliefert sind.

Bald nach dem Tod ihres Gatten im Winter 222/221 v. Chr. fand Berenike II. ein gewaltsames Ende: Sie wurde – wohl, weil sie Herrschaftsansprüche stellte – von Sosibios und Agathokles, zwei Ministern ihres Sohnes **Ptolemaios' IV. Philopator** (221–204 v. Chr.), zusammen mit ihrem Söhnchen Magas ermordet. Die beiden Attentäter übernahmen die Vormundschaft für den minderjährigen **Ptolemaios V. Epiphanes** (204–180 v. Chr.), einen Halbbruder seines Vorgängers.

Unter Ptolemaios V., der im Winter 194/193 v. Chr. mit Kleopatra I. Syra, einer Tochter Antiochos' III., vermählt wurde, schrumpfte das Reich auf Ägypten, Kyrene und Zypern zusammen; alle syrisch-palästinensischen und kleinasiatischen Besitzungen gingen verloren.

Ptolemaios VI. Philometor, der seinem vergifteten Vater 180 v. Chr. nachfolgte, geriet bald mit seinem Bruder **Ptolemaios VIII. Euergetes II.** in Streit um die Herrschaft, die er sich mit ihm ab 170 v. Chr. teilen musste. 164 v. Chr. wurde er von ihm aus Alexandria vertrieben, fand auf Zypern Asyl und wandte sich daraufhin hilfesuchend an den Senat in Rom. Mitte 163 v. Chr. kehrte er auf Bitten der Alexandriner in seine Heimat zurück und übte dort erneut die Herrschaft aus. Mit seinem Bruder einigte er sich, sicher auf Druck Roms, auf eine Reichsteilung: er behielt mit seiner Schwestergemahlin **Kleopatra II.** Ägypten und Zypern, sein Bruder Ptolemaios VIII. bekam die Kyrenaika zugesprochen. Dieser intervenierte seinerseits bald

Kyrene, Apollon-Tempel

darauf in Rom, um stattdessen die Mittelmeerinsel zu erhalten. Während er in Umm er-Rakham an der damaligen ägyptisch-kyrenischen Grenze das Verhandlungsergebnis abwartete, zettelte in der Kyrenaika sein Statthalter Ptolemaios Sympetesis einen Aufstand gegen ihn an. Das Ende dieser anfänglich erfolgreichen Erhebung des Jahres 162 v. Chr. (der vierten gegen die Ptolemäer nach den Aufständen von 313/312, 304–300 und 249–46 v. Chr.) ist unbekannt.

In der Folge konnte Ptolemaios VIII. auch bei den Verhandlungen in Rom an Boden gewinnen und wurde schließlich im Winter 162/161 vom dortigen Senat als alleiniger Herrscher über das gesamte Ptolemäerreich bestimmt. Nach einem Attentat auf ihn 156/155 v. Chr. drohte er seinen innenpolitischen Widersachern, sein Reich testamentarisch den Römern zu vermachen, falls ihm, der damals noch ohne Nachkommen war, etwas zustoßen sollte. Eine Steinstele mit Auszügen aus diesem ›Euergetes-Testament‹ wurde 1929 im Apollon-Tempel von Kyrene aufgefunden. Als er auch noch Zypern erobern wollte, wo sich sein abgesetzter Bruder aufhielt, geriet er in dessen Kriegsgefangenschaft, wurde von ihm aber, sicher wieder auf römischen Druck hin, milde behandelt.

Man einigte sich erneut auf die vorherige Reichsteilung, sodass Ptolemaios VIII. wieder die Kyrenaika erhielt. Er sollte sogar Kleopatra Thea, die Tochter seines rivalisierenden Bruders, heiraten; diese Ehe kam allerdings nie zustande. Er fügte sich offenbar in die Gegebenheiten und entfaltete vor allem in Kyrene, und dort wiederum am Apollon-Tempel, dessen Oberpriester er war, eine reiche Bautätigkeit. Nach dem überraschenden Tod seines Bruders in Syrien Mitte Juli des Jahres 145 v. Chr. wurde er auch wieder zum Herrscher über die andere Hälfte des Ptolemäerreiches bestimmt. Er verlegte seinen Amtsitz zurück nach Alexandria und heiratete dort sogar Kleopatra

II., die Witwe seines Bruders, was ihn aber nicht daran hinderte, deren minderjährigen Sohn aus erster Ehe töten zu lassen. Zudem ehelichte er 142 v. Chr. auch noch die Tochter seiner Gemahlin aus dieser Verbindung, also seine eigene Nichte und Stieftochter, und ernannte sie als **Kleopatra III.** zur Königin.

Die Rivalitäten zwischen den beiden Kleopatras – Mutter und Tochter – führten zu einer Palastrevolte, als deren Folge der König mit seiner zweiten Gemahlin im Herbst 131 v. Chr. nach Zypern fliehen musste. Als Alleinherrscherin blieb Kleopatra II. mit ihrem Sohn aus der zweiten Ehe, Ptolemaios Memphites, zurück. Dieser wurde als vermeintlicher Thronfolger von seinem Vater nach Zypern gelockt, dort bestialisch ermordet und zerstückelt an seine Mutter nach Alexandria zurückgeschickt. Bis zum Jahr 126 v. Chr., als er das letzte Widerstandsnest Alexandria einnehmen konnte, hatte der vertriebene König von der Mittelmeerinsel aus die Rückeroberung des Reiches abgeschlossen und übte, nachdem er sich 124 v. Chr. mit Kleopatra II. ausgesöhnt hatte, wieder zusammen mit seinen beiden Gemahlinnen eine Dreierherrschaft aus.

Der am 28. Juni 116 v. Chr. verstorbene Ptolemaios VIII. hatte testamentarisch die Kyrenaika zwar dem Ptolemaios Apion, einem illegitimen Sohn aus einer Verbindung mit einer Nebenfrau, vermacht, doch weigerten sich zunächst seine Nachfolger in Alexandria, **Ptolemaios IX. Soter II.** und Kleopatra III., die Kyrenaika in die Eigenständigkeit zu entlassen. Wohl erst ab etwa 100 v. Chr., als er in den mit Rom geschlossenen Verträgen zur Eindämmung der Seeräuberplage im Mittelmeer als eigenständiger Vertragspartner erscheint, hatte **Ptolemaios Apion** seine Ansprüche als König von Kyrene durchsetzen können. Er vermachte, da er ohne Nachfolger blieb, nach seinem Ableben (96 v. Chr.) sein Herrschaftsgebiet an Rom.

Die Kyrenaika unter römischer Herrschaft

Der römische Senat übernahm aus der Erbmasse des Ptolemaios Apion zunächst nur das ptolemäische Königsland mit seinen landwirtschaftlichen Erträgen und entließ die Städte in die Unabhängigkeit. Diese nutzten ihre Freiheiten jedoch hauptsächlich dazu, untereinander in Streit zu geraten. Um die bald bürgerkriegsähnlichen Zustände zu beenden, unterwarf Rom 75/74 v. Chr. das gesamte Gebiet, machte es zur Provinz Cyrenae und unterstellte es wegen seiner geringen Größe zunächst nur einem Quästor. Erster Amtsinhaber war Publius Cornelius Lentulus Marcellinus, der offensichtlich rasch für Ruhe und Ordnung sorgte und nebenbei auch noch die Piraten vor der nordafrikanischen Küste besiegte. Erst als Augustus 27 v. Chr. die Kyrenaika mit Kreta zur Provinz Creta et Cyrenae – mit dem gemeinsamen Verwaltungszentrum in Gortyn nahe der Südküste der Mittelmeerinsel – zusammenfasste, wurde ein Proconsul prätorischen Ranges als Provinzverwalter eingesetzt.

»Von Afrika beherrschte den Italien, Gallien und Spanien bis zu den Säulen des Herakles gegenüberliegenden Teil Caesar, während der Teil von Kyrene bis Aithiopien Antonius gehörte.«
Plutarch, Große Griechen und Römer: Antonius, 61

Vorausgegangen war ein weiterer Besitzerwechsel der Kyrenaika. Nach der Ermordung **Caesars** am 15. März 44 v. Chr. hatte dessen Nachfolger Marcus Antonius Caesars ehemalige Geliebte, die ptolemäische Königin Kleopatra VII., im kleinasiatischen Tarsos zu Verhandlungen getroffen und sich dabei ebenfalls in sie verliebt. Aus dieser Verbindung entspross ein gemischtes Zwillingspaar, das 34 v. Chr. zu Unterkönigen des Reiches proklamiert wurde. Das Mädchen, Kleopatra Selene, bekam dabei Libyen und die Kyrenaika als Herrschaftsgebiet zugesprochen. Aus römischer Sicht war dies ein Ausverkauf des Reiches, und so zog Oktavian, der spätere Kaiser **Augustus,** gegen Antonius und Kleopatra VII. in den Krieg und besiegte beide in der Seeschlacht von Actium 31 v. Chr. Die rückenteignete Prinzessin Kleopatra Selene wurde 20 v. Chr. von Augustus mit König Juba II. von Mauretanien zwangsvermählt.

Einen Einschnitt in der Geschichte der Kyrenaika bedeuteten die Aufstände der Juden, die sich 115 unter Kaiser Trajan in Ägypten und der Kyrenaika gegen die Römer erhoben. Bereits zwischen 71 und 73 hatten die in Palästina ausgebrochenen und seinerzeit durch Titus unterdrückten Unruhen der Juden bis in die Kyrenaika übergegriffen. Die erneuten Unruhen übertrafen in der Kyrenaika die vorangegangenen bei weiten. Zwar konnten sie durch die Römer unter Q. Marcius Turbo 117 niedergeschlagen werden, doch hatten sie zur weitgehenden Zerstörung Kyrenes geführt. **Trajan** und sein Nachfolger **Hadrian** starteten deshalb ein ausgedehntes Wiederaufbauprogramm in der verwüsteten Stadt und ihrem Umland.

Nachdem Kaiser Trajan beim heutigen Driana an der Küste halbwegs zwischen Taucheira und Berenike/Euhesperides (Benghazi) eine neue Stadt begründet hatte, die er nach sich Hadrianopolis benannte und die das neue Verwaltungszentrum der Region werden sollte, wurde auch die Pentapolis konsequenterweise in Hexapolis (Bund der sechs Städte) umbenannt. Da jedoch Hadrianopolis rasch wieder aufgegeben wurde, war auch diese Namensänderung nur von kurzer Dauer.

262 erschütterte ein Erdbeben die Kyrenaika, ein weiteres folgte 365. Beide kosteten hohe Opfer in der Bevölkerung.

Im Rahmen seiner Reichsreform, die zwischen 293 und 305 durchgeführt wurde, ernannte Kaiser Diokletian die Kyrenaika, die zuvor mit Kreta eine Verwaltungseinheit gebildet hatte, zur separaten Provinz Libya Pentapolis, die ihrerseits, wie Bistümerlisten aus der ersten Hälfte des 4. Jahrhunderts berichten, zweigeteilt war: Das Kernland der Pentapolis wurde als Libya superior bezeichnet, die erheblich regenärmere Marmarica östlich davon als Libya inferior oder Libya sicca (trockenes Libyen). Machtzentrum der Pentapolis war dabei zunächst Ptolemais; zwischen 440 und 450 wurde es dann nach Apollonia verlagert, das damals den christlichen Namen Sozousa (Erlösungsstadt) trug. Übergeordnetes gemeinsames Verwaltungszentrum der ›beiden Libyen‹ war die Provinzhauptstadt der Marmarica, Paraitonion, das heutige Marsa Matruh, und beide Teile gehörten zur Diözese Oriens, deren Vicarius genannter Oberbefehlshaber seinen Sitz in Antiochia am Orontes hatte.

Hatte **Diokletian** noch blutige Christenverfolgungen durchführen lassen, so nahm das Christentum unter seinem Nachfolger **Konstantin** im gesamten römischen Reich einen raschen Aufschwung und wurde schließlich Staatsreligion. Allerdings gab es auch immer wieder Abweichler von der offiziellen theologischen Lehrmeinung wie den alexandrinischen Priester Arius, der sich gegen die Vorstellung der heiligen Dreifaltigkeit und der Wesensgleichheit von Gott und Jesus wandte und stattdessen die Ansicht vertrat, Jesus sei lediglich das edelste Geschöpf Gottes. Obwohl er dafür 318 exkommuniziert und seine Lehre auf dem Konzil von Nicäa 325 verdammt wurde, fiel sie unter anderem in der Kyrenaika auf fruchtbaren Boden. Sogar die Bischöfe von Boreum, Berenike, Taucheira, Barke und Ptolemais vertraten diese Lehre, wie der byzantinische Kirchenhistoriker Philostorgius in seiner um 425 niedergeschriebenen Kirchengeschichte überliefert. Zu den Verfechtern des Arianismus zählten auch die Vandalen. Diese hatten unter Führung des Geiserich (428–477) von Spanien aus die Straße von Gibraltar überquert und Nordafrika von Westen her erobert. 534 wurden sie durch Belisar, den Feldherrn Justinians, besiegt, und die Kyrenaika wurde Teil des von Byzanz aus verwalteten oströmischen Reiches.

Im Zuge der von **Justinian** 538/39 durchgeführten Verwaltungsreform wurde in der Kyrenaika das Amt eines *dux limitis libyci,* also eines für die Grenzsicherung zuständigen Oberbefehlshabers eingeführt. Seinen Sitz hatte er in Paraitonion (Marsa Matruh). In der Kyrenaika führte man das bewährte Sicherungskonzept fort, wonach statt weit ins Hinterland vorgeschobener Grenzen, wie im benachbarten Tripolitanien, nur der schmale Küstenstreifen gegen mögliche Übergriffe aus dem Hinterland verteidigt wurde. Rückgrat der Defensivmaßnahmen war eine – durch Kastelle befestigte – Militärstraße, welche die zumeist bereits in hellenistischer Zeit ummauerten Städte miteinander verband. Verstreute Festungen und Wachtürme auf dem Plateau des Djebel al-Akhdar bildeten eine etwas vorgeschobene Verteidigungslinie.

Im 5. Jahrhundert sorgte Kaiser **Anastasius I.** (491–518), um den ständigen räuberischen Übergriffen der einheimischen Stämme der Maxyer und Maziken zu begegnen, dafür, dass dieser Verbund von Wehrbauten zu einer dichten Limeszone verstärkt wurde. Dem Edikt des Kaisers kann man nicht nur entnehmen, dass der Oberbefehlshaber der Militäranlagen in Alexandria residierte, sondern auch, dass hier zwei Arten von Soldaten stationiert waren, nämlich die *arithmoi* und *numeri* in den Städten und die *castresianoi,* die in Militärlagern *(castra)* untergebracht waren und im Umland patrouillierten. Das Ende der byzantinischen Herrschaft in Nordafrika kam jedoch nicht, wie seinerzeit der Vandalensturm, von Westen, sondern aus der entgegengesetzten Richtung: Der Vorstoß der Araber, der bereits zu Lebzeiten des Propheten Mohammed auf der Arabischen Halbinsel begann und – von Ägypten ausgehend – über ganz Nordafrika führte, erreichte 643 auch die Kyrenaika. Mit dem Fall von Taucheira/Tocra als letztem Stützpunkt der Christen bildete die Kyrenaika fortan eine Provinz des expandierenden arabischen Großreichs.

Benghazi

Benghazi ☆

Besonders sehenswert: Italienische Basilika Omar-Mukhtar-Mausoleum

Die Hafenstadt Benghazi ist mit einer Dreiviertelmillion Einwohner der zweitgrößte Ort Libyens und das wirtschaftliche Zentrum der Kyrenaika, an deren westlichem Rand sie sich befindet. Seit 1955 verfügt sie über eine Universität. Neben Tripolis besitzt sie den zweiten internationalen Flughafen des Landes. Auch wenn sie in der Antike zur Pentapolis und damit zu den fünf bedeutendsten Ansiedlungen dieser Region gehörte, hat sie als Einzige, da ihr antikes Areal durch die moderne Großstadt überbaut ist, keine nennenswerten historischen Reste mehr aufzuweisen.

Das alte Zentrum der Stadt liegt auf einer Landzunge, die sich von Nordosten nach Südwesten erstreckt und ehemals durch eine Kette von Salzseen und -sümpfen *(sebkhas)* vom Hinterland der Kyrenaika getrennt war. So ist es auch noch auf einem historischen Plan zu erkennen, den die Gebrüder Beechey 1821/22 von Stadt und Umland anfertigten. Mittlerweile sind die Gewässer, die den Sommer über zumeist austrockneten, kleiner, und Verbindungskanäle mit dem Meer haben sie zu Seen mit fester Uferböschung und gleichbleibendem Wasserspiegel werden lassen. Das dem Hafen benachbarte, fast rechteckige und größte der Gewässer im Stadtzentrum, an dessen Südostufer sich das Sportgelände der Stadt ausdehnt, trägt heute den Namen 23. Juli-See. Als es noch nicht flurbereinigt war, hieß es Sebkha Ain as-Selmani und in den antiken Quellen erscheint es als Palus Tritonia. Strabo berichtet, dass sich auf einer Insel dieses Sees ein Venus-Tempel befunden hat.

Verlaufen die Straßen im alten Kern auf der Landzunge weitgehend rechtwinklig, so sind sie in den Neubauvierteln jenseits der Seen als konzentrische Halbkreise angeordnet, die von sich radial auffächernden Querstraßen geschnitten werden.

Geschichte

Die älteste Ansiedlung auf dem Boden des heutigen Benghazi trug den Namen Euhesperides. Sie wurde zu einem unbekannten Zeitpunkt von den griechischen Kolonisten aus Kyrene gegründet, die dafür einen Platz am Fuß des Vorgebirges Pseudopenias westlich zwischen zweien der Salzsümpfe, der Sebkha Ain as-Selmani und der sich nordöstlich anschließenden Sebkha as-Srerila, wählten. Funde archaisch-griechischer Keramik, die bei Ausgrabungen nahe des heutigen Sidi-Abeid-Friedhofs zu Tage traten, sprechen dafür, dass der Ort schon seit dem ersten Viertel des 6. Jahrhunderts v. Chr. durch die Kolonisten besiedelt war.

Als Namensgeber standen die Hesperiden Pate, die ›Westlichen‹. Bei dieser Gruppe von Nymphen wurden sowohl ihre Namen und Anzahl (auf Vasenbildern bis zu elf) als auch die Eltern in mehreren Sagen unterschiedlich überliefert. Unter anderem galten diese ›hellstimmigen Töchter der Nacht‹ als Kinder des Atlas und der Hesperis. Sie betreuten ›jenseits des Oceanos‹ den Garten der Götter, zu dessen Gewächsen auch ein goldene Äpfel tragender Baum gehörte. Dieser war von der Erdgöttin Ge als Hochzeitsgeschenk für Zeus und Hera gepflanzt worden und wurde von dem hundertköpfigen und vielstimmigen Drachen Ladon bewacht, der sich auf bildlichen Darstellungen, wo er allerdings aus Platzgründen mit nicht mehr als drei Köpfen wiedergegeben wird, den Baumstamm hinaufschlängelt. Die letzte der zwölf Taten des Herakles, die dieser im Dienst des Königs Eurystheus auszuführen hatte, bestand im Raub dieser goldenen Äpfel. Einer älteren Version der Sage zufolge soll Herakles in den Garten eingedrungen sein, mit den Drachen gekämpft und ihn dann getötet haben, gemäß einer unblutigen Variante sollen die Hesperiden das Ungeheuer eingeschläfert haben, sodass Herakles ungestört ans Werk gehen konnte. Die am weitesten verbreitete Version überliefert hingegen, dass Herakles den Riesen Atlas, der am westlichen Ende der Welt die Säule, welche das Himmelsgewölbe stützte, auf seinen Schultern tragen musste, zum Diebstahl der Äpfel überredete.

Die zwölf (dodekathlos) Taten des Herakles siehe auch Seite 116/117

In der Innenstadt von Benghazi

Dafür nahm er ihm solange die Last des Himmels ab. Mit den goldenen Früchten zurückgekehrt wollte Atlas, die ungewohnte Freiheit genießend, Herakles nicht mehr ablösen. Dieser überlistete ihn jedoch mit der Bitte, den Himmel nur noch einmal kurz auf die Schultern zu nehmen, damit er sich auf seine künftige Aufgabe vorbereiten könne. Entgegen seiner Zusage nahm er die Äpfel an sich und überließ den Riesen seinem Schicksal. König Eurystheus machte die goldenen Früchte dem Herakles zum Geschenk, der händigte sie der Göttin Athena aus und diese gab sie schließlich an die Hesperiden zurück. Zuvor sollen am Tag nach dem Raub die Argonauten auf ihrem Marsch durch die Libysche Wüste auf die trauernden Hesperiden gestoßen sein, die zunächst zu Staub zerfielen, dann zu Bäumen wurden und schließlich wieder ihre Frauengestalt annahmen.

Als einer der Schauplätze dieser Ereignisse – die sich daneben auch noch an den ›Säulen des Herakles‹, also an der Straße von Gibraltar im Atlasgebirge (der Riese soll in das gleichnamige Gebirge verwandelt worden sein) oder auf einer mythischen Insel im Atlantik abgespielt haben sollen – gilt vor allem jenes Hesperides oder Euhesperides in der Kyrenaika auf dem Boden des heutigen Benghazi.

Außerdem wurde 8 km östlich des Ortes eine der zahlreichen Lethe-Grotten und damit einer der Eingänge in die Unterwelt lokalisiert. Denn gemäß der griechischen Vorstellung vom Jenseits als einem traurigen Ort der Schatten gab es im Reich der Toten den Lethe-Fluss, aus dem die Seelen der Verstorbenen Vergessen trinken konnten. Die Grotte existiert noch heute, befindet sich allerdings in einem Militärgelände und kann nicht besucht werden.

515 v. Chr. fiel die Stadt dem Angriff der Perser zum Opfer. Sie ist danach, wie im Grabungsgelände beim Sidi-Abeid-Friedhofs eine fundlose Schicht zwischen den archaischen und den darüberliegenden klassischen Siedlungsresten zeigt, eine Weile unbewohnt geblieben. Aus der klassischen Wiederbesiedlungsphase traten Mosaiken aus der Wende vom 4. zum 3. Jahrhundert v. Chr. zu Tage, die zu den frühesten Beispielen für Bodenverzierungen gehören, die aus Steinplättchen mit glattgeschliffener Oberseite *(tesselae)* zusammengesetzt waren. Bis dahin bestanden die Mosaiken nämlich noch aus kleinen runden Kieselsteinen. Um die Mitte des 3. Jahrhunderts wurde (Eu)hesperides verlassen, wohl weil Ptolemaios III. Euergetes (246–221 v. Chr.), dem auch die meisten anderen Städte der Pentapolis den Wiederaufbau oder eine Umbenennung zu verdanken haben, südwestlich des alten griechischen Ortes direkt an der Küste eine neue Siedlung gründete, die er nach seiner Gemahlin Berenike nannte. Dieser antike Name hielt sich lange in der Benennung Barnich, mit der die einheimischen Stämme Benghazi bis in jüngste Vergangenheit bezeichnet haben.

Die ptolemäische Neugründung westlich der Sebkha Ain as-Selmani dürfte mit sich rechtwinkligen kreuzenden Straßen und länglichen *insulae* dazwischen konzipiert worden sein. Gelegentlich treten bei Bauarbeiten im Stadtgebiet antike Reste zu Tage wie Gräber in den Stadtvierteln Selmani östlich des gleichnamigen Sees und Sidi Hussein im Süden desselben Gewässers. Hausgrundrisse mit zum Teil sehr qualitätvollen figürlichen und geometrischen Bodenmosaiken konnten bei Grabungen, die die Society for Libyan Studies und die libysche Altertümerverwaltung in den 1970er Jahren durchführten, im Stadtviertel Sidi Chrebisch zwischen der Küste und den beiden nördlichen Binnenseen freigelegt werden. Das Grabungsgelände liegt rechter Hand wenige Hundert Meter nordöstlich der Stelle, wo die Jaza'ir-Straße (Algeria-Straße) und die Straße-des–7. Oktober, die zuvor parallel zueinander verlaufen, zusammentreffen. Dieses antike Wohnviertel war mindestens bis in die Mitte des 3. Jahrhunderts bevölkert.

Berenike beherbergte, wie die übrigen Städte der Kyrenaika, eine bedeutende jüdische Gemeinde, die ein eigenes Stadtviertel und eigene politische Führer (Archonten) hatte. Nach der Christianisierung war sie Bischofssitz. Unter Justinian erhielt sie eine heute völlig abgetragene Stadtmauer. Der heutige Name Benghazi soll auf den muslimischen Lokalheiligen Ben Ghazi, der im 16. Jahrhundert lebte und wirkte, zurückgehen. Unter den Osmanen, die die Stadt 1540 einnahmen, wurde sie zur Provinzhauptstadt. Wo früher die osmanische Zitadelle stand, befindet sich heute ein Kino.

Während der Besatzungszeit durch die Italiener, die Benghazi 1911 besetzt hatten, war die Stadt der Schauplatz des Prozesses gegen den einheimischen Freiheitskämpfer Omar Mukhtar, der 1931 zum Tode verurteilt und im 54 km entfernten Dorf Soluq am Galgen hingerichtet wurde.

Auf Grund der strategischen Bedeutung als Nachschubhafen wurde Benghazi in besonderem Maß in die Kämpfe des Zweiten Weltkriegs verwickelt. Am 6. Februar 1941 schlugen britische Truppen, obwohl zahlenmäßig weit unterlegen, die 10. italienische Armee vernichtend und nahmen die von den Italienern geräumte Stadt ein. Unter dem Eindruck dieser verheerenden Niederlage seiner Verbündeten, die am selben Tag zudem die Oase Kufra und wichtige Luftstützpunkte im Fezzan an das vom Tschad-See kommende Korps Freier Franzosen verloren hatten, veranlasste Adolf Hitler die Aufstellung des Deutschen Afrika-Korps und entsandte es unter dem Kommando von Generalleutnant Rommel an den Krisenherd, wo die ersten Soldaten acht Tage später eintrafen. Nach ihren raschen militärischen Erfolgen verlegten die Engländer unter General Wavell große Teile ihrer Streitkräfte nach Griechenland und beließen in der Kyrenaika nur noch ein Mindestkontingent, um die Eroberungen zu halten. Dies erleichterte die deutsch-italienische Gegenoffensive, die am 3. April zur Rückeroberung Benghazis führte.

In der Folge war die Stadt, in welche zwischenzeitlich Luftwaffengeschwader der Achsenmächte verlegt worden waren, mehrfach britischen Bombardements ausgesetzt. Nachdem Nachschubsorgen bald zum Stillstand und dann zum Zusammenbruch der Offensive des Afrikakorps geführt hatten, eroberten die Engländer unter Gene-

Stadtplan Benghazi

1 Geplantes archäologisches Museum
2 Suq ad-Dalam
3 Ehem. italienisches Rathaus
4 Ehem. italienische Kathedrale
5 Nasser-Ehrenmal
6 Mausoleum des Omar Mukhtar
7 Suq al-Funduq

ral Ritchie an Weihnachten 1941 Benghazi wieder zurück und stationieren dort eine südafrikanische Brigade, konnten es aber nur bis zum 29. Januar 1942 halten. Nach dem Scheitern der erneuten deutschen Offensive räumten die Truppen am 20. November 1942 Benghazi kampflos und endgültig als letzten Stützpunkt in der Kyrenaika, in welchen die englische 8. Armee nachrückte. Heute erinnert am Stadtrand ein Soldatenfriedhof, in welchem die in der Kyrenaika Gefallenen aus den Commonwealth-Staaten beigesetzt sind, an die Schrecken des Krieges.

König Idris I. unterhielt in Benghazi einen seiner Paläste. Abkommen, die unter ihm geschlossen worden waren, erlaubten es den Engländern, in der Stadt einen Flotten- und Luftwaffenstützpunkt zu unterhalten. Bald nach der Revolution vom 1. September 1969 wurden die fremden Truppen, ebenso wie die in der Wheelus Field Airbase bei Tripolis stationierten Amerikaner, des Landes verwiesen. Die Abzugsdaten 28. März (Großbritannien) bzw. 11. Juni (USA) wurden zu Staatsfeiertagen erklärt.

Am 15. April 1986 wurde Benghazi gemeinsam mit Tripolis von der amerikanischen Luftwaffe bombardiert. Der Grund für den vom damaligen US-Präsidenten Ronald Reagan angeordnete Militärschlag war die Vergeltung für das Attentat auf die Berliner Diskothek ›La Belle‹ und vorangegangene Anschläge, für welche die Amerikaner libysche Terroristen verantwortlich machten.

Besichtigung

Antike Reste sieht man im Stadtviertel von **Sidi Chrebisch** und nah am Hafen neben dem alten **Leuchtturm.** Hier sind im Hof des freistehenden Verwaltungsgebäudes, in welchem schon seit längerer Zeit die Einrichtung bzw. Wiederinbetriebnahme eines **archäologischen Museums** (1) geplant ist, Mosaiken und Architekturteile aus dem dortigen Grabungsgelände ausgestellt.

Von hier aus sind es auch nur wenige Hundert Meter zum überdachten **Suq ad-Dalam** (2), der langen Haupteinkaufsstraße, in der sich Geschäfte für Goldschmuck ebenso finden wie für Textilien und Haushaltswaren.

Infolge der Bombardements des Zweiten Weltkrieges haben sich im Stadtgebiet kaum mehr Häuser aus der italienischen Kolonialzeit erhalten. Einige traditionelle Wohnbauten stehen noch entlang der **Omar-Mukhtar-Straße,** die sich an ihrem nordöstlichen Ende zu einem Platz, dem Midan al-Balladiya, weitet, an welchem sich das im maurischen Stil erbaute einstige **italienische Rathaus** (3) befindet.

Das imposanteste Bauwerk der Kolonialzeit ist die ehemalige **italienische Kathedrale** (4) aus den 1930er Jahren am Ende eines kleinen Platzes, wo die Straße des 23. Juli abknickend auf das Hafenbecken stößt. Das Gebäude mit den beiden Kuppeln ist zur Zeit nicht zugänglich und soll in den nächsten Jahren in eine Moschee umgewandelt werden. Nach dem Sturz von König Idris I. tagten hier die Freien Offiziere und die einzige damals zugelassene Partei, die den panarabischen Ideen Nassers verpflichtete Arabisch-Sozialistische Union. Sie wurde 1975 durch das System des Volkskongresses abgelöst. Da rechter Hand an die Kathedrale eine Polizeistation angebaut ist (als solche nicht ohne weiteres zu erkennen), gilt auf dem Platz ein Fotografierverbot. Weiter im Südosten, auf dem Weg zum auffälligen Tibesti-Hotel mit seiner gestuften und bepflanzten Fassade, steht auf der Freifläche zwischen der Straße des 23. Juli und der Gamal Abd al-Nasser-Straße ein **Ehrenmal** (5) für den 1970 verstorbenen ägyptischen Staatspräsidenten.

Das zweite bedeutende Denkmal Benghazis ist das **Mausoleum des Omar Mukhtar** (6) auf dem Midan asch-Schuhada (Märtyrer-Platz) in Sichtweite des Gebäudes der Nationalbibliothek. Der achteckige, überkuppelte Bau beherbergt den Kenotaph des libyschen Freiheitskämpfers, der nach seiner Hinrichtung am 16. September 1931 in Soluq auf italienische Anordnung anonym im Sidi Mohammed Abeid-Friedhof von Benghazi bestattet worden war.

Benghazi, ehemalige italienische Kathedrale

Interessant ist auch das geschäftige Treiben auf dem **Suq al-Funduq** (7) auf einem Gelände nördlich des Märtyrer-Platzes und etwas südlich vom Busbahnhof, zwischen der Amr Ibn al-As-Straße und der Jaza'ir-Straße (Algerien-Straße). Neben einem Obst- und Gemüsemarkt in einem Innenhof gibt es hier zahlreiche kleine Läden. Die übrigen Waren werden größtenteils direkt von den Lieferfahrzeugen herab verkauft.

Djebel al-Akhdar

Djebel al-Akhdar

Besonders sehenswert: Wadi al-Quf ☆

»Im Land der Kyrenaier, dem höchstgelegenen Land in dem von Hirtenvölkern bewohnten Teil Libyens, gibt es merkwürdigerweise drei Erntezeiten. Zuerst wird an der Küste das Getreide gemäht und eingebracht. Ist die Ernte hier beendet, so beginnt sie in der Mitte, in dem höher gelegenen so genannten Hügelland, und erst wenn sie hier eingebracht ist, kommt das Getreide ganz oben im Land zur Reife, sodass die letzte Ernte an die Reihe kommt, wenn die Erste schon verzehrt und vertrunken ist. So haben die Kyrenaier acht Monate Erntezeit.«
Herodot, Historien, IV 199

Grüner Berg, Djebel al-Akhdar, heißt der in ost-westliche Richtung verlaufende Höhenzug mit den dicht bewachsenen Hängen, der die schmale Küstenebene der Kyrenaika nach Süden hin begrenzt. Abschnittsweise reicht er sogar bis an das Meeresufer heran. Seine durchschnittliche Höhe von 500 bis 600 m (die maximale Erhebung beträgt sogar 880 m) sorgt dafür, dass sich an ihm die Wolken abregnen können, sodass man sowohl in der Küstenebene wie auch auf den stets begrünten Plateaus und Hängen des Berglandes Landwirtschaft ohne künstliche Bewässerung betreiben kann. Dies erklärt, warum in der Antike die Kyrenaika gemeinsam mit dem Niltal die Kornkammer des Römischen Reiches war, auch wenn sich Plinius in seiner ›Naturgeschichte‹ eher verhalten äußert, wenn er bemerkt: »Das Gebiet von Kyrene gilt in einer Breite von 15 Meilen an der Küste auch für Bäume als fruchtbar, im Innern im selben Umfang nur für Feldfrüchte.«

Ähnlich wie der Djebel Nafusa in Tripolitanien fällt auch der Djebel al-Akhdar nach Norden, zur Küste hin, in zwei oder mehr Schichtstufen steil ab. Nach Süden zu senkt er sich hingegen deutlich sanfter ab und geht allmählich in eine Steppenlandschaft und schließlich in die nur mehr durchschnittlich 15 m ü. M. gelegene Senke der Libyschen Wüste über.

In das verkarstete Kalkgestein des Djebel al-Akhdar mit seinen sanft welligen Hügeln sind zahlreiche tiefe und steilwandige Wadis eingeschnitten, die sich vielfach nach Norden hin entwässern, wie das Wadi en-Nasr bei Apollonia oder das weiter östlich gelegene Wadi Hillal.

Als schönstes Tal des Berglandes gilt das **Wadi al-Quf.** Wie bereits sein Name – Tal der Grotten – besagt, liegen in seinen Karsthängen zahlreiche natürliche und vielfach von Menschenhand erweiterte Höhlen. In einigen hat man prähistorische Siedlungsreste mit Steinwerkzeugen aus der Periode des Dabbien (ca. 40 000–15 000 v. Chr.) entdeckt. Berühmheit erlangt hat das Tal aber vor allem durch seine Zypressen der Art Cypressus sempervirens horizontalis, die dort eine Höhe von 40 m erreichen können und bereits vom antiken Historiker Theophrast gerühmt worden sind. Die schmale, asphaltierte

Straße, die durch das Wadi führt, ist nur für PKWs zugelassen und für größere Fahrzeuge gesperrt. Man hat aber auch einen phantastischen Blick in das begrünte Tal hinab von der Brücke aus, die als Teil der alten Straße von Beidha nach Benghazi den Geländeeinschnitt überspannt. Der Vorläufer der heutigen, in den 80er Jahren des 19. Jahrhunderts erbauten Hängebrücke war während des Befreiungskampfes gegen die italienische Okkupation von den Widerstandskämpfern des Omar Mukhtar gesprengt worden.

Die griechischen Kolonisatoren, die um 630 v. Chr. von der Insel Thera in die Kyrenaika kamen, siedelten zunächst nicht in der Küstenebene, sondern gründeten Kyrene, ihre erste Stadt auf nordafrikanischem Boden, in Absprache mit den einheimischen Stämmen in einem fruchtbaren Tal auf einer der Schichtstufen des Djebel al-Akhdar, wo eine Quelle den Neuankömmlingen ausreichend Wasser bot. Selbst der Name der heutigen Kleinstadt unweit der antiken Siedlungsreste, **Ain Schahat,** der ewige Quelle bedeutet, reflektiert die wichtige Rolle der dort noch immer reichlich sprudelnden Wasservorkommen. Erst nach der Gründung von Kyrene entstanden die ›Pflanzstädte‹ an der Küste, wie Taucheira, Euhesperides und Ptolemais. Alle vier schlossen sich spätestens unter Alexander dem Großen gemeinsam mit dem ebenfalls im Landesinneren auf dem Djebel al-Akhdar gelegenen Barke beim heutigen Al-Merdj zur Pentapolis, dem Fünf-Städte-Bund, zusammen. Während sich im Westen Libyens die auf die drei Städte Sabratha, Oea und Leptis Magna zurückgehende Landschaftsbezeichnung Tripolitanien bis in die Gegenwart gehalten hat, spricht man beim Osten des Landes kaum von der Pentapolis, sondern von der Kyrenaika, und trägt damit der überragenden Rolle der ersten griechischen Stadtgründung während der Antike Rechnung.

Al-Beidha und Umgebung

Al-Beidha

Al-Beidha

Besonders sehenswert: Asklepieion

Das antike Balagrae (Balagrai) ist heute eine Stadt von 60 000 Einwohnern, die sich in 614 m Höhe ü. M. inmitten der Hänge des Djebel Akhdar ausdehnt. Ihren Namen ›Die Weiße‹ verdankt sie ihren traditionell hell gestrichenen Häusern. 1843 gründete Mohammed Ali as-Senussi hier die nach ihm benannte muslimische Bruderschaft. Dies brachte ihm zunächst das Misstrauen des traditionellen islamischen Klerus und schließlich die Vertreibung aus der Stadt durch den osmanischen Statthalter ein, sodass der Ordensbegründer in die Oase Jaghbub ausweichen musste. Sein Enkel, König Idris I., ernannte Al-Beidha 1964 zur Verwaltungshauptstadt des Landes, um die Dauerrivalitäten zwischen Tripolis im Westen und Benghazi im Osten einzudämmen. Der seinerzeit in Al-Beidha entstandene Residenzbau des Königs, der **Jumen-Palast,** mit einer angegliederten Moschee, ist heute Hauptgebäude der Universität. Seit dem Umsturz unter Gadhafi hat der Ort die Führungsrolle eingebüßt und ist in den Rang einer unbedeutenden Provinzstadt zurückgefallen.

Auf der gegenüber liegenden Seite der Ausfallstraße, die am Universitätscampus vorbeiführt, sind entlang der Asphaltbahn einige antike Mauergrundrisse freigelegt worden. Die schmale Stichstraße, die von hier eine kurze Steigung erklimmt, führt nach wenigen Metern nach links zum kleinen **Museum,** das hauptsächlich archäologische Funde aus dem benachbarten Asklepieion beherbergt, darunter qualitätvolle Keramiken und eine Büste des ägyptisch-hellenistischen Gottes Serapis.

Das **Asklepieion,** die Verehrungsstätte für den griechischen Heilgott Asklepios, befindet sich gegenüber dem Museum in einem eingezäunten Grundstück. Man sieht eine Plattform, auf deren Westhälfte sich einst drei – nur noch in den untersten Steinlagen erhaltene – Tempelchen erhoben. Säulenreihen umgeben die Plattform allseitig; sie gehörten zu Wandelhallen (Portiken), welche den heiligen Bezirk umschlossen. Die Ostfront, die einer gepflasterten Straße zugewandt war, wies ionische Säulen auf und besaß darüber wohl noch eine zweite Reihe mit korinthischen Säulen; die übrigen drei Seiten des rechteckigen Tempelbezirks waren mit dorischen Säulen versehen. Die Architrave über diesen Säulen trugen eine schon in byzantinischer Zeit stark in Mitleidenschaft gezogene Inschrift in griechischer Sprache mit der Nennung des Kaisers Hadrian, die das Bauwerk in dessen Regierungszeit (117–138) datiert. Soweit noch originale Bausubstanz aufgefunden werden konnte, sind die Säulentrommeln wieder übereinander gestellt und mit einem Kapitell bekrönt worden. Da viele Teile durch Steinräuber verloren gegangen sind, weist keine der Säulen mehr ihre ursprüngliche Höhe auf, die sich auch kaum mehr ermitteln lässt. An der Südfront wurde später noch eine zweite Säulenreihe errichtet und dem dorischen Portikus vorangestellt. Die auffälligen floralen Ornamente dieser jonischen Säulenkapitelle verraten neben griechischem auch orientalischen Einfluss.

Gegründet wurde das Asklepieion als Filialkult des griechischen Epidauros, wo sich das berühmten Hauptheiligtum des Asklepios befand. Wie der griechische Autor Pausanias in seiner ›Beschreibung Griechenlands‹ berichtet, wurde der griechische Gott in Balagrae unter dem Namen Iatros verehrt. In den Asklepieia, die die Priester und Ärzte aus Epidauros in der gesamten damals bekannten Welt begründeten, wurde den Kranken mit medizinisch-magischen Praktiken geholfen, wozu vor allem der Heilschlaf in Ruheräumen innerhalb des Tempelbezirkes gehörte. Das Asklepieion von Balagrae scheint nach Ausweis der Funde einen besonders guten Ruf bei der Heilung von Kindern genossen zu haben. Wenn im Jahr 2002 das Asklepieion von Allianoi 23 km nordöstlich von Bergama in der Tür-

Al-Beidha, Asklepieion

kei in den Fluten des Yortanli-Stausees untergeht, wird es mit Beidha nur noch vier erhaltene Beispiele geben.

Östlich neben dem Sakralbau, jenseits der gepflasterten Straße, sind die übereinander angeordneten Sitzreihen eines halbrunden **Odeons** in den Boden eingetieft. Die engen Platzverhältnisse zwangen die Baumeister des kleinen Theaters, die aufsteigenden Sitzreihen für die Zuschauer *(cavea)* in die gepflasterte Straße, welche den Tempel und die Spielstätte trennt, hineinragen zu lassen. Diese Straße war an beiden Enden mit Toren versehen, sodass der Bezirk abgeschlossen war. Unter der Cavea des Odeons trat 1956 ein umfangreicher Hortfund mit Münzen aus der römischen Kaiserzeit ans Tageslicht.

Schon Mitte des 19. Jahrhunderts war gemutmaßt worden, dass sich das antike Balagrae unter dem Boden des heutigen Al-Beidha befindet, doch erst 1969, mit der Auffindung zweier Votivinschriften, die von römischen Rittern in das örtliche Heiligtum gestiftet worden waren, hatte man endlich den gesuchten Beweis.

Unmittelbar oberhalb des Museums öffnet sich ein allseitig von flachen Gebäuden gesäumter Hof mit einer Moschee im Zentrum. Dies ist die älteste **Zawiye** (Ordensschule) **der Senussi-Bruderschaft,** die Mohammed Ali as-Senussi hier 1843 gründete, und die ihren Einfluss bald über die Kyrenaika und den Fezzan hinaus in der ganzen Sahelzone geltend machen konnte.

Folgt man beim Hotel Qasr al-Beidha der ansteigenden Hauptstraße (Scharia al-Uruba) bergauf, liegen bei der nächsten größeren Straßenkreuzung in der Parallelstraße linker Hand zwei **byzantinische Gebäuderuinen**, mit teils hoch anstehenden Mauern und gut erhaltenen Einwölbungen. Im Volksmund werden die beiden eng beieinander liegenden Gebäude Ghasrin as-Sairat al-Djamal genannt. Es

Al-Beidha, Grundriss der byzantinischen Ruinen

1 Wehrbau mit Graben
2 Klosteranlage
3 Kirche

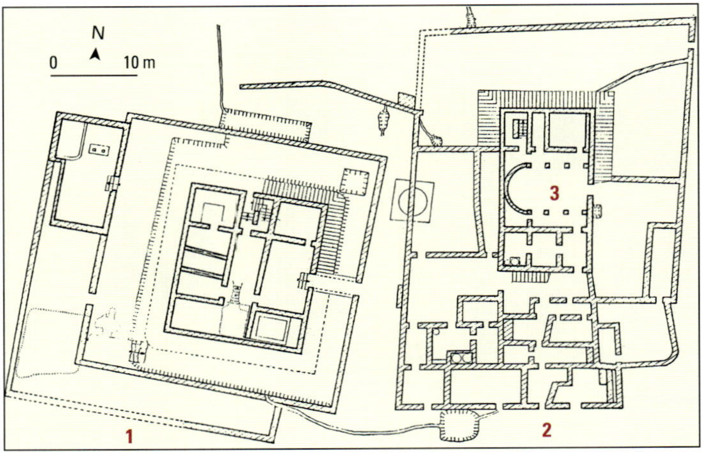

handelt es sich um ein Wehrgehöft mit Unterkünften, Lagerräumen und einer Ölpresse, das von einem flachen, an einer Stelle überbrückten Graben umgeben ist, und um ein Nachbargebäude, das in seinem Innern eine kleine breitgelagerte Kirche mit basilikalem Grundriss, Apsis und Nebenräumen aufweist. Wie die im Schutt gemachten Kleinfunde zeigten, waren beide Gebäude auch noch in der nachfolgenden islamischen Periode in Benutzung.

Die rechter Hand unweit derselben Ausfallstraße nach Dernah gelegene **Djami al-Beidha** (Weiße Moschee) beherbergt das Grab des hier 675 gestorbenen Ruwaifi Ibn Thabit an-Nadjari, im Volksmund liebevoll Sidi Rafa genannt. Der Lokalheilige, der Wunder gewirkt haben soll, war zunächst Gefährte des Propheten Mohammed, dann örtlicher Statthalter der in Damaskus residierenden Omayadendynastie.

Al-Beidha bietet sich wegen seiner Übernachtungsmöglichkeiten als Ausgangspunkt für den Besuch der nordöstlich gelegenen, 20 bzw. 40 km entfernten Ruinen von Kyrene und Apollonia an. Auf dem Weg dorthin passiert man rechts an der Ausfallstraße eine kunstgeschichtlich unbedeutende, aber auffällige kleine Moschee, bei deren achteckigem Grundriss mit Zentralkuppel unzweifelhaft der Jerusalemer Felsendom Pate gestanden hat.

Die Umgebung von Al-Beidha

Einen Abstecher von Al-Beidha lohnt auch das 30 km südlich in 720 m Höhe ü. M. gelegene Dorf **Slonta.** Die im Altertum offenbar nicht unbedeutende Ansiedlung an der antiken Straße zwischen Kyrene und Euhesperides/Benghazi könnte identisch sein mit dem in alten Wegbeschreibungen genannten Lasamices. In der Umgebung sind zahlreiche Felskammern, die teils heute noch von den ortsansässigen Hirten als Unterstände oder Lagerräume genutzt werden, mit zumeist rechteckigen Eingängen in die Kalksteinhänge des Djebel al-Akhdar geschlagen. Einige der Höhlen weisen innen kleine Nischen auf, in denen Öllämpchen platziert werden konnten. Ungeklärt ist, wann diese Felskammern angelegt wurden und ob sie einst als Wohn- oder als Grabhöhlen dienten.

Am westlichen Rand von Slonta, unmittelbar an einem asphaltierten Sträßchen, befindet sich, umgeben von Felslöchern, eines der rätselhaftesten Monumente Libyens: die **Schweinegrotte.** Hier ist, auf beiden Seiten einer kleinen Höhlung, über eine Breite von 20 m eine niedrige Felswand über und über mit plastischen Reliefs überzogen, die zumeist menschliche Gestalten in teils skurriler Körperhaltung zeigen. Ihren Namen verdankt die Grotte einer Reihe aus dem Gestein skulptierter Schweine, die einen Reliefzyklus mit deutlich kleineren menschlichen Figuren bekrönen. Vor der konkav gewölbten Reliefwand erhebt sich ein ebenfalls aus dem anstehenden Gestein gearbeiteter, oben leider abgebrochener zylindrischer Stumpf mit mehreren Reihen von überstehenden Ringwülsten an der Basis. Es dürfte sich hier eher um einen Stützpfeiler als um einen Altarsockel handeln, was bedeuten würde, dass der Felsen die Reliefwände ursprünglich höher überwölbte und die Decke der Grotte irgendwann eingestürzt ist.

Es gibt weder Anhaltspunkte dafür, wann noch zu welchem Zweck die Skulpturen angebracht wurden. Die weit aufgerissenen Augen der

Umgebung von Al-Beidha

Besonders sehenswert:
Slonta ☆☆
Ghasr Libya ☆☆
Snibat al-Awila
Al-Athrun
Ras al-Hillal ☆

Slonta, Reliefs und Skulpturen der Schweinegrotte

dargestellten Menschen erwecken heute den Eindruck, als hätten diese Angst, was dadurch verstärkt wird, dass sie vermeintlich schutzsuchend in Grüppchen eng zusammengerückt stehen oder sich gar gegenseitig umarmen. Die plissierten Gewänder der Figuren scheinen hellenistisch-römischen Einfluss zu verraten und sprechen gegen eine ebenfalls schon in Erwägung gezogene Datierung der Reliefs in prähistorische Zeit. Auch in der byzantinisch-frühchristlichen Periode kann man sich diese ›heidnischen‹ Darstellungen kaum vorstellen, geschweige denn in der nachfolgenden islamischen Zeit.

Einige Indizien sprechen dafür, die Reliefs und damit die Nutzung der Höhle mit dem Ahnenkult in Verbindung zu bringen, der im nordafrikanischen Raum in der Antike offenbar eine große Rolle spielte. Nach der Auflistung Herodots wurde das Gebiet, in welchem Slonta liegt, vom libyschen Stamm der Asbyster bewohnt, über die er leider nur sehr spärliche Angaben macht. Doch überliefert er zumindest, dass ein libyscher Nachbarstamm, die am Übergang von der Kyrenaika zum Syrtebogen ansässigen Nasamonen, bei ihren Vorfahren Gelübde und Eide ablegten und auf deren Gräbern übernachteten, um im Traum von ihnen Orakel und Prophezeihungen zu erhalten. Kurz vor der Zeitenwende berichtete Nicolaus Damascenus, der Hofhistoriker Herodes' des Großen, dass die libyschen Paneben Kopfreliquien ihrer verstorbenen Herrscher verehrten. Und schließlich soll zumindest auf der Kanareninsel Hierro – ganz im Westen Afrikas und am Ende der in der Antike bekannten Welt – ein magisches Schwein die Verbindung zwischen Lebenden und Verstorbenen aufrecht erhalten haben. Zudem hält Herodot für die Bevölkerung der Kyrenaika fest, dass sie aus religiösen Gründen den Genuss von Schweinefleisch ablehnte.

Als erster Europäer ist wohl der Orientreisende Giuseppe Haimann 1883 von einem einheimischen Beduinen auf den Fundplatz aufmerksam gemacht worden, an dem noch wenige Jahre zuvor die Afrikaforscher Gerhard Rohlfs und Heinrich Barth vorbeigezogen waren. Die Stätte dürfte in den 1930er Jahren vollständig freigelegt worden sein, ohne dass darüber ein Grabungsbericht veröffentlicht worden ist.

Ghasr Libia

Von Al-Beidha aus erreicht man in westliche Richtung über das 12 km entfernte Massa nach weiteren 32 km, während derer man auf einer imposanten, in den 1980er Jahren erstellten Hängebrücke das landschaftlich reizvolle Wadi al-Quf überquert, die auf einer Bergkuppe gelegene Festung von Ghasr Libia. Sie verdankt zwar ihre heutige Gestalt und ihren heutigen Namen den osmanischen und italienischen Besatzern, doch ist die strategisch günstige Lage des Ortes auf einer beherrschenden Anhöhe schon in vorbyzantinischer Zeit genutzt worden, als dort die Ansiedlung von Olbia existierte. Sie ist bislang allerdings nur aus Texten bekannt, aber noch nicht systematisch ergraben worden. Zur Zeit der Vandalen, die zwischen 429 und 533 weite Teile Nordafrika besetzt hielten, scheint Olbia einen Niedergang erlebt zu haben.

Nach der Vertreibung der Vandalen ließ Kaiser Justinian hier eine neue Stadt gründen, die er Theodorias benannte – nach seiner Gemahlin Theodora, die bekanntlich ihre Jugendjahre nicht weit entfernt von hier, in Apollonia, zugebracht hatte. Die frühchristliche Siedlung war auch Bischofsitz, denn Synesios von Kyrene erwähnt sie 411 in einem seiner Briefe im Zusammenhang mit Bischofswahlen, die er dort beaufsichtigte. Vom Ort existieren heute nur noch zwei Kirchen aus justinianischer Zeit, die aber nicht in der von Justinians Hofschreiber Prokopius erstellten Liste der Bauwerke des Kaisers auftauchen und demnach wohl von der Bevölkerung gestiftet worden sind.

Einer der beiden Bauten, die **Westkirche,** entstand im 5. Jahrhundert und wurde im ausgehenden 6. Jahrhundert renoviert. Sie ist heute in die italienische Festung integriert und hat ebenfalls wehrhaften Charakter. Die vollständig erhaltenen Außenmauern des kubischen Bauwerks, das zuletzt als Schule genutzt wurde, zeigen nachträglich eingebrochene und dann wieder mit Steinquadern zugesetzte Fenster. Innen überspannt ein modernes Betondach den kreuzförmigen Kirchengrundriss und die rechteckigen Räume in den Ecken; ursprünglich dürfte sich am Schnittpunkt der mit Satteldächern versehenen Schiffe, über dem noch vorhandenen byzantinischen Fußbodenmosaik, eine Zentralkuppel gewölbt haben.

Gegenüber dem Wehrkircheneingang beherbergt ein Saal der italienischen Festung die Mosaikenfelder aus dem zweiten christlichen Sakralbau Theodorias', der **Ostkirche.** Von diesem Bauwerk, das 100 m östlich der Festung mitten in Sträuchern liegt (ein schmaler Trampelpfad führt dorthin), existieren noch die Grundmauern. 1957 wurden sie von R. G. Goodchild ausgegraben, nachdem sie bei Erdarbeiten im selben Jahr zufällig entdeckt worden waren. Zunächst beließ man die reizvollen Mosaiken, die ein Areal von 10,65 × 6,10 m bedecken, vor Ort, errichtete über ihnen ein Schutzdach und legte für die Besucher einen überhöhten schmalen Umgang an. 1963 entschloss man sich aus konservatorischen Gründen zur Überführung des Bodenbelags in den erwähnten Saal der türkisch-italienischen Festung. Dazu wurden aus dem großen Mosaik die 5 × 10 quadratischen Bildfelder mit figürlichen Motiven herausgeschnitten, restauriert, gerahmt und am neuen Bestimmungsort an die Wände gehängt. Die Ornamentbänder, die die einzelnen Szenen trennten, sowie das durchgehende Rankenfeld am unteren Ende des Mosaiks beließ man vor Ort in der östlichen Hälfte des Langschiffes der Kirche. So präsentiert sich der Fundplatz des Mosaiks heute als regelmäßiges Gitternetz mit fünfzig quadratischen Löchern im Boden. Jedoch lässt ein Vergleich des dürftigen Erhaltungszustandes der *in situ* verbliebenen Mosaikenreste mit der Farbenpracht derjenigen im Ausstellungsraum den vermeintlich barbarischen Akt des Herausschneidens als ge-

Ghasr Libya, Museum, Mosaikfelder der Ostkirche
Oben: Personifikation des Paradisflusses Pison
Rechts: Umzeichnung des gesamten Bildprogramms der fünfzig Mosaikfelder, in der Mitte die die Kirchenfassade und die Gründungsinschrift
Unten: Krokodil und Ente

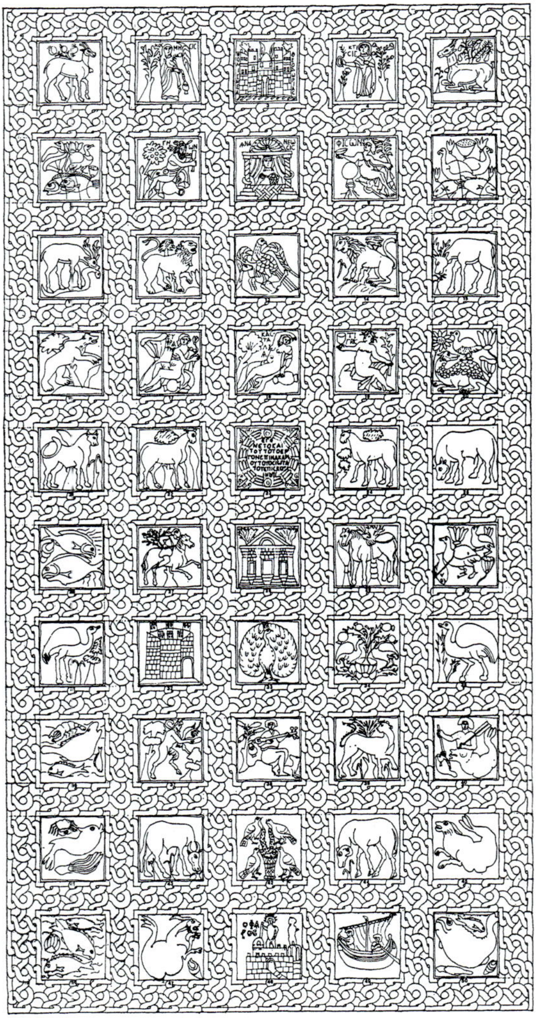

rechtfertigt erscheinen. Auch das Bodenmosaik aus dem Raum links neben dem Kirchenschiff, wo zudem eine Nische für ein Priestergrab in die aufragenden Kalksteinwände eingetieft ist, wurde in den neuen Ausstellungsraum transferiert.

Das Bildprogramm der fünfzig Mosaikenfelder nimmt vor allem Bezug auf die Neugründung von Theodorias durch Justinian. So zeigen die beiden zentralen Bildquadrate eine säulengestützte Kirchenfassade mit Giebeldach und darüber in einem Rundmedaillon die

Gründungsinschrift. Sie nennt als Baudatum der Kirche bzw. Verlegungsdatum des Mosaikbodens das dritte Jahr des Bischofs Makarios, was dem Zeitraum zwischen September 539 und August 540 entspricht. Die Ansicht der neugegründeten Stadt Theodorias (mit der Beischrift »Polis nea Theodorias«) nimmt das mittlere Bildfeld der obersten Reihe ein; gesäumt wird es von den Personifikationen von Kosmesis und Ktisis, den als Frauengestalten mit Weihrauchbrenner bzw. Maßstab und Papierrolle in den Händen wiedergegebenen Sinnbildern für die kreative und die intellektuell-rationelle Schöpferkraft.

Ebenfalls weiblich dargestellt – als Büste, die aus einem Ziborium herausblickt – ist im Rechteck darunter die Personifikation der Erneuerung bzw. Neugründung, Ananeosis, ihrerseits flankiert von zwei Verkörperungen der insgesamt vier Paradiesflüsse, von denen im alttestamentlichen Buch Genesis (2,10–14) die Rede ist, nämlich Gi(h)on, der in der Regel mit dem Nil identifiziert wird, und Pis(ch)on. Die beiden anderen mythologischen Wasserläufe, Euphrat und Tigris, erscheinen in der übernächsten Mosaikenreihe und rahmen ihrerseits die als unbekleidete liegende Frauengestalt wiedergegebene Kastalia, die Quellnymphe des dem Gott Apollon heiligen Orakelortes Delphi. Ihr Auftreten inmitten biblischer Motive soll möglicherweise die Überlegenheit der christlichen Religion über die ›heidnischen‹ Glaubensvorstellungen, vertreten durch Apollon, den Hauptgott Kyrenes und der Kyrenaika, zum Ausdruck bringen. Alle Fluss- und Quellgestalten sind mit Gefäßen versehen, aus denen Wasser hervorsprudelt. Der Adler mit Beute im Bildquadrat zwischen Kastalia und Ananeosis ist einerseits Erlösungssymbol, zudem ist er, ebenso wie die ihn flankierenden Löwen, Herrschaftsemblem. Auf die Ausdehnung der Machtsphäre Justinians in Nordafrika wird in der Mitte der untersten Bildfolge angespielt durch die Darstellung von Alexandria, repräsentiert durch das bekannteste Bauwerk der Stadt, den Pharos (Leuchtturm), der zu den sieben antiken Weltwundern zählte und von einer Statue des Helios bekrönt war.

Da das Kirchenschiff nach Westen (!) ausgerichtet ist, bildet das alexandrinische Mosaikfeld den östlichen Abschluss der Gesamtkomposition. Konsequenterweise schließen sich ihm beidseitig maritime Motive an, nämlich Fische, ein mythologisches Seeungeheuer und ein Segelschiff. Die verbleibenden Bildfelder des Mosaikbodens beherbergen zumeist Tierdarstellungen. Vielfach sind sie, wenn Krokodile, Wasservögel oder Fische inmitten von Lotos und Sumpfpflanzen auftreten, zum Motivkreis der nilotischen Szenen zu zählen. Es erscheinen aber auch mythologische Gestalten wie ein bocksbeiniger Satyr oder ein Triton (mit zwei Krebsscheren als zusätzliche Greiforgane am Bauch).

In einem kleinen Nebenraum der Kirche am Ostende des nördlichen Querschiffs trat ein ebenfalls gut erhaltenes weiteres Mosaik zu Tage, das auch in den Museumsraum überführt worden ist, wo es heute den Boden bedeckt. Allseitig umläuft ein Streifen mit Tier- und

Pflanzendarstellungen das Mosaikfeld. Eine Jagdszene in einer Ecke zeigt zwei von einem Jäger an der Leine gehaltene Hunde bei der Verfolgung von drei Füchsen, von denen sich einer bereits in eine Höhle retten konnte. Das rechteckige Mosaikfeld in der Mitte weist nilotische Landschaften auf, zu denen fast obligatorisch Fischereiszenen, die sich rechts befinden, sowie das Nilkrokodil gehören. Hier hat es sich in eine Kuh verbissen, während ihr Besitzer noch versucht, das Tier zu retten. Die Inschrift dieses Mosaiks spricht zwar auch von einem dritten Jahr, gibt diesmal allerdings den »neuen Bischof Theodor« als Stifter an. Beide Mosaiken ähneln sich in Stil und Ausführung so stark, dass sie sicher etwa gleichzeitig entstanden sind. So darf man die Inschrift wohl dahingehend interpretieren, dass Makarios nach drei Jahren Amtszeit verstarb, in der Ostkirche beigesetzt wurde und sein Nachfolger Theodor die Ausschmückung der Kirche mit Mosaiken vollendete. Umstritten ist, ob bei diesen qualitätvollen Darstellungen Künstler aus Konstantinopel, aus Syrien/Palästina, aus Alexandria oder Einheimische am Werk waren.

Während das Wadi al-Quf, das sich links der Straße von Benghazi nach Beidha 15 km vor Erreichen des letztgenannten Ortes nach Nordwesten in Richtung Küste entwässert, vor allem durch seine hohen Zypressen und andere Naturschönheiten imponiert, bietet sein Oberlauf rechts der Straße, das hier fast in West-Ost-Richtung verlaufende **Wadi as-Senab,** auch einige archäologische Relikte, die erst 1972 durch italienische und libysche Wissenschaftler dokumentiert worden sind. Es handelt sich im Wesentlichen um Höhlen mit mehr oder minder sorgfältig geglätteten und teils auch dekorierten Fassaden. Am eindrucksvollsten sind die **Qaf al-Kebir** (Große Höhle; auch Qaf al-Feligh, Höhle des geöffneten Speichers), eine doppelte Eintiefung am Nordhang, und die **Qaf al-Hasin** (Höhle des Speichers) am gegenüber liegenden Hang.

Am Steilhang der Höhle von Qaf al-Kebir befinden sich zudem gut erhaltene **byzantinische Thermen** mit Räumen, die teils in den Felsen hineingeschlagen, teils davor aus lokalen Kalksteinquadern aufgemauert wurden. Von ihnen haben sich vor allem die Gewölbebögen erhalten. An beiden Hängen gibt es noch andere geweitete Felslöcher, die als Zisternen und als Speicherräume dienten und mehrfach auch gut erhaltene Oliven- und Traubenpressen beinhalten. Einige höher gelegene Höhlen dienten auch als Grabstätten, und bei der in gut 3 km von der Brücke entfernten Höhle von **Hagfa al-Khasaliya** dürfte es sich um eine Kultstätte der libyschen Urbevölkerung gehandelt haben, die in hellenistischer Zeit umgestaltet wurde.

Unter den vielen römisch-byzantinischen Wehrbauten auf den Anhöhen des Djebel al-Akhdar zählt die heute **Ghasr Beni Gdem** genannte Anlage 8 km nordöstlich von Ghasr Libia am Eingang des Wadi al-Quf zu den besterhaltenen. Einst war der Wehrbau allseitig von einem in den Felsen geschlagenen Graben umgeben. Heute sind vor allem noch die Außenmauern vorhanden, die eine rechteckige Fläche von 22 × 43 m einfassen. In der Mitte der Längsseiten springt jeweils ein mächtiger Turm mit quadratischem Grundriss vor. Westlich des Turms der nördlichen Längsseite führt ein überwölbtes Portal ins Innere des Wehrbaus, in dem herabgestützte Steinquader herumliegen.

Etwa 8 km südlich von Ghasr Beni Gdem und 5 km westlich von Slonta erheben sich auf einer Anhöhe die kaum minder eindrucksvollen Reste des byzantinischen Kastells von **Ghasr Schahdin.** Umgeben war die Anlage wiederum einst von einem heute weitgehend verschütteten Graben. Möglicherweise ist die Stätte identisch mit dem von Bischof Synesios in seinem 14. Brief erwähnten Ort Bombaia.

Diese beiden Anlagen gehören zu einer Kette von Festungen auf dem Djebel al-Akhdar, von denen sich im Ostteil des Höhenrückens noch diejenigen von **Ghasr Uertisch** und **Ghasr Bu Hassan** in geringen Resten erhalten haben.

Östlich von Beidha liegt **Al-Ghigab,** in dessen Ortsnamen noch die antike Bezeichnung Agabis nachklingt. Man gelangt dorthin über Schehat/Kyrene, wo man die Ausfallstraße nach Südosten nimmt und auf ihr nach 25 km den Ort erreicht. Die aus lokalen Bruchsteinen mit Gipsmörtel errichtete Festung, das Ghasr al-Ghigab, mit quadratischem Grundriss und mächtigen Rundtürmen an den Ecken, geht auf den Lokaldynasten Abu Bakr Bu Hadut zurück, der sie mit osmanischer Unterstützung gegen 1852 errichtete. Als der Forschungsreisende James Hamilton hier vorbeikam, sah er die Festung noch im Bau. 1861 überstand sie einen Angriff des Al-Hasa-Stammes, der internierte Stammesführer befreien wollte.

Ghasr al-Ghigab stellt den einzigen aus der osmanischen Zeit erhaltenen Wehrbau der Kyrenaika dar. Obwohl während der osmanischen Fremdherrschaft auch in Benghazi, Al-Merdj und Dernah entsprechende Anlagen errichtet worden waren, mussten diese später anderen Bauten weichen oder, wie im Falle von Al-Merdj, fielen einem Erdbeben zum Opfer. Wegen der Einzigartigkeit des Bauwerks wurden bei Restaurierungen in den 1960er Jahren die Einbauten der italienischen Besatzungsmacht entfernt, um das ursprüngliche Aussehen wiederzugewinnen. Heute beherbergt das Kastell ein sehenswertes ethnologisches und naturkundliches Museum mit Trachten, Gebrauchsgegenständen des täglichen Lebens, Teppichen, Waffen und landwirtschaftlichen Gerätschaften sowie Landschaftspanoramen mit ausgestopften Tierpräparaten. Das Eingangstor in die Festung und den heute mit Sträuchern bepflanzten Innenhof flankieren zwei alte Kanonen aus dem Jahr 1826.

Rund 8 km östlich von Kyrene befinden sich in **Mghernes,** dessen alter Name sich nicht mehr ermitteln lässt, die überkuppelten Baureste einer antiken Thermenanlage und die Reste zweier byzantinischer Basiliken.

Rundfahrt auf dem Djebel al-Akhdar

Mit PKW's und Kleinbussen lässt sich von Beidha aus eine 100 km lange Rundfahrt auf dem Djebel al-Akhdar machen. Die Route führt zu der kleinen hellenistischen Nekropole von Snibat al-Awila und auf dem Rückweg durch die Küstenebene mit den justinianischen Kirchenruinen (frühes 6. Jahrhundert) von Ras al-Hillal und Al-Athrun sowie der Höhle von Haua Fteah.

Dazu fährt man von Al-Beidha aus zunächst nach Nordosten in Richtung Al-Abraq, wo man nach 25 km zunächst den Flughafen von Beidha erreicht. Wenig später folgt **Al-Abraq** und man passiert links ein eingezäuntes Areal mit antiken Bauresten, im Wesentlichen Steinbögen, die wohl aus der byzantinischen Periode stammen. Nach weiteren 3 km gelangt man nach Teret mit einer unmittelbar links an der Straße befindlichen Festung aus der italienischen Kolonialzeit. 5 km weiter kündigt sich das Städtchen **Lamluda** durch kleine Industriebetriebe und ein Umspannwerk auf der linken Straßenseite an. Lamluda, 653 m ü. M. gelegen, ist das im ›Itinerarium Antonini‹, einer antiken Wegbeschreibung aus dem späten 3. Jahrhundert, aufgeführte Limnias und stellte einen wichtigen Straßenposten auf halber Strecke der Wegverbindung zwischen Kyrene und Darnis (heute Dernah) dar. Kurz nach Passieren des örtlichen Polizeipostens liegt linker Hand erneut ein eingezäuntes Ruinengelände mit antiken Resten, hauptsächlich Steinpfeilern. Direkt davor verlässt ein schmaler – zwar asphaltierter, aber anfänglich durch Frostaufbrüche und Schlaglöcher nur langsam befahrbarer – Weg die Hauptstraße nach links.

Nach 1 km Fahrt auf dieser Nebenstrecke passiert man rechts zwei römische Felsgräber und hält sich weiterhin immer geradeaus. 6 km weiter befindet sich rechts der Straße das erste der Gräber von **Sni-**

Snibat al-Awila, hausförmige Grabbauten

bat al-Awila in Hausform mit Satteldach und weiteren unterirdischen Bestattungsplätzen in einer vor dem Grabbau gelegenen Vertiefung. 150 m weiter erhebt sich auf der anderen Straßenseite ein turmartiges Mausoleum, und knapp 100 m Luftlinie dahinter liegen – wiederum auf der rechten Straßenseite – zwei weitere hausförmige Grabbauten im Gelände. Alle Denkmäler entstammen dem 2. Jahrhundert v. Chr. und wurden 1935 von italienischen Archäologen restauriert.

Die schmale Straße, auf der man sich weiterhin geradeaus hält, folgt bald danach mit vielen Kurven dem malerischen **Wadi Ras al-Hillal,** das sich rechts unterhalb des Verkehrswegs talwärts windet. Nach 3 km versperrt in einer Straßenbiegung eine Mauerbrüstung kurzzeitig den Talblick; doch gerade hier ergießt sich vom gegenüber liegenden Berghang ein kleiner **Wasserfall** ins Wadi hinab. Ab jetzt bieten sich von der Straße, die in immer engeren Serpentinen hinab in die Küstenebene hinabführt, reizvolle Blicke aufs Meer. Nach 4 km mündet die Bergroute in die Küstenstraße. Von hier aus sind nach jeweils wenigen Kilometern die justinianischen Kirchenruinen von Al-Athrun im Osten bzw. Ras al-Hillal im Westen erreicht.

Für den Besuch von **Al-Athrun,** des antiken Erythron, biegt man nach rechts, in Richtung Dernah, ab und gelangt nach 6 km zu einer links von der Küstenstraße abzweigenden, schmalen asphaltierten Parallelstrecke, die bald wieder auf die Hauptroute zurückführt. Der Abzweig liegt unverhofft am Ende einer lang gezogenen Kurve und wird deswegen leicht übersehen. Einige Hundert Meter davor überspannt rechter Hand eine heute isoliert im Gelände stehende steinerne Brücke mit Resten der alten Straße ein Wadi; sie kann als Vorankündigung für den Abzweig betrachtet werden.

Von diesem Sträßchen sind bald in Ufernähe zwei kleine Säulen zu erkennen, die zur **Westkirche von Al-Athrun** gehören. Ein Trampelpfad führt zwischen den Feldern zu ihnen hinüber. Vor der dreischiffigen Kirche, deren Mauern noch recht hoch anstehen, liegen – heute an Grabsteine erinnernd – die von den Ausgräbern dort abgelegten Platten der Altarabschrankungen aus hellem Marmor. Auf den heute zumeist in mehrere Fragmente zerbrochenen Steintafeln (komplette Exemplare befinden sich im Museum von Apollonia) wiederholen sich zwei verschiedene Ornamentkompositionen aus Kreuzen, stilisierten Blüten und Blattranken. Die Zwischenpfeiler, die den senkrecht aufgestellten Platten Halt gaben, liegen hingegen, gemeinsam mit Säulenstücken aus hellem Marmor, im Innern der Kirchenruine verstreut. Ihr ursprünglicher Aufstellungsort vor der zentralen, von zwei rechteckigen Räumen flankierten Apsis ist gut auszumachen. Auffällig ist, dass – im Gegensatz zu heutigen Gepflogenheiten – diese Apsis im Westen liegt. Entsprechend befindet sich der bis zur Höhe des Türsturzes erhaltene Eingang des Gotteshauses – und der quergelagerte Narthex – im Osten.

Von hier führt ein schmaler Trampelpfad parallel zur Küste an einigen Zugängen von Felsgräbern vorbei und erreicht nach wenigen Hundert Metern die deutlich größere, dafür aber erheblich stärker zerstörte **Ostkirche.** Sowohl im auffällig breiten Hauptschiff wie auch in den Seitenschiffen sind Reste des alten Bodenbelages aus Marmorplatten vorhanden. Hier liegen Zugang und Narthex im Westen und die fünf Steinlagen hoch erhaltene Apsis im Osten. Die zu den Sakralbauten und Felsgräbern gehörende Siedlung, das antike Erythron, dessen Name im arabischen Ortsnamen Al-Athrun deutlich nachklingt, konnte bislang nicht exakt lokalisiert werden.

Noch etwas weiter nach Osten umrundet der Trampelpfad einen schmalen, aber tiefen Geländeeinschnitt mit einem faszinierenden Blick hinab ins strahlend blaue Meer, den weißen Kalksteinfelsen und den darüber abgelagerten mächtigen dunkelbraunen Bodenschichten. Von hier aus kommt man zwischen Feldern hindurch zurück zur asphaltierten Nebenstraße, die ihrerseits genau hier auch wieder abknickt und zur Küstenhauptroute zurückkehrt.

Wenn man hingegen an der Einmündung der von Snibat al-Auila kommenden Bergstraße in die Küstenstraße nach links abbiegt, folgt nach 2 km der Abzweig rechts zur Kirchenruine von **Ras al-Hillal,** dem antiken Naustathmos. Die kleine asphaltierte Stichstraße dorthin überquert gleich anfangs eine kleine steinerne Bogenbrücke.

Die Kirchenruine liegt nach wenigen Hundert Metern rechter Hand am Meer in unmittelbarer Nachbarschaft eines gesprengten und verlassenen Gehöftes in einem eingezäunten Areal, zu dem ein

Ruinen der Kirche von Ras al-Hillal

breiter Erdweg hinüberführt. Nach Passieren des im Osten gelegenen Eingangs kommt man statt eines Narthex in einen Vorraum mit einer noch heute zumeist wassergefüllten Zisterne. Dahinter liegen Treppen, über die man auf die heute zerstörten Emporen gelangte. Wenn auch die beiden weitgehend unversehrt aufgefundenen Mosaiken mit den (ähnlich wie in Ghasr Libia) jeweils weiblichen Personifikationen von Ktisis und Kosmesis und weitere Bildfelder aus den beiden Seitenschiffen der Kirche ins Museum von Apollonia überführt wurden, so vermitteln dennoch Mosaikreste *in situ* und vor allem der im Apsisbereich gut erhaltene Bodenbelag aus verschiedenfarbigen Marmorstückchen in Opus-sectile-Technik einen guten Eindruck von der prachtvollen Ausstattung des Gotteshauses. Der rechteckige Seitenraum links der Apsis diente als Baptisterium und besitzt noch heute ein in den Boden eingetieftes längliches Taufbecken. Sein linkes Pendant beherbergte einst den Reliquienschrein des Märtyrers Andreas, dem die Kirche geweiht war, bevor sie nach der Eroberung durch die Araber in eine Moschee umgewandelt wurde.

12 km weiter westlich öffnet sich am Steilhang des Djebel al-Akhdar in knapp 1 km Entfernung von der heutigen Küstenlinie die gewaltige Grotte von **Haua Fteah.** Ihre Wölbung nimmt eine Breite von 60 m und eine Höhe von 20 m ein. In der mit dicken Sedimentschichten aufgefüllten Höhle nahm der englische Archäologe Charles McBurney in den frühen 1950er Jahren Ausgrabungen bis in 13 m Tiefe vor, ohne dabei jedoch den gewachsenen Felsboden erreicht zu haben. Dabei stieß er in Schichten vor, die sich wahrscheinlich in der Warmphase am Ende der letzten Zwischeneiszeit vor mehr als 100 000 Jahren gebildet haben. Hier fanden sich großformatige Feuersteinwerkzeuge aus der Kulturstufe des Prä-Aurignacien. In höher liegenden und damit jüngeren Schichten konnten organische Proben entnommen werden, deren Alter sich mit der Radiocarbonmethode auf 45 000 Jahre bestimmen ließ.

Damit stellt diese Grotte, unter deren Schatten spendender Wölbung heute zumeist Ziegen- und Schafherden weiden, den bedeutendsten prähistorischen Fundplatz Libyens dar. Neben Knochen, darunter auch Kiefertrümmer von Hominiden des frühen Moustérien bzw. Atérien (ca. 40 000–25 000 v. Chr.), sowie zahlreichen paläo- und neolithischen Steinwerkzeugen fand McBurney auch das möglicherweise älteste Musikinstrument der Menschheitsgeschichte, nämlich einen durchbohrten Tierknochen, der vor rund 70 000 Jahren einem Höhlenbewohner als Pfeife gedient haben könnte. Die Funde zeigen, dass die Grotte nahezu ohne Unterbrechungen bis in die Kulturstufe des Oranien besiedelt gewesen ist.

6 km nach der Grotte zweigt am Ortsrand von Marsa Susah an einer Tankstelle die Zufahrtsstraße zu den Ruinen von **Apollonia** von der Küstenstraße nach rechts Richtung Meeresufer ab.

Die Hauptstraße verlässt nach weiteren 3 km die Küstenebene und steigt in Richtung Djebel al-Akhdar an. 12 km später gelangt man an

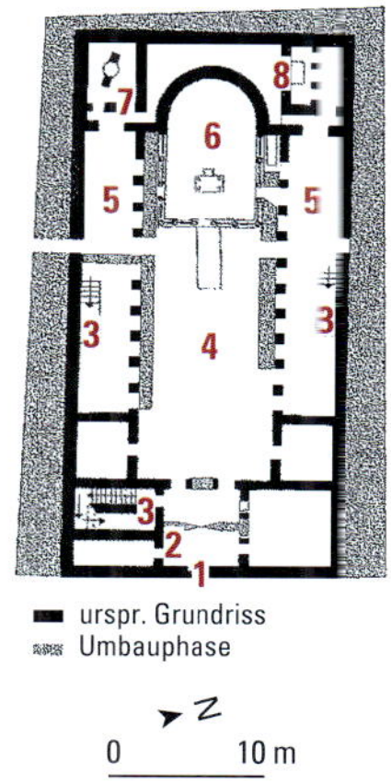

Grundriss der Kirche von Ras al-Hillal

1 *Eingang*
2 *Zisterne*
3 *Treppen ins ehem. Obergeschoss*
4 *Mittelschiff*
5 *Seitenschiffe*
6 *Apsis und Bema*
7 *Baptisterium*
8 *Reliquar des hl. Andreas*

die Straßengabel, die rechts zu der Nekropole von **Kyrene** und links zur Hauptzufahrt zum Ruinengelände der antiken Stadt jeweils steil hinaufführt. Wählt man den letztgenannten Weg, erreicht man nach 2 km die Kreuzung, von der es nach rechts zu den antiken Bauresten und nach links zurück nach **Al-Beidha** geht. Für die Strecke nach Al-Beidha biegt man nach weiteren 3 km an der nächsten Kreuzung rechts ab und gelangt nach 7 km über eine Verkehrsbrücke zum links der Straße gelegenen Al-Beidha.

Al-Merdj

Die Anfänge der Stadt Al-Merdj gehen zurück auf das bei Herodot geschilderte Zerwürfnis zwischen dem König von Kyrene, Arkesilaos II. (ca. 565/560–555/550 v. Chr.), und seinen Brüdern, die an dem diktatorischen Führungsstil ihres Familienoberhauptes Anstoß nahmen. Schließlich verließen die Brüder Kyrene und gründeten 100 km weiter westlich in einer fruchtbaren Senke auf dem verkarsteten Djebel al-Akhdar die Stadt Barke. Sie lag 30 km von der Küste entfernt. Der rasche Aufstieg der neuen Ansiedlung wurde dadurch gefördert, dass man sich, anders als in Kyrene, mit den einheimischen Stämmen verbündete; er zeigt sich unter anderem an einer eigenständigen Münzprägung.

Das Verhältnis zwischen Barke und Kyrene blieb die meiste Zeit über angespannt, vor allem, als die Bewohner von Barke Umsturzpläne in Kyrene anstachelten und damit bei den unzufriedenen lokalen Stämmen auf fruchtbaren Boden stießen. Die aufständischen Einheimischen konnten König Arkesilaos II. bei Leukon in einen Hinterhalt locken und vernichtend schlagen, wobei er 7000 Elitesoldaten (Hopliten) verloren haben soll. Kurz nach diesem militärischen Desaster fiel der Tyrann von Kyrene einem Anschlag seines Bruders Learchos zum Opfer, der wiederum von der Königswitwe Eryxo getötet wurde. Zwei Generationen später hatte sich das Klima zwischen den Oberen der beiden rivalisierenden Städte merklich verbessert, denn Arkesilaos III. heiratete die Tochter des Alazeir, des Königs von Barke. Als sich Arkesilaos III. in Kyrene seines Lebens nicht mehr sicher sein konnte, da er dort zuvor eine Erhebung blutig niedergeschlagen hatte, floh er mit seiner Gemahlin nach Barke an den Hof seines Schwiegervaters, wo jedoch beide von kyrenischen Oppositionellen ermordet wurden.

Als der Perserkönig Kambyses (529–522 v. Chr.) Ägypten unterworfen hatte, unterstellte ihm Arkesilaos III. 525 v. Chr. die Kyrenaika und bot Tributzahlungen an. Die Perser gliederten daraufhin die Kyrenaika in ihre sechste Satrapie ein. Als Arkesilaos III. ermordet wurde, rächte seine Mutter Pheretime, die in Kyrene nach der Flucht des Sohnes die Stellung gehalten hatte, seinen Tod, indem sie Aryandes, den persischen Satrapen in Ägypten, zu einem Feldzug gegen das angeblich abtrünnige Barke überredete. Daraufhin wurde die Stadt um 515 v. Chr. von den Persern nach neunmonatiger Belagerung durch eine List eingenommen, geplündert und zerstört. Unter der besiegten Bevölkerung ließ Pheretime ein Blutbad anrichten, die Überlebenden wurden größtenteils in persische Sklaverei geführt. Wie Herodot berichtet, soll der Perserkönig Dareios den Gefangenen, die ihm als Kriegsbeute vorgeführt worden waren, ein Dorf in Baktrien (im Norden Persiens, heute Afghanistan) als neuen Wohnsitz zugewiesen haben, das von ihnen den Namen Barka erhielt. Das kyrenische Barke scheint sich von diesem Aderlass rasch erholt zu haben, denn in der Folgezeit zählt es gemeinsam mit Kyrene und Euhesperides/Benghazi zu den drei größten griechischen Siedlungen der Kyrenaika.

So wie Kyrene ein externes und durch eine Straße angebundenes Hafenviertel in Gestalt des späteren Apollonia besaß, so mussten auch die Bürger von Barke, da ihre Stadt ebenfalls weit abseits der Küste auf den Hängen des Djebel al-Akhdar lag, einen zugehörigen Hafen anlegen, dessen ursprünglicher Name – auch hier wieder eine Parallele zum ›Hafen von Kyrene‹ – nicht überliefert ist. Spätestens unter den Ptolemäern wurde der ›Hafen von Barke‹ unter dem Namen Ptolemais eine eigenständige Küstensiedlung, die bald die Mutterstadt Barke überflügelte und in der Spätantike sogar kurzzeitig Verwaltungszentrum der gesamten Kyrenaika werden sollte. Barke hingegen war spätestens in der Römerzeit zu einem bescheidenen Dorf heruntergekommen. Gelegentlich werfen sogar bereits die antiken Autoren Barke und Ptolemais durcheinander, so beispielsweise Plinius im fünften Buch seiner ›Naturgeschichte‹.

Erstaunlich ist deswegen, dass ausgerechnet Barke durch die arabischen Invasoren des 7. Jahrhunderts zur neuen Regionalhauptstadt bestimmt wurde und damit zum Namenspatron für die neu eroberte Kyrenaika aufstieg, die bis heute auf Arabisch Barqa heißt. Das Aussehen der islamischen Stadt, die später in Al-Merdj umbenannt wurde, beschreibt der arabische Historiker Al-Bekri Mitte des 11. Jahrhunderts ausführlich und erwähnt, dass sich hier auch das Grab des Ruweifa, eines Kampfgefährten des Propheten Mohammed, befunden haben soll. Ein Jahrhundert später berichtet Al-Idrisi über Handelskontakte auf dem Seeweg mit Alexandria. In Barke entstand spätestens in der Fatimidenzeit nach Ausweis zahlreicher kufischer Inschriftenfragmente eine bedeutende Moschee. Unklar ist, wie weit die Moschee der Senussi-Zawiye, in der neben antiken Marmorsäulen und Kapitellen auch fatimidische Spolien verbaut sind, den alten Grundriss wiedergibt. Die Osmanen errichteten in Al-Merdj 1851 eine Festung und zwar ebenfalls unter Verwendung zahlreicher antiker Bauteile, wie schon der englische Orientreisende James Hamilton ein Jahr nach deren Fertigstellung registrierte.

Von der Antike an war Al-Merdj ununterbrochen besiedelt gewesen, bis 1962 ein schweres Erdbeben kam. Die völlig zerstörte Stadt wurde aufgegeben und für die überlebenden Bewohner entstand 5 km weiter westlich 284 m ü. M. das neue Al-Merdj (Al-Merdj al-Djedid), das heute 35 000 Bewohner hat. Einzig nennenswertes Bauwerk dort ist die auffällig große Abu-Bakr-az-Zadiq-Moschee, die in den 1970er Jahren entstand und an mameluckische Bauten des späten 15. Jahrhunderts in Kairo erinnert .

Tocra/Taucheira

Geschichte

Tocra ☆

Besonders sehenswert:
Osmanisch-italienische Festung
Museum
Felsgräber
Justinianische Stadtmauer

Die Ruinen des antiken Taucheira (mit den antiken Schreibvarianten Tauchira und Teuchira), liegen unweit der heutigen Ortschaft Tocra, in deren Namen noch deutlich die alte Bezeichnung anklingt, 70 km nordöstlich von Benghazi am Meer. Anfänglich glaubte man, gestützt auf Herodot, die Stadt sei erst im fortgeschrittenen Verlauf der griechischen Kolonisation, als Barke bereits bestand, als möglicherweise letzte der Pentapolis-Städte gegründet worden. An dieser Ansicht änderten auch die Ausgrabungen italienischer Archäologen während der Besatzungszeit nichts. Doch dann erbrachten Ausgrabungen eines Teams der Libyschen Altertümerverwaltung und der British School at Athens unter J. Boardman und J. Hayes zwischen 1963 und 1965 an der Küste ein Depot mit etwa 1200 Stücken archaischer griechischer Keramik, deren älteste Stücke um 625 v. Chr. hergestellt worden sind. Da man davon ausgehen kann, dass die Gefäße, unter denen vor allem Kelche aus Chios und Schüsseln aus Rhodos auftreten, ihren Weg von den Herstellern auf den griechischen Inseln und der Peloponnes (Korinth und Sparta) an die nordafrikanische Küste recht rasch gefunden haben, gehört Tocra damit nach Kyrene zur bislang zweitältesten griechischen Kolonie in der Kyrenaika, die, wie Pindar in einer seiner ›Pythischen Oden‹ erwähnt, von Kyrenäern gegründet worden ist. Den Graffiti auf den Scherben nach zu schließen, gehörten sie zum Inventar eines archaischen Demeter- und Kore-Heiligtums

Zur Zeit Herodots, am Ende der Battiaden-Monarchie, lebte im Umland von Taucheira der kleine einheimische Stamm der Bakaler, dessen Siedlungsgebiet im Hinterland gänzlich vom Stamm der Auschiser umschlossen war. Der unwesentlich frühere griechische Geograph Skylax spricht von den Marmariden als Bewohner dieser Region.

Mit der Niederschlagung des Thibron-Aufstandes in der Kyrenaika durch Ophellas, den Feldherrn Ptolemaios' I., im Jahr 322 v. Chr. kam auch Taucheira kurzzeitig zum Ptolemäerreich. Ptolemaios III., unter dem die Kyrenaika erneut zurückgewonnen worden war, benannte den Ort nach seiner Mutter in Arsinoe um. Als Antonius mit der letzten Repräsentantin des ptolemäischen Herrscherhauses, der berühmten Kleopatra VII., eine Beziehung unterhielt, hieß Taucheira bis zum

Sieg Oktavians, des späteren Kaisers Augustus, kurzzeitig Kleopatris. Bei Plinius (1. Jahrhundert) erscheint der Ort wieder unter dem Namen Arsinoe. Über die nachfolgende Zeit, in welcher hier die Römer eine Kolonie und eine Militärstation unterhielten, ist nur wenig bekannt.

Der Ort beherbergte im frühen 4. Jahrhundert eine christliche Gemeinde, denn der Bischof von Taucheira ist beim ersten ökumenischen Konzil der Christenheit, das im Sommer des Jahres 325 im kleinasiatischen Nicäa (heute Iznik, Westtürkei) abgehalten wurde, als Teilnehmer belegt. Doch mindestens bis ins ausgehende 4. Jahrhundert wurden hier auch noch ›heidnische‹ Kulte gepflegt. So berichtet Bischof Synesios in einem Brief von pompösen Feiern für die kleinasiatische Fruchtbarkeitsgöttin Kybele. Auch die hiesigen Bischöfe waren nicht immer linientreu, sondern sympathisierten mit den arianischen Glaubensvorstellungen, obwohl diese bereits auf dem genannten Konzil von Nicäa als Irrlehre verurteilt worden waren.

Nach der Rückeroberung der Kyrenaika von den Vandalen ließ Justinian die Stadt mit einer heute noch sichtbaren Mauer umgeben, die erstmals auch die Seeseite einschloss, wobei aber noch weite Teile einer früheren Umwallung vorhanden gewesen sein dürften. Für die Errichtung bzw. Renovierung der Mauer in justinianischer Zeit wurden vielfach die Blöcke älterer Bauten wieder verwendet. Tocra war während der arabischen Invasion der letzte von den Christen gehaltene Stützpunkt. Byzantinischer Statthalter war damals Apollonios. Erst nachdem ein in Diensten des Feldherrn Amr Ibn al-As stehender christlicher Admiral namens Sanutius eine Schwachstelle der Stadtbefestigung an der Küstenlinie ausfindig gemacht und mit seinen Schiffen unter Beschuss genommen hatte, gelang den Arabern 644/45 die Einnahme des Ortes, die damit die gesamte Kyrenaika unter ihre Kontrolle gebracht hatten.

Tocra, osmanisch-italienische Festung

Besichtigung

Am östlichen Ende des eingezäunten Ruinengeländes befindet sich eine kleine **osmanisch-italienische Festung** (1), die allmählich verfällt. Man kann in ihrem Innern hinaufsteigen und findet dann oben in einer Türschwelle das in den Beton des Fußbodens eingekratzte Wappen der dort während der Okkupationszeit stationierten italienischen Einheit. Es zeigt unter anderem ein altrömisches Rutenbündel *(fasces),* welches in der Antike die Liktoren den Senatoren als Zeichen ihrer Würde vorantrugen und von welchem der italienische Faschismus unter Mussolini seinen Namen herleitete.

Ein flaches, längliches Gebäude hinter der italienischen Festung beherbergt das kleine **Museum** (2), das nach einem Einbruch über mehrere Jahre geschlossen war und seit 1999 zum Teil wieder geöffnet ist. Zugänglich ist der Flügel mit den Stücken aus der griechisch-römischen Antike. Hier sind die bedeutendsten Objekte die frühen importierten Keramiken, welche eine Besiedlung schon für die Zeit um 625 v. Chr. bezeugen. Zudem sind eine Reihe von beschrifteten Stelen ausgestellt. Die byzantinische Abteilung, unter anderem mit einem Mosaik, das mehrere Gestalten, darunter die Personifikationen von Ktisis, Kosmesis und Ananeosis, unter Arkadenbögen stehend zeigt, sowie die frühislamischen Funde sind noch nicht wieder zu besichtigen.

Östlich der Festung erstrecken sich die weitläufigen **Steinbrüche und Felsgräber** (3). Hier ist der bröcklige Kalksandstein für die Bauten von Tocra gewonnen worden. Deutlich erkennt man in den steil abfallenden Bodensenken die senkrechten Felswände, die durch das Heraussägen der Blöcke entstanden sind. Diese mehr oder minder glatten Partien wurden, nachdem man die Steinbrüche aufgelassen hatte, als Fassaden für dahinter aus dem Gestein geschlagene Grabhöhlen verwendet. Neben oder über den Zugängen wurden die Grab-

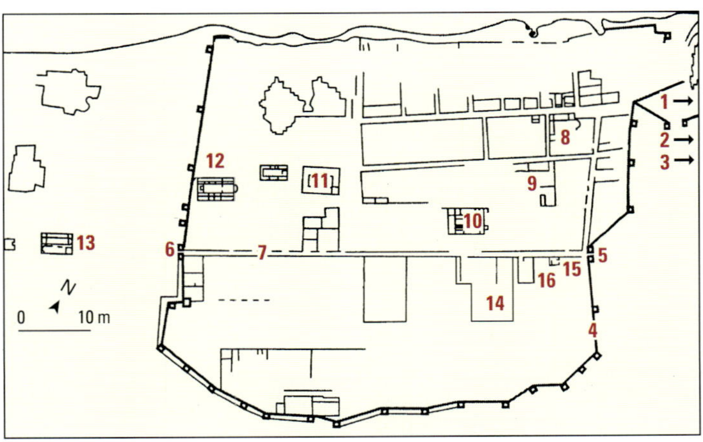

Tocra, Plan des Ruinengeländes

1 Osmanisch-italienische Festung
2 Museum
3 Steinbrüche und Felsgräber
4 Stadtmauer
5 Osttor
6 Westtor
7 Hauptstraße
8 Ostbasilika
9 Kirche und Palastanlage
10 Casa del capitello mistilineo
11 Gebäudekomplex (Färberei/Gerberei)
12 Westbasilika
13 Extramurale Kirche
14 Byzantinische Kaserne
15 Gymnasium
16 Badeanlage

Tocra, Museum, byzantinisches Mosaik mit den Personifikationen von Kosmesis und Ananeosis

stelen in heute noch vorhandene Nischen eingelassen oder man schnitt die Gedenkinschriften gleich in die Felswände ein, wie es an vielen Stellen noch sichtbar ist.

Die polygonale **Stadtmauer** (4) aus justinianischer Zeit hat sich, bis auf den entlang der Küstenlinie verlaufenden Nordabschnitt, noch in den unteren Steinlagen erhalten. Auffällig ist ihre Bauweise aus segmentweise zusammengesetzten geraden Teilstücken und rechteckigen, vorspringenden Türmen an den Übergangsstellen. Lediglich die nördliche Hälfte der Westmauer ist als längere Gerade ausgeführt. Von den einst 30 Türmen konnten bei den Untersuchungen der University of Newcastle upon Tyne unter D. J. Smith noch 23 freigelegt und untersucht werden. Offensichtlich erfolgte der Bau der Stadtumwallung in zwei Phasen, wobei zunächst drei Haupttore und ebensoviele kleine Schlupfpforten vorgesehen waren, die dann aber auf zwei Hauptzugänge reduziert wurden. Diese **beiden Tore** (5, 6), die sich im Osten und Westen befinden, sind jeweils mit zwei polygonalen Bastionen beidseitig des Durchganges bewehrt. Diese schiffsbugartig vorspringenden Flanken ruhen auf den untersten Steinlagen von rechteckigen Türmen, wie sie für die erste Bauphase vorgesehen waren. Zwischen den beiden Einlässen verlief die 600 m lange **Hauptstraße** (7), die an ihrem westlichen Ende sogar noch ihre originale Pflasterung mit Steinquadern besitzt.

Da das Gelände der Stadt mittlerweile wieder weitgehend überwuchert ist und von den Innenbauten zumeist nur noch die Grundmauern existieren, sind sie nicht immer leicht aufzufinden. Zudem waren nur wichtige öffentliche Bauten wie beispielsweise Kirchen komplett aus zurechtgehauenen Steinquadern errichtet. Die Wände der privaten Wohnhäuser bestanden zumeist aus Bruchsteinen und sind heute völlig eingestürzt. Lediglich die aus größeren Monolithen bestehenden Türschwellen und Türpfosten, die dem Verfall besser trotzen konnten, stehen noch aufrecht. Deswegen zeigt sich das Ruinengelände zumeist als Geröllfeld mit niedrigen, dichten Sträuchern, aus denen gelegentlich die schlanken Quader von Türpfosten herausragen.

Nördlich des Decumanus, der alten Hauptachse zwischen Ost- und Westtor, verläuft – einem weiteren antiken Straßenverlauf folgend – ein paralleler Trampelpfad, der hinter dem Museum seinen Ausgang nimmt und zum Teil von den Schienen eingenommen wird, mit denen die Archäologen den Grabungsschutt abtransportiert haben. Kurz nach Übersteigen der hier stark zerstörten Stadtmauer sieht man unmittelbar links an diesem Pfad die Grundmauern der so genannten **Ostbasilika** (8), einer dreischiffigen Kirche mit Narthex im Westen und Apsis im Osten.

Eine **weitere Kirche** und umgebende Räume, die wohl einst zu einer byzantinischen **Palastanlage** (9) gehörten, liegt auf halbem Weg zwischen dem Pfad und der alten Straße, etwa in Höhe eines Sendemastes, der in einiger Distanz südlich der Ruinen im Gelände steht. Dieser Sakralbau ist beachtenswert, da er noch einen Mosaikboden aufweist. Trotz seiner reizvollen quadratischen Bildfelder ist er nicht in ein Museum überführt worden und verfällt – nach seiner Ausgrabung dem Klima ungeschützt ausgesetzt – im Gelände mit rapider Geschwindigkeit.

Südwestlich davon zeichnet sich im überwucherten Gelände der Grundriss eines umfangreichen Wohngebäudes mit einem größeren Innenhof ab, um den sich unterschiedlich große Räume gruppieren, die **Casa del capitello mistilineo** (10).

Bei Ausgrabungen, die libysche Archäologen vorgenommen haben, trat – ebenfalls nördlich oberhalb der alten Hauptstraße – ein **Gebäudekomplex** (11) zu Tage, der aus einer Ansammlung von tief in den Boden eingelassenen und mit einer Auskleidung versehenen Vorratsbehältern besteht. In kurzer Distanz dazu wurden kleine, leicht abschüssige und mit einer Estrichschicht bedeckte Flächen entdeckt, die am unteren Ende mit einem niedrigen Becken abschließen. Bei diesen Installationen könnte es sich um eine **Färberei** oder **Gerberei** gehandelt haben. In beiden Fällen wäre jedoch verwunderlich, warum ein mit starker Geruchsbelästigung verbundener Gewerbebetrieb inmitten der Stadt angesiedelt worden ist.

Von hier aus kann man zur tiefer gelegenen Hauptstraße hinabsteigen und auf dem antiken Pflaster die Stadt durch das **Westtor** (6) ein Stückchen verlassen, um die Mauern und polygonalen Torbastionen von der Außenseite zu besichtigen. Bei Ausgrabungen traten hier, außerhalb der Stadt, die Überreste einer Kirche, der **Westbasilika** (12) zu Tage, die mittlerweile aber völlig verschwunden ist. Eine weitere, ebenfalls nicht mehr auszumachende **extramurale Kirche** (13) befand sich südlich der Stadtmauer. Auch die Kirche, die innerhalb der Stadtumwallung nördlich des Westtores unmittelbar an die Mauer angrenzt, ist so überwuchert und zerstört, dass ihr fünfschiffiger Grundriss nur mehr zu erahnen ist.

Auf dem Rückweg vom West- zum Osttor liegen im letzten Drittel des alten Decumanus – und diesen teils überlagernd – rechter Hand die Grundmauern einer **byzantinischen Kaserne** (14) aus dem 7. Jahrhundert. Dieser Komplex, bei dessen Errichtung über älteren Gebäuden zahlreiche Spolien früherer Zeit wieder verwendet wurden, trat erst bei den englischen Grabungen der 1960er Jahre ans Tageslicht. Die – von einem Rücksprung an der Westseite abgesehen – fast rechteckige Umfassungsmauer weist an ihren Ecken Rundtürme auf. Innerhalb der Einfassung sind, neben einem einst säulenumstandenen Hof in der Nordostecke, die in Reihe gebauten Soldatenunterkünfte und Stallungen deutlich zu erkennen.

Unmittelbar vor Erreichen des Osttores und direkt östlich an die Truppenunterkunft anschließend befindet sich rechts des Weges ein **Gymnasion** (15) mit einer angegliederten **Badeanlage** (16), von der noch einige Mauerzüge aus Steinquadern und Ziegeln vorhanden sind. Ein Teil dieser Bauten lehnte sich an die Stadtmauer südlich des Osttores an, die in diesem Abschnitt an der Innenseite übersät ist mit griechischen Inschriften und Grafitti. Diese stammen aber erst aus der römischen und byzantinischen Zeit, da das Griechische auch nach den Ptolemäern die Verwaltungssprache Ägyptens und der Kyrenaika geblieben war. Zum Teil sind es Votivinschriften von Epheben, also jungen Männern, die hier ihre militärische Ausbildung für eine Eliteeinheit erhielten.

Ptolemais

Ptolemais ☆

Besonders sehenswert:
Museum
Monumentenstraße
Säulenpalast
Agora mit Zisternen
Odeon
Tocra-Tor
Byzantinische Basilika

Die Ruinen der Küstenstadt Ptolemais liegen 37 km nordöstlich von den Resten des antiken Tocra/Taucheira am Ostrand des heutigen Dorfes Tulmeitha, in dessen Namen sich die alte Bezeichnung erhalten hat.

Auf der schmalen, asphaltierten Straße, die parallel zur Mittelmeerküste verläuft und die beiden Ruinenstätten miteinander verbindet, erkennt man nach drei Viertel der Strecke nahe am Meer ein futuristisch anmutendes, raketenähnliches Denkmal. Es erinnert daran, dass hier Gadhafi bei einem Spaziergang die Inspiration zu seinem ›Grünen Buch‹ erhalten haben soll. In der nahe gelegenen kleinen Villa hält er sich auch heute noch gelegentlich auf.

Kurz vor Erreichen von Tulmeitha/Ptolemais erhebt sich nördlich der Straße am Meer der untere Teil eines großen **ptolemäischen Grabturms** (Abb. S. 247) mit quadratischer Grundfläche und einer Seitenlänge von 12 m. Im Volksmund wird das nahezu würfelförmige Bauwerk *Qasr Faraun*, Burg des Pharao, genannt. Unschwer erkennbar liegt es in einem ehemaligen Steinbruchgebiet und ruht auf einem nicht abgebauten und für die Errichtung des Mausoleums geglätteten Felssockel, von denen noch weitere als Stümpfe im Gelände stehen.

Ptolemais
1 Stadtmauer
2 Konstantin-Triumphbogen
3 Monumentenstraße
4 Byzantinisches Bad
5 Ehem. Mänadenbrunnen
6 Tetrapylon
7 Drei-Konchen-Haus
8 Anastasios-Palast
9 Zisternen mit Tonnengewölbe
10 Säulenpalast
11 Agora
12 Hellenistische Zisternen
13 Griechisches Theater
14 Odeon
15 Tocra-Tor
16 Byzantinische Basilika
17 Rest der Apsis einer Kirche
18 Römische Villa des Jahreszeitenmosaiks
19 Amphitheater
20 Steinbruchareal
21 Antiker Hafen
22 Ehem. Villa des Orpheus-Mosaiks
23 Vermutetes Hippodrom
24 Vermutetes griechisches Theater

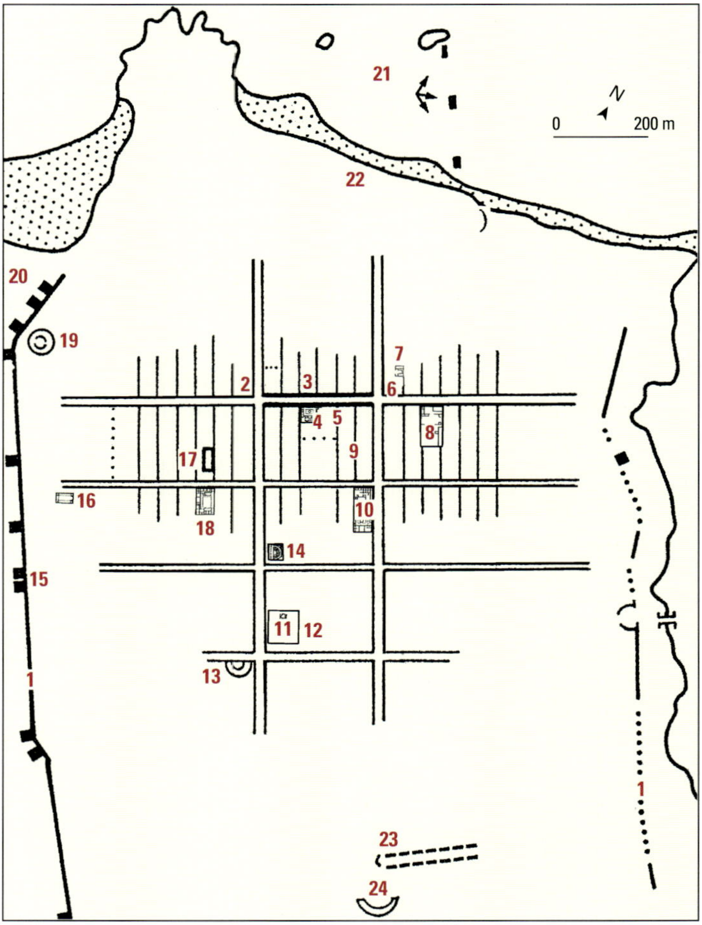

Da das Gelände zwischen der Straße und dem Monument Privatgrund ist, der zudem durch Stacheldraht und Wellblech in mehrere Weideflächen unterteilt ist, kann man heute nicht bis zum Monument hinabsteigen. Die mit drei Scheintüren und Pilastern dekorierte Schauseite des Monuments ist dem Meer zugewandt. Eine in den Fels gehauene Treppe, die auf der gegenüber liegenden Südseite einst zum tatsächlichen Eingang des Mausoleums hinaufführte, ist heute durch Erosion zerstört. Das erhaltene, 11,5 m hohe Untergeschoss schließt oben mit einem dorischen Fries von abwechselnden Triglyphen und Metopen ab. Über ihm erhob sich wiederum ein nahezu würfelförmiges Zwischengeschoss mit unwesentlich kleinerer Seitenlänge und einer auf allen vier Seiten durch vier oder fünf Halbsäulen gegliederten Fassade. Den oberen Abschluss bildete entweder unmittelbar ein Giebeldach oder ein niedrigerer Aufbau, der jedoch gemeinsam mit seinem Spitzdach die selbe Gesamthöhe besessen haben dürfte wie die beiden würfelförmigen Abschnitte unter ihm. Im Innern des Turms befinden sich die durch lange Mauerzungen voneinander getrennten Grablegen *(loculi)*, in welche die Toten in mehreren Reihen übereinander horizontal hineingeschoben wurden. Danach wurde jedes dieser Schiebegräber mit einer flachen Steinplatte verschlossen. Östlich des Mittelgangs befanden sich fünf, westlich davon nur drei derart länglicher Grabkammern, da die Südwestecke von einem Treppenhaus eingenommen wurde. Aller Wahrscheinlichkeit nach war dieses, heute gänzlich geplünderte, Mausoleum im 2. Jahrhundert v. Chr. in Benutzung.

Geschichte

Als es um die Mitte des 6. Jahrhunderts v. Chr. zum Zerwürfnis innerhalb der Familie des kyrenischen Königs Arkesilaos' II. gekommen war, verließen dessen unzufriedene Brüder die Hauptstadt und gründeten Barke, das heutige Al-Merdj. Dieses lag, wie auch schon Kyrene, abseits des Meeres in einer fruchtbaren Ebene auf einer Schichtstufe des Djebel al-Akhdar in 280 m Höhe. Daher wurde es notwendig, an der Küste einen zugehörigen Hafen anzulegen. Der ursprüngliche Name dieser 30 km von der Mutterstadt entfernten Ansiedlung ist nicht überliefert, es taucht in antiken Quellen gelegentlich unter der Bezeichnung ›Hafen von Barke‹ auf. In der Ptolemäerzeit erhielt der Ort dann den Namen Ptolemais. Wahrscheinlich verdankt die Ansiedlung ihre Namensänderung Ptolemaios III., unter dem die Kyrenaika wieder unter die Kontrolle Alexandrias gekommen war. Analog zu Taucheira/Tocra, das nach seiner Mutter in Arsinoe umbenannt worden war, hätte dann für Ptolemais sein Vater Ptolemaios II. Philadelphos Pate gestanden. Bald lief die Küstenstadt ihrer Muttersiedlung den Rang ab und wurde schon in der Antike mit dieser verwechselt. So spricht Plinius im 5. Buch seiner ›Naturgeschichte‹ fälschlicherweise von »Ptolemais mit dem alten Namen Barke«.

Nachdem 96 v. Chr. mit dem Tod des Ptolemaios Apion, des letzten Sprosses einer ptolemäischen Nebenlinie, die über die Kyrenaika geherrscht hatte, diese testamentarisch den Römern vermacht worden war, wurde den dortigen Städten zunächst die Selbstverwaltung eingeräumt. Dies führte jedoch zu blutig ausgetragenen Rivalitäten, welche die Römer beendeten, indem sie 74 v. Chr. die Kyrenaika zur Provinz erklärten und einem Quästor unterstellten, der rasch für geordnete Verhältnisse sorgte. Zur selben Zeit zwang die überhand nehmende Seeräuberei in den Gewässern des Mittelmeeres die Römer zum Eingreifen. Der erste Vorstoß galt der Insel Kreta, deren als Piratennester fungierende Städte durch drei römische Legionen unter dem Kommando des Konsuls Q. Caecilius Metellus blutig unterworfen wurden. Parallel dazu wurden von Pompeius die kilikischen Seeräuber erfolgreich bekämpft. Ihn unterstützte unter anderem Cn. Cornelius Lentulus Marcellinus, der die Gewässer vor der kyrenischen Küste von Piraten zu säubern hatte. In mehreren Inschriften, die in Kyrene selbst und in anderen Städten zu Tage traten, wurde er dafür als »Schutzherr und Retter« gepriesen. Diesen Texten zufolge ließ er gefangen genommene Seeräuber nicht, wie von Metellus auf Kreta praktiziert, in die Sklaverei verkaufen, sondern hielt sich an die von Pompeius ausgeübte milde Behandlung und siedelte die einstigen Freibeuter in Ptolemais an. Als nach der Befriedung des Mittelmeeres Kreta und die Kyrenaika zur Doppelprovinz Creta et Cyrenae vereint und einem prätorischen Proconsul unterstellt wurden, wählten die Römer zunächst Gortyn an der kretischen Südküste zur gemeinsamen Hauptstadt.

Doch spätestens mit der Reichsreform des römischen Kaisers Diokletian (284–305) stieg Ptolemais zur Provinzhauptstadt auf. Denn nach der Trennung von Kreta und der Kyrenaika wurde auch Letztere selbst geteilt: die Westhälfte, das alte Kernland der Pentapolis, jetzt Libya superior genannt, wurde von Ptolemais aus verwaltet; östlich davon, mit Dernah als Grenze, lag die jetzt als Libya inferior bezeichnete Marmarica mit Paraitonion, dem heutigen Marsa Matruh, als Hauptstadt.

Das schwere Erdbeben vom Juli 365 führte auch in Ptolemais zu großen Zerstörungen. Auf die Probleme, mit denen die gesamte Kyrenaika in der Folgezeit durch die ständigen Übergriffe räuberischer einheimischer Stämme – wie der Austurianer und später der Maziken – zu kämpfen hatte, werfen die insgesamt 156 Briefe aus der Feder des im Jahr 410 in Ptolemais zum Bischof geweihten Synesios von Kyrene ein beredtes Licht. 428 fiel der Ort den Plünderungen der Vandalen zum Opfer. Im frühen 6. Jahrhundert wurde dann die Hauptstadt und der Amtssitz des *dux Pentapoleos* von Ptolemais nach Apollonia verlegt. Einer der Gründe für den Ortswechsel könnte gewesen sein, dass die Wasserleitung, mit der Ptolemais versorgt wurde, geborsten war und sich dadurch ernste Versorgungsnöte für die Stadtbevölkerung ergaben. In byzantinischer Zeit entstand zwar im Stadtgebiet ein Kastell und der Ort bildete einen wichtigen militärischen Stützpunkt bei der Verteidigung des Reiches gegen die stark expandierenden Perser, doch setzte nach der arabischen Eroberung 645 der rasche Verfall der Ansiedlung ein.

Das archäologische Museum

Auf dem Weg zum Ruinengelände wird der Ort Tulmeitha, der viele verlassene und zerfallene Häuser besitzt, durchquert. Man gelangt schließlich auf einen größeren Platz in Meeresnähe. Zwischen ihm und dem Ruinengelände des antiken Ptolemais wurde inmitten einer kleinen Grünanlage das örtliche archäologische Museum eingerichtet. Der Park beherbergt Statuen-, Säulen- und Kapitellreste sowie den Deckel eines Marmorsarkophages, bei dem zwar die Skulpturen der liegend beim Totenmahl wiedergegebenen Verstorbenen auf der Oberseite gänzlich verloren gegangen sind, der aber an seiner gerundeten schmalen Frontseite schöne Reliefs mit Jagdszenen aufweist.

Das kleine Museumsgebäude umfasst drei Räume. Der zentrale Saal, in dem auch ein Übersichtsplan der Ruinen hängt, beherbergt an seiner Rückwand ein großes Mosaik, bei dem in vier runden Medaillons die Jahreszeiten und in einem separaten Bildfeld an einer Schmalseite zwei Raubkatzen wiedergegeben sind, die ein Gefäß flankieren. Dieser Bodenbelag stammt aus einer ausgedehnten römischen Villa im Westen der Stadt. Das benachbarte quadratische Mosaik weist in seiner Mitte ein rundes Bildfeld mit einem Medusenhaupt auf, das allseitig von einem geometrischen Muster aus radial angeordneten Blattzungen umgeben ist. An der linken Wand hängen zwei kleine Mosaikfelder mit Darstellungen von Geflügel und Fischen, die aus sehr kleinen Steinchen zusammengesetzt sind. Dieses feine Raster gab dem Künstler die Möglichkeit, geschickt kleinste Farbnuancen wiederzugeben. Aus gröberen Steinchen besteht ein kleines Mosaik, auf welchem ein Löwe einen Esel reißt. Alle diese Mosaiken wurden aus dem Säulenpalast im Zentrum von Ptolemais geborgen. Den Ausstellungsraum nehmen eine Reihe von Marmorstatuen aus verschiedenen Gebäuden der Stadt ein. Hervorzuheben sind hierbei der kopflose Torso einer archaischen Kore und zwei gesichtslose weibliche Grabbüsten. Bemerkenswert ist, dass es sich bei einigen der Bildwerke um römerzeitliche Kopien von griechischen Bildwerken, zum Beispiel der Athena Farnese, handelt.

Zu den schönsten Objekten des Museums gehört die im rechten Seitenraum aus gerundeten Marmorsegmenten zusammengesetzte Brunneneinfassung, deren Außenseite mit den Reliefs von sechs tanzenden Mänaden mit reich gefältelten Gewändern und Schleiern geschmückt ist. Auch dieses Denkmal, das die Italiener während der Besatzungszeit abtransportiert, im Jahr 1961 aber wieder an Libyen zurückgegeben hatten, ist eine hellenistische oder römische Kopie eines damals berühmten Monuments, nämlich der runden Basis, welche der griechische Bildhauer Kallimachos um 405 v. Chr. für das choregische Weihegeschenk des griechischen Dramatikers Euripides geschaffen hatte. Einmalig an diesem in der Antike mehrfach kopierten Stück aus Ptolemais ist, dass sich auf ihm alle sechs Mänaden auf einem einzigen Bildwerk erhalten haben. Im selben Seitenraum des Museums ist unter anderem das Orpheus-Mosaik aus dem 5. Jahrhundert ausgestellt, das der unmittelbar am Meer gelegenen und heute nicht mehr sichtbaren Villa, in welchem es gefunden wurde, den Namen gab. Dargestellt ist der mit einer phrygischen Mütze bekleidete Orpheus, der die Leier schlägt und mit seinem Gesang die kreisförmig um ihn angeordneten wilden Tiere besänftigt. Unter den Statuen verdient eine weibliche Standfigur Beachtung, welche die

Ptolemais, Museum, Detail vom Mänaden-Brunnen

Ptolemais, Zisterne mit Tonnengewölbe

Göttin Africa zeigt, die einen Elefantenbalg als Kopfbedeckung trägt, ebenso zwei Grabsteine von Gladiatoren, von denen einer (H)ippomedon geheißen hat.

Der linke Seitenraum beherbergt unter anderem mehrere filigrane hellenistische Stuckkapitelle aus dem Säulenpalast sowie die Fragmente einiger attischer Sarkophage. Bemerkenswert sind auch die Skulptur eines liegenden Löwenweibchens aus dunklem Gestein sowie eine Statuenbasis aus Marmor, auf der sich nur noch zwei Fußpaare erhalten haben. Einer der Füße steht auf einer auf dem Boden liegenden Panflöte. Dies macht es wahrscheinlich, dass hier der musikalische Wettstreit zwischen dem Kithara spielenden Apollo und dem flötenden Marsyas wiedergegeben war, oder genauer gesagt, die Bestrafung des überheblichen phrygischen Quelldämons durch den Gott, indem ihm bei lebendigem Leib die Haut abgezogen wurde. Beschriftete Steinplatten mit arabischen Inschriften stellen die spätesten Ausstellungsstücke dar.

Rundgang durch die Ruinen

Hinter dem Museum erstreckt sich innerhalb einer Einzäunung das weitläufige antike Stadtgebiet. Die baulichen Reste sind in dem nach Süden ansteigenden Gelände vielfach nur in den untersten Steinlagen erhalten, aber teilweise eindrucksvoll restauriert. Sie orientieren sich an dem in der frühen Ptolemäerzeit angelegten Netz rechtwinkliger Straßen, das etwa dem hippodamischen Bauprinzip folgt. Allerdings sind die Abstände zwischen den ost-west-verlaufenden Straßen mit 180 m deutlich größer als die zwischen den Nord-Süd-Verbindungen, die zumeist 36 m auseinander liegen (nur beidseitig der beiden mit 18 m Breite hervorgehobenen gleichberechtigten Hauptalleen des westlichen und des östlichen Cardo Maximus liegen 50 m Abstand), sodass sich zwischen den Straßen nicht die üblichen quadratischen, sondern stattdessen lang gestreckte *insulae* ergeben. Dieses Straßengitter scheint allerdings nur im Zentrum der Stadt ausgebaut gewesen zu sein; in den Randgebieten, die allerdings großteils noch unausgegraben sind, konnten die Straßenzüge bislang nicht im Gelände ermittelt werden.

Abgesehen von der Küstenlinie im Norden war die antike Stadt von einer **Mauer** (1) umgeben, die über weite Abschnitte noch zu erkennen ist. Die Anfänge dieser Stadtbefestigung gehen auf das 3. Jahrhundert v. Chr. zurück. Restaurierungen der Anlage erfolgten im 3. Jahrhundert und in justinianischer Zeit. Im Westen bildete das Wadi Ezzir, im Osten das Wadi Zewana die Stadtgrenze. Über das letztgenannte Trockental führte einst eine Brücke und jenseits des Geländeeinschnitts konnten die Reste des Aquädukts ermittelt werden, über das die Stadt mit Frischwasser versorgt wurde. Über die Ausdehnung des Siedlungsareals nach Süden, wo bereits die Hänge des Djebel al-Akhdar steil ansteigen, herrscht noch Unklarheit. So ist umstritten, ob Geländeeinschnitte im Hang zu einem weiteren griechischen Theater und unweit davon entfernt zu einem Hippodrom gehört haben könnten. Im Allgemeinen geht man aber davon aus, dass die Ummauerung ein fast rechteckiges Areal von 1450 × 1700 m Fläche umschlossen hat

Das erste Baudenkmal, auf das man nach Betreten des Ruinengeländes trifft, ist der in den frühen Regierungsjahren von Kaiser Konstantin 312/313 an der Kreuzung von Decumanus Maximus und westlichem Cardo Maximus errichtete **Triumphbogen** (2). Vier nebeneinander stehende Pfeiler trugen einst die drei überwölbten Durchgänge, wobei die Seitenportale etwas niedriger und schmäler waren als der zentrale Durchgang. Die Bogenpfeiler ruhen auf niedrigen quadratischen Sockeln und besitzen einen kreuzförmigem Querschnitt. In den Winkeln der Kreuzarme saßen jeweils vier Ziersäulen mit tordierten Kanneluren aus dunklem Marmor und mit Basen und Kapitellen aus grünschlierigem Cippolino-Marmor.

Dieser Triumphbogen bildet den westlichen Abschluss der von den Ausgräbern so genannten **Monumentenstraße** (3), einer von Osten nach Westen verlaufenden Hauptachse, an der sich im 4. Jahrhundert besonders viele öffentliche Bauten mit vorgeblendeten Portiken – dass der Eindruck einer Säulenstraße entstand – und Kunstwerke zu deren Ausschmückung befunden haben. Diese Prunkallee, die den Decumanus Maximus bildete, erstreckte sich zwischen den Kreuzungen mit den beiden breiten Nord-Süd-Hauptstraßen. Folgt man ihr nach Osten, liegt gleich an ihrem Anfang links ein großer Gebäudekomplex. Es handelt sich um ein ursprünglich privat genutztes Haus, dessen Badeanlage später der Öffentlichkeit zugänglich gemacht und dafür entsprechend umgebaut wurde.

In der Mitte der Monumentenstraße erstreckt sich über die Breite von zwei *insulae* das **byzantinische Bad** (4). Der Straße zugewandt

Ptolemais, Grundriss des byzantinischen Bades

3 Monumentenstraße
5 Ehem. Mänaden-Brunnen

A Aufgangstreppe
B Erhöhter Portikus
C Frigidarium
D Zentrales Brunnenbecken
E Tepidarium
F Caldarium
G Wasserbehälter

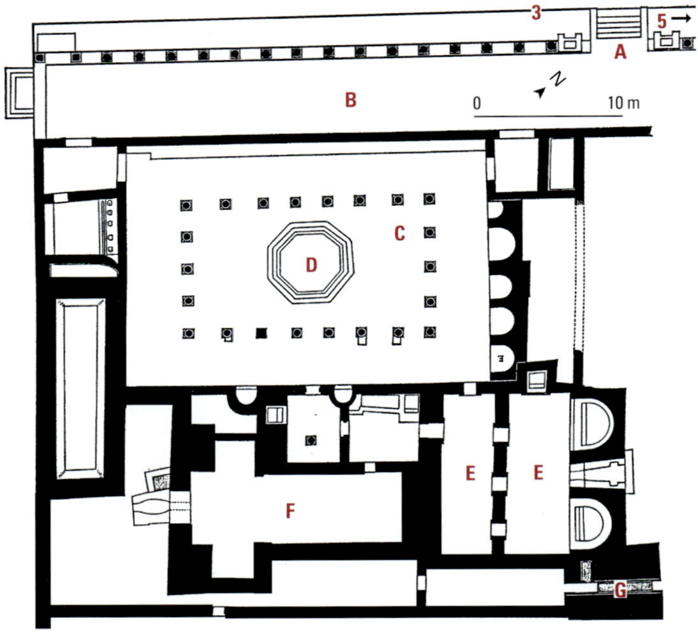

befand sich auf einem Podest ein säulengestützter Portikus, zu welchem man auf seitlichen Treppen hinaufstieg. Zwei kleine Zugangsräume führten in das rechteckige, allseitig von Säulen gesäumte Frigidarium mit einem marmorbelegten Fußboden und einem achteckigen Becken im Zentrum. Südlich schlossen sich die Umkleideräume, das von drei Pfeilern gestützte Tepidarium mit zwei halbkreisförmigen Becken und das Caldarium mit einem kreuzförmigen Grundriss an.

An der Nordostecke des Bades befinden sich die Fundamente und die Zuleitungsreste der heute ins Museum überführten **Brunneneinfassung** (5) mit der Darstellung der sechs tanzenden Mänaden.

Den östlichen Abschluss der Monumentenstraße bilden die zum Teil kaum mehr erkennbaren untersten Steinlagen eines **Tetrapylons** (6), der in seiner ursprünglichen Version als vierseitiger Triumphbogen auf die Wende vom 2. zum 3. Jahrhundert zurückgeht. Danach wurde er in der zweiten Hälfte des 5. Jahrhunderts umgewandelt. Zu diesem Zeitpunkt erhoben sich auf vier getreppten Sockeln je eine Säule mit Akanthuskapitell, die jeweils mit einer Statue aus Marmor bekrönt war.

Ein kurzer Abstecher von der Straßenkreuzung mit dem einstigen Tetrapylon auf der rechtwinklig kreuzenden Nord-Süd-Straße in Richtung Küste führt nach wenigen Metern zum **Drei-Konchen-Haus** (7), einem repräsentativen byzantinischen Gebäude mit Atriumhof und Wasserbecken, das seinen Namen einer hinter dem Hof liegenden Halle verdankt, die an den Seiten und der Rückwand mit drei halbkreisförmigen Apsiden versehen ist. Dieser repräsentative Trakt hat zu der Vermutung geführt, dass es sich hierbei um das private Wohnhaus des byzantinischen Statthalters gehandelt haben könnte. Auch die auf der anderen Straßenseite gegenüber liegende, etwas kleinere Atriumvilla gehörte einst zu den vornehmen Häusern der Stadt.

Von hier aus sind die Außenmauern des so genannten **Palastes des Anastasios** (8), des Amtssitzes des byzantinischen Statthalters, weiter im Osten deutlich zu erkennen. Innen weist das Gebäude, das nicht vollständig ausgegraben worden ist, abgesehen von einigen Mauerzügen, keine nennenswerten Einbauten auf.

Schlägt man vom Platz mit den Tetrapylon den Weg nach Süden ein, passiert man zunächst zwei lang gestreckte Tonnengewölbe, von denen eines halbkreisförmig gerundet, das andere mit einem spitzen Grat versehen ist. Diese Konstruktionen deckten einst zwei große **Zisternen** (9, Abb. S. 286) ab. Da es in der näheren Umgebung der Hafenstadt keine Quellen gab, war die Bevölkerung bis zum Bau des Aquädukts darauf angewiesen, für die Wasserversorgung das Regenwasser zu sammeln und zu speichern.

Danach gelangt man zum baugeschichtlich bedeutendsten Monument der Stadt, dem so genannten **Säulenpalast** (10, Palazzo delle Colonne). Wahrscheinlich residierte hier der alexandrinische Gou-

Ptolemais, Säulenpalast

Ptolemais, Grundriss des Säulenpalastes

A Haupteingang
B Peristylhof
C Wasserbecken
D Oecus (Sommer-Speisesaal)
E Raum des Medusen-Mosaiks
F Triclinium (Winter-Speisesaal)
G Treppenhaus ins ehem. Obergeschoss
H Küche
I Oecus Aegyptiacus (Ägyptischer Saal)
J Atrium
K Nebeneingang
L Impluvium
M kleiner Peristylhof
N Frigidarium der privaten Thermen
O Tepidarium
P Caldarium
Q Wasserbecken
R Ladenlokale

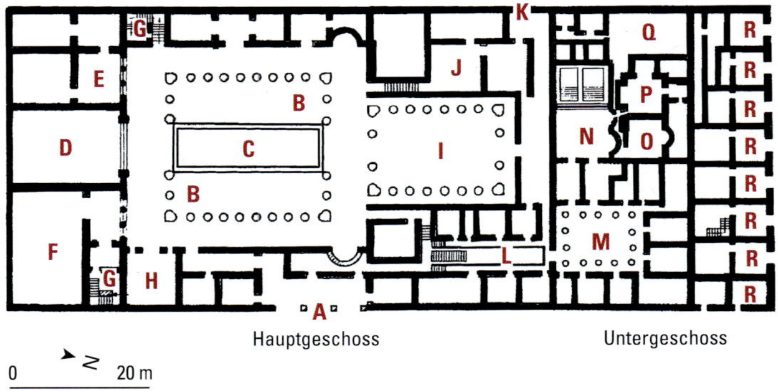

verneur. Die besondere Bedeutung dieses Prunkhauses besteht darin, dass es sich hier um eine der wenigen Villen handelt, die aus der hellenistischen Zeit überliefert sind. Zunächst hielt man auch dieses Bauwerk für eine römische Villa, bis durch die Untersuchungen von Hans Lauter der Nachweis erbracht werden konnte, dass das Gebäude um 80 v. Chr. errichtet worden sein muss. Seine Bauplastik, durch deren detaillierte Untersuchung sich die prachtvolle Innenausstattung des repräsentativen Wohnhauses rekonstruieren ließ, zeigt stark alexandrinischen Einfluss und ist umso bedeutender angesichts der Tatsache, dass sich in Alexandria selbst kein Gebäude mehr aus dieser Zeit erhalten hat. Bedingt durch die Hanglage war der tiefer gelegene nördliche Abschnitt des Hauses mit souterrainartigen Substruktionen versehen, die als Kellergewölbe dienten. Sie sind in der Mitte der Villa, wo der durchgehende Fußboden heute verschwunden ist, noch deutlich zu erkennen. Südlich dieses heutigen Einschnittes befand sich ein tiefes Wasserbecken, nördlich davon ein allseitig von Säulen gestützter Peristylhof, dessen einstige Schaufassade, wie die Rekonstruktionszeichnungen der Ausgräber glaubhaft machen, ihresgleichen suchte. Gestaltet war sie als kleinteilige Kulissenarchitektur aus rechteckigen und konchenförmigen Ädikulen mit Giebeln und verkröpften Säulen. Die Mosaiken, die einst die Böden der umgebenden Räume bedeckten, befinden sich heute im örtlichen Museum.

Noch weiter südwestlich stößt man auf eine große, heute grob gepflasterte, einst aber mit kleinen Marmorsteinchen bedeckte Freifläche, die ursprünglich allseitig von Säulenportiken umgeben war und als **Agora** (11) fungierte. An ihrem nördlichen Ende erheben sich in der Mitte die *rostra,* eine gestufte Plattform mit der Rednerbühne, von deren ehemals sechs hohen Säulen heute noch zwei aufrecht stehen. Flankiert wird die Nordfront an den Ecken von zwei kleineren Podesten mit Säulen. Das Areal der Agora bedeckt die von italienischen Archäologen freigelegte große überdachte **hellenistische Zisterne** (12). Unter dem freien Platz, der in regelmäßigen Abständen von Löchern durchsetzt ist, durch die einst das Regenwasser in die unterirdischen Speicherräume abfließen konnte und durch die Licht in die Galerien fällt, liegen zwei Gruppen von je vier lang gestreckten Gewölben, die durch neun kürzere, quer stehende Gewölbe voneinander getrennt sind. Es gibt zwei Einstiege, einen in der Mitte des Platzes, den anderen in seiner Südostecke.

Südwestlich der Zisternenfläche bedecken die noch nicht ausgegrabenen Reste eines **griechischen Theaters** (13) den Hang. Sichtbar sind nur die halbkreisförmig verstreuten Trümmer der *cavea*.

Dafür ist das nördlich der Zisternen unmittelbar am westlichen Cardo Maximus gelegene **Odeon** (14) vollständig ausgegraben und umfassend restauriert worden. Die Bühnenwand dieses kleinen Theaters, das auch als Sitz der Ratsversammlung *(bouleuterion)* gedient haben könnte, verläuft parallel zur Straße, die halbkreisförmige *cavea* schließt sich nach Osten an.

Von hier führt ein Trampelpfad über das geröllübersäte Ruinengelände zu dem am besten erhaltenen der alten Stadttore, das auf Grund seiner Lage im Westen **Tocra-Tor** (15) genannt wird. Die sorg-

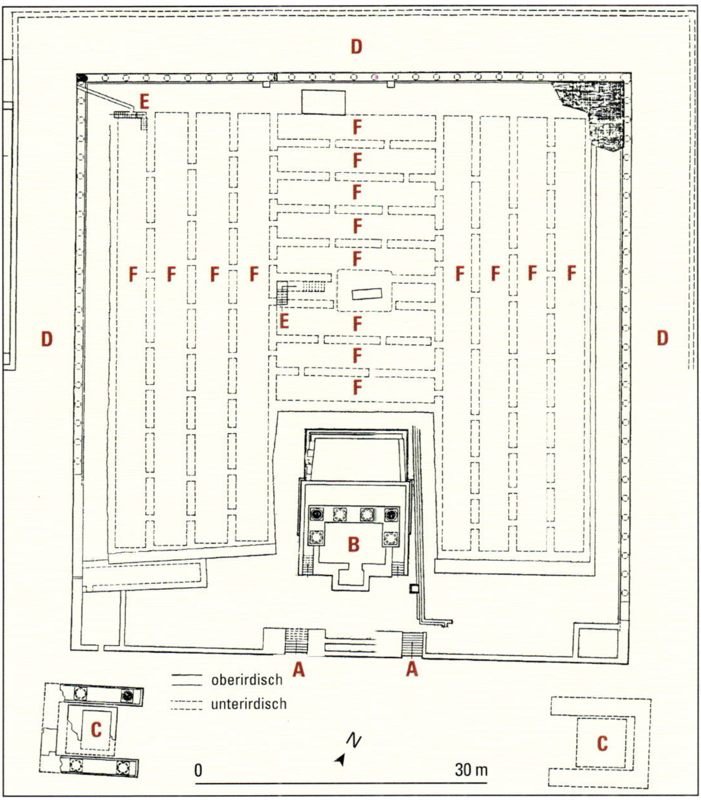

Ptolemais, Grundriss der hellenistischen Zisterne unter der Agora

A Aufgangstreppen
B Rostra (Rednerbühne)
C seitliche Podien
D Peristylhalle
E Abstiegstreppen in die Zisternen
F Unterirdische Zisternengewölbe

fältig verlegten Quader mit Spiegel und Rundschlag tragen teils noch Steinmetzmarken und sind vielfach mit Graffiti und Besucherinschriften versehen.

Auf dem Rückweg quer über das Geröllfeld nach Nordosten zum Eingang in das Ruinengelände passiert man die weithin sichtbare dreischiffige **byzantinische Basilika** (16), die von den Ausgräbern auf Grund ihrer massigen Außenmauern den Namen Festungskirche erhalten hat. Hier hat sich die Apsis im Osten nahezu vollständig erhalten. Sieben Pfeilerpaare trennen die Schiffe voneinander. Der Raum in Verlängerung des linken Seitenschiffs nördlich der Mittelapsis ist mit drei Konchen versehen und diente als Baptisterium. Sein rechtes Gegenstück weist hingegen nur drei flache Wandnischen auf. Zwei dezentrale Eingänge führten in das Gotteshaus, der eine im Westen der Nordwand, der andere im Süden der Westwand, wo auch ein Treppenhaus auf einen heute nicht mehr vorhandenen Umgang hinaufführte.

Unweit südöstlich dieses Bauwerks ragt noch der Rest einer Apsis hervor. Er hat wohl zu einer **kleineren Kirche** (17) gehört, auch wenn diese dann nord-süd-orientiert gewesen wäre.

In der südlichen Nachbarschaft dieser Ruine befinden sich die Grundmauern einer ausgedehnten **römischen Villa** (18). Sie ist der Fundort des Jahreszeitenmosaiks, das sich heute im örtlichen Mu-

Ptolemais, byzantinische Basilika

seum befindet. Bei ihr ist auffällig, dass die Säulen, die den Atriumhof umgaben, nur an drei Seiten in einer geraden Reihe standen. An der südöstlichen Schmalseite waren sie bogenförmig angeordnet. Dahinter lagen drei Räume nebeneinander, von denen der mittlere über einige Stufen zu betreten war.

Vom **Amphitheater** (19) in der Nordwestecke der Stadt nahe der Stadtmauer sind nur mehr spärliche Reste vorhanden. Jenseits der Stadtmauer befindet sich ein ausgedehntes **Steinbruchareal** (20), das später in einigen Teilen als Nekropole mit Felsgräbern genutzt wurde.

Abschließend ist auch auf die jüngste Bebauung im Areal hinzuweisen. Es sind dies zwei italienische Bunker im Nordwesten und Nordosten des Ruinengeländes, die während der Kolonialzeit im ersten Drittel des 20. Jahrhunderts unter Verwendung von Steinquadern antiker Bauten errichtet wurden.

Vom antiken **Hafen** (21) an der Küste, der sich westlich einer ins Meer hinausragenden Landzunge befand, hat sich praktisch nichts mehr erhalten. Lediglich einige kleine Inselchen könnten zu deren einstiger Mole gehört haben.

Im Ruinengelände der Stadt waren zunächst italienische Archäologen unter Giacomo Caputo tätig, die unter anderem die Agora und die große byzantinische Basilika freilegten. Es folgten umfangreiche Ausgrabungen des Oriental Institut of Chicago unter Leitung von Carl H. Kraeling, bei denen vor allem die Grundrisse der Bäder und Villen (darunter auch die mit dem Jahreszeitenmosaik) zu Tage traten. Schließlich arbeitete hier auch die libysche Altertümerverwaltung, die sich dem Odeon und der Drei-Konchen-Villa widmete.

Kyrene

Geschichte

Kyrene ☆☆

Besonders sehenswert:
Caesareion
Jason-Magnus-Villa
Agora
Griechische Bäder
Apollon-Tempel
Artemis-Tempel
Amphitheater
Trajans-Thermen
Nekropole
Zeus-Tempel

Die Stadt, die der gesamten Region östlich des Syrtebogens bis in die Marmarica den Namen gegeben hat, ist, wie im Einleitungskapitel zur Kyrenaika ausführlich geschildert, eine Gründung griechischer Kolonisten von der Insel Thera, die um das Jahr 630 v. Chr. erfolgt sein soll. Dem Anführer der Siedler, der den lokalen Königstitel Battos als Eigennamen annahm und die Dynastie der Battiaden begründete, folgten sieben weitere Herrscher, die abwechselnd Arkesilaos und Battos hießen.

Nach dem Sturz Arkesilaos' IV. um 440 v. Chr. wurde von den Bürgern die Demokratie ausgerufen, die in ihrer Konsolidierungsphase aber von bürgerkriegsähnlichen Auseinandersetzungen begleitet war. Nachdem sich die Unruhen gelegt hatten, erlebte Kyrene eine kulturelle Blüte: Gegen 390 v. Chr. begündete hier der Philosoph Aristippos (ca. 435–nach 366 v. Chr.), ein Enkel des gleichnamigen Sokra-

»In Delphi stellten die Kyrenaier Battos, der sie auf Schiffen von Thera nach Libyen geführt hatte, auf einem Wagen auf. Den Wagen lenkt Kyrene, und auf dem Wagen stehen Battos und Libye, die ihm einen Kranz aufsetzt; geschaffen hat das Werk Amphion aus Knossos, der Sohn Akestors.«
Pausanias, Beschreibung Griechenlands, X 15,6

tes-Freundes, die berühmte Kyrenäische Schule, die eine hedonistische Lehre vertrat. Ihr zufolge bestand der Sinn des Lebens im Genuss sinnlicher Lust.

Auch wirtschaftlich erholte sich die Stadt: Um 350 v. Chr. stifteten die Kyrenäer ein Schatzhaus in Delphi, dem Ort jenes Orakels, dessen Sprüche so eng mit der Gründungsgeschichte der Stadt verbunden waren.

Die kulturelle Glanzzeit Kyrenes erlosch während der Fremdherrschaft der Ptolemäer allmählich: Zwar brachte Kyrene mehrere große Söhne hervor, darunter den Dichter und Naturwissenschaftler Kallimachos (ca. 305–240 v. Chr.) und dessen Schüler Eratosthenes (ca. 275–194 v. Chr.), der erstmals den Erdumfang berechnete. Doch zog es diese großen Geister bald in die Metropole Alexandria, wo bessere Arbeitsmöglichkeiten geboten waren. Ähnliches gilt für den Philosophen Karneades (ca. 305–240 v. Chr.), der nach seinem Weggang aus Kyrene in Athen die Neue Akademie begründete und die Lehre des Skeptizismus vertrat.

Vorangegangen war 331 v. Chr. die kampflose Unterwerfung Kyrenes unter die Herrschaft Alexanders des Großen. Nach dessen Tod und der anschließenden Aufteilung des Reiches unter seinen Feldherrn fiel die Kyrenaika gemeinsam mit Ägypten an Ptolemaios, der das in Alexandria residierende Herrschergeschlecht der Ptolemäer begründete. Bis zu dessen Ende, das die Römer durch den Sieg über Kleopatra VII., der letzten Vertreterin dieser Dynastie, in der Seeschlacht von Actium 31 v. Chr. herbeiführten, konnte sich Kyrene immer wieder auch Phasen der Unabhängigkeit erfreuen. Gleich zu Beginn musste Ptolemaios I. seinen Feldherrn Ophellas entsenden, um seine Machtansprüche durchzusetzen und den Söldnerführer Thibron, der Kyrene besetzt hatte, zu vertreiben. Ophellas sagte sich nach seinem Sieg jedoch von Alexandria los. Erst nach dessen Ermordung durch Agathokles von Syrakus, mit dem er gemeinsam die Eroberung Karthagos geplant hatte, glaubte Ptolemaios, Kyrene zurückerobern zu können. Er schickte dazu seinen Schwiegersohn Magas aus. Dieser übte dort jedoch ebenfalls als eigenständiger König die Macht aus, nachdem es in Alexandria mit Ptolemaios II. zum Thronwechsel gekommen war. Durch die Ehe der kyrenischen Prinzessin Berenike mit dem späteren Ptolemaios III. kamen beide Reichsteile wieder zusammen, um dann in den Thronzwistigkeiten zwischen Ptolemaios VI. und seinem Bruder, dem späteren Ptolemaios VIII., – zu deren Schlichtung sogar der römische Senat eingeschaltet wurde – wieder zwischen den beiden Kontrahenten aufgeteilt zu werden. Nach dem Tod Ptolemaios VI. bestimmten die Kyrener Ptolemaios VIII. zum Herrscher, der seinen Sohn Ptolemaios Apion schon zu Lebzeiten als Vizekönig über die Kyrenaika eingesetzt hatte. Nach dem Tod seines Vaters im Jahr 116 v. Chr. konnte Apion seinen Reichsteil in die Unabhängigkeit führen. Nach seinem Ableben vermachte er sein Herrschaftsgebiet testamentarisch den Römern. Damit wurde auch Kyrene 96 v. Chr. Teil des römischen Reiches.

Juden in Kyrene

Kyrene stellte in der hellenistischen und frühen römischen Kaiserzeit die bedeutendste jüdische Ansiedlung in der Kyrenaika dar. Offensichtlich hatte Ptolemaios I. (304–284 v. Chr.), wie schon unmittelbar vor ihm Alexander der Große, die Juden als zuverlässige Parteigänger der Griechen erlebt. Denn der Historiker Flavius Josephus, der allerdings selbst Jude war und entsprechend parteilich Stellung nimmt, berichtet in seinem Plädoyer ›Gegen Apion‹ über den Begründer der Ptolemäerdynastie: »Auch sandte er in der Absicht, seine Herrschaft in Kyrene und den anderen Städten Libyens zu festigen, eine Schar jüdischer Ansiedler dorthin.« Viele von ihnen dürften allerdings erst später zugewandert sein, als die innenpolitischen Wirren in ihrer alten Heimat Palästina ein unerträgliches Ausmaß angenommen hatten. Am heftigsten waren dabei die Makkabäerkriege unter Antiochos IV. Epiphanes und seinem Sohn und Nachfolger Antiochos V. Eupator (175–162 v. Chr.), über die der aus Kyrene stammende Historiker Jason wohl ein hellenisierter Jude, ein fünfbändiges Werk verfasste. Der vermutlich in griechischer Sprache niedergelegte Bericht ist allerdings im Wortlaut verloren gegangen. Seine einstige Existenz lässt sich nur einer Notiz im alttestamentlichen zweiten Buch der Makkabäer (2, 19 ff.) entnehmen.

»In der Stadt der Kyrener gab es vier Klassen: Bürger, Ackerbauern, Mietwohner und Juden. Die Letzteren sind schon in fast jeder Stadt des Erdkreises verbreitet, und man kann nicht leicht einen Ort in der Welt finden, der dieses Volk nicht beherbergte und nicht in seiner Gewalt wäre. So kommt es, dass Ägypten und Kyrene […] sowie viele andere Bezirke die Sitten der Juden nachahmen […].«
Strabo, zitiert durch Flavius Josephus, in Jüdische Altertümer 14, 2

Der jüdische Historiker Flavius Josephus gibt Hinweise auf einen Aufstand der Juden in Kyrene gegen die Römer, als diese gegen Mithridates VI. Eupator von Pontos Krieg führten. Dem antiken Bericht zufolge soll »Sulla zu der Zeit, als er nach Griechenland übersetzte, um Mithridates zu bekriegen, den Lucullus geschickt haben, um den Aufstand unseres Volkes in Kyrene zu unterdrücken.« Mit »unserem Volk« sind die Juden gemeint und jener L. Licinius Lucullus, der mehr als (kulinarischer) Genießer denn als Feldherr in die Geschichte eingegangen ist, erschien erstmals 86 v. Chr. in Kyrene, um eine Flotte gegen Mithridates zusammenzustellen, unterstützte im Jahr darauf Sulla beim Überschreiten des Hellespont und hatte im 3. Mithridatischen Krieg (74–63 v. Chr.) selbst den Oberbefehl inne.

Um die Zeitenwende, unter Kaiser Augustus, hatten die Juden in Kyrene unter Repressalien der übrigen Stadtbewohner und der Obrigkeit zu leiden. Vor allem ihre Tempelgelder, aber auch ihr privater Besitz, wurden entwendet oder ganz offiziell konfisziert. Die unterdrückte Minderheit wandte sich hilfesuchend direkt an Augustus, der entsprechende Dekrete zu ihrem Schutz erließ und die Enteignungen für nichtig erklärte.

»Dann führten sie Jesus hinaus, um ihn zu kreuzigen. Einen Mann, der gerade vom Feld kam, Simon von Zyrene, den Vater des Alexander und des Rufus, zwangen sie, sein Kreuz zu tragen.«
Das Evangelium nach Markus, 15, 20b–21, Einheitsübersetzung der Heiligen Schrift

Ein aus Kyrene stammender Jude, ein gewisser Simon, der sich in Jerusalem aufhielt, erlangte durch den neutestamentlichen Bericht von der Passion Christi Unsterblichkeit. Die drei Evangelisten Markus, Matthäus und Lukas halten übereinstimmend fest, dass er, von der Feldarbeit kommend, durch römische Soldaten dazu gezwungen wurde, Christus, der unter der Last mehrfach zusammengebrochen war, das Kreuz abzunehmen. Das Christentum, anfänglich nur eine jüdische Sekte, fand auch bei Kyrenern Zuspruch, denn gemeinsam mit den Zyprioten betrieben sie, nach Ausweis der Apostelgeschichte, Missionsarbeit in Antiochia und wandten sich dabei als Erste auch an Nichtjuden. So leisteten sie einen entscheidenden Schritt dazu, das Christentum als eigenständige Religion zu etablieren. So nimmt es nicht wunder, dass sie auch unter den zwölf Völkerschaften aufgelistet werden, die dem Pfingstwunder beiwohnen durften.

Das Verhältnis der Juden zu den Römern trübte sich vor allem durch ihren Aufstand der Jahre 71–73, in deren Verlauf auch die durch die Selbsttötung der dort stationierten Verteidiger berühmt gewordene Erstürmung von Masada stattfand. Parallel zu diesen in Palästina spielenden Ereignissen scharte ein fanatischer Rebell namens Jonathan in Kyrene Gefolgsleute um sich, bis er durch gemäßigte Glaubensbrüder beim Statthalter der Pentapolis, Catullus, angezeigt wurde. Nach Kämpfen mit den Römern, denen viele seiner Anhänger zum Opfer fielen, wurde er schließlich selbst gefangen genommen, gab aber an, zu der Revolte von den Juden, die ihn danach denunziert hätten, angestiftet worden zu sein. Dies nahm Catullus als willkommenen Anlass, rund 3000 kyrenische Juden hinrichten zu lassen und ihre Vermögen einzuziehen. Als er die Prozesswelle auch auf Alexandria ausdehnen wollte, schritt der römische Kaiser Vespasian ein, der die Grundlosigkeit der Anschuldigungen erkannt hatte. Die nach Rom deportierten alexandrinischen Juden – darunter auch Flavius Josephus, dem wir die Schilderung der Ereignisse verdanken – wurden freigesprochen, dafür aber der aufrührerische Jonathan zu einem grausamen Tod verurteilt. Das angebliche qualvolle Ende des Catullus hingegen – Halluzinationen, bei denen ihm seine unschuldigen Opfer erschienen und schließlich ein durch das Verfaulen seiner Eingeweide hervorgerufener offener Bauch – wie es Flavius Josephus angibt, entspricht einem altorientalischen Topos für göttliche Bestrafungen und hat sich so wohl nicht abgespielt.

Erneute schwere Judenaufstände brachen 115 unter Kaiser Trajan in Ägypten und der Kyrenaika aus. Ihre mühselige Niederschlagung durch die Römer unter Q. Marcius Turbo im Jahr 117 führte zur weitgehenden Zerstörung Kyrenes. Zuvor hatten die Rebellen den Zeus- bzw. Jupiter-Tempel, das Heiligtum des höchsten Gottes der verhassten Römer, zum Einsturz gebracht, indem sie die Säulenschäfte – wie Biber die Baumstämme – anspitzen, dann durch ein Feuer erhitzten und schließlich mit Wasser abschreckten, sodass die steinernen Stützen barsten und das Dach kollabierte. Auf die Niederschlagung der Rebellion spielt die Inschrift Trajans an, die man in seiner Badeanlage in der Unterstadt von Kyrene gefunden hat. Am Anfang der drittletzten Zeile ist von den »TVMVLTV IVDAICO« die Rede.

Die Verwüstungen im Gefolge des Aufstandes und seiner blutigen Niederschlagung wurden unter Trajan und Hadrian durch die Ansiedlung römischer Veteranen und Erneuerung vieler Bauten wie-

Kyrene, Zeus-Tempel

der weitgehend behoben. Hadrian nahm zudem 131 Kyrene in das Panhellenion, die Vertretung aller Griechenstädte, auf.

Erheblich an Bedeutung büßte die Stadt ein, als im Zuge der Reichsreform Kaiser Diokletians an der Wende vom 3. zum 4. Jahrhundert die Residenz nach Ptolemais an die Küste verlegt wurde.

Kyrene in der Spätantike

Am Ende des 4. Jahrhunderts beschreibt Ammianus Marcellinus Kyrene, vor allem als Folge der beiden Erdbeben von 262 und 365, als »alte, aber verwüstete Stadt« und der ortsansässige Bischof Synesios (um 370–413) entwirft ein dramatisches Bild seiner durch die ständigen Übergriffe der Austurianer, der Maziker und anderer einheimischer Stämme schwer in Mitleidenschaft gezogenen Heimat: »Weh um Kyrene, dessen Chronik meine Ahnen zurück bis zu den Nachkommen des Herakles verzeichnen. Weh um jene Gräber der Dorer, in denen ich keinen Platz finden werde. Weh um Ptolemais, das mich zu seinem letzten Bischof ernannte […] Ich muss fliehen und mich einschiffen.«

Wie die übrigen Städte der Kyrenaika fiel auch Kyrene 643 unter die Herrschaft der Araber, die ausgerechnet diejenige Stadt, mit der Kyrene während der Battiadenherrschaft die meisten Konflikte auszutragen hatte, nämlich Barke, das heutige Al-Merdj, zur neuen Hauptstadt wählten.

Kyrene, Plan der Unterstadt ▷

Rundgang durch das Ruinengelände

Die Überreste von Kyrene sind heute zum größten Teil nur noch in ihren Grundmauern erhalten, beeindrucken aber vor allem durch ihre Lage in bis zu 620 m Höhe ü. M. inmitten der Hänge des Djebel al-Akhdar. Die Relikte, die einst von einer annähernd trapezförmig verlaufenden Stadtmauer umgeben waren, verteilen sich auf vier Areale, die sich auf unterschiedlich hohen Schichtstufen des Höhenzugs aus-

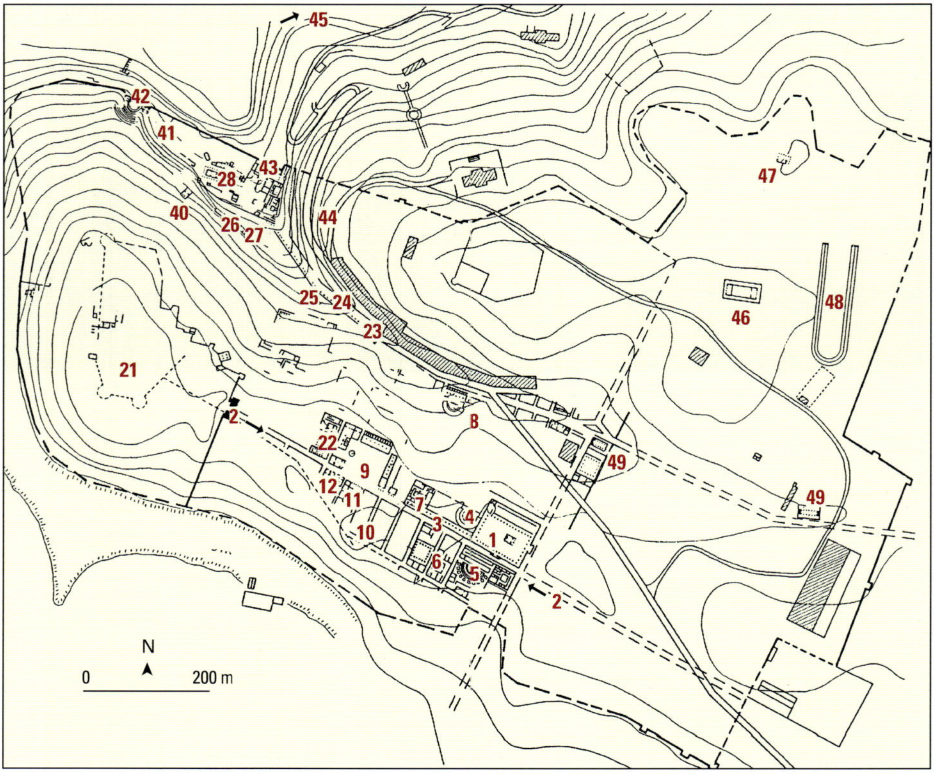

Kyrene, Plan des gesamten Ruinengeländes

breiten. Die Längsachse verläuft dabei von Nordwesten nach Südosten, ebenso wie das breite Wadi bel Gadir, welches die südwestliche Begrenzung des Stadtgeländes bildet. Das eigentliche Siedlungsgebiet zerfällt dabei in eine Unterstadt, in welcher sich, vor der Steilwand mit der Quelle des Apollon, die älteren Relikte, darunter zahlreiche Tempelbauten, befinden, und in eine später dazugekommene Oberstadt, deren sich rechtwinklig kreuzende Straßen das Geländeplateau wie ein Gitternetz überziehen. Verbunden sind die beiden Areale durch einen schmalen Geländeeinschnitt, in dessen Talgrund einst eine Pro-

Kyrene, Plan der Oberstadt ▷

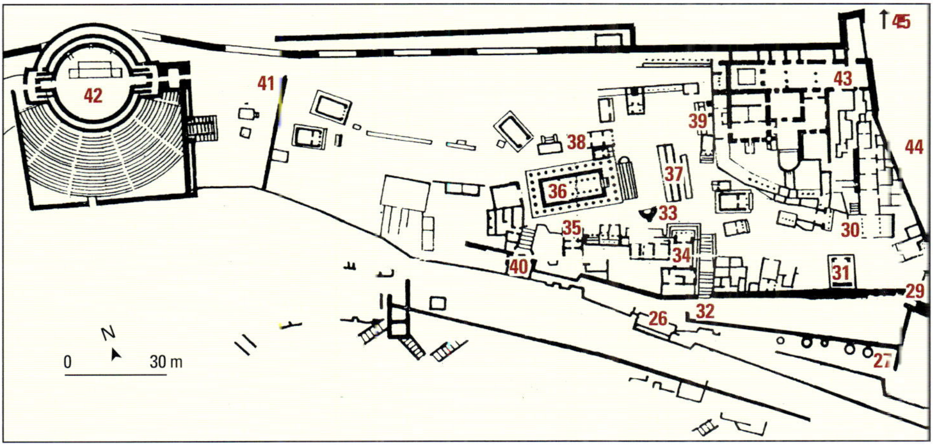

Kyrene (Legende für den Gesamtplan S. 298, der Oberstadt S. 299 unten, der Unterstadt S. 299 oben): 1 Caesareion 2 Battos-Straße 3 Begrenzungsmauer 4 Theater/Odeon 5 Theater/Odeon 6 Villa des Jason Magnus 7 Haus des Hesychios 8 Theater der Hermenbüsten 9 Agora 10 Haus mit dem Medusenhaupt 11 Prytaneion 12 Kapitol 13 Bouleuterion 14 Apollon-Tempel 15 Tempel der achteckigen Basen (Asklepios-Tempel) 16 Augustus-Tempel 17 Battos-Grab 18 Demeter- und Kore-Tempel 19 Siegesaltäre 20 Schiffsmonument 21 Akropolis 22 Gymnasion 23 Speicherhöhlen 24 Prozessionsstraße 25 Griechische Bäder 26 Apollon-Quelle (Quelle Kyra) 27 Kalkbrennöfen 28 Tempelbezirk der Unterstadt 29 Griechischer Propylon 30 Römischer Propylon 31 Strategheion 32 Torso einer Sphinx 33 Pratomedes-Monument 34 Jason-Magnus-Tempel 35 Isis-Tempel 36 Apollon-Tempel 37 Apollon-Altar 38 Artemis-Tempel 39 Artemis-Altar 40 Priestergrotte 41 Nikodemos-Mauer 42 Griechisches Theater/römisches Amphitheater 43 Trajanische Thermen 44 Aussichtspunkt 45 Nordnekropole 46 Zeus-Tempel 47 Zisternen 48 Hippodrom/Circus 49 Kirchengrundrisse

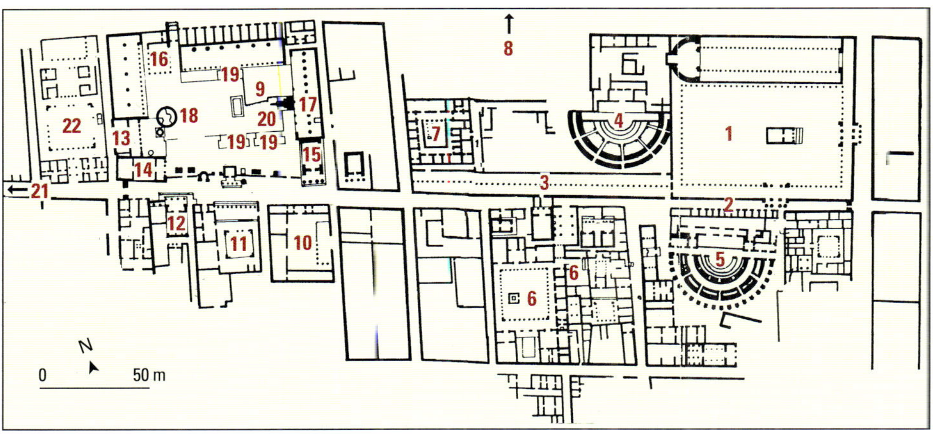

zessionsstraße verlief. An den Hängen unterhalb der Unterstadt zieht sich die lang gestreckte Nekropole mit mehreren Tausend Gräbern unterschiedlichster Bauart entlang, und außerhalb der Stadt nimmt – etwa auf dem Höhenniveau der Oberstadt – der Zeus-Tempel gemeinsam mit einigen anderen Bauwerken eine Geländekuppe ein.

Man beginnt den Besuch in dem weitläufigen Gelände der Ruinenestadt von Kyrene am Kräfte sparendsten in der Oberstadt, wo sich der Zugang in das abgezäunte Ruinengelände beim Caesareion (1) befindet, und steigt von dort aus hinunter in die Unterstadt. Hier erreicht man den Ausgang (beziehungsweise Zugang für denjenigen, der die Baureste in der chronologisch richtigen, aber mühseliger zu bewältigenden Abfolge besichtigen möchte) etwas oberhalb der trajanischen Thermen (43).

Auch Marc Anton, der langjährige Widersacher von Oktavian/Augustus und Geliebte der ägyptischen Königin Kleopatra, nahm als Dionysos verkleidet und mit Weinlaub geschmückt an den Festumzügen in der türkischen Stadt Ephesos teil, wo er für diesen Gott einen großen Tempel in Auftrag gegeben hatte.

Das **Caesareion** (1), eine Kultstätte zu Ehren des vergöttlichten Gaius Julius Caesar, besteht aus einem 85 × 96 m großen Hof, der allseitig von einer hohen Umfassungsmauer und einer Säulenhalle an deren Innenseite umgeben ist. Wo sich die beiden Zugänge im Südosten und Südwesten befinden, ist vor die glatte Mauer ein Portikus mit Säulen und Giebel gestellt worden. Damit korrespondierend überragen innen die Säulen der Wandelhalle im Bereich der beiden Zugänge die übrigen Stützen. In der Mitte des ummauerten Areals erhob sich einst ein heute nur noch in Resten vorhandener Tempel für Bacchus bzw. für Dionysos, wie der Gott des Weins in Griechenland genannt wurde. Damit wird der besonderen Rolle dieses Gottes in der Herrscherideologie des Späthellenismus Rechnung getragen: So wählte sich Ptolemaios XII., der Vater der letzten ägyptischen Königin Kleopatra, den Beinamen Neos Dionysos (Neuer Dionysos). Im Caesareion von Kyrene befinden sich neben dem großen Hof noch die Grundmauern einer dreischiffigen Basilika mit einer Apsis im Nordwesten.

Verlässt man das Caesareion durch seinen südwestlichen Zugang, gelangt man auf die **Battos-Straße** (2), die Hauptachse der Oberstadt, die hier ihren Anfang nimmt. Vor der römischen Bebauung des Areals befand sich hier eine Sportstätte *(gymnasion)* mit einer Rennbahn für Läufer, deren letzte Reste die geradlinig verlaufende Straße und – im Anschluss an die Einfassung des Caesareions – deren rechte **Begrenzungsmauer** (3) darstellen. Diese Mauer wies in ihrem oberen Teil in dichter Abfolge schmale und hohe Fenster auf, die durch Pfeiler voneinander getrennt waren, vor denen sich stehende männliche, bärtige Figuren befinden. Die unterschiedlich gut erhaltenen Skulpturen werden als alternierende Darstellungen von Herakles und Hermes gedeutet. Vom oberen Abschluss dieser Wand hat sich nichts mehr erhalten.

Diese Mauer kaschiert geschickt, dass unmittelbar hinter dem Caesareion im weiteren Verlauf der Battos-Straße ein kleines **Theater** oder **Odeon** (4) in den Hang eingetieft war, das der Straße nicht die gerade Front seiner (heute fast völlig abgetragenen) Bühne zuwandte, sondern die Rundung seiner *cavea*.

Kyrene, Skulpturen auf der Begrenzungsmauer der Battos-Straße

Auf der gegenüber liegenden Straßenseite befindet sich ein noch kleineres weiteres **Theater** oder **Odeon** (5), das dieselbe Ausrichtung aufweist wie sein eben genanntes Gegenstück. Das bedeutet in diesem Fall, dass jetzt die Mauer des (ebenfalls nicht mehr vorhandenen) Bühnenhauses der Hauptverkehrsachse zugewandt war und diese an ihrem Rand säumte.

Im weiteren Verlauf der Battos-Straße schließt sich auf derselben Seite bald das ausgedehnte Gelände der **Villa des Jason Magnus** (6) an. Ihr Besitzer fungierte unter Kaiser Commodus als Apollon-Priester und war so vermögend, dass er sich nicht nur dieses prachtvolle Wohnhaus, das in seiner letzten Bauphase zwei *insulae* des rechtwinkligen Straßennetzes der kyrenischen Oberstadt umfasste, errichten lassen konnte, sondern von seinem Geld auch noch einen Tempel in der Unterstadt stiftete. Wenn auch nur noch die Grundmauern des hochherrschaftlichen Wohngebäudes erhalten sind, so lassen die mit Marmorplatten belegten Treppenstufen des Eingangsbereichs, die zahlreichen geometrischen Fußbodenmosaike und vor allem der großflächige, aus verschiedensten Buntmarmorsorten zusammengestellte Opus-sectile-Boden im rückwärtigen repräsentativen Hauptraum der Anlage noch den einstigen Glanz erahnen. Am Rand dieses Raumes mit dem bunten Paviment stehen noch Sockel für die mit drapierten Gewändern versehenen Marmorstatuen der neun Musen, von denen sich einige, wenn auch allesamt ohne Kopf, noch erhalten haben. Auf einem der Sockel lässt sich bei extremem Schräglicht auch noch die entsprechende Beischrift ausmachen. Auf den Kapitellen der benachbarten Säulen befanden sich einst auch Darstellungen menschlicher Gesichter. Es spricht einiges dafür, dass das gut erhaltene Exemplar vor Ort den Dynastiegründer Battos wiedergeben soll. Um einen weiteren Bodenbelag, ein Mosaik, wurde mittlerweile ein Schutzbau errichtet, dessen aufgehendes Mauerwerk, wie die

Kyrene, Jason-Magnus-Villa, Musen-Statue und Opus-Sectile-Boden

spärlichen Reste von Bemalung an dessen Innenwänden zeigen, in den unteren Partien noch aus der antiken Bausubstanz besteht. Das Mosaik weist ein zentrales Medaillon auf, das einen bemannten und von einem Pferd gezogenen einachsigen Streitwagen zeigt, wobei die Darstellung, damit sie sich in die Rundung des Bildfeldes einfügt, eigenartig gestaucht ist. An den vier Ecken des Mosaiks erscheinen die Personifikationen der vier Jahreszeiten als menschliche Büsten.

Auf der gegenüber liegenden Straßenseite und etwas abseits von ihr im zumeist überwucherten Gelände, befindet sich, ungefähr in Höhe des rückwärtigen Endes der Pfeiler-Stoa, das **Haus des Hesychios** (7). Der Name seines Besitzers, der eventuell identisch ist mit einem Empfänger mehrerer Briefe des kyrenischen Bischofs Synesios (obwohl Münzfunde dafür sprechen, dass das Gebäude nach dem Erdbeben von 365 aufgegeben wurde), erscheint in der griechischen, in einem Dialekt gehaltenen und deswegen nur schwer deutbaren kurzen Inschrift einer einst mit bunten Steinen eingelegten Bodenplatte. Am besten erhalten hat sich in diesem Gebäude, dessen Besitzer im 4. Jahrhundert dem Christenzum anhing, ein Bodenmosaik, mit dem ein abknickender Korridor ausgelegt ist. Das Bildfeld zeigt, sich mehrfach wiederholend, geflügelte Engel, welche einen Kranz mit einer Segensinschrift sowie Opferbeckenständer, aus denen Rauch und Flammen schlagen, flankieren.

Wer sich von hier aus weg von der Battos-Straße den Hang hinab durch die Vegetation schlägt, erreicht an der Talsohle an einer hier vorbeiführenden schmalen Asphaltstraße das so genannte **Theater der Hermenbüsten** (8). Allerdings ist von den Skulpturen, die einst die Front der *scena* säumten und dieser dritten Spielstätte den Namen gaben, nichts mehr vor Ort vorhanden, da diese ins Magazin gebracht wurden. Das Theater lag einst unmittelbar an der römischen Hauptstraße; vom Stadtzentrum aus jener Zeit ist allerdings nichts mehr zu sehen, da dieses Gelände von den – mittlerweile weitgehend geräumten – Häusern des heutigen Dorfes Schahat überbaut ist.

Nur durch eine Querstraße zur Battos-Straße vom frühchristlichen Wohnhaus des Hesychios getrennt, erstreckt sich das weitläufige Areal der **Agora** (9). Von den Gebäuden, die den rechteckigen Freiplatz umgaben, sind zumeist nur noch die Grundmauern vorhanden. Das gleiche gilt für die repräsentativen Bauten, die sich in Höhe des Markts auf der gegenüber liegenden Seite der Battos-Straße befanden. Dies sind nebeneinander das **Haus mit dem Haupt der Medusa** (10), das **Prytaneion** (11), wo die Notablen der Stadt kostenlos speisten, sowie ganz im Nordwesten das so genannte **Kapitol** (12), ein Hadrian-und Antonius-Tempel. Wo am Rand der Agora kein offizielles Gebäude stand, wurde jeweils eine Stoa, eine säulengestützte Wandelhalle, eingefügt, um den Platz allseitig mit einem geschlossenen Gebäudeensemble zu rahmen. Zu den dortigen Bauten gehören unter anderem das **Bouleuterion** (13), der Sitz der Ratsversammlung, dessen ursprünglich an den beiden Gebäudeschmalseiten aufsteigende Stufen für die Plätze der Ratsleute später zu einer Krümmung entlang der Längsseite umgestaltet wurden, sowie kleine Tempel für **Apollon** (14), **Asklepios** (15) und den vergöttlichten **Augustus** (16). Die Stoahalle an der südöstlichen Seite der Agora überlagert ein in den Boden eingetieftes, bescheidenes, mit Steinplatten ausgelegtes und mit einem Satteldach aus Steinquadern abgedecktes Grab, das wieder restauriert worden ist. Hierbei kann es sich nur um die **Grablege des Dynastiebegründers Battos** (17, Abb. S. 242) handeln, denn die Form des Bestattungsortes entspricht derjenigen des späten 7. und frühen 6. Jahrhunderts v. Chr. und üblicherweise befanden sich die Gräber der Griechen

Kyrene, Agora mit Rundtempel

stets außerhalb der Ansiedlungen. Nur für die Person des Battos ist literarisch – in einer der beiden Oden des Pindar anlässlich des Sieges von Arkesilaos IV. beim Wagenrennen in Delphi – überliefert, dass er auf dem Gelände der späteren Agora, also mitten im Stadtgebiet, seine letzte Ruhe fand.

Lange Zeit hatte man den erheblich zentraler gelegenen Rundbau im Nordwesten des Freiplatzes, der mittlerweile als **Demeter- und Kore-Tempel** (18) identifiziert wurde, als oberirdische Markierung des Battosgrabes betrachtet. Bei den weiteren Bauten auf dem Freiplatz der Agora handelt es sich jeweils um **Siegesaltäre** (19), bei denen jeweils unbekannt ist, zu welchen Anlässen sie errichtet worden waren. Im einen Fall ist es ein einfacher, im anderen ein doppelter Altar. Auskunft über die Gründe der Stiftung hätten wohl die Inschriften geben können, die auf den Marmorplatten eingemeißelt waren, mit denen die großen Altarsockel mit ihren Volutenbegrenzungen an den Seiten verkleidet waren. Am auffälligsten ist jedoch, unweit des Battos-Grabes, das **Denkmal in Gestalt eines Schiffsbugs** (20), auf welchem eine Nike (Siegesgöttin) oder Tyche (Stadtgöttin) steht. Der Kopf der Skulptur ist erst in den frühen 1990er Jahren von Kunstdieben abgeschlagen und entwendet worden. Errichtet wurde dieses Monument möglicherweise anlässlich der Beseitigung der Piratenplage im Roten Meer und im Mittelmeer durch Pompeijus im Jahr 67 v. Chr., wofür die Hafenstädte des Mittelmeeres auf römischen Druck hin jeweils hatten Flottenverbände stellen müssen.

Kyrene, Denkmal in Gestalt eines Schiffsbugs

Die Verlängerung der Battos-Straße über die Agora hinaus führt zur noch nicht vollständig ausgegrabenen, einst vollständig ummauerten **Akropolis** (21), deren Besuch, vielleicht mit Ausnahme des Zugangstores, kaum lohnt, da nur wenige Mauerzüge zu sehen sind.

Stattdessen sollte man sich hinter der Agora, vorbei am so genannten **Gymnasion** (22), einem großen römischen Bürgerhaus bzw. einer kleinen Palastanlage, hangabwärts in Richtung Taleinschnitt begeben. Auf dessen Sohle wurden einige Gebäudegrundrisse freigelegt, und am gegenüber liegenden niedrigen Steilhang sind zahlreiche **Höhlen** (23) in den nackten Felsen eingeschlagen. Bei ihnen handelt es sich nicht um Grabhöhlen, da die Friedhöfe, wie eben gesagt, immer außerhalb der Ansiedlungen lagen, sondern am ehesten um Speicherräume, in denen Waren gekühlt gelagert werden konnten.

Entlang der Talsohle verlief einst eine **Prozessionsstraße** (24) hinunter zur Unterstadt mit den zahlreichen Tempelanlagen des Apollonbezirkes. Von der einstigen Prunkallee zeugen nur noch eine längere Mauer sowie davor befindliche Säulenbasen.

Passiert man diese Mauer linker Hand, erreicht man nach wenigen Metern die links in die steilen Felswände eingetieften **griechischen Bäder** (25). Hier sind mehrere eindrucksvolle Hallen aus dem Berg geschlagen worden, an deren Seitenwänden zahlreiche Nischen mit kleinen Wannen für die Sitzbäder eingelassen sind. Da es hierher keine Wasserleitung gab, mussten die im Bad beschäftigten Diener das kalte Wasser aus der tiefer gelegenen Apollon-Quelle herauftragen und nach dem Weggang der Badegäste das Abwasser beseitigen und die Wannen wieder für den nächsten Gast säubern.

Hier endet die talwärts führende Straße abrupt; zum weiteren Abstieg in die Unterstadt muss man deswegen erst einmal wieder zum oberen Anfang der Mauer der Prozessionsstraße zurückkehren, wo man sich dann rechts davon hält.

Derselben Felswand, in welche die griechischen Bäder eingetieft waren, entspringt in der Unterstadt auch die heute noch reichlich sprudelnde **Apollon-Quelle** (26, Quelle Kyra), welcher die Stadt ihre Existenz verdankt. Hier soll der Überlieferung nach der griechische Gott die Quellnymphe Kyrene verführt haben. Auf dem Weg dorthin passiert man noch die Reste runder **Kalkbrennöfen** (27) aus byzantinischer Zeit.

In den ausgedehnten, etwas tiefer gelegenen **Tempelbezirk der Unterstadt** (28) führte ursprünglich der so genannte **griechische Propylon** (29) mit kannelierten Säulen und einem Giebelfeld. Nach den Baumaßnahmen der römischen Kaiser Trajan und Hadrian, die vor allem nach den Zerstörungen in der Stadt durch den Aufstand der Juden 117 notwendig geworden waren, wurde auch der Zugang verlegt und durch den genau in der Achse des Apollon-Tempels gelegenen **römischen Propylon** (30) aus einer Abfolge von Portalen mit korinthischen Kapitellen markiert.

Bei dem dazwischenliegenden schmucklosen und tempelartigen Gebäude mit Satteldach, das sich am Rand des Tempelbezirks erhebt, handelt es sich – wie die Inschrift über dem Zugang auf der nördlichen Schmalseite berichtet –, um das **Strategheion** (31), das im 4. Jahrhundert v. Chr. von drei kyrenischen Feldherrn anlässlich des Sieges in einer nicht näher bekannten militärischen Auseinandersetzung gestiftet wurde, um den den Göttern zustehenden Anteil von 10 % an der Kriegsbeute aufzunehmen.

Die heute in den Tempelbezirk der Unterstadt hinabführenden wenigen Treppen sind an ihrem oberen Ende vom hier wieder aufgestellten Rumpf der Figur einer archaischen **Sphinx** (32), bei der die Flügel abgebrochen sind, markiert.

Unter den zahlreichen Bauten in diesem heiligen Bezirk fällt unweit der Südecke des Apollon-Tempels eine von zwei Löwen flankierte, sich auf einem halbrunden Unterbau erhebende helle Säule aus Marmor auf, bei der es sich um die **Stiftung eines Monuments** aus dem 4. Jahrhundert v. Chr. durch den Griechen **Pratomedes** (33) handelt. Der quaderförmige Sockel der Säule trägt dabei Reliefdarstellungen. Zu den weiteren Monumenten zählen ferner der benachbarte von **Jason Magnus** gestiftete **Tempel** (34), von dem heute nur noch der Sockel vorhanden ist, sowie zahlreiche weitere kleinere **Heiligtümer** – darunter eines, welches der ägyptischen Göttin **Isis** (35) geweiht war –, die zumeist nur noch in ihren untersten Steinlagen erhalten sind.

Das zentrale Hauptheiligtum der Unterstadt, um den sich all die anderen Gebäude gruppieren, ist der **Apollon-Tempel** (36, Abb. S. 248) mit einem vorgelagerten **Altar** (37). Seine älteste der insgesamt vier bis fünf Bauphasen geht in die Zeit unmittelbar nach der Stadtgründung, ins 6. Jahrhundert v. Chr., zurück. Die Längshalle besitzt ihren Eingang an der vorderen Schmalseite, innen ist das Gebäude von 2 × 5 Säulen getragen, dahinter liegt das abgetrennte Allerheiligste mit zwei Paaren von Stützen. In einer Erweiterung des ausgehenden 4. Jahrhunderts v. Chr. wurde das Heiligtum schließlich mit einem umlaufenden Peripteros von 11 × 6 Säulen umgeben. Die nächsten Baumaßnahmen erfolgten in der frührömischen Kaiserzeit. Sein endgültiges Aussehen verdankt der Tempel dem Wiederaufbau der Römer im 2. Jahrhundert. Im Innern der Ruine wächst heute ein Lorbeerbaum, die heilige Pflanze des Apollon.

Der Kultstätte des Apollon rechts benachbart ist der **Tempel** seiner göttlichen Zwillingsschwester **Artemis** (38), der gegenüber dem Hauptheiligtum niedriger liegt. Einige kopflose und umgestürzte Statuenrümpfe flankieren den Zugang. Auch diesem Sakralbau ist ein großer **Altarsockel** (39) vorangestellt.

Wenige Meter rechts von der Grotte mit der Apollon-Quelle ist eine große Höhlung, die so genannte **Priestergrotte** (40), aus dem Felsen herausgeschlagen. Hier fanden, wie ihr (modern vergebener) Name schon andeutet, wahrscheinlich Kulthandlungen zu Ehren des Hauptgottes statt, über deren wohl mysterienartigen Ablauf nichts Näheres bekannt ist.

Das östliche Ende des Tempelbezirks in der Unterstadt wird begrenzt durch die **Nikodemos-Mauer** (41). Ein hier noch befindlicher Inschriftenblock nennt den Namen des Stifters aus dem 2. oder 3. Jahrhundert. Dass sie heute, nach ihrer Wiedererrichtung, merkwürdig löchrig ist, erklärt sich damit, dass ihre quaderförmigen Blöcke in späterer Zeit als willkommenes Baumaterial abtransportert worden sind, während die Steine, die die Mauer oben abschlossen, auf Grund ihres dreieckigen Querschnitts nicht zur Wiederverwertung geeignet war und deswegen im Gelände belassen wurden. Während daher die Bekrönungsblöcke der Mauer noch fast vollständig aufgefunden werden konnten, fehlten den Restauratoren viele Quader aus dem aufgehenden Mauerwerk, die man durch moderne Betonpfeiler mit dazwischenliegenden Lücken ersetzte.

Nach Durchschreiten der Mauer gelangt man in das vierte und zugleich größte **griechische Theater** (42), das sich im Stadtgebiet befindet. Ursprünglich war es ein halbrunder Bau, dessen aufsteigende Zuschauerränge, wie in den griechischen Theatern üblich, in den Berghang eingetieft waren. Das Bühnenhaus war dem Steilabfall des Hanges im Norden zugewandt. In der Römerzeit wurde das griechische Theater zu einem **Amphitheater**, also einem Bauwerk mit ovalem Grundriss, umgestaltet. Dazu wurde das alte Bühnenhaus eingerissen und der abschüssige Steilhang, um die baulichen Erweiterungen tragen zu können, mit gewaltigen eingewölbten Substruktionen terrassenartig nach Norden erweitert.

In der entgegengesetzten östlichen Richtung schließen sich an den Tempelbezirk der Unterstadt die **trajanischen Thermen** (43) an, die

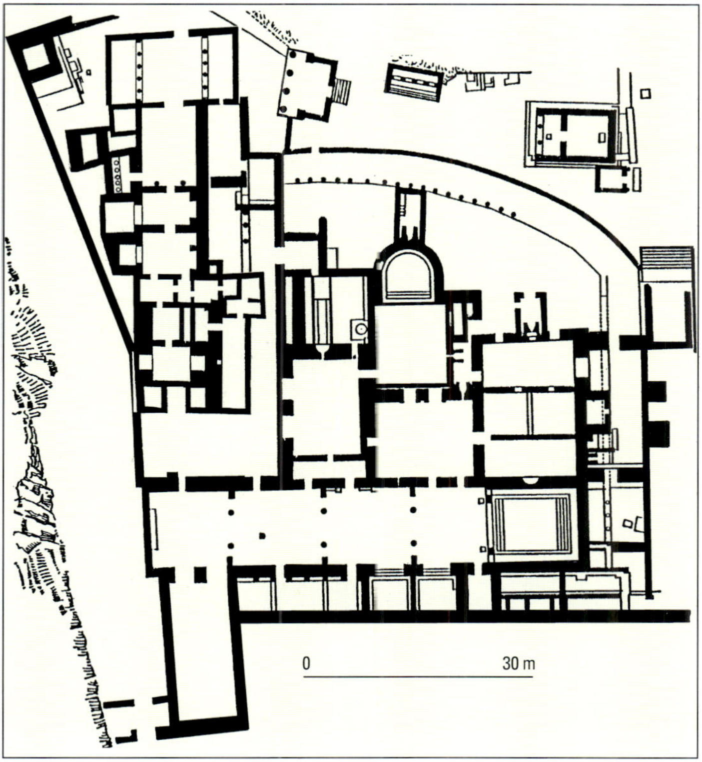

Kyrene, Grundriss der trajanischen Bäder

von diesem Kaiser 98 gestiftet und von Hadrian erneuert worden sind. Man gelangt hier zunächst in einen einst säulengesäumten Hof mit einem zentralen Wasserbecken, an den sich nach rechts die überdachten Baderäume mit teils noch gut erhaltene Hypokaustanlagen für den Heißwasserbereich anschlossen. An der linken Längsmauer des Hofes ist auch die kaiserliche Inschriftentafel angebracht, die den jüdischen Aufstand erwähnt. In byzantinischer Zeit wurden diese Bäder gründlich umgestaltet; die heute sichtbare Raumaufteilung entstammt auch erst dieser späten Epoche.

Unweit oberhalb dieser Thermen befindet sich auch der untere Ausgang aus dem eingezäunten Ruinengelände. Wer die hier vorbeiführende Asphaltstraße nach links einschlägt, erreicht nach einem kurzen Aufstieg eine Stelle, die einen phantastischen **Rundblick über das Areal der Unterstadt** (44) bietet. In seinem weiteren Verlauf passiert dieser Weg auch das bereits erwähnte Theater der Hermenbüsten.

Nach rechts hingegen führt dieselbe Straße in das ausgedehnte Gelände der **Nordnekropole** (45). Beidseitig der gewundenen, sich

Kyrene, Felsgräber der Nordnekropole

den Hang entlangziehenden und leicht abschüssigen Route reihen sich in dichter Folge die unterschiedlichsten Gräber aneinander. Das Spektrum der mehr als Tausend Bestattungsplätze aus der Zeit zwischen dem 6. Jahrhundert v. Chr. und dem 6. Jahrhundert n. Chr. reicht dabei von hausförmigen, direkt aus dem Fels geschlagenen Sarkophagen über große Rundgräber bis hin zu Felsgräbern mit mehr oder minder prunkvollen Säulen- und Pfeilerfassaden. So liegt als einer der ersten Sepulchralbauten ein hellenistisches Rundgrab (Grab Nr. 1) rechts oberhalb der Straße auf einem kleinen Plateau. Nach einer Doppelkurve, vorbei an zahlreichen Grabfassaden, weitet sich ein Felsspalt rechts der Straße zu einem kleinen Steinbruchareal. Unmittelbar daneben spannt sich das auffällige Tonnengewölbe eines weiteren Grabgebäudes. Auf der gegenüber liegenden Straßenseite wurde aus den Felsen des Abhanges eine größere Gruppe von Steinsarkophagen herausgemeißelt, die vielfach noch mit ihrer Deckplatte in Satteldachform versehen sind. Von den kleinen Plateaus mit diesen Haussarkophagen gehen auch zwei in den Fels getriebene Grabkammern ab, die im Innern jeweils Wandnischen mit Konchen und darunter aus dem Stein herausgearbeitete Sarkophage besitzen. In einem der beiden Gräber finden sich in einer der Konchenwölbungen noch Wandmalereien mit der Darstellung geflügelter Eroten, die erst in allerjüngster Zeit durch großflächig mit schwarzer Farbe aufgetragene Graffiti in arabischer Schrift ruiniert wurden. Auch die roten antiken griechischen Besucherinschriften rechts des Zugangs sind durch dieselben Schmierereien kaum mehr erkennbar.

Am Ende der Nekropole gabelt sich die Straße in einen Arm, der hinab an die Küste, nach Apollonia führt, und einen weiteren zurück in Richtung Al-Beidha, der bald danach wieder steil ansteigt. Letzterer führt wieder zum Eingang des eingezäunten Ruinengeländes, weist dort aber auch einen Abzweig nach rechts in den Bezirk des **Zeus-Tempels** (46) auf, entlang dessen die Straße auch schon zuvor ein kurzes Stück verlaufen war. Gemeinsam mit dem Apollon-Heiligtum stellt er den ältesten Sakralbau Kyrenes dar und entstand wie dieser schon bald nach der Stadtgründung im frühen 6. Jahrhundert v. Chr. Mit seinen Ausmaßen von 32 × 70 m übertrifft er sogar den Parthenon auf der Athener Akropolis. Auch beim Zeus-Tempel von Kyrene lassen sich mehrere Bauphasen nachweisen; die Letzte geht wiederum auf das römische Neubauprogramm nach der Niederschlagung des Judenaufstandes zurück, wovon die Inschrift über dem Eingang zeugt, die die Wiedereinweihung durch den Proconsul Claudius Attalos unter Kaiser Marc Aurel erwähnt. Beim Wiederaufbau des Gebäudes in der Neuzeit entstand allerdings ein Gemisch aus den unterschiedlichsten Bauperioden, sodass das dorische Heiligtum mit seinem Umgang aus 17 × 8 Säulen, die am Boden fast 2 m Durchmesser besitzen, seiner abgetrennten Antecella, die – im Gegensatz zur Vorderfront – von drei statt von zwei Säulen gestützt wird und seinen anderen Innenbauten in der Gestalt, wie er sich heute präsentiert, in der Antike nie existiert hat. Beim Kultbild des Tempels handelte es sich um eine Nachbildung der Zeusstatue, die der berühmte Bildhauer Phidias für den Zeus-Tempel in Olympia geschaffen hatte und die zu den sieben Weltwundern der Antike zählte. Bevor die persische Armee, welche die kyrenische Königin Pheretime 514 v. Chr. nach der Ermordung ihres Sohnes Arkesilaos III. im Kampf gegen die abtrünnige Stadt Barke unterstützt hatten, wieder den Rückweg nach Alexandria antrat, lagerte sie, wie Herodot berichtet, auf einem Hügel vor den Toren von Kyrene, der einen Tempel des Zeus Lykaios trug. Wahrscheinlich ist damit die flache Kuppe gemeint, auf der sich das Zeus-Heiligtum mit seinem Altar (vor der Gebäudefront) befindet, aber auch zwei große überwölbte **Zisternen** (47) sowie die Überreste eines **Circus** oder **Hippodroms** (48) für Pferderennen.

Hinzuweisen wäre abschließend noch auf die im weitläufigen Gelände verstreuten, teils mit reizvollen Mosaikböden dekorierten frühchristlichen **Kirchengrundrisse** (49) aus zumeist justinianischer Zeit, die aber eingezäunt und in der Regel für Besucher nicht freigegeben sind.

Apollonia

Geschichte

Apollonia ☆

Besonders sehenswert:
Museum
Westbasilika
Zentralbasilika
Thermen
Ostbasilika
Theater

Apollonia ist zu einem bislang unbekannten Zeitpunkt als Hafen-›Viertel‹ von Kyrene gegründet worden und besaß deshalb jahrhundertelang keinen eigenen Namen. Die große Distanz von 20 km zwischen dem Stadtzentrum und seinem Vorort wurde durch eine Straße überbrückt, die im Wesentlichen der heutigen Asphaltstraße folgt, welche vom 600 m hoch gelegenen Kyrene hinab ans Meer führt. In der Ptolemäerzeit erscheint dann Apollonia als eigenständige Stadt und als Mitglied der Pentapolis. Während der römischen Periode ist über das Geschick der Stadt wenig bekannt. In der Spätantike, wohl im frühen 6. Jahrhundert, löste sie Ptolemais als Hauptstadt der Pentapolis ab. Zu dieser Zeit trug Apollonia den Namen Sozousa (›Erlöserstadt‹). Hier hielt sich die spätere römische Kaiserin Theodora, lange bevor sie nach Byzanz zurückkehrte und dort die Gemahlin Justinians wurde, als Geliebte des römischen Adeligen Hekebolios auf.

Die Seefahrer der Stadt unterhielten zu ihrer Blütezeit in der Antike Handelskontakte bis nach England: Johannes der Wohltätige, Patriarch von Alexandria, berichtet, dass nordafrikanisches Getreide gegen Zinn aus Cornwall getauscht wurde.

Im ausgehenden 19. Jahrhundert siedelten die Osmanen in Apollonia, das zu einem kleinen Fischerdorf herabgesunken war, muslimische Kreter an, die aus ihrer überwiegend von griechisch-orthodoxen Christen bevölkerten Heimat ausgewandert waren.

Das archäologische Museum

Inmitten des heutigen Dorfes Marsa Susa, an dessen östlichem Rand sich die Ruinen des antiken Apollonia ausdehnen, befindet sich ein kleines Museum. Den Eingangsraum nimmt ein großer Marmorsarkophag ein, der mehrfach verwendet worden ist. Seine beiden Längsseiten, von denen die eine eine Gigantomanie und die andere die Dioskuren zeigt, unterscheiden sich deutlich in der stilistischen Ausführung. An den Wänden des Raumes sind zwei Mosaiken mit Darstellungen der weiblichen Personifikationen von Ktisis und Kosmesis angebracht, die aus der byzantinischen Kirche von Ras al-Hillal (6. Jahrhundert) hierher gebracht wurden. Aus dem selben Gotteshaus und aus den beiden Kirchen von Al-Athrun stammen die Mosaiken (darunter eines mit der Darstellung von Noah) und Altarabschrankungsplatten, die sich in den links anschließenden Räumen befinden. In den Räumen rechts sind neben zahlreichen Kleinfunden unter anderem die Objekte ausgestellt, die aus dem in der Hafenbucht von Apollonia aufgefundenen antiken Schiffswrack geborgen worden sind. Größtes Teil daraus ist der Anker. Zu den weiteren Objekten gehören einige griechische Grabstatuen in Gestalt von Frauenbüsten. Bei einigen Exemplaren sind die Gesichter absichtlich nicht ausgearbeitet, sondern bestehen nur aus einer gewölbten glatten Fläche. Wandverputzstücke mit antiken Graffitis sowie Objekte mit arabischen Inschriften aus der frühislamischen Zeit beschließen die Sammlung.

Rundgang durch die Ruinen

Das antike Ruinengelände befindet sich am Ostrand des heutigen Dorfes und erstreckt sich lang gezogen in Ost-West-Richtung. Auf dem Weg vom Dorf dorthin passiert man ein ehemaliges Steinbruchgelände, in dessen abschüssige Felswände einige Grabhöhlen eingetieft sind.

Die im Ruinengelände vorhandenen Baureste stammen überwiegend aus byzantinischer Zeit. Der Verlauf der **byzantinischen Mauer** (1), die die Stadt mit Ausnahme der Seeseite vollständig umgibt, ist noch deutlich im Gelände zu erkennen. In regelmäßigen Abständen ist die Stadtumwallung mit mächtigen vorspringenden Rechecktür-

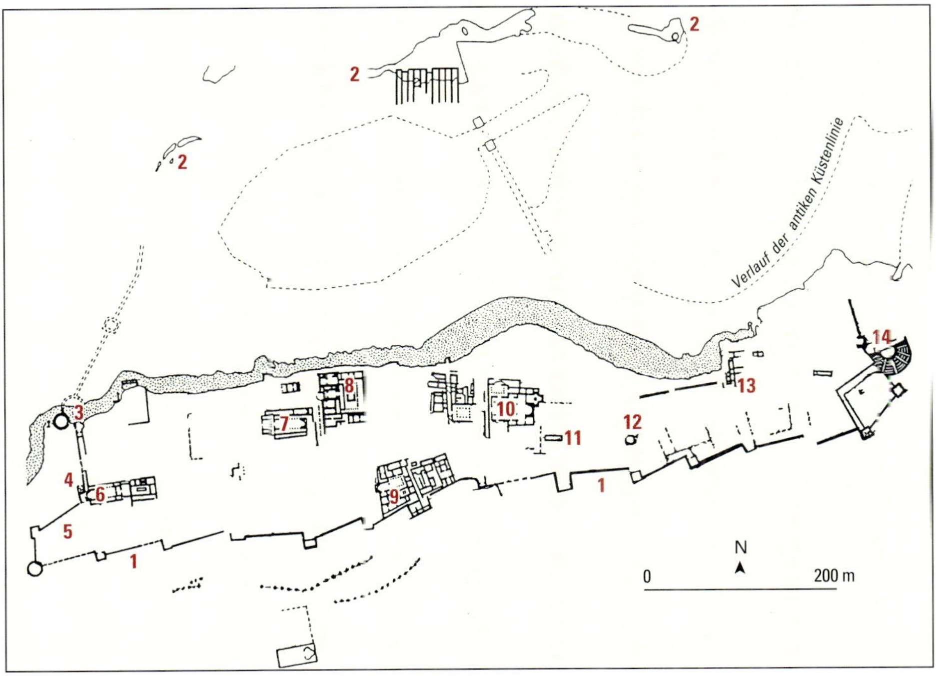

Apollonia, Plan des Ruinengeländes

1 Byzantinische Mauer
2 Mole des antiken Hafenbeckens
3 Antikes Eingangstor
4 Mausoleum
5 Grabungsmagazin und Wasserleitung
6 Westbasilika
7 Zentralbasilika
8 Römische Bäder
9 Palast des byzant. Statthalters
10 Ostbasilika
11 Haus mit den Zisternen
12 Akropolishügel
13 Speicherbauten am Hafen
14 Theater

Apollonia, Baptisterium der Zentralbasilika

Apollonia, Grundriss der Westbasilika

1 Apsis
2 Bema
3 Mittelschiff
4 Seitenschiffe
5 Narthex
6 Atrium
7 Baptisterium

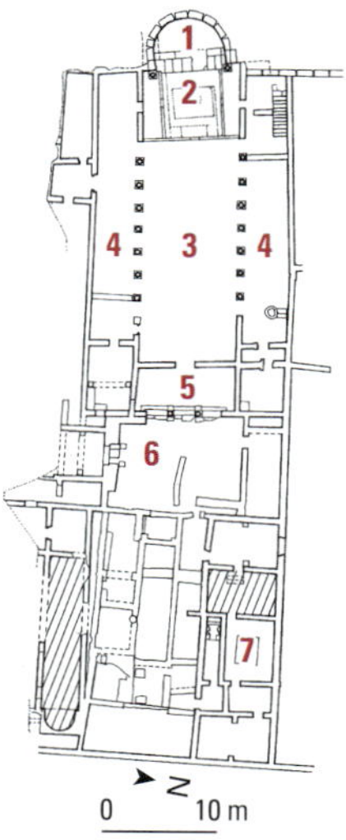

men verstärkt. In ihrem östlichen Abschnitt verläuft sie an der Abbruchkante eines alten Steinbruches, wo wiederum Felsgräber in die senkrechten Wände eingetieft sind.

Der küstennahe Teil der Stadt ist bei einem Erdbeben abgesackt und befindet sich heute unter dem Meeresspiegel. Die einst durchgehende **Mole**, die das **antike Hafenbecken** (2) schützte, zeichnet sich noch als unterbrochene Kette von riffartigen Felsen ab, die aus dem Wasser ragen. In diesem Hafenbecken wurden 1987 von französischen Archäologen die Planken des 13 m langen und 2 m breiten Schiffswracks entdeckt, dessen geborgene Funde sich im örtlichen Museum befinden.

Der Zugang in das Ruinengelände erfolgt an der westlichen Schmalseite, allerdings nicht durch das **antike Eingangstor** (3), sondern südlich davon, wo die Stadtmauer unterbrochen ist. Vom ursprünglichen Tor ist noch der Rundturm vorhanden.

Direkt an die Außenseite der Stadtmauer angebaut ist ein Bauwerk mit nahezu quadratischem Grundriss und eingestürzten Gewölben. Es diente als **Mausoleum** (4), da in ihm ein reliefdekorierter, aus einer früheren Bestattung wieder verwendeter und dafür teils mit neuen Motiven dekorierter Sarkophag aus Marmor aufgefunden wurde.

Im Gelände oberhalb des Mausoleums sind in einem **Grabungshaus** und einem abgesperrten Bereich davor einige Grabungsfunde magaziniert. Außerdem liegen hier Segmente antiker **Wasserleitungen** (5), bestehend aus U-förmigen Steinquadern und in die Eintiefung einzementierten Rohrleitungen aus Ton.

Das erste Gebäude, auf das man innerhalb der Ummauerung stößt, ist die rechts des Trampelpfades, der das Ruinengelände von West nach Ost durchquert, gelegene **Westbasilika** (6), deren rückwärtige Apsis nach Westen zeigt. In der dreischiffigen Kirche, in der die Säulen teils wieder aufgerichtet worden sind, befinden sich noch Mosaikreste. Östlich an die Kirche schließt sich ein Gebäude an, in welchem einer der Räume ein kleines Bassin beherbergt, bei dem es sich um das zur Kirche gehörige Taufbecken gehandelt haben dürfte.

Links des Trampelpfades befinden sich die Grundmauern der fünfschiffigen **Zentralbasilika** (7) mit einem Narthex im Westen und der Apsiswölbung im Osten. Im Apsisbereich sind noch Mosaikenreste vorhanden, außerdem sind die gegenüber den Marmorsäulen im Kirchenschiff kleineren Säulen des Baldachins, unter dem sich einst der Altar befand, wieder aufgerichtet worden. Auch die Altarplattform (Bema) mit den Nuten für die Platten der Altarabschrankungen ist noch vorhanden. Links von der Apsis befindet sich das Baptisterium, in welchem bei den Ausgrabungen sogar eine Heizvorrichtung zu Tage trat, mit Hilfe derer das Wasser des Taufbeckens vorgewärmt werden konnte.

Östlich dahinter schließen sich die ausgedehnten **römischen Bäder** (8) an. Im Osten befindet sich ein großes flaches offenes Becken, das einst von Säulen umstellt war. Einige der Kapitelle sind am Beckenrand wieder aufgestellt worden. Westlich davon liegen die Grundmauern der einst überdachten Teile des Bades mit einigen tiefen Becken, die mit Stufen zum Hinabsteigen ins Wasser ausgestattet sind. Dieses große Peristylgebäude war, wie 1955 Ausgrabungen französischer Archäologen ergeben haben, zuerst das Peristylhaus eines

Apollonia, römische Bäder

Apollonia, Palast des byzantinischen Statthalters

reichen Bürgers gewesen, das später in ein öffentliches Bad umgewandelt wurde.

Unmittelbar an die Stadtmauer angebaut, wobei einer der mächtigen Rechtecktürme der Mauer gleich in das Gebäude integriert worden ist, befindet sich der **Palast des byzantinischen Statthalters** (9), des Dux. Diese Deutung stützt sich nicht nur auf die großen Dimensionen des Gebäudes, sondern vor allem darauf, dass man während der Grabungen, die R. G. Goodchild zwischen 1957 und 1961 vor-

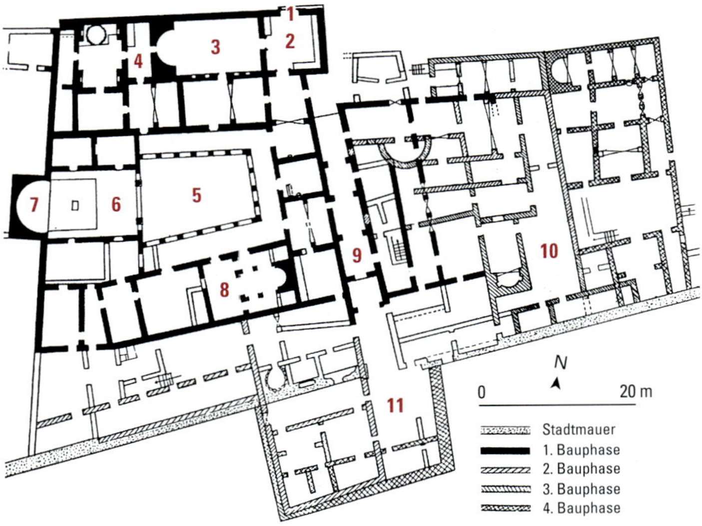

Apollonia, Grundriss des Palastes des byzantinischen Statthalters

1. *Haupteingang*
2. *Vorhalle mit Sitzbänken*
3. *Empfangssaal mit Westapsis*
4. *Zugangsraum für den Statthalter*
5. *Zentraler Hof*
6. *Großer Audienzraum*
7. *Apsis mit Thronsockel*
8. *Südkapelle mit Reliquienschrein (heute Museum Apollonia)*
9. *Korridor zwischen West- und Ostflügel*
10. *Ostflügel (Amts- und Büroräume)*
11. *Palastteil im ehemaligen Wehrturm der Stadtmauer*

genommen hatte, in zahlreiche Fragmente zerbrochene Marmorplatten mit einem Militäredikt des oströmischen Kaisers Anastasios (491–518) auffinden konnte, die an den Palastwänden angebracht gewesen sein dürften. Prokopius, der Hofschreiber Kaiser Justinians, überliefert in seiner ›Geheimen Chronik‹ des byzantinischen Herrscherhauses, dass die Kaisergemahlin Theodora, bevor sie Justinian kennen lernte, hier einige Jahre als Geliebte des byzantinischen Statthalters Hekebolios verbracht hatte. Allerdings ist die detaillierte Schilderung des Vorlebens und der sexuellen Vorlieben der Kaiserin mit großer Zurückhaltung zu genießen, da Prokopius und Theodora verfeindet waren und der Chronist deswegen nur Negatives – und dies auch noch ziemlich übertrieben – über sie berichtet. Der umfangreiche Palastkomplex entstand in mehreren Bauphasen. Als zentralen Raum enthält er eine offensichtlich als Privatkirche genutzte basilikale Anlage, bei der noch Arkadenbögen und Architrave mit Kreuzzeichen vorhanden sind. An vielen Stellen im Palastareal befinden sich Brunnenlöcher und Zisternenöffnungen.

Die dritte Kirche in der Stadt ist die **Ostbasilika** (10) mit kreuzförmigem Grundriss, die über den Mauern eines großen späthellenistischen oder frührömischen Wohnhauses errichtet wurde. Aus der ursprünglichen profanen Nutzung erklärt sich auch, weshalb ihr Zugang im Norden liegt, wo die Hauptstraße (Decumanus) verlief. Die Apsis liegt im Osten. Das südliche Querschiff besitzt die Reste zweier übereinander liegender Bodenmosaiken aus dem 5. und 6. Jahrhundert. Aus der letztgenannten Bauphase stammt wohl auch das große seitlich im Nordosten angefügte Baptisterium mit seinen drei Konchen. Die hier verbauten und wieder aufgerichteten Säulen

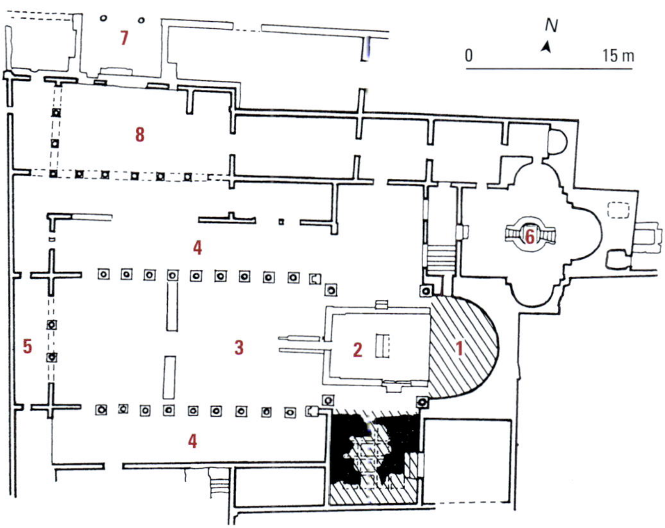

Apollonia, Grundriss der Ostkirche

1 Apsis
2 Bema
3 Mittelschiff
4 Seitenschiffe
5 Narthex
6 Baptisterium
7 Hauptzugang
8 Atrium

aus grünem Cippolino-Marmor dekorierten einst die Schauseite des Bühnenhauses des Theaters. Es handelt sich bei ihr um die älteste (5. Jahrhundert) und größte Kirche im Stadtareal.

In der Mitte der Stadt, zu Füßen einer kleinen Anhöhe, haben französische Archäologen die lang gestreckten und mit Tonnengewölben überdachten Zisternen vom Untergeschoss eines fast völlig abgetragenen Wohnhauses aus möglicherweise vorbyzantinischer Zeit entdeckt, das die Bezeichnung **Haus mit den Zisternen** (11) erhalten hat.

Auf der dahinter liegenden felsigen Anhöhe befand sich in der griechisch-römischen Zeit die **Akropolis** (12). Von den dort einst befindlichen Tempel- oder Palastbauten haben sich keine Mauern mehr erhalten. Lediglich im felsigen Untergrund befinden sich Treppen, Glättungen, Terrassierungen und andere Abarbeitungen als indirekte Spuren der einstigen Bebauung.

Felsabarbeitungen und aus dem Felsen geschlagene Becken, in denen möglicherweise Fische gezüchtet oder nach dem Fang lebendig aufbewahrt worden sind, befinden sich auch nordöstlich der Akropolis unmittelbar an der heutigen Küstenlinie. Vor der tektonischen Absenkung des Areals als Folge des Erdbebens lagen sie weiter im Innern des Stadtgebietes. Direkt dahinter sind in die hier steil abfallenden Felswände Höhlen eingeschlagen und darüber aus Steinquadern eingewölbte Gebäude errichtet worden, die wohl als **Speicherbauten** (13) fungiert haben.

Östlich außerhalb der Stadtmauer ziehen sich die Sitzreihen des aus griechischer Zeit stammenden **Theaters** (14) halbkreisförmig den Hang abwärts bis zur Bühne, die sich unmittelbar an der Küste befindet. Das Bühnenhaus ist schon in byzantinischer Zeit abgetragen worden, um die vorgefertigten Quader als Baumaterial zu gewinnen, und heute völlig verschwunden. Die Säulen, mit denen die einzelnen

Apollonia, Theater

Geschosse des Bühnenhauses dekoriert waren, sind in der Ostbasilika wieder verbaut worden. Die Sitzreihen des Theaters sind so eng an die Stadtmauern angebaut, dass diese ein Segment von ihnen abschneiden. Die Anfänge der Spielstätte gehen bereits auf griechisch-kyrenische Zeit zurück, was man auch daran ersehen kann, dass sie in einen Geländehang gebaut und nicht, wie in römischer Zeit üblich, frei stehend errichtet wurde. Sie erfuhr aber unter Kaiser Domitian erhebliche Umbauten und Erweiterungen, vor allem im Bereich ihres Bühnenhauses.

Auch östlich des Theaters befinden sich noch ausgedehnte antike **Steinbrüche,** in welchen Quader für die Bauten der Stadt gewonnen wurden.

Südlich außerhalb der Stadtmauern wurden noch die Grundrisse einer **Drei-Konchen-Kirche** entdeckt, die aber heute nicht mehr sichtbar sind.

Die Marmarica

Die Küstenregion im äußersten Nordosten Libyens, die schließlich auf ägyptisches Staatsgebiet übergeht, bildet eine eigene Landschaft, die in der Antike als Marmarica bezeichnet wurde. Auch hier erhebt sich südlich der schmalen Küstenebene, etwa zwischen den Küstenstädten Tobruk in Libyen und Sollum in Ägypten, ein verkarsteter Höhenzug, der Djebel Akabar oder Djebel Djefua, der jedoch deutlich niedriger ausfällt als der westlich benachbarte Djebel al-Akhdar. Als Bindeglied zwischen der Kyrenaika und Ägypten spielte die Landschaft im Altertum eine wechselhafte Rolle. Ihre Grenzen zu den beiden Nachbarregionen schwankten oder waren nicht eindeutig festgelegt, denn es finden sich bei den antiken Autoren widersprüchliche Angaben. Als Grenze zu Ägypten galt zumeist der durch eine Festung gesicherte Hafen von Katabathmos, das heutige Sollum, aber gelegentlich auch erst der Rand des Nildeltas; die Grenze zur eigentlichen Kyrenaika wurde teils östlich, teils westlich von Darnis, dem heutigen Derna, gezogen. Die Bevölkerung, die Marmaridai (griech.) bzw. Marmarides (röm.), wurde sogar noch weiträumiger angesetzt. Als ihr Siedlungsareal geben einige antike Autoren sogar das Gebiet bis nach Euhesperides, das heutige Benghazi, an. Strabo bezieht in seiner Beschreibung auch noch das Ammonsorakel in der Oase Siwa auf heutigem ägyptischem Staatsgebiet in die Marmarica mit ein.

Der antike Name von Sollum, Katabathmos, bedeutet Steigung und spielt auf die topographischen Gegebenheiten an, die dazu geführt haben, dass sich der Ort mit seinem Hinterland zu allen Zeiten als natürliche Grenze angeboten hat – bis hinein in die Gegenwart, wo er die letzte ägyptische Siedlung vor Erreichen Libyens bildet.

Marmarica

Besonders sehenswert:
Dernah
Tobruk
Bardia

»Das Ägypten benachbarte Gebiet, das folgt, heißt Libya Mareotis. Die Marmariden und Adyrmachiden bewohnen es, weiterhin die Mareoten. Die Entfernung vom Katabathmos [Sollum] nach Paraitonion [Marsa Matruh] beträgt 86 Meilen.«
Plinius, Naturgeschichte, V 33

Über die einheimischen Völkerschaften, welche die Marmarica bewohnten, hat Herodot die ausführlichsten Berichte zusammengetragen. Seine Schilderungen sind aber, der Publikumswirksamkeit wegen, entsprechend tendenziös gehalten und beinhalten vornehmlich Skurrilitäten und Abnormitäten. So überliefert er gleich von den Adyrmachidern, dem ersten Volksstamm, der westlich an Ägypten grenzt und die Marmarica bis zum Hafen von Plynos besiedelte, dass diese eine Art Jus primae noctis praktizieren würden und dem König alle Mädchen anbieten würden, die sich verheiraten wollten, woraufhin sich dann der Regent diejenige heraussucht, die ihm am besten gefällt und sie entjungfert.

Von deren westlichen Nachbarn, den Giligamern, deren Siedlungsgebiet über die Insel Platea hinaus bis zur Insel Aphrodisias reichte, weiß er hingegen mangels Skandalgeschichten nur zu berichten, dass ihre Sitten »fast ebenso wie die der übrigen Völker« sind.

Nachdem der Perserkönig Kambyses Ägypten 525 v. Chr. blutig unterworfen hatte, ergaben sich ihm zunächst – um demselben Schicksal zu entgehen – die Libyer der Marmarica kampflos, leisteten Tributzahlungen und sandten ihm Geschenke. Diesem Vorbild schlossen sich wenig später die Kyrener und Barkaler an.

Während der Ptolemäerherrschaft wurde die Marmarica Ägypten zugeschlagen und in zwei Gaue, den Libycus nomus im Osten und den Marmaricus nomus im Westen, aufgeteilt. Als Magas von Kyrene, der abtrünnige Stiefsohn Ptolemaios' I., um 277 v. Chr. gegen Ägypten und dessen neuen König Ptolemaios II. zu Felde zog, musste er, nachdem er bis Taposiris Magna 60 km westlich der Ptolemäerhauptstadt Alexandria vorgestoßen war, diese Unternehmung beenden, weil hinter seinem Rücken in der Marmarica Unruhen ausgebrochen waren, die seinen Nachschub gefährdeten.

Auch unter der Römerherrschaft erwiesen sich die Marmariden als eine aufsässige Bevölkerungsgruppe. So musste Publius Sulpicius Quirinius, der unter Kaiser Augustus als Bezwinger der Garamanten gefeierte Statthalter der Doppelprovinz Creta et Cyrenae, auch die Bewohner der Marmarica zur Raison bringen. Dieselbe Aufgabe hatte 268/269 Probus als *praefectus aegypti* zu bewerkstelligen. Wenige Jahrzehnte später wurde im Zuge der diokletianischen Reichsreform des Jahres 297 die Marmarica offensichtlich der neu geschaffenen Provincia Libya zugeschlagen und später in die beiden Teile Libya inferior und Libya superior aufgespalten. Einer der Gründe für die Ummauerung der Städte der Kyrenaika und der Marmarica unter Justinian lag in vermehrten Übergriffen einheimischer libyscher Stämme.

Von Dernah nach Tobruk

Die Hafenstadt **Dernah** ist heute über eine gut ausgebaute Straße direkt mit Al-Beidha verbunden, die jedoch über das Plateau des Djebel al-Akhtar fürt und deswegen die historischen Stätten an der Küste wie Apollonia, Ras al-Hillal und Al-Athrun nicht berührt. Um deren Besuch mit der Fahrt nach Osten zu kombinieren, muss man die gewundene Küstenstraße benutzen, die wenige Kilometer vor Erreichen von Dernah in die Direktverbindung einmündet.

Das antike Darnis galt über weite Phasen des Altertums als Grenzstadt zwischen der Marmarica im Osten und der eigentlichen Kyrenaika im Westen. Über die Stadtgeschichte zu jener Zeit gibt es nur spärliche Quellen. In justinianischer Zeit wurde der Ort ummauert. Heute existiert von dieser alten Befestigung nur mehr ein wenige Meter langes Teilstück, das zudem nur noch in den untersten Steinlagen erhalten ist. Es zeigt jedoch deutlich, vor allem im Vergleich mit den später darüber aufgetürmten Steinen, die für die byzantinische Zeit charakteristischen großformatigen und sorgfältig verlegten Steinquader.

Die Osmanen errichteten dort, wo sich heute das Djebel-al-Akhdar-Hotel befindet, eine völlig verschwundene Festung.

Bis ins 19. Jahrhundert hinein war Dernah als Piratennest berüchtigt. Als Seeräuber von dort mit Duldung oder gar aktiver Unterstützung von Jussuf Karamanli (1795–1832), dem letzten Vertreter seiner Dynastie, ein amerikanisches Schiff aufbrachten, antworteten die USA mit einem Militärschlag, beschossen den Ort mit ihren gerade erst in Dienst gestellten Kriegsschiffen und eroberten ihn. Zugleich wurde damit ein vierjähriger Krieg zwischen den Karamanli und den Amerikanern vom Zaum gebrochen, in dessen Verlauf Letztere eine Fregatte samt kompletter Mannschaft vor Tripolis einbüßten. An diese Auseinandersetzung erinnert im örtlichen Museum ein Schiffsmodell, das die Amerikaner später dem libyschen Staat zum Geschenk machten. Ansonsten beherbergt das kleine Museum archäologische Kleinfunde und eine ethnologisch-historische Abteilung.

Bedeutendstes Bauwerk in Dernah ist die große Moschee in der Stadtmitte. In ihrem Bezirk befinden sich eine Reihe von überkuppelten Grabbauten, in welchen Kampfgefährten des Propheten Mohammed beigesetzt sein sollen. Die Fußgängerbrücke, welche die Straße vor der Moschee überspannt, bietet den besten Blick hinab auf die kleine Heiligennekropole.

Heute spielt Dernah vor allem eine wichtige Rolle als Ausfuhrhafen für Erdöl. Um die rasch anwachsende Stadtbevölkerung ausreichend mit Wasser versorgen zu können, wurde westlich der Stadt eine große Meerwasserentsalzungsanlage in Betrieb genommen.

In der Umgebung lohnt ein Ausflug ins malerische Wadi Dernah.

Dernah, Moschee

Die Straße nach Tobruk steigt nach Verlassen von Dernah steil an und führt auf das Hochplateau. Während der kurzen serpentinenreichen Auffahrt bietet sich immer wieder ein schöner Blick hinab auf den Hafen (Fotografierverbot!) und die Wohnbauten der Stadt.

In der Folge entfernt sich die Straße zunächst von der Küste, kommt ihr dann aber wieder näher, wenn sie der Küstenlinie des **Golfs von Bomba** (Chaledj al-Bomba) entlangfährt, der sie 50 km hinter Dernah im Ort **At-Tamimi** am nächsten kommt. Bei klarer Sicht kann man am Horizont die Insel Bomba, das antike Eiland von Platea, wahrnehmen, auf welcher die griechischen Kolonisatoren aus Thera/Santorin zunächst anlandeten und siedelten, bevor sie auf dem nordafrikanischen Festland Fuß fassten und Kyrene gründeten.

Auf halber Strecke zwischen At-Tamimi und Tobruk liegt unweit südlich der Straße der Ort **Gazala** und in dessen Hinterland, 80 km von Tobruk entfernt, **Bir Hakeim,** die beide während der Kämpfe des Zweiten Weltkrieges eine blutige Rolle spielten. Am letztgenannten Kriegsschauplatz hatte zwischen dem 1. und 10. Juni 1942 ein Korps Freier Franzosen unter General König in Unterstützung der britischen Truppen den deutschen Vorstoß nach Osten unter General Rommel zeitweilig aufhalten können. Für die hier gefallenen Soldaten der Engländer wurde ein eigener kleiner Friedhof östlich von Tobruk errichtet. Nach weiteren 45 km wird Tobruk erreicht.

Tobruk

Als einer der wenigen Naturhäfen in der an geschützten Anlegeplätzen armen nordafrikanischen Mittelmeerküste spielte der Ort schon in der Antike eine wichtige Rolle, als er noch den Namen Antipyrgon trug. Seine strategische Bedeutung zeigt sich auch darin, dass Justinian hier nach der Rückeroberung der Region durch seinen Feldherrn Belisar und der Vertreibung der Vandalen eine Festung mit rechteckigem Grundriss anlegen ließ. Wie deren an den Ecken und entlang der Außenseiten mit Rechtecktürmen bewehrten steinernen Mauerzüge verliefen, konnte zwar geklärt werden, doch sind von ihnen heute, abgesehen von einigen wenigen Quaderlagen nahe der Hafengegend, keine Reste mehr vorhanden.

Auch die übrigen **Funde aus der Antike** sind, da der Ort auf Grund seiner Bedeutung als Hafenplatz kontinuierlich besiedelt war und deswegen die alten Stadtquartiere immer wieder überbaut wurden, eher bescheiden. So konnte im Mai 1959 durch Richard George Goodchild bei Tobruk ein durch vorangegangene heftige Regenfälle zwar freigeschwemmtes, dabei aber auch stark zerstörtes Orpheusmosaik von $1{,}5 \times 1{,}8\ m^2$ Fläche freigelegt werden, das wohl aus der Villa eines reichen Römers stammte, der sich hier niedergelassen hatte. Außerdem entdeckte man 1991 sechs km südlich von Tobruk in Bir al-Djeser im Distrikt von Al-Queir eine steinerne Pferdeskulptur, bei der es sich um die Reste einer antiken Reiterstatue aus hellenistischer oder römischer Zeit handeln könnte.

Die strategisch wichtige Lage hat den Ort immer wieder zum Mittelpunkt kriegerischer Auseinandersetzungen werden lassen, die in den blutigen Schlachten des Zweiten Weltkriegs kulminierten. Nachdem es britischen Einheiten gelungen war, Tobruk und die Marmarica den zahlenmäßig weit überlegenen italienischen Truppen zu entreißen, sah sich Hitler genötigt, seinem Bündnisgenossen Mussolini zu Hilfe zu eilen. Dem daraufhin zusammengestellten Afrikakorps

Tobruk, Relief der Trauernden im deutschen Ehrenmal

unter dem Oberbefehl von Erwin Rommel gelang zunächst die Rückeroberung. Nach wechselvollem Hin und Her, wobei die Stadt – ähnlich wie Benghazi (zum Kriegsverlauf siehe dort) – mehrfach die Besitzer wechselte und dabei immer mehr zerstört wurde, mussten sich die deutschen und italienischen Truppen schließlich der Übermacht der Gegner beugen.

An die verlustreichen Schlachten in der Region, die rund 15 000 Soldaten und Zivilisten das Leben kosteten, erinnern einerseits das **Kriegsmuseum** im Stadtzentrum, aber vor allem die drei Soldatenfriedhöfe bzw. Ehrenmäler für die Gefallenen des Zweiten Weltkriegs, die man am Stadtrand von Tobruk entlang der zur ägyptischen Grenze führenden Straße passiert. Linker Hand etwas abseits dieser Verkehrsverbindung, jedoch weithin sichtbar, erhebt sich unweit eines Kraftwerks zunächst das **deutsche Ehrenmal.** Das nach dem Vorbild arabischer Wehrmoscheen erbaute festungsartige Gebäude mit quadratischem Grundriss und Rundtürmen an seinen vier Ecken ist aus Steinquadern aufgemauert. Der Eingang, zu dem einige Stufen hinaufführen, befindet sich an der dem Hafenbecken zugewandten Seite; den Schlüssel erhält man beim Aufseher im benachbarten Wohnhaus. Auch wenn sich vom Standort des Ehrenmals auf einer Anhöhe ein guter Blick hinab auf das Hafenbecken der Stadt bietet, sollte man das Fotografieren in diese Richtung unterlassen, da die Anlagen, die heute vor allem der Erdölverschiffung dienen, als strategische Objekte gelten und man sonst schnell der Spionage verdächtigt wird. Innen ist das Ehrenmal, das 1955 mit Geldern der

Über gezeichnetem Haupt/die nackte Gewalt des Gestirnes/ ward der Kampf uns verhängt/und wir ertrugen die Glut./Namen nennen euch hier den Ort/wo wir kämpften und fielen. Wüste heißt dieser Ort/Erde, spurloser Sand/Wüstenwind hüllte uns ein/die Leiber versengend, die Herzen./ Schicksalssturm löschte das Licht/ unseres irdischen Tages/Was wir gewesen, ihr seids/Und was uns verhängt war bedroht euch./Lernt aus verwehter Spur/Sorgt, dass die Wüste nicht wächst.

Gedenkinschrift des Deutsches Ehrenmals Tobruk

deutschen Kriegsgräberfürsorge errichtet wurde, als offener Hof gestaltet, in dessen Zentrum vier Engel ein großes Becken auf ihren Schultern tragen. Eine der allseitig von Arkadenbögen gesäumten Hofseiten weist dunkle Steinplatten auf, auf welchen neben Reliefdarstellungen von Trauernden die nordafrikanischen Schlachtfelder des Zweiten Weltkrieges aufgelistet sind. In den Arkadenbögen sind auf den rückwärtigen Wänden mit kleinen Mosaiksteinchen die Namen der hier beigesetzten deutschen Soldaten angebracht. Hier sind es 6026 Gefallene, zu denen noch 4313 Kriegstote hinzukommen, die auf ägyptischem Staatsgebiet im Ehrenmal von Al-Alamein, das mit seinem achteckigen Grundriss der apulischen Stauferburg von Castel del Monte nachempfunden ist, ihre letzte Ruhe gefunden haben. In einem der Rundtürme führt eine gewundene Treppe hinauf auf den Umgang, der einen Blick hinab auf den Innenhof bietet.

Der ausgedehnte **Commonwealth-Friedhof** erstreckt sich wenige Kilometer später ebenfalls linker Hand und unmittelbar an der Straße. In das ummauerte Gelände mit mehreren Tausend Einzelgräbern führt ein Portalbau, an dessen Außenfassade die Schiffsglocke der H. M. S. Liverpool mit der Jahreszahl 1938 eingelassen ist. Innen überragt ein großes Kreuz die Anlage, in der gefallene Soldaten aus allen Teilen des British Empire beigesetzt sind, daneben aber auch Widerstandskämpfer aus Ländern des Ostblocks, die damals von Deutschland besetzt waren. Unter den Toten sind Muslime und Juden ebenso vertreten wie Christen. Die in langen Reihen angeordneten rechteckigen weißen Grabsteine mit gerundeter Oberseite zeigen in einem runden Medaillon die militärische Einheit bzw. Herkunft der Soldaten. Außer dem Geburts- und Sterbedatum wird auch das Alter der Gefallenen aufgeführt, und man nimmt erschüttert wahr, dass bei den blutigen Kämpfen mehrheitlich junge Männer im Alter zwischen 17 und 25 Jahren ums Leben gekommen sind.

Als letzes Mahnmal des Zweiten Weltkriegs folgt wenige Kilometer weiter, unmittelbar rechts an der Straße nach Sollum, dort, wo sich der Abzweig in die Oase Jaghbub befindet, der **Friedhof der Freien französischen Brigade,** die unter Einsatz ihres Lebens die Stellung von Bir Hakeim gegen den deutschen Vormarsch verteidigten. Hier spielt das Lothringerkreuz mit seinem langen und dem darüber befindlichen kurzen Querbalken – das Emblem der Resistance, des Widerstandes der Franzosen gegen die Besetzung ihres Landes durch Deutschland – eine wichtige symbolische Rolle. Selbst die Pflasterung des kleinen Friedhofs weist die Form dieses Kreuzes auf. Auf vielen der steinernen Grabkreuze und Grabsteine wird der Beigesetzte als *inconnu*, als anonym gefallen, bezeichnet. Auch hier befinden sich wieder Muslime und Juden unter den Toten. Ihre Gräber haben statt des Kreuzes einen Grabstein mit Halbmond bzw. Davidstern. Am rückwärtigen Ende erinnert, flankiert von Lafetten, an einem obeliskenähnlichen Mal eine zweisprachige Gedenkstele an die blutigen Auseinandersetzungen und eine in den Boden eingelassene Tafel gilt dem Angedenken an weitere Gefallene.

Von Tobruk in die Jaghbub-Oasen

Auf der vor dem Friedhof nach rechts abzweigenden Asphaltstraße kann man in einer Tagestour die 280 km von Tobruk entfernten und nahe der Grenze zu Ägypten gelegenen Jaghbub-Oasen besuchen. Die Anfahrt von Tobruk führt zunächst über die Ortschaft Al-Adam (nach 24 km), wo auch eine Straße schnurgerade quer über das Plateau nach Adjdabiya ihren Anfang nimmt. Nach Jaghbub hält man sich hingegen weiterhin nach Süden und erreicht nach weiteren 168 km Qasr al-Qarn, von wo es noch 46 km bis zum Ziel sind. Entlang der Route sieht man auf der östlichen Straßenseite immer wieder die Überreste des Graziani-Limes, einer Sperranlage aus mehreren Reihen von Drahtzäunen mit Stacheldraht und dazwischen liegenden Minenfeldern, die sich einst die gesamte libysch-ägyptische Grenze über 300 km Länge bis fast in die Oase Kufra entlangzog. Damit schnitt General Graziani, der während der italienischen Okkupation die nordafrikanischen Kolonialgebiete verwaltete, erfolgreich die einheimischen Widerstandskämpfer unter Omar Mukhtar vom Nachschub aus Ägypten ab.

Gleich nach Ankunft ist man als Tourist verpflichtet, sich bei der Polizeistation links am Ortsanfang der Oase Jaghbub registrieren zu lassen.

Die Oase Jaghbub, die während ihrer gesamten Geschichte die bedeutende Zwischenstation auf der Karawanenroute von Siwa nach Augila darstellte, fungierte zwischen 1855 und 1895 als Zentrale der 1837 in Mekka ins Leben gerufenen muslimischen Senussi-Bruderschaft, bis die Osmanen die Senussi-Scheichs zum Ausweichen nach Kufra zwangen. Nach der Schaffung des unabhängigen Staates Libyen im Dezember 1951 stellte der Orden auch den Regenten, König Idris I., den in Jaghbub geborenen Enkel des Gründers der Bewegung. Heute ist der Orden, der sich nur in Libyen, dem Tschad und Südalgerien entfalten konnte, in Libyen verboten. Von den traditionellen Bauten der religiösen Vereinigung – der Moschee mit dem einst als Wallfahrtsstätte frequentierten Grabmal von Mohammed Ali as-Senussi sowie der Koranschule – existiert heute nur noch ein Trümmerhaufen, da diese Ende der 1970er Jahre von der libyschen Regierung zerstört worden sind, als sich die Oase zu sehr als Hort konservativer und damit gegen de sozialistische Revolution Gadhafis gerichteter Kreise gezeigt hatte. Mohammed Ali as-Senussi wurde dabei an einen unbekannten Ort umgebettet. Nur die alte Umfassungsmauer von Jaghbub ist noch partiell vorhanden. In der Ortsmitte befindet sich das heute **Qasr Etheny** genannte ehemalige italienische Schulgebäude. Die ebenfalls während der italienischen Kolonialzeit entstandene kleine **Festung** am Ortsrand beherbergt eine Militärstation und kann deswegen nicht besichtigt werden. Außerhalb der Oase befinden sich **antike Felsgräber,** von denen einige mit ihren Eingangsfassaden, die Hohlkehlen aufweisen, den Einfluss des pharaonischen Ägypten nicht verleugnen können.

Von Tobruk zur ägyptischen Grenze (Sollum)

Wo die Straße von Tobruk nach Sollum 130 km hinter Tobruk zu einer weiten Rechtskurve ausholt, zweigt geradeaus weiter eine schmälere Asphaltstrecke ab, die nach kurzer Wegstrecke in das Dorf **Bardia** führt. Dieses liegt an der Mittelmeerküste, die hier steil ins Meer abfällt und mehrere kleine fjordartige Buchten aufweist. In der Ortsmitte steht, nahe einer Moschee, ein verlassenes Gebäude, das während des Zweiten Weltkriegs als Truppenunterkunft und Polizeistation der Engländer diente. Einen der Räume hat der aus Wanstead/Essex stammende englische Soldat John Frederick Brill eindrucksvoll mit einer in Schwarz-Weiß gehaltenen, die gesamte Wandfläche einnehmenden Zeichnung dekoriert, deren expressiver Stil entfernt an die Graphiken von George Grosz (1893–1959) erinnert. Man erkennt auf dem bedrückenden Wandbild einen Boxer, Balletttänzerinnen, ein Salonorchester mit Dirigenten am Notenpult, aber auch aufgestapelte Totenschädel und eine durch ein schmales, halb geöffnetes Fenster von außen hineinblickende Gestalt, bei der sich der Künster möglicherweise selbst porträtiert hat. Das Wandbild trägt die Signatur J. Brill R. A. S. C. und als Datum den 21.04.42. Ein knappes Vierteljahr später, am 1. Juli 1942, fiel der begnadete Zeichner, über den außer den Namen seiner Eltern (Eliza und Frederick Thomas Brill), seiner Dienstnummer (4617871) und seiner Einheit (5. Bataillon des East Yorkshire Regiments) nichts bekannt ist, im Alter von nur 22 Jahren auf dem Schlachtfeld. Er fand auf dem Commonwealth-Friedhof von Al-Alamein in Ägypten im Grab XII H 13 seine letzte Ruhestätte.

Bardia, Wandbild von John Frederick Brill in der ehemaligen englischen Truppenunterkunft, 1942

Glossar

Abri (franz. Schutz, Obdach) Flache Grotte unter einem Felsüberhang; prähistorische Rast- und Siedlungsplätze, vielfach mit Felsbildern verziert.

Acheuléen Ca. 1,4 Mio–110 000 v. Chr.; in Afrika, Europa und Südasien beheimatete Kulturschicht des älteren → Paläolithikums; charakterisiert durch das Auftreten großformatiger Faustkeile; benannt nach dem französischen Fundort St. Acheul bei Amiens.

Ädikula Dekoratives Bauteil an Gebäudefronten mit Säulen und Giebel, in welches Statuen gestellt wurden; später auch innerhalb von Gebäuden und Grabbauten (z. B. für Ascheurnen).

Agora Ursprünglich Volks- und Heeresversammlung der griechischen Stadtstaaten; später allgem. Versammlungsort, großer freier Platz als Zentrum des kommerziellen und gesellschaftlichen Lebens.

Akanthus Ein im Mittelmeerraum verbreitetes Bärenklau-Gewächs mit charakteristisch gezackten und gekräuselten Blättern, seit dem 4. Jh. v. Chr. in stilisierter Form Dekor korinthischer Kapitelle und Ranken im Flächenornament römischer Kunst.

Amphitheater Von den Römern entwickelter Bautyp, bei dem die gestaffelten Zuschauerränge nicht nur halbkreisförmig um die Bühne angeordnet sind, sondern das Areal mit der Spielfläche rundherum – in der Regel als Oval – umgeben. Hier fanden bevorzugt Gladiatorenkämpfe und Tierhatzen statt *(→ munus)*, einige Stätten konnten sogar für Schiffskämpfe geflutet werden.

Apodyterium Umkleideraum in Thermenanlagen

Apsis Halbkreisförmige Nische mit einer Halbkuppel als oberen Abschluss, vielfach an der Rückwand von Kirchen.

Aquädukt Römische Gefällewasserleitung, mit der oft über große Distanzen das Wasser aus Quellen in Bergen in die tiefer gelegenen Siedlungen transportiert wurde; manchmal auch nur Bezeichnung für oberirdische Teilstücke einer solchen Leitung, mit welchem Täler durch Bogenkonstruktionen überbrückt werden.

Architrav Auf den Kapitellen von Säulen aufsitzendes horizontales Verbindungsglied. Der Begriff wurde erst in der Renaissance geprägt; in der Antike hieß dieses Bauteil Epistyl.

Atérien Kulturstufe der Altsteinzeit, benannt nach dem algerischen Fundplatz Bir el-Ater bei Oued Djebbana rund 75 km südlich von Tébessa; charakterisiert durch Spitzen und Schaber mit einem Stil zur Schäftung.

Atrium Großer zentraler Raum römischer Villen, in der Regel mit einer von Säulen umstellten Öffnung in der Decke versehen *(compluvium)*, durch

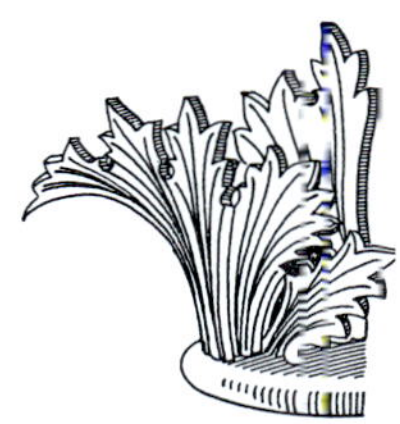

Akanthus

die Regenwasser eindringen konnte, das in einem flachen Becken darunter *(impluvium)* gesammelt wurde. Zudem diente die Deckenöffnung dem Lichteinfall.

Baptisterium Taufkapelle oder Taufraum einer Kirche.

Basilika In der römischen Architektur Markt- und Gerichtshalle; in der christlichen Baukunst drei- und mehrschiffige Kirche, deren Mittelschiff höher und breiter ist als die Seitenschiffe, so dass der durchfensterte Obergaden für Lichteinfall sorgt.

Christliche Basilika

Bema Mit Platten abgeschrankte, leicht überhöhte Altarplattform im Schiff vor der → Apsis einer frühchristlichen Kirche.

Caldarium Heißwasserräume einer durch → Hypokausten beheizten Badeanlage.

Schema Hypokaustenheizung:

1 Heißluft
2 Stützen aus Lehmziegel
3 Fußboden
4 Hohlziegel für die Wandheizung

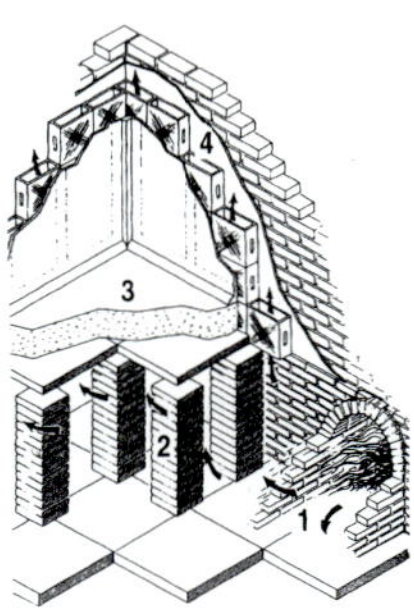

Cardo Von Nord nach Süd verlaufende Straßen einer Stadt, die nach dem → Hippodamischen Bauprinzip errichtet ist. Deren Hauptstraße ist der *Cardo maximus,* womit auch die Nord-Süd-Hauptachse eines römischen Truppenlagers bezeichnet wird.

Cavea Halbkreisförmig getreppte Sitzreihen der Zuschauerränge eines Theaters.

Ciborium Steinerner baldachinartiger Überbau eines Altars in frühchristlichen Kirchen.

Colonia In der Antike Bezeichnung für Ansiedlungen außerhalb der Stadt Rom und des Geltungsbereichs des römischen Bürgerrechtes.

Decumanus Die von Ost nach West verlaufenden Straßen in einer Stadt, die nach dem → Hippodamischen Bauprinzip errichtet ist. Deren Hauptstraße ist der *Decumanus maximus,* womit auch die Ost-West-Hauptachse eines römischen Truppenlagers bezeichnet wird.

Dedikationsinschrift Text, in welchem angegeben ist, für wen und durch wen ein Bauwerk errichtet worden ist.

Emporium Von phönizischen oder griechischen Mutterstädten an der Mittelmeerküste gegründeter Handelsstützpunkt.

Exedra Offene oder überdachte nischenartige Erweiterung eines größeren Raumes, bevorzugt für Sitzrunden genutzt.

Frigidarium Kaltwasserbereich einer Thermenanlage

Gesprengter Giebel Statt eines durchgehenden dreieckigen Giebelfeldes liegen auf den beiden seitlichen Säulen nur die freistehenden Spitzen des Giebels auf, die oftmals auch nach vorne gedreht sind.

Gymnasion Nur den Männern vorbehaltene Sportstätte, in welcher nackt gekämpft wurde.

Hippodamisches Bauprinzip Nach dem griechischen Architekten Hippodamus von Milet (5. Jh. v. Chr.) benanntes Städtebauschema; charakteristisch sind die sich in gleichmäßigen Abständen rechtwinklig kreuzenden Straßen, zwischen denen gleichgroße → *insulae* liegen.

Hypokausten Ein von niedrigen Mäuerchen gestützter Hohlraum unter dem Fußboden des → Caldariums in den römischen Thermen. Hier wurde heiße Luft hineingeleitet, die den Raum darüber aufheizte.

Insulae Rechteckige Grundstücke bei Städten, die nach dem → hippodamischen Bauprinzip angelegt worden sind.

Kanneluren Senkrechte Längsriefen und Hohlkehlen im Schaft von Säulen, Pfeilern und → Pilastern, seltener auch spiralförmig um den Säulenschaft gewunden (z. B. im Theater von Sabratha).

Kenotaph Scheingrab bzw. leeres Grab für einen anderweitig beigesetzten oder verschollenen Verstorbenen.

Konche Oberer Abschluss einer halbrunden Nische in Form einer Halbkuppel.

Konsul Nach dem Sturz der Monarchie die beiden gleichberechtigten obersten Beamten der römischen Republik mit Rechten und Pflichten, die zuvor der Monarch innegehabt hatte. In der Kaiserzeit sank das Konsulat zum Ehrenamt herab, das aber Voraussetzung zur Ausübung anderer Ämter wie der Statthalterschaft einer Provinz war.

Kurie Raum der römischen Rats-(Senats-)versammlung

Loculus Nischengrab in einem → Mausoleum

Maghreb (arab. Westen) Bezeichnung für den Westteil des einstigen moslemisch-arabischen Großreichs, d. h. die heutigen Staaten Algerien, Marokko und Tunesien.

Mausoleum Von der prunkvollen Grabstätte des Königs Mausolos von Halikarnassos (um 350 v. Chr.), das zu den Sieben Weltwundern der Antike zählte, abgeleitete Bezeichnung für ein Grabdenkmal.

Mesolithikum Mittelsteinzeit; die Periode zwischen Paläolithikum (Altsteinzeit) und Neolithikum (Jungsteinzeit).

Metope Rechteckige, oft mit Reliefs verzierte oder bemalte Platte aus Stein oder Keramik, die sich im Gebälk der dorischen Bauordnung mit der → Triglyphe abwechselt.

Municipium Vormalig selbstständige, dann in den römischen Staatsverband eingegliederte Gemeinde, die damit zur Übernahme staatlicher Aufgaben verpflichtet war.

Munus Zumeist ganztägige Darbietungen in den → Amphitheatern, wobei vormittags Tierjagden *(venatio)*, mittags die Hinrichtung von Strafgefangenen *(damnatio ad bestias)* und nachmittags die Kämpfe der Berufsgladiatoren stattfanden.

Narthex Quergelagerter Vorraum vor den Schiffen einer Kirche.

Neolithikum Jungsteinzeit, charakterisiert durch Sesshaftwerdung, Tier- und Pflanzendomestikation.

Nike Meist geflügelt und mit Siegeskranz in den Händen wiedergegebene Siegesgöttin.

Odeon Kleines Theater

Opus sectile Bodenbelag aus verschiedenfarbigen bunten Steinplatten, zumeist Buntmarmorsorten, mit zum Teil komplizierten geometrischen Mustern.

Paläolithikum Altsteinzeit

Peristyl Von Säulenhallen gesäumter oder umstellter Hof oder Garten im griechischen

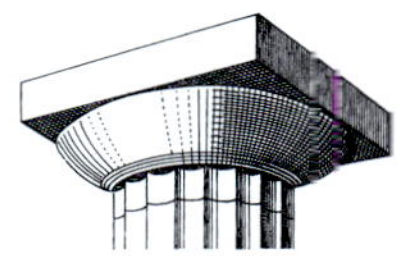

Dorisches Kapitell

Ionisches Kapitell

Korinthisches Kapitell

Portikus

Tabula ansata

und römischen Wohnhaus oder Palast.

Pilaster Aus der Gebäudewand zu deren vertikaler Gliederung hervortretende flache Leiste; oft wie ein Pfeiler mit → Kanneluren und kapitellartigem oberem Abschluss.

Polos Zylindrische Kopfbedeckung

Portikus Säulenhalle als repräsentativer Zugang an der Schau- und Hauptseite eines Gebäudes.

Praetor Während der römischen Monarchie der oberste Heerführer; aus diesem Amt gingen während der Republik die Diktatoren hervor; 366 bzw. 362 v. Chr. fiel die Rechtsprechung in ihre Zuständigkeit; seit 241 v. Chr. gab es zwei Praetoren; seit 228/227 v. Chr. waren die Praetoren auch Provinzstatthalter.

Prokonsul Seit Sulla 81/80 v. Chr. übliche Bezeichnung von Statthaltern römischer Provinzen, die ihr Amt antraten, nachdem sie zuvor als → Konsuln in Rom amtiert hatten.

Propraetor Seit Sulla 81/80 v. Chr. übliche Bezeichnung von Statthaltern römischer Provinzen, die ihr Amt antraten, nachdem sie zuvor als → Praetor in Rom amtiert hatten. In der Kaiserzeit tragen sämtliche Statthalter kaiserlicher Provinzen den Titel eines Propraetors.

Proscenium Erhöhte Bühne vor der → *scene frons* beim röm. Theater

Pulpitum Mittelteil des Prosceniums eines antiken Theaters

Quadrifrons Triumphbogen mit vier Schauseiten

Scene frons Architektonisch gegliederte Rückwand der Bühne eines röm. Theaters

Skene Bühnengebäude des griechischen Theaters

Spolie Wiederverwendetes antikes Bauteil, zumeist ein (dekorierter) Steinquader oder Teile einer Säule

Senussi 1833 von Mohammed Ibn Ali Senussi begründete moslemische Bruderschaft, die sich die Bereinigung des Islam von europäischen Einflüssen zum Ziel gesetzt hatte.

Sudatorium Schwitzraum einer röm. Thermenanlage

Tabula ansata Rechteckige Texttafel mit unbeschrifteten dreieckigen Zipfeln, deren Spitzen jeweils nach innen gerichtet sind, als Dekorationselement an den beiden Schmalseiten. Die *tabula ansata* befindet sich über dem Eingang des Bauwerks und trägt zumeist dessen Bau-, Restaurierungs- oder → Dedikationsinschrift.

Tepidarium Mäßig (lau-)warmer Bereich einer Badeanlage.

Tophet Phönizische Grab- und Opferstätte.

Triglyphen Quadratisches oder rechteckiges Dekorelement, das sich im Gebälk der dorischen Bauordnung mit der → Metope abwechselt. Es besteht aus einer Abfolge von drei Vor- und Rücksprüngen.

Tubuli Hohlziegel, durch welche in den → Caldarien der Bäder die Heißluft aus den → Hypokausten zur Beheizung der Raumwände geleitet wurde.

Zawiye Klosterähnliche Wohn- und Gebetsstätte der → Senussi-Brüderschaft.

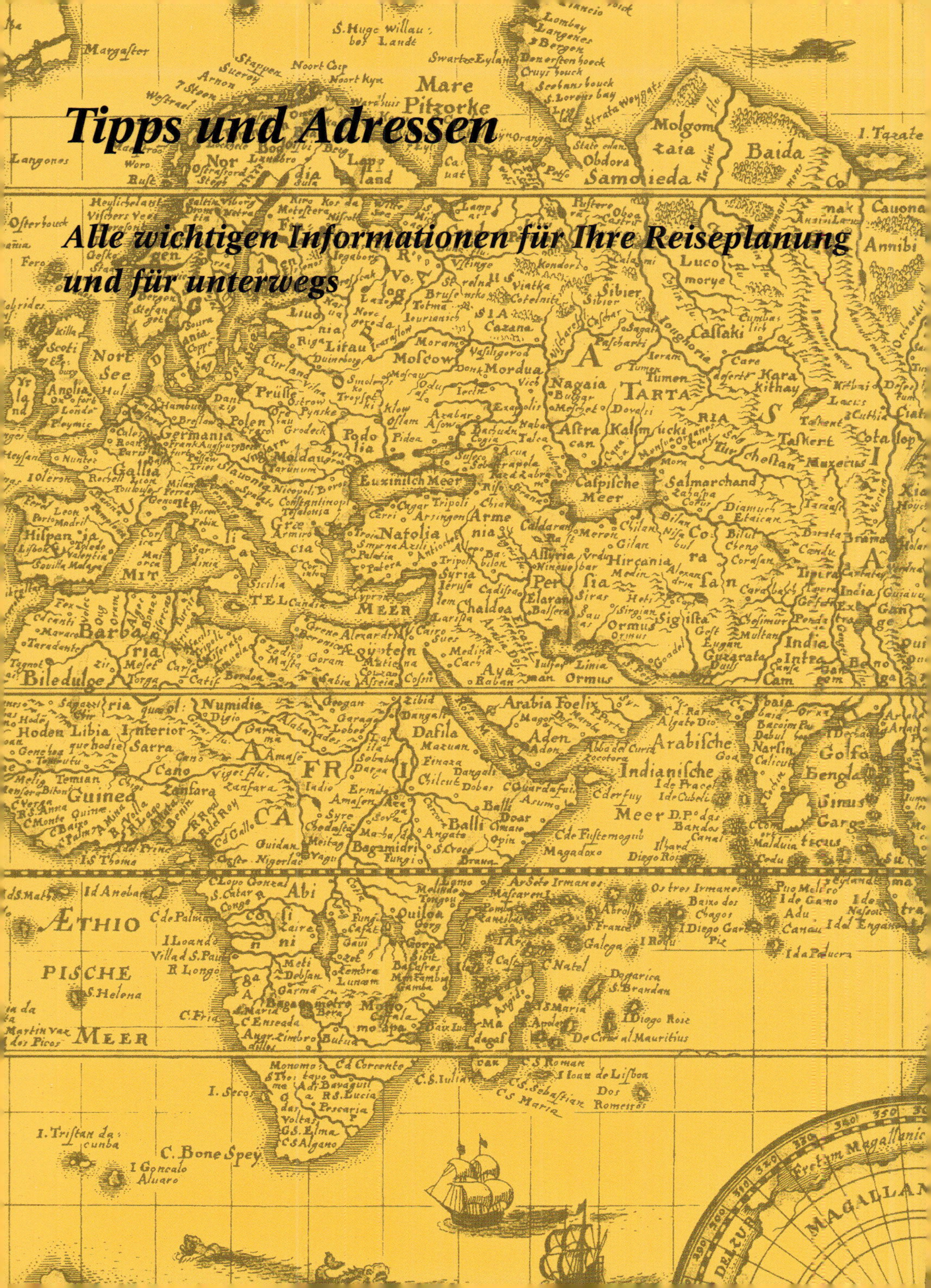

Tipps und Adressen

Alle wichtigen Informationen für Ihre Reiseplanung und für unterwegs

Inhalt

Hinweise für die Reiseplanung

Reiseinformationen von A bis Z

Danksagung:
Ich danke vor allem meiner Freundin Anja Tasche, die mir bei der Erstellung des Manuskripts unermüdlich zur Seite stand, dann im DuMont Buchverlag Frau Maria Anna Hälker für die Aufnahme des Bandes in die Reihe der Kunst-Reiseführer und Frau Eve Geipel sowie Herrn Christian Heße für ihre umsichtige und engagierte Lektoratsarbeit.

Hinweise für die Reiseplanung

Auskunft

Über kurzfristige Änderungen bei den Vorschriften zur Einreise und während des Aufenthalts in Libyen informiert das
Auswärtige Amt
Referat 040
D-11013 Berlin
Tel. 0 18 88/17-0
Fax 0 18 88/17-34 02

Einreiseplanung

Visum: Für die Einreise nach Libyen ist ein Visum erforderlich, das von der *Volksbüro* genannten libyschen Auslandsvertretung desjenigen Landes ausgestellt werden muss, aus dem der Einreisewillige stammt (es ist also für Einreisende aus Nachbarstaaten Libyens nicht möglich, das Visum erst in Ägypten bzw. Tunesien zu beantragen). Die entsprechenden Formulare (zwei identische grüne Kartons von 14 x 30 cm Größe [Achtung: die bis Ende 2000 gebräuchlichen 15 x 25 cm großen grünen Visum-Anträge werden nicht mehr anerkannt!]) sind bei den *Volksbüros* erhältlich. Bei schriftlicher Bestellung, die mehrere Wochen dauern kann, muss ein ausreichend frankierter DIN-C-4-Umschlag mit dem Porto für eine Einschreibesendung mit der Rücksendeadresse beigefügt werden.

Seit Anfang 2001 werden Touristen-Visa nur noch an Antragsteller ausgegeben, die ihr Reiseprogramm bei einer libyschen Agentur gebucht haben oder die Einladung einer libyschen Familie (die sich dafür beim libyschen Innenministerium eine Genehmigung einholen muss) vorweisen können. Die Agentur bzw. die einheimischen Gastgeber müssen die Buchungsbestätigung bzw. Einladung sowohl an den Reisenden wie auch per Telefax an das für dessen Visumsausstellung zuständige *Volksbüro* schicken. Bei Visa mit Arbeitsberechtigung übernimmt der libysche Arbeitgeber die Rolle des ›Gastgebers‹.

Zur Visumserteilung muss die Buchungsbestätigung bzw. Einladung gemeinsam mit den ausgefüllten grünen Visum-Anträge in zweifacher Ausführung und mit zwei aktuellen Passbildern ebenfalls per Einschreiben an das zuständige *Volksbüro* zurückgeschickt werden. Das Visum kostet zur Zeit (Stand Februar 2001) DM 54/Sfr. 60/ÖS 600 ; nur in bar und nur in Scheinen dem Visum-Antrag beifügen, Schecks etc. sowie Münzen werden nicht akzeptiert, sodass der offizielle Betrag in Deutschland de facto auf DM 55 aufgerundet werden muss. Sobald dem *Volksbüro* auch das identische Fax aus Libyen vorliegt, wird der Visum-Antrag bearbeitet.

Alleinreisenden, Rucksacktouristen usw. wird dementsprechend kein Visum mehr erteilt. Selbst wer von diesen ein gültiges Visum vorweisen kann, wird zur Zeit an der Grenze abgewiesen.

Das Visum berechtigt deutsche und österreichische Staatsbürger zu einem 30-tägigen, Schweizer zu einem 45-tägigen Aufenthalt in Libyen, Besuchs- und Geschäftsvisa gelten 90 Tage (incl. Ein- und Ausreisetag).

Pass: Der Reisepass muss noch mindestens sechs Monate gültig sein und darf kein israelisches Visum beinhalten, auch keinen Stempel eines jordanischen oder ägyptischen Grenzübergangs, der nach Israel oder in das palästinensische Westjordanland führt.

Wer in unterschiedlichen arabischen Ländern unterwegs ist, sollte beachten, dass der Oman bei einem libyschen Visum im Pass die Einreise verweigert.

Der Reisepass muss zudem die Übersetzung der Personendaten des Passinhabers ins Arabische beinhalten. Dazu ist es erforderlich, zunächst bei den Ausstellungsbehörden des Reisepasses (Einwohnermeldeamt, Kreisverwaltungsreferat) einen Übersetzungsstempel zu besorgen, der in der Regel auf der letzten Seite des Passes angebracht wird. Die Ausstellung erfordert zumeist mehrere Tage. Die dort eingetragenen persönlichen Daten müssen dann noch von einem vereidigten Dolmetscher beglaubigt werden. Über entsprechende

Adressen geben ggf. die Passbehörden oder Branchentelefonbücher Auskunft.

Sowohl von der Lichtbildseite des Passes, als auch vom Visum und der letzten Seite mit den Übersetzungen sollte man Fotokopien anfertigen, die man bei der Reise getrennt vom Original-Pass mitführt. Dies erleichtert beim Verlust des Passes in Libyen die Ausstellung von Ersatzpapieren.

Man kann den Visum-Antrag auch, gegen entsprechenden Aufpreis, professionellen Büros übertragen wie z. B.
VisumCentrale Mesenberg
Postfach 20 13 43
53143 Bonn
Koblenzer Str. 64
53173 Bonn
Tel. 01 80/508 47 86 und
01 72/296 34 69
Fax 02 28/36 53 87

Die libyschen Auslandsvertretungen *(Volksbüros)* zur Anforderung der Formulare und Beantragung des Visums:
Socialist People's Libyan Arab Jamahiria
Libyan People's Bureau

... in Deutschland:
Beethovenallee 12a
D-53173 Bonn
Tel. 02 28/82 00 90
Fax 02 28/36 42 60
Mo und Do 10–12 Uhr

... in Österreich:
Dornbacher Str. 27
A-1170 Wien
Tel. 01/36 77 63 90 bzw.
4 85-36 11
Fax 01/4 85-36 15
Hier kann das Visum nur persönlich (auch durch Boten oder ein Reisebüro), nicht jedoch auf dem Postweg eingeholt werden. In jüngster Vergangenheit galt wiederholt die willkürliche Regelung, nach welcher Visum-Anträge nur dann durch das *Volksbüro* bearbeitet wurden, wenn mindestens vier Antragsteller ihre Unterlagen gemeinsam einreichten. Einzelreisende oder Paare mussten entweder lange Wartezeiten in Kauf nehmen oder der Antrag wurde überhaupt nicht termingerecht bearbeitet. In solchen Situationen blieb nichts anderes übrig, als die Gebühren für vier Visa (vereinzelt konnte man die Zahl auch auf drei herunterhandeln) zu entrichten, selbst wenn man nur einen oder zwei Anträge gestellt hatte.

... für die Schweiz und Liechtenstein:
Tavelweg 2
CH-3006 Bern
Tel. 0 31/3 51-30 76
Fax 0 31/3 51-13 25
Tägl. außer Fr und So 9–14 Uhr

Einreise mit einem eigenen PKW oder Motorrad: Hierfür ist neben dem nationalen und internationalen Führerschein (dessen Angaben nicht ins Arabische übersetzt zu werden brauchen) auch die internationale Zulassung *(Carte grise)* mit einer zusätzlichen Übersetzung der Angaben ins Arabische sowie die grüne Versicherungskarte (auch wenn diese offiziell den Versicherungsschutz in Libyen bislang noch nicht mit einschließt) notwendig. Für die Nachbarstaaten Libyens ist ein *Carnet de Passage* erforderlich, das die Einreise mit einem Fahrzeug ohne Entrichtung des Einfuhrzolls ermöglicht und das gegen Hinterlegung einer Bankbürgschaft von den europäischen Automobilclubs ausgestellt wird. Mittlerweile gibt der libysche Automobilclub an der Landesgrenze eigene *Carnets de Passage* aus.

Gesundheitsvorsorge

Zur Zeit sind keine Impfungen verbindlich vorgeschrieben, auch der anfänglich verlangte AIDS-Test ist mittlerweile abgeschafft. Empfohlen wird jedoch eine Auffrischung von Tetanus und Polio. Malaria-Prophylaxe ist in den Oasen im Süden des Landes empfehlenswert.

Auf jeden Fall, so auch eine ausdrückliche Empfehlung des deutschen Auswärtigen Amtes, wird der Abschluss einer Auslandskrankenversicherung, die auch einen Krankenrücktransport mit einschließt, dringend empfohlen.

Einreise nach Libyen

Mit dem Flugzeug: Seit der Aufhebung des Flugboykotts am 5. April 1999 gibt es wieder Direktflüge nach Libyen. Aus dem Ausland angeflogen werden die Flughäfen von Tripolis (TIP) und Benghazi (BEN). Außerdem gibt es innerafrikanische Flugverbindungen, die von Sebha (SEB) ausgehen.

Nach Libyen fliegen u. a. Libyan Arab Airlines (FRA → TIP),

Air Malta, Alitalia (ab Mailand und Rom nach Tripolis und Benghazi), Lufthansa (FRA → TIP), Austrian Airlines (VIE → TIP), Swissair (ZRH → TIP) und British Airways.

Die erforderlichen Einreiseformulare werden in der Regel vom Flugzeugpersonal kurz vor dem Landeanflug verteilt.

Weitere innerlibysche Flughäfen gibt es in Ghat (GHT), Ghadames (LTD), Al-Beidha/Labraq (LAQ), Misratah (MRA), Siirt (SRX), Tobruk (TOB), Kufra (AKF) und Hun (HUQ). Zwischen Tripolis und Benghazi bestehen mehrfach tägl. Flugverbindungen; zwischen diesen beiden Städten und den übrigen Inlandsflughäfen, soweit dort der Flugbetrieb schon wieder aufgenommen worden ist, gibt es i. d. R. mindestens eine Verbindung pro Tag. Die Inlandsflüge sind als Folge des langjährigen internationalen Handelsboykotts (ausbleibende Ersatzteillieferungen) noch etwas unzuverlässig.

Zwischen dem Flughafen von Tripolis und dem Märtyrerplatz verkehrt in Zeitabständen, die zwischen 30 und 60 Min. schwanken, ein Linienbus. Wer nicht warten will, kann auf die staatlichen Taxis zurückgreifen, die zu einem festgelegten Fixpreis (Tickets sind an einem Schalter im Flughafengebäude erhältlich) die Route zwischen dem Flughafen und dem Märtyrerplatz bedienen. Daneben gibt es private Taxis, die jedes gewünschte Ziel ansteuern, dafür aber erheblich teurer sind. Hier richtet sich der Tarif nach der Länge der Fahrstrecke.

Bei der Ausreise aus Libyen auf dem Luftweg wird an den Flughäfen von Tripolis und Benghazi eine Flughafentaxe von z. Zt. LiD 6.– erhoben, die vor Passieren der Passkontrolle zu entrichten ist.

Mit dem Schiff: Es gibt regelmäßige, allerdings nicht immer pünktliche Fährverbindungen mit dem Schiff zwischen Tripolis und La Valetta/Malta, Tunis (Tunesien), Piräus (Griechenland), Casablanca und Tanger (Marokko) und Lattakiya (Syrien). Die Anlegestelle befindet sich in Tripolis auf Höhe des El-Mehari-Hotels.

Auf dem Landweg über Tunesien: Dies war bis zur Aufhebung des Flugboykotts die bevorzugte Einreiseroute. Daher hatte Libyen den Ausbau der Zufahrtstraße zwischen Zarzis bzw. Ben Guardane und dem Grenzübergang Ras Ajdir auf tunesischem Staatsgebiet mitfinanziert. Wegen der zum Teil hohen Preise der Direktflüge nach Libyen ist der Landweg aber weiterhin eine preisgünstige Alternative, da zu diversen tunesischen Ferienzielen günstige Charterflüge erhältlich sind. Am ehesten bietet sich Djerba an, von wo aus es ca. 110 Kilometer bis zur tunesisch-libyschen Grenze und von dort 170 Kilometer bis Tripolis sind. Wer mit dem eigenen Fahrzeug nach Libyen einreist, wird wegen der besseren Fährverbindungen ohnehin in der Regel über Tunesien einreisen.

Bereits bei der Einreise nach Tunesien ist darauf zu achten, dass man nicht nur den Personalausweis (was für EU-Bürger möglich ist, wenn sie nur Tunesien besuchen), sondern den Reisepass vorzeigt und in diesen auch einen tunesischen Einreisestempel erhält, da man ohne diesen Stempel bei der weiteren Einreise nach Libyen Probleme bekommt. Bei der Einreise nach Tunesien ist ein Einreisekärtchen auszufüllen, dessen unteren Abschnitt man abgestempelt zurückerhält. Dieser Streifen muss bis zur Ausreise aufbewahrt werden und wird dann von den tunesischen Behörden bei der Passkontrolle wieder einbehalten.

Der einzige zur Zeit für europäische Besucher erlaubte Übergang (ganztägig geöffnet) an der libysch-tunesischen Grenze ist Ras Ajdir. Ob und wann der südlicher gelegene Übergang beim tunesischen Dhaybah, von wo aus es noch 35 Kilometer bis ins libysche Nalut wären, auch für Nicht-Araber geöffnet wird, ist noch nicht abzusehen.

... über Ägypten:
Die Strecke von Tobruk bis Al-Burdi, der letzten libyschen Ortschaft vor der Grenze zu Ägypten, bzw. Sollum, der ersten ägyptischen Stadt dahinter, beträgt etwa 130 bzw. 145 Kilometer. Der Grenzübergang ist rund um die Uhr geöffnet.
Bei der Ausreise aus Libyen nach Ägypten wird eine Gebühr von z. Zt. LiD 8.– pro Person erhoben. Man sollte das ägyptische Visum bereits zu Hause besorgt haben, da es bei dessen Ausstellung an der Grenze

(Preis z. Zt. US-$ 15.–) vielfach Probleme gibt.

... über Algerien:
Da das südalgerische Tassili-Gebirge eine natürliche, nur durch die moderne Grenze getrennte Fortsetzung des libyschen Tadrart-Akakus-Gebirges darstellt und ebenso Felsbilder aufweist, bietet es sich an, beide Reiseziele zu kombinieren. Wer sich bereits in seinem Heimatland das algerische Visum besorgt hat, kann zwar wenige Kilometer südlich von Ghat Libyen in Richtung des algerischen Ortes Djanet verlassen, hat danach aber keine Möglichkeit mehr, nach Libyen zurückzukehren, da die Aufenthaltsgenehmigung ihre Gültigkeit verloren hat und nur die *Volksbüros* im Heimatland des Reisenden ein neues Visum ausstellen dürfen.

Sinngemäß gleiches gilt für die Ausreise in die südlichen Nachbarländer Libyens Tschad und Niger.

Linienbusse verkehren unter anderem zwischen Libyen und Ägypten (Alexandria und Kairo) bzw. Libyen und Tunesien.

Bei der **Einreise** nach Libyen ist das vom *Volksbüro* zurückerhaltene Duplikat des Visum-Antrags (grüner Karton) bei den Behörden abzugeben. Außerdem ist bei der Ein- und Ausreise jeweils ein Formular (weißer Karton) auszufüllen, das **nur** arabisch abgefasst ist. Das Muster auf S. 335 erläutert, welche Daten anzugeben sind.

Eingeführte Fahrzeuge erhalten bei der Einreise ein libysches Kennzeichen, das bei der Ausreise wieder abgegeben werden muss.

Rucksacktouristen ohne eigenes oder angemietetes Fahrzeug wird seit Januar 2001 die Einreise auf dem Landweg konsequent verweigert, auch wenn sie ein gültiges Einreisevisum besitzen. Zuvor sind immer wieder einmal Rucksacktouristen an der Grenze – offensichtlich nach Gutdünken der jeweils tätigen Beamten – zurückgewiesen worden. Oftmals genügte es aber, in einigem Abstand zu den Abfertigungsgebäuden bis zum nächsten Schichtwechsel zu warten und dann sein Glück bei einem anderen Diensthabenden erneut zu versuchen. Bei den seit Januar 2001 gültigen neuen Einreiseformularen sind jedoch auch Angaben zu der Art des Einreisefahrzeugs (PKW, Motorrad, Bus eines Gruppenreiseveranstalters etc.) zu machen, außerdem muss der Name des Fahrzeughalters und dessen Passnummer auf dem Formblatt eingetragen werden. Da Rucksacktouristen hier passen müssen, werden sie nicht mehr ins Land gelassen. Als einzige Alternative bleibt für sie seither die Einreise auf dem Luftweg, wo als Einreiseverkehrsmittel das Flugzeug mit Flugnummer angegeben werden kann.

Einfuhrbestimmungen

Es darf keinerlei Alkohol eingeführt werden. Wer mit Alkohol im Reisegepäck angetroffen wird, dem wird unter Umständen die Einreise verweigert und/oder es wird eine empfindliche Geldstrafe erhoben. Verboten ist weiterhin die Einfuhr von Schweinefleischprodukten oder von schweinefleischhaltigen Lebensmitteln.

Videokameras und Laptops müssen bei der Einreise durch die libyschen Zollbehörden im Pass (mit Markenbezeichnung und Gerätenummer) eingetragen und bei der Ausreise wieder ausgetragen werden.

Die Ein- und Ausfuhr von libyschen Dinaren ist untersagt. Fremdwährungen dürfen in unbegrenzter Höhe ein- und ausgeführt werden. Bei höheren Beträgen empfiehlt sich das Ausfüllen einer Devisendeklaration.

Klima

Die Großlandschaften Libyens unterscheiden sich durch das Klima voneinander:
Die **Kyrenaika** und **Tripolitanien** haben – bedingt durch ihre Nähe zum Mittelmeer und durch die in ihrem Hinterland aufsteigenden Berge – zwar regenreiche Wintermonate, dafür jedoch auch im Sommer akzeptable Temperaturen (auch in den heißesten Monaten Juni/Juli selten über 40 °C) und keine Niederschläge. Auf den Bergen, vor allem auf dem Djebel Nafusa, ist es zumeist windig und im Winter unter Umständen auch recht kühl. Es kann dann dort vereinzelt sogar Schnee fallen.

Der **Syrtebogen** und sein Hinterland sind niederschlagsärmer; eine Schlechtwetterzone aus der Kyrenaika oder Tripoli-

الجماهيرية العربية الليبية الشعبية الاشتراكية العظمى

اللجنة الشعبية العامة للامن العام

مصلحة مستندات السفر والجنسية وشئون الاجانب

بطاقه دخول ومغادرة المعرب والاجانب

رقم الملف : — منفذ : 1

الاسم : 4 اسم الاب 3 اسم الجد : 2

اللقب : 6 اسم الام . 5

تاريخ ومكان الميلاد : 8 رقم المستند : 7

تاريخ ومكان اصداره : 10 صلاحيته : 9 — —

الجنسية الحالية : 12 الجنسية السابقة : 11

العنوان بالوطن الاصلى : 13

المهنة : 15 مكان العمل : 14

عنوان الاقامة بالجماهيرية : 17 الموعد المتوقع للعودة : 16

الغرض من الدخول : 19 صلاحية التأشيرة : 18

الجهة القادم منها : 21 وسيلة السفر : 20

رقم اللوحة : 23 اسم السائق ورقم جوازه : 22

الالتزام بالتسجيل خلال اسبوع بأقرب مركز شرطة او مصلحةالمستندات

توقيع المسافر : 25 التاريخ : 24 — —

رقم التأشيرة : 27 نوع التأشيرة : 26

صلاحيتها : 29 جهة الاصدار : 28

التاريخ : 31 — — توقيع الموظف : 30

الاسم رباعى : 33 الجنسية : 32

تاريخ ومكان الميلاد : 35 اسم الام : 34

رقم المستند : 38 تاريخ الاصدار : 37 الصلاحية 36 — —

توقيع المسافر : 40 التاريخ : 39 — —

ختم الدخول | ختم الخروج

ملاحظة / يجب الاحتفاظ بهذه البطاقة وتسليمها عند المغادرة للجوازات

Ein- und Ausreiseformular:

1 Grenzort
2 Vorname des Großvaters
3 Vorname des Vaters
4 eigener Vorname
5 Vorname der Mutter
6 Familienname
7 Pass-Nr.
8 Geburtsort/-datum
9 Gültigkeitsdauer des Passes
10 Ausstellungsbehörde/-datum des Passes
11 ggf. ehem. Staatsangehörigkeit
12 Staatsangehörigkeit
13 Heimatadresse
14 Arbeitsplatz
15 Beruf
16 Ein-/Ausreisedatum
17 Adresse in Libyen
18 Visum gültig bis
19 Reisegrund
20 Anreisemittel (PKW)
21 Anreise woher
22 Name des Fahrers, Pass-Nr.
23 KFZ-Kennzeichen
24 Datum
25 Unterschrift
26 Visumtype (Touristen-/Arbeitsvisum)
27 Visum-Nr.
28 Ausstellungsbehörde des Visums
29 Gültigkeitsdauer d. Visums
30 libyscher Arbeitgeber (Arbeitsvisum)
31 Datum
32 Staatsangehörigk.
33 Vor-/Nachname
34 Name d. Mutter
35 Geburtsort/-datum
36 Gültigkeitsdauer des Passes
37 Ausstellungsdatum des Passes
38 Pass-Nr.
39 Datum
40 Unterschrift

tanien kann jedoch auch an der Syrteküste – vor allem im Winter – noch Regenfälle bringen. Vor allem im Frühjahr sind heftige Winde möglich, bei denen viel Sand aufgewirbelt und die Sicht beeinträchtigt wird.

Im **Fezzan** und der **Libyschen Wüste** gibt es praktisch keine Niederschläge. Wenn es zu den seltenen und unvorhersehbaren Wüstenregen kommt, dann fallen innerhalb kürzester Zeit unvorstellbare Mengen an Wasser vom Himmel, die sich auf der Erde in den Wadis sammeln, sich dort als breiter Strom zu Tale ergießen und dabei alles mitreißen, was sich ihnen in den Weg stellt. Im April und Mai gibt es 50 kritische Tage, in denen erhöhte Sandsturm-Gefahr besteht. Diese Periode hat auch dem Sturm den Namen *Chamsin* (= fünfzig) gegeben. Dann weht der Wind aus dem Süden, während er üblicherweise aus nördlichen Richtungen kommt. Bei Sonnenuntergang, wenn sich Luft und aufgeheizter Sand unterschiedlich schnell abkühlen, kann es zu heftigen Windböen kommen, die sich jedoch im Lauf des Abends zumeist legen. Während die Tageshöchsttemperaturen im Sommer fast immer die 40 °C-Marke überschreiten (wobei man dann nachts selbst 15 °C als bitterkalt empfindet), kann es während der Wintermonate über Nacht auch Minustemperaturen geben, sodass bei Wüstenexpeditionen an einen warmen Schlafsack gedacht werden muss. Die trockene Hitze im Süden Libyens wird als nicht so drückend empfunden wie vergleichbare Temperaturwerte in tropischen Ländern mit feuchtwarmem Klima.

Informationen für unterwegs — Von Ort zu Ort

Bei den Hotels wurden nur die bestmöglichen Unterkünfte aufgenommen. Darüber hinaus gibt es (auch in den hier nicht aufgeführten Städten) viele bescheidenere, dafür aber deutlich preisgünstigere Unterkünfte, bei denen allerdings oftmals vor allem der Zustand der sanitären Anlagen nicht unseren europäischen Standards entspricht.

Al-Beidha

Vorwahl 0 84

Die byzantinischen Baureste sind eingezäunt und unbewacht. Das Asklepiaion ist jederzeit zugänglich. Der Besuch der Tekkiye ist genehmigungspflichtig. Für das Museum muss der Schlüssel in der benachbarten Polizeistation geholt werden.

Al-Beidha ist als einzige Stadt der weiteren Umgebung, die ein akzeptables Hotel aufweist, der ideale Ausgangsort für den Besuch von Kyrene und Apollonia sowie für eine Rundfahrt auf dem Djebel al-Akhdar (Slonta, Ghasr Libia usw.).

Restaurants

Einfache Lokale liegen entlang der Hauptdurchgangsstraße (Scharia Al-Uruba).

Hotels

Beidha Palace
Scharia Al-Uruba
Tel. 63 34 55
Fax 63 34 59
Oft durch Gruppenreisende besetzt. Weitere einfachere Unterkünfte liegen ebenfalls in der Scharia Al-Uruba (z. B. Funduk Al-Qahira schräg gegenüber Beidha Palace).

Benghazi

Vorwahl 0 61

Das Omar-Mukhtar-Monument und die Basilika können nur von außen besichtigt werden; vor der Basilika herrscht wegen der benachbarten Polizeistation Fotografierverbot. Das Museum ist noch im Aufbau. Das Ruinengelände des antiken Euhesperides kann nicht bei laufenden Ausgrabungen besucht werden.

Von Benghazi aus können die Ruinenstätten von Tocra und Ptolemais bequem als (Halb)tagestour besucht werden.

Hotels

Tibesti
Scharia Gamal Abdel Nasser
Tel. 909 71 77
Fax 909 71 60

Ouzo
Ecke Scharia Al Jaza'ir/
Scharia Juliana
Tel. 9 06 51 60

Beni Ulid

Vorwahl 03 22

Bester Ausgangspunkt für die Stätten im Wadi Merdum und Wadi Nefud

Hotels

Hotel Beni Ulid
Tel. 24 15
Liegt an der Ausfallstraße Richtung Südosten

Ghadames

Vorwahl 04 84

Der historische Kern der Altstadt darf nur mit einheimischem Führer betreten werden. In den labyrinthartigen Gassen besteht die Gefahr, die Orientierung zu verlieren. Wenige Tage vor Beginn des Ghadames-Festivals (jährl. im Okt.) wird die Altstadt wegen der Vorbereitungen für Besucher gesperrt.

Ausgangspunkt für Fahrten zur Berberfestung Ras el-Ghul, der Nachbaroase Tuneen und zu den Mgasem-Seen; eine genehmigungspflichtige Route (Piste) entlang der algerischen Grenze führt in ca. 3 Tagen nach Ghat und ins Akakus-Gebirge.

Restaurants

Einige Lokale befinden sich an der Außenseite der historischen Altstadt. Für Gruppen kann auch vereinbart werden, dass ein orientalisches Essen (z. B. Hammel und Couscous) in einem der historischen Wohnhäuser serviert wird.

Hotels

Al-Waha
Scharia Matar al-Qadim
(Old Airport Road)
Tel. 6 25 69
Fax 6 25 68

Kafila
In der Neustadt an einem Platz hinter der Hauptmoschee
Tel. 6 29 91
Fax 6 21 76

Gharyan

Vorwahl 0 41

Troglodytenwohnungen: Südlich der Ausfallstraße nach Westen liegen einige von den Einheimischen als Speicher genutzte Anlagen. Bei der Besorgung des Schlüssels für den als Museum gestalteten Bau hilft das Rabta-Hotel; Keramikmarkt von Al-Quasim an der Straße nach Tripolis.

Idealer Ausgangsort für alle Besichtigungen auf dem westlichen Djebel Nafusa und für Fahrten über Mizda und Gheryat nach Sebha sowie über Nalut nach Ghadames

Hotels

Funduq Rabta
Einziges Hochhaus im Stadtzentrum; beliebtes Wochenend-Ausflugsziel (d. h. Fr/Sa) der Bürger von Tripolis.
Tel. 3 19 71
Fax 3 19 72

Hun

Vorwahl 0 57

Dank seines guten Hotels ist Hun der ideale Zwischenstopp für die Fahrt von Sebha nach Zliten bzw. Leptis Magna.

Die Datteln der Djofra-Oasen, insbesondere die aus Hun, gelten als die besten des Landes. Verkaufsstände befinden sich an der Hauptstraße zwischen Hun und Sokna.

Hotels

Funduk Harudj as-Siyahi
Auf der östlichen Parallelstraße zur Hauptdurchgangsstraße
Tel. 60 38 73/76
Fax 60 38 75 und 603 75 47

Kufra-Oasen (Al-Djauf)

Vorwahl 06 52

Musterfarmen und Bewässerungsprojekte, Märkte von Djenzia

Restaurants

Die kleinen Lokale der Oasen zeigen in ihrer Küche bereits Einflüsse des nahegelegenen Sudan wie Fuhlbohnen-Gerichte etc.

Hotels

Funduk as-Sudan
Stadtzentrum von Al-Djauf
Tel. 24 84

Al-Merdj

Vorwahl 0 67

Die große Moschee kann auf Anfrage außerhalb der Gebetszeiten besichtigt werden.

Ausflüge in die Orte des westlichen Djebel al-Akhdar (Ghasr Libia, Tocra, Ptolemais)

Hotels
Funduk al-Merdj al-Siyahi
Stadtzentrum
Tel. 2 28 74 und 2 27 00

Misratah

Vorwahl 05 21

Lokalmuseum, örtlicher Markt

Der Ort bietet sich als Zwischenstopp bei der Fahrt von Tripolis nach Benghazi entlang dem Syrtebogen an. Von hier aus ist As-Sultan mit seinem kleinen Museum sowie den fatimidischen Bauresten gut zu erreichen. Guter Ausgangspunkt für die Stätten des östlichen Djebel Nafusa (Ghirza).

Hotels
Goz at-Teq
2nd Ring Road
Tel. 62 69 99 und 62 73 09

Sebha

Vorwahl 0 71

Als Hauptstadt des Fezzan bester Ausgangsort für mehrtägige Touren Richtung Djerma, Ghat und Akakus-Gebirge bzw. Richtung Wau an-Namus.

Hotels
Al-Qala'a
Scharia Gamal Abdel Nasser
Tel. 62 31 08 und 62 66 50
Al-Mehari
Scharia 5th October
Tel. 63 19 10-13
Fax 63 19 14
Funduq al-Djebel
östlich der Scharia Ubari
(ca. 7 km südl. außerhalb)
Tel. 62 46 41

Siirt

Vorwahl 0 54

Volkskongress-Zentrum, Besichtigung ist möglich, wenn keine Sitzungen stattfinden.

Der große Stausee und die Leitungsanlagen des Great-Man-Made-River-Projects (unmittelbar südlich der Küstenstraße Tripolis – Benghazi) können nach Voranmeldung besichtigt werden.

Hotels
Funduk al-Medina
nahe beim Volkskongresszentrum
Tel. 6 01 60 und 6 01 61
Fax 44 07

Taourga

Vorwahl 05 22

Keramikmarkt in zwei rund 6 km voneinander entfernten Arealen an beiden Ortsenden unmittelbar an der Durchgangsstraße Tripolis – Benghazi

Restaurants
Mehrere Restaurants liegen unmittelbar an der Durchgangsstraße Tripolis – Benghazi für die vorbeikommenden Fernfahrer.

Tobruk

Vorwahl 0 87

Soldatenfriedhöfe und Ehrenmäler des Zweiten Weltkriegs an der Straße zur ägyptischen Grenze; Schlüssel muss jeweils in der Nachbarschaft organisiert werden.

Letzte Übernachtungsmöglichkeit vor Erreichen der ägyptischen Grenze (bzw. erste Gelegenheit dazu bei der Einreise von dort); Malereien in der alten Militärstation von Bardia; Jaghbub-Oasen (dort existiert kein Hotel).

Hotels
Al-Massira
Hochhaus nahe des Hafenbeckens unweit der Fernstraße zur ägyptischen Grenze
Tel. 62 57 60
Fax 62 57 69

Tripolis

Vorwahl 0 21

Nationalmuseum; Suq mit ethnologischem Museum im Karamanli-Haus; Marc-Aurel-Bogen; diverse Moscheen (außerhalb der Gebetszeiten); italienisches Kolonialviertel südlich des Märtyrerplatzes; islamisches Museum.

Exkursionen nach Janzur und Sabratha; Tajura und Leptis Magna; Rundfahrt auf dem Djebel Nafusa mit Qasr al-Hadj, Ghasr Bu Neran, Ghaspet Safit (jeweils als Tagestour).

Restaurants

Einige gute Lokale (syrisch-libanesische Küche) im ehemaligen italienischen Kolonialviertel an den vom Märtyrerplatz ausgehenden Radialstraßen, beim Messegelände und im Stadtviertel Girgáresch.

Hotels

Al-Mehari
Scharia Al-Fatah
Tel. 3 33 40 91/96
Fax 4 44 95 02

Bab al-Bahr
Scharia Bab al-Gedid
Tel. 3 35 06 67
Fax 3 35 07 11

Funduk al-Qebir (Grand Hotel)
Scharia Al-Fatah
Tel. 4 44 59 41
Fax 444 59 59

Wau al-Qebir

Vorwahl (kein Telefon)

Bester Ausgangspunkt zum Wau en-Namus, der mittlerweile von dort als Tagestour besucht werden kann.

Hotels

Wau al-Qebir
Ehemalige Bohrarbeiter-Unterkunft mit (gelegentlich gefülltem) Swimming-Pool. Kein Telefon oder Fax (d. h. keine Voranmeldung oder Reservierung möglich). Angegliederte staatliche Gesundheitsstation, in welcher in dreiwöchigem Turnus jeweils ein Arzt Bereitschaftsdienst hat.

Yefren

Vorwahl 04 21

Exkursionen in alle Orte des westlichen Djebel Nafusa (Jadu, Qasr al-Hadj, Ghaspet Safit, Ghasr Bu Neran); als Ausgangspunkt für die Fahrt über Nalut nach Ghadames geeignet.

Restaurants

Ein passables Restaurant ist dem Funduk ar-Rumiya angegliedert.

Hotels

Funduk ar-Rumiya
Sehr einfache Unterkunft am Ortsrand, am Steilabbruch des Djebel Nafusa; spektakulärer Blick in die Talebene der Djifara.
Tel. 22 08 und 31 42

Zliten

Vorwahl 05 21

Lokalmuseum; Villa von Dar Buc Ammera; Abd-al-Salam-al-Asmar-Moschee.

Idealer Ausgangsort für den Besuch von Leptis Magna; Villa Selene bei Leptis Magna (Besuch genehmigungspflichtig); Mausoleum von Suq al-Jumah.

Hotels

Funduk Zliten (Zliten Hotel)
Am nördlichen Ortsrand an der Hauptausfallstraße Richtung Küste
Tel. 62 01 21
Fax 62 01 20

Reiseinformationen von A bis Z

Botschaften

Botschaft der Bundesrepublik Deutschland
Sharia al Hassan al Mashai
Tripolis
Tel. 0 21/3 33-05 45, 3 33-38 27, 4 44-85 52
Fax 0 21/4 44-89 68

Österreichische Botschaft
Scharia Chalid al-Walid/Scharia Arismondi
Dahra Area, Garden City
Tripolis
Tel. 0 21/4 44-33 79
Fax 0 21/4 44-08 38

Schweizerische Botschaft
Scharia Ben Ashour
Bedri Area
Tripolis
Tel. 0 21/60 73 65, 60 73 66
Fax 0 21/60 74 87

Fest- und Feiertage

Anders als in Deutschland herrscht am islamischen Wochenfeiertag, dem Freitag, kein gesetzl. Ladenschluss. Es haben also die Geschäfte, nicht jedoch Behörden und öffentliche Stellen, auch freitags geöffnet. Nur während des gemeinsamen Mittagsgebets ist an diesem Tag mit Schließungen zu rechnen.

Religiöse Feiertage: Da der islamische Kalender ein Mondkalender ist und jeder Monat von einem zum darauffolgenden Neumond, also rund 29 Tage, dauert, verschieben sich die im islamischen Kalender festgelegten religiösen Feiertage jedes Jahr gegenüber dem Sonnenjahr mit seinen 365 Tagen plus Schalttag um etwa 11 Tage nach vorn. Denn wenn sich der Mond zwölfmal um die Erde gedreht hat (= 12 Mondphasenwechsel), hat die Erde ihren Umlauf um die Sonne (= Jahreszeitenwechsel) noch nicht komplett vollendet. Entsprechend sind nach 32 Sonnenjahren bereits 33 Mondjahre vergangen. Als Beginn der islamischen Zeitrechnung gilt die Hedschra, die Flucht des Propheten Mohammed aus seiner Heimatstadt Mekka nach Yathrib, dem heutigen Medina, im September 622. Jahreszahlen nach dem islamischen Kalender erhalten die Abkürzung A.H. (Anno Hegirae bzw. After Hedschra). Daneben wird aber speziell in Libyen ein Kalender propagiert, der den Todestag Mohammeds (8. Juni 632) als Ausgangspunkt hat, sodass die libysche Jahreszählung derjenigen in der übrigen moslemischen Welt um 10 Jahre nachhinkt.

Zu den religiösen Ereignissen gehört der Fastenmonat Ramadan, der 9. Monat des islamischen Mondkalenders, an denen das tägliche Leben wegen der strengen Fastenvorschriften (kein Essen und Trinken von Sonnenauf- bis untergang) stark eingeschränkt ist und sich auf die Zeit nach Sonnenuntergang verlagert. In dieser Zeit sollte man auch als Nicht-Moslem tagsüber aus Rücksicht auf die religiösen Gepflogenheiten des Landes nicht in der Öffentlichkeit essen, trinken oder rauchen, sondern an einer abgeschiedenen Stelle.

Im 12. Monat, dem Pilgermonat Dhu l'Hidscha, in welchem die Moslems, denen es finanziell und gesundheitlich möglich ist, die Fahrt nach Mekka absolvieren, kann es zu Einschränkungen bei den Fernverkehrsbussen und im Flugverkehr kommen, da die Verkehrsmittel oft mit Pilgern in Richtung Mekka unterwegs sind.

An religiösen Festen im eigentlichen Sinn gibt es das große und das kleine Opferfest, die beide zwischen drei und vier Tage lang begangen werden. Das große Opferfest (Aid al-Adha), bei dem in jeder Familie ein Schaf oder eine Ziege geschlachtet werden, beginnt am 10. Tag des 12. (Pilger-)Monats Dhu l'Hidscha. Das kleine Opferfest, auch ›Fastenbrechen‹ genannt, bildet am 1. Tag des 10. Kalendermonats Schawwal den Abschluss des Ramadan. Auch an diesen beiden Festen haben Behörden und öffentliche Institutionen geschlossen.

Staatsfeiertage: Die Staatsfeiertage orientieren sich nicht am islamischen Mondkalender, sondern am Sonnenjahr. Bedeutendster Staatsfeiertag ist der 1. September, der Jahrestag der Revolution von 1969 durch die Offiziere unter Oberst Muammar al-Gadhafi.

Daneben wird der 11. Juni als Gedenktag der Schließung der amerikanischen und britischen Militärbasen begangen, ebenso der 2. März als Unabhängigkeitstag.

Jeder Ort hat in unregelmäßigem Turnus einen Volkskongresstag. Dabei sind alle Staatsbürger aufgefordert, in den örtlichen *Volksbüros* ihren politischen Willen kundzutun und – da Libyen das parlamentarische System nach westlichem Vorbild strikt ablehnt – ihre Volksvertreter für das nächsthöhere Entscheidungsgremium zu bestimmen und mit Direktiven zu versehen. Von dieser patriotischen Pflicht sollen die Libyer nicht durch kommerzielle Aktivitäten abgehalten werden, weswegen zu diesem Anlass, der in jeder Ortschaft an einem anderen Tag stattfinden kann, alle Geschäfte geschlossen sind.

Fotografieren

Man sollte, bevor man Personen aufnimmt, auf jeden Fall deren ausdrückliche Einwilligung einholen. Das Fotografieren von Frauen, vor allem, wenn sie Kopftuch und/oder

Schleier tragen und konservativ gekleidet sind, ist absolut tabu, auch nicht mit dem Teleobjektiv aus größerer Distanz. Durch das im Koran verankerte Bilderverbot des Islam herrscht vor allem bei älteren Leuten Misstrauen gegenüber dem Fotografiertwerden. Man glaubt regelrecht, dass mit dem perönlichen Bild auch ein Stück von der Seele auf den Film und damit in den Besitz des Fotografen gelangt. Kinder möchten zwar unter Umständen gern fotografiert werden und stellen sich auch gern in gekünstelten Posen vor die Kamera, man kann jedoch, wenn man diesem Wunsch nachkommt, wiederum mit deren Eltern oder anderen konservativen Erwachsenen Ärger bekommen.

Streng verboten ist das Fotografieren oder Filmen von militärischen und aus libyscher Sicht sicherheitsrelevanten Einrichtungen. Dazu zählen neben Kasernen, Militärfahrzeugen, Polizeistationen (incl. Straßenkontrollstellen) auch zivile Flughäfen, Brücken, Gepäckdurchleuchtungseinrichtungen in den großen Hotels usw. sowie alle Gebäude, in denen Behörden und öffentliche Institutionen untergebracht sind, und denen man den staatlichen Charakter äußerlich vielfach nicht ansieht (Büros der Geheimpolizei usw.). Wenn sich Polizisten oder andere bewaffnete Sicherheitskräfte vor Gebäuden aufhalten oder wenn an den Eingängen auffällig starker Personenverkehr herrscht, hat man fast immer ein solches öffentliches Gebäude vor sich. Bei Missachtung droht die entschädigungslose Konfiszierung nicht nur des Films, sondern auch der Kamera und ggf. der gesamten Fotoausrüstung. Es wurden auch schon Haftstrafen gegen Touristen verhängt, die eindeutig als militärisch erkennbare Motive fotografiert hatten.

Negativfilme sollten zu Hause besorgt werden, da sie relativ teuer und oft überlagert sind. Diafilme sind in Libyen kaum erhältlich. Günstiger als in Europa sind Batterien, allerdings sind Spezialbatterien für bestimmte Kameramodelle zumeist nur in Fotogeschäften der Großstädte erhältlich.

Video-Kameras müssen bei der Einreise deklariert werden; sie werden mit Typenbezeichnung und Produktionsnummer in den Pass eingetragen; bei der Ausreise wird nach Vorzeigen des Geräts der entsprechende Sichtvermerk wieder gelöscht.

Die auf den Flughäfen und in den internationalen Hotels in Tripolis und Benghazi installierten Durchleuchtungsgeräte für Gepäckstücke sind *film safe*. Für das Fotografieren in eintrittspflichtigen Ruinengeländen und historischen Stätten wird eine Gebühr verlangt, die für Fotoapparate z. Zt. 5.– und für Video-Geräte 10.– LiD beträgt. Für Museen in den Arealen ist dieselbe Gebühr erneut fällig, dafür darf jedoch auch ein Blitzgerät benutzt werden.

Geld und Devisen:

Landeswährung ist der Libysche Dinar, unterteilt in 1000 Dirham. Es gibt Scheine zu 1/4, 1/2, 1, 5 und10 LiD sowie Münzen zu 1, 2, 5 und 10 Dirham, die aber nur noch beschränkt in Umlauf sind. Von ein und derselben Stückelung können bis zu drei verschiedene Scheine in verschiedenen Formaten in Umlauf sein, die alle noch als Zahlungsmittel akzeptiert werden. Die Wechselkurse sind starken Schwankungen unterworfen. Der offizielle Wechselkurs orientiert sich am US-Dollar und wird künstlich hochgehalten (z. Zt. [April 2001] etwa 1.– US-$ = 1.60 LiD, d. h. 1.– LiD = ca. 0.63 US-$) und entspricht nicht der tatsächlichen Kaufkraft der Landeswährung. Dadurch ist Libyen ein relativ teures Land, zumal die Rechnungen der libyschen Luxushotels in harten Auslandsdevisen bzw. in Landeswährung mit Umtauschbeleg zum offiziellen Wechselkurs beglichen werden müssen. Am besten führt man US-$ in bar mit sich, da dies die bekannteste Fremdwährung ist und die Einlösung von Schecks und das Bezahlen mit Kreditkarten fast nirgends möglich sind. Es werden auch DM und sFr in bar getauscht, nicht jedoch öS. Den offiziellen Geldtausch nehmen die Bankschalter in den internationalen Hotels und mittlerweile auch die meisten Bankfilialen selbst vor.

Sowohl in Libyen selbst wie auch in den Nachbarstaaten Tunesien und Ägypten floriert ein offiziell verbotener Schwarzhandel mit tagtäglich stark schwankenden Kursen. Die Ein- und Ausfuhr von libyschen

Dinaren ist zwar untersagt, doch schon bei der Anfahrt zur libyschen Grenze stehen in Tunesien die Schwarzgeldtauscher am Straßenrand und wedeln vorbeifahrenden Autos mit ihren Geldbündeln zu. Auch an der ägyptisch-libyschen Grenze wird man offen von privaten Geldtauschern angesprochen. In Libyen legen zudem vielfach Basarhändler bei der – offiziell nicht erlaubten – Bezahlung der Einkäufe mit US-$ Wechselkurse zugrunde, die deutlich günstiger sind als die offiziellen Sätze.

Hotel-Situation

In den großen Städten gibt es Vier-Sterne-Luxus-Hotels, allerdings kann es vorkommen, dass man – wegen staatlicher Delegationen – kurzfristig ein zugesagtes Zimmer nicht bekommt oder gar ausquartiert wird. Einzelreisende müssen hier ihre Rechnungen in Devisen bezahlen oder einen offiziellen Umtauschbeleg einer Bank vorlegen. In den kleineren Städten sind zumindest einfache Hotels vorhanden, welche die Landeswährung ohne Nachprüfung der Herkunft akzeptieren.

Kleidung

Da man sich in einem streng islamischen Land aufhält, sollte man mit seiner Bekleidung Rücksicht darauf nehmen. Kurze Hosen, auch bei Männern, gelten in allen islamischen Ländern als Unterwäsche, egal aus welchem Material sie bestehen. Wer sich also in kurzen Hosen in der Öffentlichkeit bewegt, hat aus Sicht der Einheimischen seine Überbekleidung vergessen. Frauen sollten keine zu luftige Oberbekleidung tragen, knappe Hosen sind ebenso tabu wie T-Shirts mit weiten Ausschnitten oder Spaghetti-Trägern.

Küche

Es existiert keine eigenständige libysche Küche. Vielmehr gibt es die gleichen Gerichte wie in den benachbarten arabischen Ländern. Häufigste und günstigste Fleischgerichte sind Grillhähnchen. Die übrigen Schlachttiere (Rind, Kamel, Schaf, Ziege) sind im Vergleich dazu sehr teuer.

In den größeren Städten unterhalten vielfach Syrer und Libanesen Lokale mit guter orientalischer Küche.

Das einzige landestypische Gericht ist die ›Libysche Suppe‹, eine unterschiedlich scharf gewürzte Tomatensuppe mit Nudeln (in Form von großen Reiskörnern), Kichererbsen und Hammelfleischstückchen, die ihren charakteristischen Geschmack durch die mitgekochten Kräuter erhält.

Medizinische Versorgung

Die ärztliche Versorgung in Libyen ist in den Städten an der Küste recht gut, im Fezzan aufgrund der großen Distanzen und der dünnen Siedlungsdichte nicht immer rasch gewährleistet. Das Gesundheitssystem wird vom Staat getragen und ist kostenlos, lediglich die Behandlung durch private Ärzte kostet (geringe) Gebühren. Medikamente müssen selbst bezahlt werden, sind zumeist rezeptfrei in den Apotheken erhältlich und kosten, selbst wenn es sich um aus dem Ausland importierte Präparate handelt, nur einen Bruchteil dessen, was man dafür in Europa bezahlen müsste. Da nicht immer gewährleistet ist, dass die gesamte Palette an Arzneimitteln vorhanden ist, sollten sämtliche benötigten Medikamente (gegen Durchfallerkrankungen, Erkältung usw.) von zu Hause mitgebracht werden.

Meldepflicht

Nach erfolgter Einreise besteht bei einem Aufenthalt von mehr als sieben Tagen die Verpflichtung, sich sich vor Ablauf dieser sieben Tage bei den örtlichen Behörden seines augenblicklichen Aufenthaltsorts anzumelden. Hierzu ist das Mitbringen des Reisepasses erforderlich, in welchen die entsprechende Gebühren-Marke (zur Zeit LiD 5.– für die Marke zuzüglich LiD 1.– für den Erwerb des dazu notwendigen Formulars bei der Meldebehörde). Hier helfen in der Regel die örtlichen Hotels weiter, die manchmal auch die Formalitäten für ihre Gäste erledigen.

Moscheebesuche

Die Besuche islamischer Gebetsstätten durch Nicht-Moslems sind nur in einigen Orten möglich. Im Zweifelsfall fragt man am Moscheeportal bei einem der Einheimischen an, ob der Eintritt möglich ist. Vielfach wird man dann, vor allem, wenn man als Einzelreisender unterwegs ist, hereingebeten. Es müssen vor Betreten des Gebetshauses die Schuhe ausgezogen werden (sie können zumeist in Fächern neben dem Eingang abgestellt werden), Frauen müssen ein Kopftuch tragen. Dezente Kleidung (s. o.) ist ebenso selbstverständlich wie davon abzusehen, die Leute beim Gebet zu fotografieren.

Öffnungszeiten

Die Sehenswürdigkeiten (Museen und Ruinenstätten) öffnen landesweit zumeist um 9 Uhr. Die Museen und historischen Stätten in Tripolis schließen gegen 13 Uhr, andernorts sind die Ruinenareale und angegliederten Lokalmuseen durchgehend bis 17 oder 18 Uhr geöffnet. Die historischen Häuser in der Altstadt von Tripolis sind vielfach am späten Nachmittag zwischen 16 und 19 Uhr erneut geöffnet. Montags sind sämtliche Museen geschlossen. An seltener besuchten Sehenswürdigkeiten des Landes (dies gilt auch für die kleineren Lokalmuseen) steht der verantwortliche Aufseher nicht ständig parat, sondern muss erst im Ort ausfindig gemacht werden (»fen mudir/muftach?« = »wo ist der Aufseher/Schlüssel?«). Entsprechend gibt es hier keine festen Öffnungszeiten. Freitags bestimmt in vielen öffentlichen Institutionen der Muezzin-Ruf zum gemeinsamen Freitagsgebet den Beginn der Mittagspause.

Geschäfte haben im Großen und Ganzen von 9–14 Uhr sowie abends von 16.30–20.30 Uhr geöffnet, Behörden und Banken von 8–14 Uhr. Private Firmen sind im Sommer von 7–14 Uhr, im Winter von 8–13 Uhr tätig, dazu kommt eine ganzjährige abendliche Arbeitszeit von etwa 16–18.30 Uhr.

Post/Briefmarken

Ansichtskarten, die vor wenigen Jahren noch eine Mangelware darstellten, werden mittlerweile in allen größeren Hotels und an den Ruinenstätten verkauft. Dort sind zumeist auch Briefmarken (gegen Aufpreis) erhältlich, die man ansonsten zum aufgedruckten Preis in Postämtern erwerben kann. Postämter und Verkaufsstellen bieten häufig auch Blocks mit Sondermarken an, die jedoch auf Grund ihres vielfach propagandistischen Inhalts nicht zum Frankieren internationaler Postsendungen zugelassen sind und lediglich Sammlerwert besitzen. Die billigsten Postkarten, wenn auch mit einer sehr eingeschränkten Auswahl, sind in den staatlichen Läden erhältlich; bessere Druckqualität und vielfältigere Motive bieten private Hersteller und Verkäufer, allerdings zu erheblich höheren Preisen. Im Durchschnitt dauert die Beförderung von Post ins Ausland 3–4 Wochen. Postkarten können aber auch sehr lange (bis zu 9 Monaten!) unterwegs sein, vor allem, wenn sie in kleineren Orten aufgegeben oder in abgelegene Briefkästen eingeworfen werden. Am zuverlässigsten für eine schnelle Leerung sind die Briefboxen der internationalen Hotels.

Stromspannung

In der Regel ist das Stromnetz auf 220 V Wechselstrom eingestellt, vereinzelt (einige Oasen) gibt es noch 110-V-Anschlüsse Die internationalen Hotels sind zumeist mit europäischen Zweipol-Steckdosen bei 220 V Spannung ausgestattet, sodass in diesen Fällen kein Adapter erforderlich ist. Dieser wird jedoch benötigt in kleineren Hotels und Privathaushalten, wo es, mangels staatlicher Normvorschriften, ein unübersehbares Sammelsurium an unterschiedlichen Steckdosen gibt.

Telefon

Bei den staatlichen Postämtern sind die Telefonate am billigsten, das Versenden von Faxen ist jedoch mit größerem bürokratischen Aufwand (Ausfüllen eines längeren Formulars) verbunden. Mittlerweile gibt es in allen größeren Ortschaften private Telefonagenturen, die Gespräche vermitteln und die Versendung von Faxen durchführen. Manchmal kommt die Verbindung sofort zustande, manchmal klappt es erst nach mehreren Anläufen oder überhaupt nicht.

Es gibt zudem die Möglichkeit, von öffentlichen Fernsprechgeräten mit internationalem Anschluss direkt mit Telefonkarten, die auf allen Postämtern erworben werden können, ins Ausland zu telefonieren.

Mit europäischen Mobiltelefonen können noch keine Gespräche aus Libyen geführt werden, da es bislang keine entsprechenden Abkommen zwischen Libyen und europäischen Telefongesellschaften gibt.

Vorwahlen aus Libyen:
Deutschland 00 49
Österreich 00 43
Schweiz 00 41
Vorwahl von Libyen: 0 02 18

Tourist-Information

Libyen unterhält noch keine Tourismus-Informationsbüros; der Aufbau eines landesweiten Netzes ist jedoch geplant. Gegebenenfalls helfen in größeren Orten auch die Büros der Libyan Airways und landesweit die örtlichen Polizeistationen weiter, bei denen man sich ohnehin vor Antritt einer Fahrt in genehmigungspflichtige Regionen (Akakus-Gebirge, Wau an-Namus) registrieren lassen muss.

Verkehrsmittel

Zu den innerlibyschen **Flughäfen** siehe unter: Einreise nach Libyen/mit dem Flugzeug (S. 332).

Es gibt noch keine **Bahnverbindungen** (der Bau einer Bahnlinie an der Küste zwischen Ägypten und Tunesien hat gerade begonnen). Gut ausgebaut ist jedoch das Netz öffentlicher Linienbusse und Sammeltaxis.

Mit dem eigenen PKW oder Motorrad:
Es herrschen Geschwindigkeitsbegrenzungen, die jedoch durch die Einheimischen so gut wie nie beachtet werden:
Ortschaften: generell 50 km/h
Fernstraßen: PKW: 100 km/h
Busse: 80 km/h
LKW's, PKW's mit Anhängern etc.: 60 km/h

Gelegentlich finden auf der Fernstraße Tripolis-Benghazi Geschwindigkeitskontrollen statt, wobei am jeweils nächsten Polizeiposten die Strafe für Geschwindigkeitsübertretungen kassiert wird.

Kraftstoff ist in Libyen ausgesprochen billig, jedoch, vor allem im Süden, nicht immer zu erhalten. Die Tankstellen gehören allesamt derselben staatlichen Kette an und sind mit dreistelligen Ziffern durchnummeriert. Aktuelle Kraftstoffpreise pro Liter:
Diesel *(Nafta)* 0,110 LiD
Normal *(Bansin;* 95 Oktan) 0,105 LiD
Super *(Mumtaz;* 98 Oktan) 0,140 LiD

Bei der Berechnung der Benzinvorräte ist nicht nur die eventuell mangelnde Versorgungslage mit einzukalkulieren, sondern auch die Tatsache, dass geländegängige Fahrzeuge bei Fahrten in schwierigem Gelände mit Allradantrieb und niedrigem Gang einen sehr hohen Kraftstoffverbrauch (z. T. 45 Liter/100 km) haben.

Die Hauptstraßen sind in der Regel in gutem Zustand und werden laufend in Stand gehalten. Lediglich auf den Straßen in den Süden kann gelegentlich eine Sanddüne überraschend den Weg versperren.

Alle Hinweisschilder mit Orts- und Entfernungsangaben sind nur arabisch beschriftet (nur die Zahlen sind diejenigen, die wir auch in der westlichen Welt benutzen). Die nebenstehende Tabelle gibt die wichtigsten Ortsnamen in Arabisch und europäischer Umschrift an.

Zeitverschiebung:

Libyen gehört zur Osteuropäischen Zeitzone (OEZ) = MEZ + 1 Stunde. Es gibt keine Umstellung auf die Sommerzeit, sodass es während der ›Winterzeit‹ 1 Stunde Zeitverschiebung und während der ›Sommerzeit‹ keine Zeitverschiebung zur MEZ gibt.

Verzeichnis der wichtigsten arabischen Ortsnamen

أجدبية	Adjdabiya	المرج	Merdj
بنغازى	Benghazi	مصراتة	Misratah
بنى وليد	Beni Ulid	مرزق	Murzuq
براك	Braq	نالوت	Nalut
درنة	Dernah	صبراتة	Sabratha
جادو	Djadu	سبها	Sebha
رمة	Djerma	سرت	Siirt
غدامس	Ghadames	ترهونة	Tarhuna
غريان	Gharyan	طبرق	Tobruk
فات	Ghat	طرابلس	Tripolis
الخمس	Homs	أوبارى	Ubari
هون	Hun	العوينات	Uweinat
الحقبوت	Jaghbub	ودان	Waddan
يفرين	Jefren	ذليطن	Zliten
الكفرة	Kufra	زوارة	Zuwarah
قورينه	Kyrene (Schahat)	زويلة	Zuweila

Literaturauswahl

Allgemeines und Zusammenfassungen

Antonino Di Vita/Ginette Di Vita-Evrard/Lidiano Bacchielli: Das antike Libyen · Vergessene Stätten des römischen Imperiums, Köln1999

Sabine Frank/Martina Kamp (Hrsg.): Libyen im 20. Jahrhundert · Zwischen Fremdherrschaft und nationaler Selbstbestimmung. Deutsches Orient Institut, Hamburg 1995

Rudolf Kratzl/Hanspeter Mattes: Libyen. Öl, Sand und Steine · Ein Land im Umbruch, Freiburg i. Br. 1989

Christian Operschall/Charlotte Teuber: Libyen · Die verkannte Revolution?, Wien 1987

Andreas Schmidt-Colinet: Archäologische Forschungen in Libyen, in: Antike Welt 10/2, 1979, S. 25–34

Joachim Willeitner/Helmut Dollhopf: Libyen · Von den Felsbildern des Fezzan zu den antiken Städten am Mittelmeer, München 1998

Prähistorisches Libyen/Fezzan

Leo Frobenius: Ekade Ektab · Die Felsbilder Fezzans, Leipzig 1937; Nachdruck Graz 1978

Henri J. Hugot/Maximilien Bruggmann: Zehntausend Jahre Sahara, München & Luzern 1976

Henri Lhote: Die Felsbilder der Sahara · Entdeckung einer 8000-jährigen Kultur, Würzburg & Wien 1958

Rüdiger & Gabriele Lutz: Das Geheimnis der Wüste · Die Felskunst des Messak

Sattafet und Messak Mellet · Libyen, Innsbruck 1995
H. J. Pachur: Vergessene Flüsse und Seen der Ostsahara, in: Geowissenschaften in unserer Zeit 5/2, Weinheim 1987, S. 55–64
Hans Rhotert: Libysche Felsbilder, Darmstadt 1952
Ders./Rudolph Kuper: Felsbilder aus Wadi Ertan und Wadi Tarhoscht (Südwest-Fezzan, Libyen), Graz 1981
Sahara · 10 000 Jahre zwischen Weide und Wüste. Ausstellungskatalog Völkerkundemuseum Köln, Köln 1978
Karl Heinz Striedter: Felsbilder der Sahara, München 1984

Griechisch-römisches Libyen
Erwin M. Ruprechtsberger: Die römische Limeszone in Tripolitanien und der Kyrenaika · Tunesien – Libyen, Schriften des Limesmuseums Aalen 47, Stuttgart 1993
Bengt E. Thomasson: Die Statthalter der römischen Provinzen Nordafrikas von Augustus bis Diocletianus I–II, Lund 1960
M. Vilímková/Hed Wimmer: Africa Romana, Baden Baden o. J.
Klaus Zimmermann: Libyen · Das Land südlich des Mittelmeers im Weltbild der Griechen, Vestigia 51, München 1999

Kyrenaika
Lidiano Bacchielli: Kyrene, das Athen Afrikas, in: Welt und Umwelt der Bibel 2, 1996, S. 46–51
Nicola Bonacasa/Serena Ensoli: Cirene, Mailand 2000
Hermann Büsing: Battos, in: Castrum Peregrini 132/133, 1978, S. 51–97
Arthur Golfetto: Die Skulpturengrotte von Slonta, in: Antike Welt 4/3, 1973, S. 14–25
Richard George Goodchild: Kyrene und Apollonia. Ruinenstädte Nordafrikas 4, Zürich 1971
Hans Lauter: Ptolemais in Libyen. Ein Beitrag zur Baukunst Alexandrias, in: Jahrbuch des Deutschen Archäologischen Instituts 86, 1971, S. 149–178
Sandro Stucchi: Architettura Cirenaica, Monografie di Archeologia Libica 9, Rom 1975

Tripolitanien
Véronique Brouquier-Reddé: Temples et cultes de Tripolitaine, Paris 1992
Maria Floriani Squarciapino: Leptis Magna, Ruinenstädte Nordafrikas 2, Basel 1966
Augusta Hönle: Das Mosaik von Zliten, in: Antike Welt 13/4, 1982, S. 22–28
Aubrey Menem: Ruinenstädte der Antike · Von Leptis Magna bis Palmyra, Bergisch Gladbach 1989
Erwin M. Ruprechtsberger: Sabratha · Eine antike Stadt in Tripolitanien, in: Antike Welt 32/1, 2001, S. 35-46
Antonino di Vita: Leptis Magna · Die Heimatstadt des Septimius Severus in Nordafrika, in: Antike Welt 27/3, 1996, S. 173–190
Gerhard Zimmer: Ghirza · Grenzsiedlung am Limes Tripolitanus, in: Antike Welt 12/2, 1981, S. 3–10

Landesinneres (Fezzan)
Erwin M. Ruprechtsberger: Die Garamanten · Geschichte und Kultur eines libyschen Volkes in der Sahara, Mainz 1997
Ders.: Die Garamanten · Eine Übersicht mit neuen Aspekten zu ihrer Geschichte und Kultur, in: Nürnberger Blätter zur Archäologie 12, 1997, S. 141–156
Hans Weis: Der antike Fezzan · Das Glacis des Limes Tripolitanus, in: Jahreshefte des österreichischen Archäologischen Instituts in Wien 44, 1959, Beih. S. 167–208
Elke Werry/Brigitte Kazenwadel: Garten Eden in der Sahara, in: Bild der Wissenschaft 4/99, 1999, S. 18–23

Entdeckungsgeschichte und frühe Reiseberichte
Ladislaus E. Almasy: Unbekannte Sahara · Mit Flugzeug und Auto in der Libyschen Wüste, Leipzig 1939
Heinrich Barth: Im Sattel durch Nord- und Zentralafrika, Wiesbaden 1980
Friedrich Hornemann: Tagebuch der Reise von Cairo nach Murzuck 1797 bis 1798, Hildesheim 1997
Gustav Nachtigall: Tibesti · Die Entdeckung der Riesenkrater und die Erstdurchquerung des Sudan 1868, Tübingen 1978
Gerhard Rohlfs: Quer durch Afrika · Die Erstdurchquerung der Sahara, Stuttgart 1984
Fernand Salentiny: DuMonts Lexikon der Seefahrer und Entdecker, Köln 1995

Abbildungsnachweis

AKG, Berlin S. 45, 49, 50o.
Hans-Joachim Aubert, Bonn S. 1, 121, 161, 163li., 164, 189
Helmut Dollhopf, Nürnberg S. 136, 156, 158, 168, 169, 224, 227, 228
Werner Gartung/laif, Köln S. 21, 145, 212
Yüksel Ilhan, Stuttgart S. 219li.
Volkmar Janicke, München Klappe hinten, S. 16, 72re., 186, 193, 198, 204, 230, 234, 253, 308
Markus Kirchgessner, Frankfurt/M. S. 1, 13, 31, 51, 72li., 108
Robert Meazza/laif, Köln S. 71, 100u.
Ulf Müller-Moewes, Königswinter S. 28
Anja Tasche, Gröbenzell S. 149
Barbara Tolle, Tübingen S. 25, 44, 59, 60, 76, 88/89, 102, 115, 116re., 122, 272, 314, 316
Ullstein Bilderdienst, Berlin S. 50u.
Jörg Wagner, Tübingen S. 54, 100o., 116li., 143, 163re., 270
Kurt-Michael Westermann, Hamburg/Wien Titel, Klappe vorn, S. 7
Josef Wildgruber, München S. 91u., 112, 201, 203, 207, 211, 233
Joachim Willeitner, Gröbenzell S. 17, 26, 32, 37, 38, 61, 62, 69, 80, 82, 86, 91o., 97, 99, 105, 109, 123, 125, 128, 133, 139, 148, 154, 171, 176, 180, 182, 184, 196, 206, 208, 209, 215, 217, 219re., 221, 236, 242, 247, 248, 257, 261, 263, 266, 277, 279, 285, 286, 289, 292, 297, 301, 302, 303, 304, 312, 313, 319, 321, 324

Karten und Pläne: Elsner & Schichor, Karlsruhe

Alle anderen nicht aufgeführten Abbildungen stammen aus den Archiven des Autors und des Verlages.

Register

Personen

Orte

Umschlagvorderseite: Sabratha, Säulen des Jupiter-Tempels
Umschlagklappe vorn: Oase Ghadames
Abbildung Seite 1: Leptis Magna, Medusen-Medaillon des severischen Forums
Umschlagklappe hinten: Festung Ghat
Umschlagrückseite
oben: Leptis Magna, Marktgebäude
Mitte: Kyrene, Plan der Unterstadt
unten: Akakus-Gebirge, Felsbild in der Grotte von Uan Amil

Über den Autor: Joachim Willeitner, geb. 1957, studierte Ägyptologie, Altorientalistik und Provinzialrömische Archäologie in München und ist seit 1980 als Reiseleiter für verschiedene Studienreiseveranstalter in Ländern des Vorderen Orients und Afrikas tätig. Als verantwortlicher Redakteur betreute er über mehrere Jahre eine wissenschaftliche Fachzeitschrift. Er ist Autor und Fotograf diverser Reiseführer und Bildbände und veröffentlicht regelmäßig wissenschaftliche Beiträge in überregionalen Tageszeitungen und Zeitschriften.

Bitte schreiben Sie uns, wenn sich etwas geändert hat!
Alle in diesem Buch enthaltenen Angaben wurden vom Autor nach bestem Wissen erstellt und von ihm und dem Verlag mit größtmöglicher Sorgfalt überprüft. Gleichwohl sind – wie wir im Sinne des Produkthaftungsrechts betonen müssen – inhaltliche Fehler nicht vollständig auszuschließen. Daher erfolgen die Angaben ohne jegliche Verpflichtung oder Garantie des Verlages oder des Autors. Beide übernehmen keinerlei Verantwortung und Haftung für etwaige inhaltliche Unstimmigkeiten. Wir bitten dafür um Verständnis und werden Korrekturhinweise gerne aufgreifen:
DuMont Buchverlag, Postfach 10 10 45, 50450 Köln
E-Mail: reise@dumontverlag.de

Die Deutsche Bibliothek – CIP-Einheitsaufnahme

Willeitner, Joachim:
Libyen: Tripolitanien, Syrtebogen, Fezzan und die Kyrenaika /
Joachim Willeitner – Köln: DuMont, 2001
(DuMont Kunst-Reiseführer)
ISBN 3-7701-4876-2

Schlussredaktion und Umbruch: Christian Heße, Düsseldorf
Satz und Druck: Rasch, Bramsche
Buchbinderische Verarbeitung: Bramscher Buchbinder Betriebe
Printed in Germany ISBN 3-7701-4876-2